Hannes Androsch

Investitionsleitfaden Osteuropa

Eine Jahrhundertchance

UEBERREUTER

Die Deutsche Bibliothek – CIP-Einheitsaufnahme

Androsch, Hannes:
Investitionsleitfaden Osteuropa : eine Jahrhundertchance ; historische, politische und ökonomische Rahmenbedingungen, Länderanalysen, Leitfaden für private Investoren, Förderprogramme für Investoren: EU, Deutschland, Österreich / Hannes Androsch. – Wien : Ueberreuter, 1996
ISBN 3-7064-0194-0

S 0222 1 2 3 4 / 99 98 97 96

Umschlag: Kurt Rendl

Druck: Ueberreuter Offsetdruck, Korneuburg
Printed in Austria

Dieses Buch basiert auf einer Reihe von Vorträgen des Autors.

Der Autor dankt allen jenen, die das Werden des Buches durch die Übermittlung von Informationen und Daten beziehungsweise durch Stellungnahmen unterstützt haben.
Dank gebührt in diesem Zusammenhang insbesondere:

Dr. Günter Buschmann,
Mitglied des Vorstandes der C&L Deutsche Revision Aktiengesellschaft Wirtschaftsprüfungsgesellschaft
Wolf-Ingo Darius,
Vorsitzender des Vorstandes der Hermes Kreditversicherungs-AG
Dr. Helmut Dorn,
Direktor der Bürges Förderungsbank GmbH
Dkfm. Herwig Hutterer,
Geschäftsführer der Finanzierungsgarantie GmbH
Univ.-Prof. Dr. Kazimierz Laski,
Wiener Institut für Internationale Wirtschaftsvergleiche (WIIW)
Dipl.-Vw. Mag. Gregor Leitner,
EU-Außenhandelsstelle der Wirtschaftskammer Österreich
Prof. DDr. Friedrich Levcik,
Wiener Institut für Internationale Wirtschaftsvergleiche (WIIW)
Dr. Heiner Luschin,
Executive Director der European Bank for Reconstruction and Development
Ministerialrat Mag. Herbert Lust,
Leiter der Abteilung für internationale Finanzinstitutionen im Bundesministerium für Finanzen
Dr. Chardar Nikolov,
Erster Sekretär der Botschaft der Republik Bulgarien in Wien
Dr. Reinhard Platzer,
Mitglied des Vorstandes der Österreichischen Kommunalkredit AG
Mag. Gerhard Praschak,
Mitglied des Vorstandes der Oesterreichischen Kontrollbank AG
Eckart v. Reden,
Sprecher des Vorstandes der Deutschen Ausgleichsbank

Wolfgang Roth,
Vizepräsident der Europäischen Investitionsbank
Jürgen Strege,
Geschäftsführer der Ausfuhrkredit-Ges.mbH
Jan Vanous,
President, Plan Econ Inc.
Dr. Gert Vogt,
Sprecher des Vorstandes der Kreditanstalt für Wiederaufbau Frankfurt/Main
Sektionschef Mag. Dr. Erich Wittmann,
ERP-Fonds

Für die Durchsicht des Manuskriptes dankt der Autor
Herrn *Dkfm. Dr. Jan Stankovsky.*

Der Beitrag „Unternehmensbewertung, Rechnungswesen und Steuern" wurde von der *Consultatio Revisions- und Treuhandgesellschaft m.b.H. Nfg. KG Steuerberatungsgesellschaft* und der *Consultatio Wirtschaftsprüfungsgesellschaft m.b.H., Wien*, ausgearbeitet.

An diesem Buch hat *Dr. Renate Platzer* mitgearbeitet. Das Typoskript wurde von *Helene Strycek* erstellt.

INHALTSVERZEICHNIS

VORWORT

Das herausragendste Ereignis unseres ausklingenden Jahrhunderts ist zweifelsohne der mit der Beseitigung des Eisernen Vorhanges und dem Fall der Berliner Mauer eingeleitete unblutige Zerfall des sowjetischen Imperiums und der Niedergang der marxistisch-leninistischen Ideologie.

Die damit verbundenen und zum Teil spektakulären Geschehnisse im ehemaligen Ostblock sind in unserer schnellebigen Zeit bereits zu Legenden geworden. Nach wie vor aktuell ist aber die Bewältigung der damit verbundenen Probleme und Aufgaben, deren brisante Gewichtigkeit für die zukünftige Gestaltung Europas und der Welt offensichtlich noch immer verkannt wird.

Die noch vor wenigen Jahren geltende politische Weltordnung war wesentlich durch den Ost-West-Gegensatz geprägt. Sie wurde durch das Kräftemessen der beiden Supermächte UdSSR und USA mehr oder weniger in Balance gehalten. Mit dem Zerfall der Sowjetunion hat auch die bipolare Weltordnung, die auf einem Gleichgewicht des nuklearen Schreckens aufgebaut war, zu existieren aufgehört. Nach Strukturen für eine Neuverteilung der globalen und europäischen Machtverhältnisse wird seit dem Umbruch noch immer gesucht. Dieser Such- und Auslotprozeß birgt enorme Sicherheitsrisken, wofür nicht nur das ehemalige Jugoslawien als Beispiel steht.

Vom Baltikum über den galizischen Raum bis in den Kaukasus, vom Dnjestr-Gebiet über den Donau- und Karpatenraum, über Rumänien, Bulgarien und die Wojwodina bis nach Mazedonien, vom Sandschak über den Kosovo und Bosnien-Herzegowina bis an die Adria kann eine Renationalisierung, Fragmentierung, Balkanisierung und Kleinstaaterei mit der akuten Gefahr einer Libanonisierung und das Entstehen europäischer Palästinenser-Probleme mit allen ihren Folgen beobachtet werden. Dieser geographische Halbmond von Gefahrenherden ist aber nicht nur das Ergebnis innen- und außenpolitischer Instabilitäten, sondern auch Resultat einer schweren wirtschaftlichen Krise als Folgeerscheinung einer jahrzehntelang kumulierten Ineffizienz des kommunistischen Wirtschaftssystems sowie der mit dem Umbau von einer Plan- zu einer Marktwirtschaft verbundenen Probleme.

Die dem ehemaligen kommunistischen Block zuzurechnenden Staaten standen nach dem Zerfall der Sowjetunion vor der schwierigen, weil gleichzeitig zu lösenden Aufgabe der Transformation zu Demokratie und Marktwirtschaft. Für diesen Übergang gab es weder historische Vorbilder noch eine geschlossene Theorie. Diese große sozioökonomische Herausforderung ist von der Mehrzahl der „countries in transition" bislang in bemerkenswerter Weise gelöst worden. Die betroffenen Menschen mußten aber große Opfer bringen.

Die Transformationskrise konnte mit Ausnahme von Rußland und den meisten GUS-Staaten bis 1995 überwunden werden. Die Wirtschaftsleistung des Jahres 1989 ist bis zu diesem Zeitpunkt aber nur von Polen, dessen Wirtschaft seit 1992 wieder auf Wachstumskurs ist, erreicht. In Rußland erreichte das Bruttoinlandsprodukt, also die inländische Wertschöpfung, 1995 nur noch rund die Hälfte des Wertes von 1989. An diesen Daten wird die Schwere der Transformationskrise und das enorme Ausmaß des wirtschaftlichen Aufholprozesses ersichtlich. Auch wenn die Lebensqualität in vielen Reformstaaten durch die Existenz eines privaten Sektors und eines breiten Waren- und Dienstleistungsangebotes heute viel höher ist als früher, so darf dennoch die Gefahr einer neuerlichen Zweiteilung Europas durch Armut nicht außer acht gelassen werden. Wenn diese Gefahr gebannt werden soll, dann ist von westlicher Seite dringend mehr Unterstützung und Engagement, auch von privaten Unternehmen, notwendig. Politische Stabilität bedingt ökonomische Prosperität und umgekehrt.

In Westeuropa und Osteuropa leben jeweils etwa 400 Millionen Menschen. Der osteuropäische Lebensstandard entspricht nur zu einem Drittel bis zur Hälfte dem westeuropäischen. Mehr als 400 Millionen Menschen an das westliche Wohlstandsniveau heranzuführen, ist ein Vorhaben, das ein riesiges zusätzliches Wachstumspotential für die westlichen Industriestaaten eröffnet. Daher ist eine erfolgreiche Umsetzung der ökonomischen und politischen Reformen im Osten für den Westen aus wohlverstandenem Eigeninteresse notwendig, wobei dieses über die Absicherung langfristiger Rohstoffinteressen und die Erschließung neuer Absatzmärkte hinausgehend auch die Eingrenzung von militärischen und nuklearen sowie Umwelt- und Migrationsrisken einschließt. In diesem Zusammenhang ist auch die Einbindung der neuen osteuropäischen Demokratien in die europäische und internationale Staatengemeinschaft von großer Wichtigkeit. Von dieser Entwicklung darf Rußland, das nicht nur aufgrund seiner Größe und Bevölkerungszahl, sondern auch wegen des Reichtums an Bodenschätzen und des hohen Ausbildungsstandes der Bevölkerung weiterhin eine Großmacht bleiben wird, nicht ausgeschlossen werden.

Mit dem vorliegenden Buch wird das Ziel verfolgt, vor allem über die vielfältigen ökonomischen Problemstellungen, mit denen die Reformländer trotz ihrer Unterschiedlichkeit im allgemeinen konfrontiert sind, zu informieren und auch eine Zwischenbilanz über ihren bisherigen Transformationsverlauf zu ziehen. Diesem Bemühen liegt auch die Intention zugrunde, Verständnis für die ökonomische Situation der einzelnen Staaten auf ihrem Weg zu marktwirtschaftlichen Strukturen zu vermitteln, die Einsicht in die Notwendigkeit einer vermehrten Unterstützung dieser Staaten im europäischen und globalen Interesse zu fördern und auf die ungemein großen Chancen hinzuweisen, die mit der wirtschaftlichen Restrukturierung der osteuropäischen Region verbunden sind.

In einem praxisrelevanten Informationsteil für private Investoren wird im speziellen auf die unternehmerischen Grundregeln für Ostgeschäfte, auf das Problemfeld von Unternehmensbewertungen, Rechnungswesen und Steuern in den Reformstaaten sowie auf Finanzierungsmöglichkeiten eingegangen. In Ergänzung dazu werden in einer Übersichtsdarstellung auch jene Osthilfeprogramme der Europäischen Union sowie bundesdeutscher und österreichischer Finanzinstitute aufgelistet und beschrieben, die grundsätzlich für Unternehmen von Interesse sind.

Es gilt nicht nur im großen, sondern auch im kleinen, die Einmaligkeit der Gelegenheit zum Aufbau eines friedlichen und prosperierenden gesamteuropäischen Hauses einschließlich der daraus resultierenden geschäftlichen Möglichkeiten zu erkennen und die entsprechenden Initiativen zu setzen. Seltene Gelegenheiten wie diese müssen ohne Wenn und Aber beim Schopf gepackt werden! Schließlich werden solche Trümpfe im Laufe der Geschichte nur selten ausgespielt. Der legendäre Satz von Michail Gorbatschow, „Wer zu spät kommt, den bestraft das Leben", gewinnt in diesem Zusammenhang erneut an Aktualität.

Wien, im Januar 1996 Hannes Androsch

DER UMBRUCH IN OSTEUROPA

Das Jahr 1989, oft auch als „annus mirabilis“ bezeichnet, ist ein symbolischer Markstein für den Beginn des Zusammenbruchs des leninistischen Einparteiensystems des Bolschewismus und für das Ende der sowjetischen Herrschaft im östlichen und südöstlichen Mitteleuropa. Der damit eingeleitete Zerfall des sowjetischen Hegemonialverbandes, der von der Elbe bis zum Japanischen Meer reichte, vollzog sich für die Weltöffentlichkeit unerwartet und, in historischem Maßstab gesehen, in rasanter Abfolge. Gleich einem Dominoeffekt zerfiel das letzte multinationale Imperium, dessen politische und ökonomische Ideologie einst auf die Erlangung der Vorherrschaft über den gesamten Erdkreis ausgerichtet war.

Die Endpunkte dieses Zerfallsprozesses, das Zerreißen des Eisernen Vorhanges, die Auflösung der Sowjetunion, des Warschauer Paktes und des Rates für gegenseitige Wirtschaftshilfe, stellen eine weltgeschichtliche Zäsur dar. Diese Zäsur mutierte gleichzeitig zu einem Wendepunkt für den Aufbau einer neuen politischen und ökonomischen Ordnung in den unabhängig gewordenen Staaten Mittel-, Südost- und Osteuropas selbst sowie zwischen diesen und den Industriestaaten des Westens. Die revolutionären Umwälzungen in Osteuropa stellen somit eine weltumspannende Herausforderung dar, und die Art und Weise ihrer Bewältigung wird die Weltpolitik und Weltwirtschaft an der Wende vom zweiten ins dritte Jahrtausend und darüber hinaus maßgeblich und nachhaltig beeinflussen.

Die sanfte Revolution

Der 1989 begonnene Auflösungsprozeß des ehemaligen Ostblocks verlief gleichsam im Stakkato: In Polen, wo der steigende Einfluß der Gewerkschaftsbewegung Solidarnosz zu einem politischen Öffnungsprozeß geführt hatte, kam es 1989 zur Abhaltung der ersten freien Wahlen nach dem Zweiten Weltkrieg. Die kommunistische Partei Polens, die bei dieser Wahl im Juni 1989 mandatslos geblieben war, löste sich in der Folge auf. Noch im Dezember 1989 wurde die „Volksrepublik Polen“ in „Republik Polen“ umbenannt.

Auch Ungarn wandelte 1989 seine Staatsbezeichnung von einer Volksrepublik zu einer Republik um. Dort wurde der Prozeß des politischen Umbruchs, der durch den sogenannten „Gulasch-Kommunismus“ schon längst aufbereitet worden war, durch das 1988 gegründete „Ungarische Demokratische Forum“ finalisiert; dieses trat für die Ablösung des politischen Alleinvertretungsanspruches der ungarischen kommunistischen Partei zugunsten der Verwirklichung eines demokratischen Mehrparteiensystems ein. Die Öffnung Ungarns gegenüber dem Westen wurde mit dem symbolischen Akt des Zerschneidens des Stacheldrahtes und damit der Demontage des Eisernen Vorhanges an der österreichisch-ungarischen Grenze im Juni 1989 dokumentiert. Von ungarischer Seite wurde der Stacheldraht vom damaligen Außenminister der Regierung Németh, Gyula Horn, zerschnitten, der 1994 zum Ministerpräsidenten seines Landes gewählt wurde.

Ebenso wie in Ungarn waren es auch in der ehemaligen Tschechoslowakei Bürgerrechtsbewegungen – das tschechische „Bürgerforum“ in Böhmen und Mähren und die Bewegung „Öffentlichkeit gegen Gewalt“ in der Slowakei – die vom herrschenden Regime Demokratie und Parteienpluralismus einforderten. Nach Demonstrationen am 28. Oktober 1989, dem Jahrestag der Gründung der tschechischen Republik im Jahre 1918, führten weitere Massendemonstrationen am 29. November auf dem Wenzelsplatz in Prag zum Rücktritt der KP-Führung. Die „samtene“ Revolution, wie die Umsturzbewegung in diesem Land bezeichnet worden ist, war mit der Gründung der neuen „Tschechischen und Slowakischen Föderativen Republik“ noch nicht beendet. Die Slowakei wollte volle Souveränität erlangen. Die auf friedlichem Weg ausverhandelte Teilung in die beiden Republiken Tschechien und Slowakei wurde mit 1. Januar 1993 wirksam.

Auch in Bulgarien und in Rumänien wurde das jeweils herrschende Regime 1989 in der Folge von Massendemonstrationen gestürzt. Rumänien war das einzige Land, in dem die Revolution von 1989 nicht ohne Blutvergießen verlief. Dem durch einen Volksaufstand bewirkten Sturz des Regimes im Dezember 1989 gingen Massaker an Demonstranten durch die Geheimpolizei voran, und der abgesetzte Präsident Ceauşescu wurde gemeinsam mit seiner Ehefrau Elena, einer hochrangigen KP-Funktionärin, nach einem Fluchtversuch von einem Militärgericht zum Tode verurteilt und hingerichtet.

Von den blutigen Vorfällen in Rumänien abgesehen, verlief die Revolution von 1989 in allen anderen Ländern friedlich und ohne Anwendung von Gewalt, weshalb sie auch häufig als „sanfte Revolution" oder „friedliche Revolution" bezeichnet wird. Die osteuropäische Aufstandsbewegung ist zudem die erste in der langen Reihe der Revolutionen in der Geschichte der Menschheit, die unter den Bedingungen einer modernen Massenmediengesellschaft stattfand. Insbesondere das Fernsehen wurde zu einem Übertragungsmultiplikator für die Slogans der Massenproteste und löste auf diesem Weg eine revolutionäre Kettenbewegung aus. Am deutlichsten fand die „Telerevolution" (Timothy Gaston Ash) in Rumänien statt, wo man über das jugoslawische Fernsehen Informationen über die Demonstrationen in Prag und Leipzig empfangen konnte und wo das staatliche Fernsehen selbst zur politischen Drehscheibe der Revolution gegen die Diktatur Ceauşescus umgewandelt wurde.

Zum weltweiten Symbol für die Freiheitsrevolution der europäischen kommunistischen Satellitenstaaten ist der Fall der Berliner Mauer am 9. November 1989 geworden. Noch am 6. Oktober wurde in Ost-Berlin der 40. Jahrestag der Gründung der DDR gefeiert. An den Feierlichkeiten nahm auch Michail Gorbatschow in seiner damaligen Funktion als Generalsekretär der KPdSU teil. Sein bereits legendär gewordener Satz, „Wer zu spät kommt, den bestraft das Leben", wurde zum Leitmotiv der Opposition gegen das SED-Regime, das unter dem Druck einer anhaltenden Demonstrationsbewegung nachgeben und nicht einmal einen Monat nach dem Fall der Berliner Mauer und der Öffnung der Grenzübergänge zur Bundesrepublik und nach West-Berlin zurücktreten mußte. Nach Verhandlungen, die von seiten der Bundesrepublik Deutschland von Kanzler Helmut Kohl und von seiten der UdSSR von Präsident Gorbatschow geleitet worden waren und deren Ergebnisse von den Westalliierten begrüßt wurden, kam es am 23. August 1990 zur Vereinigung der beiden deutschen Staaten.

Die Sowjetunion hat mit Beginn der neunziger Jahre jene Länder Mitteleuropas aufgegeben, die die Rote Armee in ihrem Kampf gegen Hitler erobert und besetzt hatte. Die Welle der revolutionären Veränderungen erfaßte aber nicht nur die Satellitenstaaten, sondern auch die

Sowjetunion selbst, die am 31. Dezember 1991 in Rußland und 14 Teilrepubliken zerfiel.

Am längsten haben sich die kommunistischen Nachkriegsregime in den beiden südosteuropäischen Staaten Jugoslawien und Albanien gehalten. Das unter Tito 1948 blockfrei gewordene Jugoslawien und das unter der Herrschaft von Enver Hoxha zunehmend von der Außenwelt abgekapselte Albanien befanden sich außerhalb des unmittelbaren politischen Einflußbereiches der ehemaligen Sowjetunion. Aber auch diese beiden letzten Bastionen kommunistischer Herrschaft in Europa konnten der zeitgeschichtlichen Entwicklung des ausgehenden 20. Jahrhunderts nicht entrinnen.

In Jugoslawien wurde der Zerfall des bestehenden Systems durch die Unabhängigkeitserklärungen der beiden Teilrepubliken Kroatien und Slowenien am 25. Juni 1991 eingeleitet. Die Aufteilung des ehemaligen Jugoslawien in einzelne Staaten führte in der Folge zu bewaffneten Konflikten zwischen den einzelnen Völkern und Religionsgemeinschaften, die schließlich in dem erst Ende 1995 beendeten Krieg um die Aufteilung der Republik Bosnien-Herzegowina kumulierten. Während dieser Zeitspanne hat sich Europa, das nicht zuletzt aufgrund der von den Militärblöcken des Westens und des Ostens ausgehenden Abschreckungswirkung seit 1945 ein „Kontinent des Friedens“ war, zu einem „Kontinent des Krieges“ gewandelt (Anton Pelinka). Die friedliche Revolution, die 1989 ihren Ausgang nahm, hat durch diesen Konflikt ihr zweites Gesicht, das der kriegerischen Schattenseite, offenbart.

Rückkehr statt Ende der Geschichte

Der Zusammenbruch der kommunistischen Regime in Osteuropa gilt als eines der wirklich dramatischen Ereignisse in der Geschichte der Menschheit und als eines der dramatischsten seit dem Ende des Zweiten Weltkrieges.

Das marxistisch-leninistische System hat sich laut dem Historiker und Schriftsteller Joachim Fest als „gescheiterte Utopie“, als „größte Irreführung“ und, um mit den Worten von Zbigniew Brzezinski zu sprechen, als „historische Tragödie“ dieses Jahrhunderts erwiesen, dessen „blutige Tragödie“ die Schrecknisse der beiden Weltkriege sind – von der Schlacht an der Somme und dem Guernica des spanischen Bürgerkrieges über die brennenden Städte Coventry, Rotterdam und Dresden bis hin zum grellen, todbringenden Licht von Hiroshima und Nagasaki – sowie die Katastrophen des Nationalsozialismus und des Kommunismus, Auschwitz und der Gulag.

Bei manchen zeitgenössischen Philosophen und Historikern hat der Untergang der kommunistischen Staatenwelt den gleichen Glauben an das „Ende der Geschichte“ entstehen lassen wie bei Polybius die Apotheose des Römischen Reiches, bei Joachim von Fiore die Hochblüte des Mittelalters oder bei Hegel die Ausbreitung der Französischen Revolution hervorgerufen hat. Von Francis Fukuyama wiederum wurde der Niedergang des Kommunismus als endzeitlicher weltumspannender Triumph des Westens – des kapitalistischen Wirtschaftssystems und der liberalen Demokratie – apostrophiert.

Viele glaubten damals voller Euphorie an den Anbruch einer neuen Ära, eines goldenen Zeitalters, das nach Beendigung des in Jalta eingeleiteten europäischen Schismas den Aufbau eines friedlichen und prosperierenden europäischen Hauses vom Atlantik bis zum Ural ermöglicht. Die von Immanuel Kant entworfene Utopie des „Ewigen Friedens“, dessen Ideal eine öffentliche Ordnung Europas und der Welt umfaßt, in der republikanisch verfaßte Staaten rechtlich zu einem Völkerbund zusammengeschlossen sind, schien zu einer realistischen Perspektive zu werden. Nicht nur auf dem Staatsgebiet des ehemaligen Jugoslawiens zeichnete sich aber nicht das „Ende der Geschichte“, sondern vielmehr deren Rückkehr ab.

Die Überwindung der Vereinbarungen von Jalta brachte nicht nur jene Probleme wieder an die politische Oberfläche, welche die Pariser Vorortverträge zurückgelassen hatten, sondern auch jene Spannungen, die zwischen einzelnen Völkern bereits vor dem Ersten Weltkrieg virulent geworden waren, und die nun in einem anachronistischen Gegensatz zu den europäischen Einigungsbestrebungen stehen.

Bis zum Ersten Weltkrieg war das östliche Europa, mit Ausnahme Böhmens, Mährens und des östlichen Deutschlands, ein Gebiet agrarfeudalistischer Prägung mit großer Rückständigkeit, das unter der Herrschaft oder dem Einfluß des Deutschen Reiches, des zaristischen Rußlands, des zerfallenden Ottomanischen Reiches und der Österreichisch-Ungarischen Monarchie stand. Es war und blieb bis heute gekennzeichnet durch ethnische, religiöse und sprachliche Vielfalt und Gegensätze.

Der Erste Weltkrieg mündete in den Zerfall des Deutschen Kaiserreiches, des Ottomanischen Reiches, der Donaumonarchie und des Zarenreiches, aus dessen Trümmern schließlich die Sowjetunion entstand.

Der Aufstieg der Sowjetunion zur Hegemonialmacht

In Rußland stürzten am 24. Oktober 1917 die radikal-sozialistisch orientierten Bolschewiki unter Führung von Lenin die aus der Staatsduma, dem russischen Parlament, hervorgegangene Provisorische Regierung, der der liberal-konservative Politiker Kerenski vorstand. Die Regierung Kerenski amtierte seit der Februar-Revolution von 1917, bei der der Zar durch einen Volksaufstand abgesetzt worden war.

Die Bolschewiki, die sich seit März 1918 Kommunisten nannten, gingen unmittelbar nach der Machtergreifung durch die sogenannte „Oktoberrevolution", die in Wahrheit ein Staatsputsch war, daran, den Staat auf Basis des Rätesystems – Räte bedeutet auf russisch Sowjets – zu reorganisieren. Die Produktionsmittel wurden ebenso wie der Handel und die Banken verstaatlicht, die Großgrundbesitzer wurden enteignet, und der Außenhandel wurde monopolisiert. In außenpolitischer Hinsicht versuchten die Bolschewiki, die schon unter dem Zaren gegen den Eintritt Rußlands auf seiten der Serben in den Ersten Weltkrieg opponiert hatten, einen Separatfrieden für Rußland zu erreichen.

Während die Bolschewiki mit Deutschland, Österreich-Ungarn, Bulgarien und der Türkei Friedensgespräche führten, erklärten große Teile des ehemaligen zaristischen Reiches, und zwar die Ukraine, Estland, Finnland, Moldawien, Litauen und Lettland, ihre Unabhängigkeit. Deren Souveränität mußte Rußland bei der Unterzeichnung des Friedensvertrages in Brest-Litowsk im März 1918 ebenso akzeptieren wie die Unabhängigkeit der ehemals dem russischen Reich zugehörigen kaukasischen Staaten Georgien, Aserbaidschan und Armenien. Nach diesem Separatfrieden, bei dem Rußland seine wirtschaftlich wichtigsten und zum Teil fortgeschrittensten Gebiete verloren hatte, bestand das Russische Reich faktisch nur noch aus dem eigentlichen Rußland.

Die Friedensordnungen von Versailles, Saint Germain und Trianon, mit denen der Erste Weltkrieg beendet worden ist, wurden ohne Beisein

Rußlands und gegen Deutschland vereinbart. Ergebnis der Pariser Vorortevertrage war die Wiederherstellung Polens, das seit mehr als 120 Jahren zwischen Preußen-Deutschland, Rußland und Österreich aufgeteilt worden war, sowie die Anerkennung der auf dem Gebiet der ehemaligen Österreichisch-Ungarischen Monarchie entstandenen neuen Staaten Tschechoslowakei und Jugoslawien. Restösterreich blieb als Torso zurück, Ungarn wurde ein um wesentliche Teile verkleinerter selbständiger Staat.

Durch den Frieden von Versailles wurden zwar die Abmachungen des Vertrages von Brest-Litowsk für nichtig erklärt, Rußland mußte sich aber trotzdem mit der Abtretung seiner ehemaligen Randgebiete abfinden.

Die den Ersten Weltkrieg abschließenden Verträge haben keine der Fragen gelöst, um deretwillen er ausgebrochen war. Neuer, die Zukunft als Hypothek belastender Konfliktstoff war vorprogrammiert. Der Balkan wurde nicht europäisiert, sondern Europa wurde balkanisiert, und vom Selbstbestimmungsrecht der Völker konnte wenig Rede sein. Wie sich bald zeigen sollte, handelte es sich um keine Friedensordnung, sondern – wie es der amerikanische Politiker Henry Kissinger formulierte – nur um einen Waffenstillstand zwischen den ehemaligen Kriegsmächten vor dem Zweiten Weltkrieg.

In den ersten vier Jahren nach dem Ende des Ersten Weltkrieges gelang es Trotzki, der die Truppen der Roten Armee aufgebaut hatte und diese befehligte, ausländische militärische Interventionstruppen zurückzuschlagen, das Territorium des Zarenreiches zurückzuerobern und damit zu erhalten. Nur in jenen Staaten, die unter dem Schutz der Westmächte standen – in Finnland, den drei baltischen Staaten und Polen – scheiterten diese Versuche, aber im übrigen blieb die Rote Armee in den meisten Gebieten, die 1914 zum Zarenreich gehört hatten, siegreich. Nach dem erfolgreichen Abschluß des Wiedereroberungsfeldzuges wurde am 30. Dezember 1922 die Union der Sozialistischen Sowjetrepubliken (UdSSR) gegründet.

Die Zwischenkriegszeit in Europa war eine Phase der Krisen, die nicht zuletzt durch das Versailler Friedensdiktat geschürt wurden. Die ungeklärten Nationalitätenprobleme und Minderheitenfragen bildeten auch zwischen den neuen Staaten ein ständiges Streitobjekt. Wirtschaftliche Probleme bewirkten wiederum den Ausbruch der Weltwirtschaftskrise, die 1929 von den USA aus ihren Ausgang nahm und die gesamte westliche Welt erfaßte. Die nach dem Ersten Weltkrieg installierten Regierungen wurden zunehmend von autoritären und faschistischen Herrschaftssystemen abgelöst. In Rußland kam Stalin, in Deutschland Hitler an die Macht. Das Hitler-Deutschland provozierte durch seine Machtpolitik den Ausbruch des Zweiten Weltkrieges, der enorme Opfer forderte und mit der Zweiteilung Europas einen verheerenden Ausgang nach sich zog. Teheran, Jalta und Potsdam sind Synonyme für die Teilung Europas geworden, wie sie bis zum Fall der Berliner Mauer bestanden hat.

Als Folge der Friedensverträge kam der östliche Teil Europas unter die Hegemonie Moskaus, wo sich zwar verständliches, aber weit überzogenes Sicherheitsstreben mit inakzeptablem und gefährlichem Expansionsdrang verbunden haben. Die Sowjetunion konnte ihre Macht nach dem Zweiten Weltkrieg weiter in den Westen ausdehnen, als dies den Zaren jemals möglich gewesen war. Die drei baltischen Staaten Estland, Lettland und Litauen wurden aufgrund von geheimen Zusatzprotokollen zum Nichtangriffspakt zwischen Stalin und Hitler während des Krieges von der UdSSR annektiert. Nach dem Krieg wurden Polen, Ungarn, die Tschechoslowakei, Bulgarien, Rumänien und der auf ostdeutschem Gebiet neu gebildete Staat der Deutschen Demokratischen Republik (DDR) als sogenannte Volksrepubliken zu Satellitenstaaten Moskaus und zu Mitgliedern von dessen Verteidigungsbündnis, dem Warschauer Pakt.

Jugoslawien und Albanien gerieten unter die Herrschaft kommunistischer Einmanndiktaturen, die nach anfänglicher Kooperation schließlich einen von der Sowjetunion unabhängigen politischen Kurs einschlugen. Die einzelnen Satellitenstaaten allerdings konnten sich bis 1989 dem Einflußbereich der UdSSR nicht mehr entziehen. Niedergeschlagene Aufstände der Bevölkerung, wie 1953 in der DDR oder 1956 in Polen und Ungarn, sind ebenso zu Zeugnissen der Unterdrückung durch die Sowjetunion geworden wie der Bau der Mauer quer durch Berlin 1961, die Beendigung des Prager Frühlings durch Truppen des Warschauer Paktes im August 1968, der Einmarsch sowjetischer Truppen in Afghanistan im Dezember 1979 oder die Verhängung des Kriegsrechtes in Polen im Dezember 1981. Der real existierende Kommunismus der Zweiten Welt suchte sich im Rahmen seiner globalen Aktivitäten unter anderem auch in Kuba, Nicaragua, Angola oder in den Nahoststaaten Einfluß und Macht zu sichern. Das globale Engagement der UdSSR wurde unter Gorbatschow weitestgehend eingestellt, die sogenannte

Breschnew-Doktrin von der „beschränkten Souveränität" und dem „beschränkten Selbstbestimmungsrecht" aller sozialistischen Staaten – diese wurde zur (nachträglichen) Rechtfertigung der militärischen Intervention der UdSSR in der ČSSR 1968 von sowjetischen Parteiideologen entwickelt und von Leonid Iljitsch Breschnew vertreten – wurde aufgehoben.

Die von Gorbatschow verfolgte Strategie, die durch die Beendigung des kalten Krieges freiwerdenden Ressourcen zugunsten der Reformierung des Sowjetsystems einzusetzen, kam nicht mehr zum Tragen. Dieses ist vielmehr an der wirtschaftlichen Überforderung seiner Möglichkeiten, an seiner extensiven Wirtschaftstätigkeit, an fehlenden Steuerungsmechanismen und zunehmendem technologischen Rückstand sowie an seinen inneren Widersprüchen zerbrochen.

Perestrojka, Glasnost und das Ende der Sowjetunion

Die politischen Umwälzungen im Ostblock sind untrennbar mit der Politik von Michail Gorbatschow verknüpft, der im März 1985 mit einer Stimme Mehrheit zum Zentralsekretär der KPdSU gewählt wurde. Für die von Gorbatschow eingeleitete Reformbewegung sind die Schlagworte „Perestrojka" (Erneuerung), „Glasnost" (Offenheit, Transparenz), „Uskorenie" (Beschleunigung) und „Novoe Myslenie" (neues Denken) zu Schlüsselbegriffen geworden. Der Reformvorstoß Gorbatschows zielte aber nicht auf eine Änderung des marxistisch-leninistischen Systems ab, sondern peilte vielmehr die Verbesserung von dessen Funktionsfähigkeit durch eine gesteigerte Mitwirkung und gesteigerte Mitsprachemöglichkeiten der Bevölkerung an.

Auslösendes Moment für diese Reformbestrebungen waren die seit Anfang der siebziger Jahre zunehmenden wirtschaftlichen und sozialen Probleme. Der Zielsetzung des letzten, 1985 beschlossenen Fünfjahresplanes, die Wirtschaft der Sowjetunion durch Modernisierung und Effizienzsteigerung zur „vollkommensten und leistungsfähigsten in der Welt" zu entwickeln, standen in der Realität ein starker Abfall des Wirtschaftswachstums, eine hartnäckige Stagnation der Produktivität, eine unzureichende Produktqualität und ein zu langsamer technischer Fortschritt entgegen. Die wirtschaftlichen Probleme wurden durch eine sich ausdehnende Versorgungskrise und anwachsende soziale Probleme verschärft. Diese Entwicklung kam einer Bankrotterklärung für das administrative Kommandosystem der Planwirtschaft gleich.

Der 1988 eingeleitete Versuch, die Planwirtschaft zu dezentralisieren und mit Marktmechanismen zu ergänzen, schlug fehl. Die sowjetische Wirtschaft entwickelte sich immer mehr zu einer „zentralen Planwirtschaft mit k.o. geschlagenem Zentrum“ (Wall Street Journal). Zu dieser Abschwächung der zentralen Planungs- und Kontrollmacht haben jedoch auch die Auflösungstendenzen der Union und die abnehmende Rolle der Parteiorgane als Träger des Staates wesentlich beigetragen. Die durch Perestrojka und Glasnost eingeleitete Reformpolitik gewann zunehmend an Eigendynamik und entwickelte sich zu einem Katalysator für die wachsende Desintegration und nachfolgende Auflösung des sowjetischen Imperiums.

Nach der Loslösung der mitteleuropäischen Satellitenstaaten aus dem Verband der UdSSR erklärten auch immer mehr Teilrepubliken ihre Souveränität mit dem Recht auf Austritt aus der Union. Die „Anti-Revolution“ (Gerhard Simon) als Gegenbewegung zur Leninschen Oktober-Revolution von 1917 erfaßte nach und nach das gesamte Gebiet des sowjetischen Staatsverbandes. Nach anfänglichen Versuchen von seiten der Sowjetunion, neuerliche Abspaltungstendenzen mit Polizei- und Militärgewalt zu verhindern, wurde eine politische Lösung durch Abschluß eines neuen Unionsvertrages favorisiert. Dieser sah eine neue Kompetenzabgrenzung zwischen den einzelnen Republiken, eine neue Verfassung mit einer Neuwahl des Präsidenten und des Parlaments sowie auf wirtschaftlichem Gebiet eine gemeinsame Stabilitäts- und Reformpolitik vor. Einen Tag vor Unterzeichnung des neuen Unionsvertrages, mit dem sich neun der insgesamt 15 Unionsrepubliken einverstanden erklärt hatten, unternahmen Gegner der Reformpolitik am 19. August 1991 in Moskau einen Putschversuch, der allerdings am Widerstand der Reformpolitiker und deren Anhänger in der Bevölkerung scheiterte.

Im Rückblick gesehen, scheint angesichts der Bedeutsamkeit dieses Unionsvertrages und der sich gegen ihn abzeichnenden Widerstände der Urlaubsantritt des damaligen sowjetischen Staatspräsidenten Gorbatschow auf der Halbinsel Krim ebenso unverständlich wie der Umstand, daß eine im Amt befindliche Regierung dilettantisch gegen sich selbst geputscht hätte. Als Sieger aus dieser Auseinandersetzung ging Jelzin hervor, der am 12. Juni 1991 der erste frei gewählte Präsident Rußlands geworden war. Gorbatschow mußte am 24. August 1991 als Generalsekretär der Kommunistischen Partei zurücktreten. Die KPdSU wurde am 6. November 1991 aufgelöst.

Am 8. Dezember 1991 wurde bei einem Treffen der drei Präsidenten Rußlands, Weißrußlands und der Ukraine die Gründung des sogenannten „slawischen Dreibunds" angekündigt. Diesem schlossen sich durch die Erklärung von Aschgabad am 13. Dezember 1991 die mittelasiatischen Republiken an. Damit war der Anstoß zur Entstehung der Gemeinschaft Unabhängiger Staaten (GUS) und der endgültigen Auflösung der UdSSR gegeben. Bereits am 17. Dezember 1991 hatten Jelzin und Gorbatschow die Auflösung der Sowjetunion zum Jahresende vereinbart.

Am 21. Dezember gründeten alle ehemaligen Sowjetrepubliken mit Ausnahme Georgiens und der drei baltischen Staaten in Almaty (Alma Ata), der Hauptstadt Kasachstans, formell die GUS. Sie erklärten die Sowjetunion für aufgelöst und deren Präsidenten für abgesetzt. Gorbatschow trat am 25. Dezember als Präsident der UdSSR zurück. Die Sowjetunion hörte am 31. Dezember 1991 zu bestehen auf.

Es zählt wohl zu den „Merkwürdigkeiten der Geschichte" (Manfred Scheuch), daß der letzte Anstoß für die Auflösung der Sowjetunion beim Treffen der Präsidenten Rußlands, der Ukraine und Weißrußlands in Brest am Bug gegeben wurde und daß die neue staatliche Ordnung, die sich im Osten ergab, ziemlich genau mit jenen Grenzen übereinstimmt, die im Frieden von Brest-Litowsk 1918 Lenin aufgezwungen worden waren.

Das langfristig strategische Ziel der GUS als neuer multinationaler Interessenverband auf dem Gebiet der ehemaligen Sowjetunion ist die Bildung einer Wirtschaftsgemeinschaft, vergleichbar der EU, mit einem gemeinsamen Markt ohne Zollgrenzen, einer gemeinsamen Währung und einer weitgehenden Abstimmung der Außen- und Verteidigungspolitik. Politische und wirtschaftliche Aktivitäten der GUS, die von Anfang an ein sehr fragiles Gebilde war, kamen bislang allerdings kaum zum Tragen.

Die Problemflut, der die neuen unabhängigen Staaten auf dem Gebiet der ehemaligen Sowjetunion gegenüberstehen, kann mit Fug und Recht als gigantisch bezeichnet werden. In den Beziehungen der neuen Staaten zueinander stellt unter anderem die Nationalitätenfrage ein brisantes Problem dar. Mit Ausnahme Armeniens ist keiner der neu entstandenen Staaten national homogen, und somit muß jeder auf seinem eigenen Territorium das Erbe des sowjetischen Vielvölkerstaates weitertragen. Zu diesem Erbe zählt auch, daß durch die politische Entwicklung rund 25 Millionen Russen zu Ausländern geworden sind.

Dieses explosive Unruhepotential, das durch alte Animositäten, unterdrückte ethnische Gegensätze, anhaltende Intoleranz und atavistische Stammeskonflikte, also kurz gesagt, von den alten Dämonen der Geschichte geschürt wird, könnte die Revolution, die ein „Aufstand gegen Zwang und Lüge" (Helmut Schmidt) war und mit der exakt 200 Jahre nach der Französischen Revolution die gesellschaftliche und politische Freiheit sowie die Achtung der Menschen- und Bürgerrechte auf europäischem Boden neuerlich eingefordert wurde, nachhaltig gefährden und erneut in ihr Gegenteil verkehren.

Die doppelte Herausforderung der gleichzeitigen politischen und ökonomischen Transformation

Sosehr der Begriff „challenge" durch allzu häufigen Gebrauch bereits abgenützt ist – im Zusammenhang mit den politischen und ökonomischen Herausforderungen, denen die neuen Staaten in Mittel-, Ost- und Südosteuropa gegenüberstehen, hat er seine volle Berechtigung.

Die postkommunistischen Staaten stehen als neue Demokratien vor der ungeheuren geschichtlichen Herausforderung, simultan einen politischen Transformationsprozeß in Richtung Demokratie und einen wirtschaftlichen Transformationsprozeß in Richtung Marktwirtschaft durchführen zu müssen. Für diesen Prozeß gibt es weder historische Vorbilder noch theoretische wissenschaftliche Modelle. Ralf Dahrendorf hat in seinen Reflexionen zum Revolutionsjahr 1989 treffend festgestellt, daß keine Theorien existieren, die bei der Verwirklichung oder selbst beim Verständnis des Übergangs vom Sozialismus zur offenen Gesellschaft behilflich sein könnten. Über den „unvermeidbaren" Übergang vom marktwirtschaftlichen System des Kapitalismus zur Planwirtschaft des Marxismus und über die Abwicklung der Überführung „reaktionärer" Regierungsformen in eine sozialistische Gesellschaftsordnung sind ganze Bibliotheken voll geschrieben worden. Der Umpolungsprozeß in umgekehrter Richtung blieb hingegen wissenschaftliches Brachland.

Bestenfalls betrieb man „comparative economics“. Man hat daher zunächst wohl zu Unrecht zu überpointierten plastischen Bildern Zuflucht gesucht, wie etwa, daß man wisse, wie aus einem Aquarium eine Fischsuppe, nicht aber, wie aus einer Fischsuppe ein Aquarium gemacht werde könne; oder daß ein Hengst zwar zu einem Wallach umfunktioniert werden könne, die umgekehrte Vorgangsweise aber unbekannt sei.

Die Ablösung des sozialistischen Totalitarismus durch eine pluralistische Demokratie und die Ersetzung der Planwirtschaft durch die Marktwirtschaft ist zu einem zeitgeschichtlichen Experiment geworden, das ohne Beispiel ist. Überspitzt formuliert, bestand die schwierige Aufgabe der neuen Staaten darin, eine Demokratie ohne Demokraten, eine Marktwirtschaft ohne Unternehmer und einen Kapitalismus ohne Kapitalisten schaffen zu müssen. Diese Mega-Herausforderung ist nach der postrevolutionären Euphorie der Freiheit und des Neubeginns zum harten politischen Alltagsgeschäft der aus dem Verband der ehemaligen Sowjetunion hervorgegangenen neuen Staaten geworden. Aufgrund ihrer spezifischen Aufgabenstellung werden sie deshalb auch als „Reformländer“ oder „Transformationsländer“ bezeichnet.

Eine der Forderungen der Revolution von 1989 war Demokratie statt Totalitarismus. Über dieses Ziel herrschte in der Bevölkerung weitgehend Übereinstimmung, wenngleich die Menschen in den Reformländern seit vier oder mehr Jahrzehnten über keine Erfahrung mit rechtsstaatlichen Einrichtungen und mit Gewaltenteilung in der Rechtsprechung verfügten. Abgesehen von Ansätzen einer Selbstorganisation der Gesellschaft zu Zeiten der Opposition gegen das kommunistische Regime, konnten sie auch an keine Tradition nichtstaatlicher, von selbstverantwortlichen Bürgern getragenen freiwilligen Institutionen anknüpfen. Dies bedeutet, daß im Rahmen des politischen Transformationsprozesses eine gänzlich neue staatliche Ordnung aufgebaut werden muß. Diese beinhaltet aber nicht nur die Errichtung und Sicherung von verfassungsgemäßen demokratischen und rechtsstaatlichen Institutionen, sondern schließt auch die Existenz von politischen Parteien und Verbänden mit ein, die auf Grundlage der demokratischen Ordnung die Interessen der Bevölkerung gegenüber dem Staat vertreten.

Der Schwerpunkt dieser Publikation liegt auf dem wirtschaftlichen Transformationsprozeß. Daher wird auf die einzelnen Maßnahmen und Schritte, die für die Implementierung eines demokratischen Systems und dessen Legitimierung durch Parlament und Regierung notwendig sind, nicht näher eingegangen. Darüber hinaus wird eine Klassifizierung der einzelnen Wege, die die Reformstaaten bei der Demokratisierung gehen, ebenso ausgespart wie eine empirische Zwischenbilanz über den Stand der politischen Konsolidierung in den einzelnen Demokratien. Unabhängig von solchen Untersuchungen steht jedenfalls fest, daß die jungen Demokratien nach den ersten Transformationsjahren grosso modo eine äußerst zufriedenstellende Bilanz vorweisen können, wenngleich speziell im GUS-Raum nicht wenige von ihnen noch harte Bewährungsproben zu bestehen haben werden. Dazu zählen ungelöste Nationalitäten- und Minderheitenprobleme ebenso wie mit dem Umbruch einhergehende soziale und wirtschaftliche Destabilisierungen, die zudem eine breite Angriffsfläche für Demagogen jeder Couleur bieten.

Die politische Transformation verläuft nicht unabhängig von der ökonomischen und umgekehrt. Zwischen beiden Prozessen gibt es zahlreiche Interaktionen, die wiederum Richtung und Tempo des Reformverlaufes beeinflussen. Was jedoch die Zeitperspektive und die inhaltliche Akzeptanz durch die Bevölkerung betrifft, so lassen sich zwischen den beiden Transformationsprozessen erhebliche Unterschiede ausmachen. Während die freiheitlichen Grundgehalte der neuen Verfassung in der Bevölkerung weitgehend unumstritten sind und demokratische Verfassungsänderungen sich in einem Zeitraum von Monaten realisieren lassen, dauern wirtschaftliche Reformen erheblich länger und sind, von ihren Inhalten her gesehen, auch weitaus kontroverser.

VON DER PLANWIRTSCHAFT ZUR MARKTWIRTSCHAFT

Nach der ersten Euphorie und dem Freudentaumel im Anschluß an die erfolgreiche antikommunistische Revolution ist inzwischen überall eine große Ernüchterung, ein Gefühl des „Morgens danach“ festzustellen. Es zeigt sich inzwischen allzu deutlich, daß die in den früheren Staaten des Ostblocks feststellbaren materiellen, immateriellen, ökonomischen und ökologischen Schäden und Deformationen weitaus größer sind, als man ursprünglich angenommen hatte. Deren Beseitigung und die Erarbeitung von Lösungen, die spürbare Besserungen bringen, werden mehr Zeit und mehr Geld erfordern, als zunächst veranschlagt wurde. Der revolutionären Poesie folgt, wie Václav Havel einmal feststellte, die Prosa einer traurigen Realität und eines schwierigen Alltags, der für die Bevölkerung der einzelnen Länder mit großen Härten und Opfern als Preis für die neuerrungene Freiheit verbunden ist.

Das bekannte, 1944 unter dem Titel „Der Weg zur Knechtschaft“ publizierte Buch des österreichischen Ökonomen Friedrich Hayek ist fünf Jahrzehnte nach seinem Erscheinen wieder hochaktuell geworden. Die darin vertretene These, daß der Weg von der Freiheit in die Unterdrückung immer schneller und einfacher verläuft als umgekehrt, findet im ausgehenden Jahrzehnt des 20. Jahrhunderts eine erneute empirische Bestätigung. Der Weg von Marx zum Markt erweist sich als langwierig, hart und beschwerlich.

Die dem Marxismus zugrundeliegende Wirtschaftsordnung im Länderverband der ehemaligen UdSSR scheiterte letztlich an dem Unvermögen, die planwirtschaftlichen Strukturen systemadäquat an die Erfordernisse einer immer komplexer werdenden Industriegesellschaft anzupassen. Die Leistungsfähigkeit des zentralen Systems der Planwirtschaft nahm desto mehr ab, je weiter der Industrialisierungsprozeß fortschritt und je umfassender sich die Wirtschaftsstrukturen gestalteten.

Diese Entwicklung führte zunächst zur Aufweichung der staatlichen Kommandostrukturen und schließlich zu deren Kollaps.[1]

Zu der krisenhaften Zuspitzung führte im Verbund mit einer überforderten Planungsbürokratie die politische Vorgabe hochgeschraubter Wachstumsraten, die das Ein- und schließlich Überholen der kapitalistischen Wirtschaft zum Endziel hatten. Die dabei vorgenommene Konzentration der Wirtschaftsressourcen auf Kernbereiche wie die Schwer- und Rüstungsindustrie führte im Maßstab der Gesamtwirtschaft zu einer zu geringen Orientierung auf Qualität und Innovation. Diese Einseitigkeit ging insbesondere zu Lasten der Konsumgüterindustrie, die quantitativ zu wenig und qualitativ zu minderwertig produzierte.

Die Wirtschaftspolitik im ehemaligen Ostblock zeitigte auch eine massive Belastung der Umwelt und eine Auszehrung der ökonomischen Substanz. So wurden wesentliche Sektoren der Infrastruktur, wie beispielsweise das Transportsystem, bis an den Rand des Zusammenbruchs belastet. Die Mehrzahl der Produktionsanlagen wurde durch den Mangel an Ersatzteilen immer mehr verschlissen, Rohstoffe und Energie wurden durch Raubbau und Unwirtschaftlichkeit verschwendet. Zusätzlich erschwerend wirkte in der letzten Phase des kommunistischen Wirtschaftssystems auf makroökonomischer Ebene auch die Problematik eines großen Geldüberhanges, einer ungenügenden Budgetdisziplin und eine in vielen Fällen zunehmende hohe Auslandsverschuldung.

---

[1] Die Suboptimierung der gesamtwirtschaftlichen Ablaufprozesse im planwirtschaftlichen System läßt sich auch anhand der von dem Begründer der modernen Wohlfahrtsökonomie, Vilfredo Pareto, ausgearbeiteten Grundbedingungen (Paretos „marginal conditions“) zur Vermeidung ökonomischer Ineffizienz und Erreichung höchstmöglicher ökonomischer Effizienz (Pareto-Optimum) nachvollziehen. Die vier Pareto-Bedingungen – optimale Allokation von Ressourcen zwischen Produzenten der gleichen Güter; optimale Spezialisierung der Produktion zwischen Produzenten der gleichen Güter; optimale Zusammensetzung der Produktion und des Konsums; optimale Allokation der Güter zwischen Konsumenten der gleichen Güter – können in einer Zentralverwaltungswirtschaft nicht erfüllt werden, da sich die zentrale Planungsbehörde nur auf ihre Befehle und deren Durchführung konzentriert und das Problem der Reallokation außer acht läßt; zudem ist es den Produzenten beziehungsweise Managern nicht gestattet, Änderungen in der Verteilung und somit der Aufträge des Planbüros selbst vorzunehmen, auch wenn diesen die Möglichkeit einer effizienteren Verteilung und somit auch eines höheren Ertrages bekannt sind. In einem durchgehend zentral gesteuerten Wirtschaftssystem kann somit ökonomische Effizienz nicht erlangt werden. Nur außerhalb des Planungssystems ist ökonomische Effizienz möglich, wofür auch der sich in den vormaligen Ostblockstaaten herausgebildete Schwarzmarkt als empirisches Beispiel herangezogen werden kann.

Die konträr zum Kapitalismus ausgelegte marxistisch-leninistische Wirtschaftsdoktrin bedingte weitere realwirtschaftliche Konsequenzen, die ein Handicap für die wirtschaftliche Transformation darstellten. In einer solchen Auflistung ist in erster Linie das Verbot der Privatwirtschaft anzuführen, die nur in einigen Satellitenstaaten und auch dort nur in wenigen Sektoren ein Nischendasein führen konnte. Die zentrale Wirtschaftslenkung bedurfte darüber hinaus auch weder einer betriebswirtschaftlichen Kalkulation noch eines buchhalterischen Rechnungswesens. Weiters wurde der Industrieproduktion absolute Priorität eingeräumt, was zu einem unterentwickelten Ausbau des Dienstleistungssektors führte, dem generell weniger Bedeutung zugemessen wurde. Durch die Abschottung der ehemaligen Comecon-Staaten vom Weltmarkt wurde wiederum der Anschluß an die internationale Wettbewerbsfähigkeit gekappt. Dieser Umstand hat sich nach dem Auseinanderfallen des Rates für gegenseitige Wirtschaftshilfe (RGW) und dem damit verbundenen Wegbrechen der traditionellen Märkte im Rahmen der Arbeitsteilung innerhalb des RGW als gravierendes Manko herausgestellt, das zu einem zusätzlichen wirtschaftlichen Schockerlebnis in den Transformationsländern geführt hat.

Die nur schlagwortartige Aufzählung der Probleme, die das marxistisch-leninistische Wirtschaftssystem mit seiner zentralen bürokratischen Planwirtschaft zurückließ, macht deutlich, welch ungeheures Potential an Problemlösungskapazitäten im Transformationsprozeß gefordert ist. Während dieses Prozesses müssen die Entscheidungs- und Wirkungsmechanismen des kommunistischen Wirtschaftssystems eliminiert und in einem übergreifenden Prozeß gleichzeitig die Grundlagen für eine marktwirtschaftliche Wirtschaftsordnung geschaffen werden.

Mangels funktionierender Alternativen stellt die freie Marktwirtschaft westlichen Musters die Zielrichtung der ökonomischen Transformation dar. Der Versuch, einen dritten Weg im Sinne der Nationalökonomen Oskar Lange oder Ota Šik zu gehen, wäre sehr wahrscheinlich zum Scheitern verurteilt. Als Beispiel für einen dritten Weg wird in diesem Zusammenhang immer wieder die Neue Ökonomische Politik erwähnt, die unter Lenin Anfang der zwanziger Jahre in Rußland eingeführt und kurz nach seinem Tod von Stalin durch die Fünfjahres-Planwirtschaft ersetzt wurde. Mit der Neuen Ökonomischen Politik wollte Lenin die als Folge des Kriegskommunismus aufgetretene Versorgungskrise beseitigen. Zu diesem Zweck erhielten die Bauern ihr Land zurück, der Handel und die Abhaltung von Märkten wurden wieder zugelassen, Unternehmen konnten von Kooperativen, Genossenschaften oder Einzelpersonen gepachtet werden, und sogar ausländischen Firmen wurde zugestanden, auf Konzessionsbasis russische Firmen zu übernehmen. Schlüsselbetriebe der Wirtschaft, wie die Banken, der Außenhandel oder das Transportwesen, verblieben aber ebenso wie die Medien weiterhin unter der Verfügungsgewalt des Staates. Mit dieser wirtschaftspolitischen Ausrichtung, die das Nebeneinander von Marktmechanismen und genossenschaftlichen Wirtschafts- und Eigentumsformen zuließ, gelang es tatsächlich, das Versorgungsproblem binnen kürzester Zeit zu lösen und die Industrieproduktion anzukurbeln. Dieser Erfolg war aber nur möglich, weil in der Bevölkerung das für eine kapitalistische Reanimierung notwendige Wissen für das Betreiben von Handels-, Gewerbe- und Landwirtschaftsbetrieben noch nicht verlorengegangen war und die Menschen noch die dafür notwendige Ausbildung und Befähigung besaßen. Dieses Know-how wurde während der jahrzehntelangen Herrschaft des Kommunismus in den Satellitenstaaten weitgehend und in den russischen Teilrepubliken zur Gänze eliminiert. Aus diesem Grund wäre eine Wiederholung des Erfolges der Neuen Ökonomischen Politik später nicht mehr möglich gewesen. Ein solcher Versuch hätte mit größter Wahrscheinlichkeit nicht das Aufschließen zum wirtschaftlichen Niveau der Ersten Welt, sondern das Absinken auf jenes der Dritten Welt mit sich gebracht.

Von der Norm des westlichen Wirtschaftsmodells ist die Realität in den meisten Reformstaaten allerdings extrem weit entfernt, und der lange Weg dorthin liegt in einer „terra incognita“, wo die möglichen Konsequenzen der einzelnen Schritte, auch wenn sie strategisch klug und mit der besten Absicht gesetzt wurden, nicht vorhersehbar sind und mit unerwarteten Folgereaktionen verbunden sein können. Der tschechische Ministerpräsident und Wirtschaftswissenschaftler Václav Klaus hat die Transformation daher einmal treffend mit einem Schachspiel verglichen. (Er selbst will eine „Marktwirtschaft ohne Adjektiv“, also nicht einmal eine soziale Marktwirtschaft wie in der Bundesrepublik Deutschland.) Besonders schwierig ist jedoch zweifelsohne die Ingangsetzung der Transformation und die rasche Überwindung eines Interregnums, während dem die alte Ordnung nicht mehr und die neue noch nicht funktioniert.

Die Dauer der Transformation

Die Einschätzung, wie lange die ökonomische Transformation realistischerweise dauern kann, kennt zwei Extreme und reicht von einer Zeitspanne von 500 Tagen bis zu 500 Monaten.

Unter Führung des russischen Ökonomen Stanislaw Schatalin wurde ein unter der Bezeichnung „Programm der 500 Tage“ bekannt gewordenes Konzept ausgearbeitet, das einen abrupten Übergang zur Marktwirtschaft vorsah. Das Reformkonzept, dessen Umsetzung im Sommer 1990 begann, wurde von Jelzin und anfänglich auch von Gorbatschow unterstützt. Steigender Widerstand ließ den Schatalin-Plan bald zum Stückwerk werden und trug zu dessen Scheitern bei. Die Vorgabe von 500 Tagen Transformation hatte sich als nicht realisierbares Planspiel herausgestellt.

Der Altbundeskanzler der Bundesrepublik Deutschland, Helmut Schmidt, hat einmal die Dauer der Transformation mit einer Nacht, neun Monaten und 40 Jahren veranschlagt: also 500 Monate, bis eine neue Führungsgeneration mit anderer Qualifikation und Mentalität die Verantwortung übernommen hat. Zieht man die Erfahrungen der Nachkriegszeit zum Vergleich heran – etwa das sogenannte deutsche oder österreichische Wirtschaftswunder, die erfolgreiche wirtschaftliche Entwicklung in Fernost, Spanien oder Chile –, dann scheint ein Zeitvoranschlag von 500 Wochen, also von zirka zehn Jahren, eine optimistische, aber nicht unrealistische Einschätzung jenes Zeitraumes zu sein, innerhalb dessen sich die Verhältnisse deutlich bessern könnten. Aber auch das ist eine lange, immerhin bis zur Jahrtausendwende reichende Zeitspanne. In vielen Fällen wird die Dauer der Transformation aber noch weit über diese Jahresgrenze hinausgehen.

Welch ungeheure Anstrengungen notwendig sein werden, um an den westlichen Standard heranzukommen, zeigt folgende hypothetische Überlegung, die von Mitarbeitern der Weltbank zu Beginn der Transformation angestellt wurde: Wenn die Reformländer in einer Frist von 15 Jahren den wirtschaftlichen Status ihrer westlichen Nachbarländer erreichen wollen, dann würde dies ein jährliches reales Wachstum pro Kopf von 8 % erfordern, was wiederum eine weit über 30 % liegende gesamtwirtschaftliche Investitionsquote voraussetzen würde. Völlig undenkbar ist die praktische Umsetzung dieser Annahme nicht. So wiesen beispielsweise Österreich und Norwegen – allerdings unter anderen Voraussetzungen – nach dem Zweiten Weltkrieg viele Jahre lang nach Japan mit fast 30 % die höchsten Investitionsquoten aller OECD-Staaten auf. Eine Wiederholung dieses Wirtschaftswunders erscheint unter den gegenwärtigen Rahmenbedingungen und den gegebenen Finanzierungsengpässen vorerst aber mehr als schwierig zu sein.

Leitbild westliche Marktwirtschaft

Mit der Festlegung des westlichen Wirtschafts- und Gesellschaftsmodells als primärem Leitbild für den Transformationsprozeß der Reformstaaten stellt sich natürlich die Frage nach der definitorischen Ein- und Abgrenzung dieses plakativen Überbegriffes. Hugo Portisch hat in seinem historischen Standardwerk über den Aufstieg und Fall der Sowjetunion, dem unter dem Titel „Hört die Signale" erschienenen Buch, zum Schluß gemeint, daß die westliche Wirtschafts- und Gesellschaftsordnung nach strengem marxistischen Maßstab noch immer eine kapitalistische sei, daß sie „in Wirklichkeit aber schon längst etwas Neues ist, für das wir zur Zeit nur Hilfsbegriffe haben wie soziale Marktwirtschaft, Sozialpartnerschaft oder Konsensdemokratie. Und wenn die Völker der bisherigen Sowjetunion nun dieses Modell teilweise oder zur Gänze übernehmen, dann bedeutet dies nicht den ‚Rückfall in den Kapitalismus', sondern ist vielmehr das Beschreiten eines Weges, den sich die Völker der westlichen Welt erst mühsam haben bahnen müssen".[2]

Die Ziele dieses Weges waren durchaus nicht ident – jedes Land im industrialisierten Westen hat eine Marktwirtschaft mit spezifischen Merkmalen entwickelt, man denke in diesem Zusammenhang nur an das japanische, schwedische, englische, amerikanische oder österreichische Modell. Unabhängig von den einzelnen Ausprägungen gibt es aber einige herausragende gemeinsame Charakteristika. Die westlichen Industriestaaten sind keine „reinen" Marktwirtschaften, in denen die „unsichtbare Hand" des Marktes als ausschließlicher Regulationsmechanismus wirkt, sondern vielmehr sogenannte „mixed economies", in denen die wirtschaftliche Entwicklung sowohl durch die Kräfte des Marktes als auch durch die „sichtbare Hand" staatlicher Wirtschaftspoli-

---

[2] Hugo PORTISCH, Hört die Signale. Aufstieg und Fall des Sowjetkommunismus. Wien 1991, S. 433

tik regulativ beeinflußt wird. Zu den Aufgaben des Staates zählt weiters in allen westlichen Ländern als Gegengewicht und Ausgleich zum Markt- und Leistungsprinzip ein Mindestmaß an Wohlfahrtseinrichtungen und sozialer Absicherung, um Freiheit von Furcht und Not zu schaffen. Eine „Marktwirtschaft ohne Adjektiv" ist im Einzelfall zu bitter, sie bedarf eines Mindestmaßes an Süßstoff, also an sozialer Abfederung. Ein weiteres gemeinsames Merkmal der westlichen Industriestaaten ist die Pluralität von Eigentumsformen, die gleichzeitige Zulassung und Akzeptanz von privatem, genossenschaftlichem und öffentlichem Eigentum („private and public partnership"). Auf dieses Zusammenwirken der verschiedenen Eigentumsformen im Rahmen der westlichen Wirtschaftsordnung hat der bedeutende amerikanische Ökonom John K. Galbraith einmal mit folgender Feststellung eindrucksvoll hingewiesen: „In der Schweiz, wo ich einen Teil meines Lebens verbringe, reisen wir mit einer Eisenbahn, die dem Staat gehört. Unsere Wohnung gehört der Gemeinde. Die Bauern in der Nachbarschaft bekommen Subventionen, die ihren Bedürfnissen entsprechen. Ein anständiges Haus gilt als Grundrecht. Der reichhaltige Laden, der uns mit Lebensmitteln und vielen anderen Dingen versorgt, gehört einer Genossenschaft. Unser Konto haben wir bei einer staatlichen Bank. Wir können keinen Baum abschlagen – und wahrscheinlich auch keinen pflanzen – ohne öffentliche Erlaubnis. Um die lieblichen Almwiesen kümmern sich Bauern, die vom Staat dafür Subventionen bekommen. Die Schweizer sind nichtsdestoweniger für ihr eifriges Engagement für das Unternehmertum berühmt."[3]

Die Frage des Unterschiedes zwischen dem ehemaligen Wirtschaftssystem des Ostens und dem des Westens besteht im Gegensatz zur Meinung von Marx oder jedenfalls vieler Marxisten nicht so sehr darin, daß das eine kein und das andere sehr wohl Privateigentum an Produktionsmitteln kennt, als vielmehr in der Frage der Gewichtung des Geldes.

Im planwirtschaftlichen System ist das Geld faktisch nur ein Bezugsschein für ausschließlich nach Plan produzierte und den Geschäften zugeteilte Güter und damit eine bloße Verrechnungseinheit für das „surreale" Rechnungswesen dieses Systems. In der Marktwirtschaft hingegen wird das Geld zum monetären Stimmzettel, mit dem einzelne

---

[3] John Kenneth GALBRAITH, Ein Rezept namens Kapitalismus, in: Die Zeit, 26. Oktober 1990

Wirtschaftssubjekte frei darüber abstimmen, welche Angebote in welcher Höhe nachgefragt werden (Wilhelm Hankel). Freie Konvertibilität vorausgesetzt, ist die unbegrenzte Verfügbarkeit des einzelnen über das eigene Geld prinzipiell auch über Ländergrenzen hinweg und ohne Beschränkung auf die Rücksichtnahme der Interessen des eigenen Staates und der eigenen Volkswirtschaft gewährleistet. Dies bedeutet, daß in der Marktwirtschaft – über das Geld und über die Geldleihe zur Kreditwirtschaft verdichtet – eine ganz andere Form der Konsumentenentscheidung, der Sparentscheidung sowie der Einflußnahme und Lenkung von Produktion und Investition herbeigeführt wird als in der Planwirtschaft. Das Entscheidende dabei ist der Kredit, das heißt die Übertragung der Verfügungsmacht über reale Ressourcen von Sparern an Unternehmer und Investoren. Dies bedingt eine Fülle weiterer Konsequenzen, und es scheint daher an dieser Stelle nicht unangebracht zu sein, auf Dostojewski zu verweisen, der in seinen „Aufzeichnungen aus einem Totenhaus" an einer Stelle Geld als „geprägte Freiheit" bezeichnet hat.

In der wirtschaftswissenschaftlichen und wirtschaftspolitischen Diskussion ging es aber unverständlicherweise lange Zeit kaum darum, welches der im Westen herausgeformten Wirtschaftsmodelle beziehungsweise welcher Modellmix für die Transformationsländer als Zielvorlage geeignet wäre. Vielmehr wurden den Reformländern vor allem aus dem angelsächsischen Raum vorwiegend auf Theorien fußende Patentrezepte makroökonomischen und monetaristischen Inhalts angedient, deren Zauberformel Stabilisierung, Liberalisierung und Privatisierung lautet. Mittels Schocktherapie sollte mit einem Schlag eine „Marktwirtschaft ohne Adjektiv" geschaffen werden – eine Wirtschaftsordnung, die in dieser Form auch in keinem westlichen Staat anzutreffen ist. Der als Neoklassik bezeichneten Wirtschaftstheorie, zu deren bedeutendsten Vertretern William Stanley Jevons und Marie Esprit Léon Walras zählen, liegt ein marktwirtschaftliches Idealmodell zugrunde, in dem alle ökonomischen Prozesse autonom und ohne jede staatliche Einflußnahme von den Märkten geregelt werden. In der Sozialpolitik wird auf Eigenvorsorge gesetzt, staatliche Unterstützungen haben sich, wenn überhaupt vorhanden, auf ein absolut unverzichtbares Minimum zu beschränken. Die wirtschaftspolitische Aufgabe des Staates sollte sich im wesentlichen auf die Festsetzung von marktwirtschaftlich konformen Rahmenbedingungen in rechtlicher und institutioneller Hinsicht beschränken. Von der ökonomischen Schule der Monetaristen, die ebenso wie die Neoklassik oft mißverständlich an die Gleichgewichts- und Harmonielehre der klassischen Theoretiker anschließt, wird, vereinfacht ausgedrückt, dem Staat die Aufgabe zugewiesen, durch die der wirtschaftlichen Entwicklung angepaßten Steuerung der Geldmenge das Preisniveau zu stabilisieren und damit inflationäre Entwicklungen zu unterbinden.

Was die Wahl eines ökonomischen Systemleitbildes für die Reformstaaten betrifft, so stellt sich die Frage, ob das sozioökonomische Rahmenmodell Österreichs – bei allem Handlungsbedarf in Richtung Liberalisierung, Deregulierung und Entbürokratisierung – langfristig gesehen für die Reformländer Mittel- und Osteuropas nicht besser geeignet wäre als die von angloamerikanischer Seite angebotenen Varianten im Geiste von Reagonomics und Thatcherism, aber auch der neuen Schule österreichischer Ökonomen, zu deren prominentesten Vertretern unter anderem Carl Menger, Ludwig Mises, Friedrich Hayek und Israel Kirzner zählen. Die österreichischen Verhältnisse können als eine sozialorientierte und ökologisch verantwortliche Marktwirtschaft mit breit gestreutem Privateigentum bei gleichzeitig bedeutsamem öffentlichen Eigentum bezeichnet werden. Aufbauend auf einem breiten Konsens und in enger Zusammenarbeit aller gesellschaftlich, politisch und wirtschaftlich relevanten Gruppen des Landes, kann die österreichische Wirtschaftspolitik im Rahmen einer „mixed economy" einen pragmatischen „policy mix" von nachfrage- und angebotsorientierten sowie von währungs- und einkommenspolitischen Maßnahmen mit Erfolg anwenden.

Für die Reformstaaten ist aber nicht nur wichtig, verschiedenen Ausprägungen etablierter marktwirtschaftlicher Systeme in bezug auf die eigene Transformationsstrategie zu hinterfragen. Auch aus dem Entwicklungspfad, den einzelne westliche Marktwirtschaften während ihres eigenen wirtschaftlichen Transformationsprozesses gegangen sind, können die Reformländer methodische Rückschlüsse für die strategische und taktische Abwicklung des eigenen Transits ziehen.

Beispiele für marktwirtschaftliche Transformationsprozesse

Die Transformation der ehemaligen Satellitenstaaten und der ehemaligen Teilrepubliken der UdSSR ist aufgrund zahlreicher ökonomischer, politischer und sozialer Merkmale einzigartig. Dennoch ist es legitim, in der Wirtschaftsgeschichte nach Beispielen vergleichbarer Herausforderungen zu suchen. Dieser Rückblick dient dem Ziel, Schlüsselpunkte von Transformationsprozessen zu identifizieren und diese auf ihre potentielle instrumentale Funktionsfähigkeit für den derzeitigen wirtschaftlichen Überleitungsprozeß hin zu überprüfen. Der Wirtschaftshistoriker Charles Feinstein hat diese Suchmission einmal bildhaft damit verglichen, daß ähnlich wie bei Menschen, die trotz ihrer Verschiedenartigkeit eine ähnliche Frisur oder eine Ähnlichkeit bei bestimmten Gesichtszügen aufweisen können, auch einzelne Wirtschaften gewisse spezifische Charakteristika miteinander teilen und trotzdem in anderer Hinsicht weitgehend verschieden sein können.

Als historische Beispiele für marktwirtschaftliche Transformationen können etwa die Ablöse der Feudalwirtschaft durch die Industriewirtschaft oder die Umstellung militärisch kontrollierter Kriegswirtschaften auf marktwirtschaftliche Friedenswirtschaften nach dem Zweiten Weltkrieg angeführt werden.

Vom Feudalismus zum Kapitalismus: Beispiel Fernost

Die im 19. Jahrhundert erfolgten Umwandlungen des Feudalsystems zur Industriegesellschaft, wie sie etwa in Großbritannien, Deutschland, Schweden oder in den USA auf evolutionärer Basis und in Rußland unter dem letzten Zaren Alexander II. oder in Japan unter der Herrschaft der Meije auf zwanghafte Anordnung erfolgten, sind für die gegenwärtige Herausforderung aufgrund der historischen Distanz und des geänderten wirtschaftlichen und industriellen Aufgabenprofils von geringerer Bedeutung. Wertvolle Erfahrungen bieten hingegen trotz aller kulturellen, politischen und sozialen Unterschiede die sogenannten „Schwellenländer" der Dritten Welt oder die neuen Hochtechnologiestaaten Asiens. Die vier „großen Drachen" (Hongkong, Singapur, Südkorea, Taiwan) und die vier „kleinen Drachen" (Indonesien, Malaysia, Philippinen,

Thailand) haben sich in den vergangenen 50 Jahren von wirtschaftlich rückständigen Gebieten zu erstklassigen Mitbewerbern auf dem Weltmarkt entwickelt.

Diese Staaten haben ebenso wie vor ihnen Japan den Aufbau und Ausbau ihrer Wirtschaft nicht allein den Kräften des Marktes oder dem Interesse ausländischer Investoren überlassen. Vielmehr betrieben sie, abgesehen von Hongkong, eine aktive Industriepolitik, im Rahmen derer auf Basis von fundierten Markt- und Technologiestudien eine strategische Auswahl für den Ausbau der heimischen Industriebereiche getroffen wurde. Konkret ging es zunächst um die Abschätzung, mit welchen Produkten man sich am Weltmarkt langfristig erfolgreich durchsetzen könnte. Sobald diese Entscheidung gefallen war, wurde für diese Industrien ein breit angelegtes Förderungsprogramm entwickelt. Dieses beinhaltete neben Steuererleichterungen, Exportanreizen und anderen finanziellen Hilfestellungen auch das Verbot von bestimmten Importen zum Schutze der heimischen Wirtschaft. Um sicherzustellen, daß die so geförderten Industriebereiche nicht protektionsabhängig wurden, sondern langfristig ihre internationale Wettbewerbsfähigkeit beibehielten, erfolgte die Unterstützung auf degressiver Basis. Parallel zum Aufbauprogramm für neue Unternehmen im Hochtechnologiebereich kam ein Hilfsprogramm für die Diversifikation und Restrukturierung von bestehenden Unternehmen zum Tragen. Firmen, denen keine Modernisierungschancen eingeräumt wurden, wurden stillgelegt. Negative soziale Begleiterscheinungen des Modernisierungsprozesses wurden durch umfassende Sozialpläne aufgefangen, die unter anderem auch eine großzügige Pensionsregelung für freigesetzte Arbeitnehmer beinhalteten.

Um den heimischen Firmen die Exporttätigkeit zu erleichtern und sie gleichzeitig auf dem heimischen Markt vor Importen zu schützen, wurde die Festlegung des Wechselkurses zu einem wichtigen wirtschaftspolitischen Instrumentarium der asiatischen Staaten. Erst als sich die heimischen Produkte auf dem Weltmarkt etabliert hatten, nahmen diese asiatischen Staaten – nicht zuletzt auf Druck der Handelspartner – eine Neubewertung ihrer Währungen vor.

Für das Wachstum einer Wirtschaft sind hohe Spar- und Investitionsraten eine unabdingbare Voraussetzung. Durch die auf die Interessen der heimischen Wirtschaft zugeschnittene Währungspolitik konnten die Unternehmen hohe Rücklagen bilden. Auch durch die Beeinflussung der Preise aufgrund fiskalpolitischer Maßnahmen wie Steuer- und Zollerleichterungen sowie Subventionen wurde die Spar- und Investitionstätigkeit indirekt beeinflußt. Diese interventionistische Preis- und Subventionspolitik wurde allerdings nur in bestimmten volkswirtschaftlichen Schlüsselsektoren angewandt, nominell wurden die Preise durch den Markt festgesetzt.

Bei ausländischen Direktinvestitionen waren Japan und die anderen asiatischen Industriestaaten sehr zurückhaltend. Beim Erwerb von Technologie und Know-how setzte man strategisch auf Lizenzen und Franchising, wohl auch auf Piraterie. Während Japans erster Modernisierungsperiode um 1860 wurden ausländische Bankspezialisten, nicht aber deren Bankinstitute, eingeladen, am Aufbau eines heimischen Bankensystems mitzuwirken. Als genügend Personal ausgebildet war, wurden die Ratgeber aus dem Ausland sukzessive durch eigene Fachleute ersetzt. Auch die anderen asiatischen Staaten sind auf ähnliche Weise vorgegangen. Dieses Verhalten ist jedoch eher als kulturspezifische Eigenheit denn als wirtschaftsrationales Kalkül zu bewerten. In diesem Kontext muß dieser Vorgangsweise aber durchaus eine innovatorische Dimension zugebilligt werden. Im Zuge der Internationalisierung der Wirtschaft werden auch die asiatischen Staaten ihre Märkte nicht nur für ausländische Güter, sondern auch für ausländische Investoren immer weiter öffnen müssen.

Die Beispiele des asiatischen Zugangs zur Entwicklung einer Marktwirtschaft sind für die Reformstaaten Osteuropas vor allem deshalb von hohem Erfahrungswert, weil es den asiatischen Staaten gelungen ist, ihren Restrukturierungsprozeß umzusetzen, ohne die Bevölkerung mit hohen wirtschaftlichen und sozialen Anpassungskosten zu belasten.

Der Wiederaufbau nach dem Zweiten Weltkrieg: Beispiel Österreich

Eine Beispielkategorie für den Übergang zu einem marktwirtschaftlichen System ist auch der Wiederaufbau nach dem Zweiten Weltkrieg. Die Aufgaben, denen die Staaten Westeuropas, die USA oder Japan damals gegenüberstanden, sind mit jenen Herausforderungen, die die Reformstaaten heute zu bewältigen haben, nur bedingt vergleichbar. In den westlichen Industriestaaten konnten damals nach Ablöse der militärstaatlich kontrollierten Kriegswirtschaften problemlos erneut marktwirtschaftliche Strukturen aufgebaut werden. Der für das Funktionieren einer Marktwirtschaft notwendige Wissens- und Ausbildungsstand war in der Bevölkerung noch vorhanden und konnte übergangslos reaktiviert werden. Trotz dieser günstigen Voraussetzungen dauerte es in den USA und in Großbritannien etwa fünf Jahre, bis das Vorkriegsniveau in der Produktion wieder erreicht werden konnte. Dieselbe Zeitspanne wurde auch benötigt, um die Kriegswirtschaft wieder auf eine Friedenswirtschaft umzustellen. Im ehemaligen Westdeutschland, in Japan, Italien oder Frankreich dauerte die wirtschaftliche Erholungsphase durchschnittlich etwa zehn Jahre. Diese Länder mußten allerdings mit einem unvorstellbar hohen Ausmaß an Kriegszerstörungen fertig werden. Als Folge des Zweiten Weltkrieges ist deren Produktion auf mehr als 50 % unter das Vorkriegsniveau gefallen. Auch die Reformstaaten verzeichneten im Zuge der Transformationskrise im Durchschnitt einen ähnlich hohen Produktionsverfall.

Wenn die wirtschaftliche Restrukturierung der Nachkriegszeit auch kein 1:1-Modell für die Reformländer sein kann, so gibt es dennoch zahlreiche ökonomische und soziale Aspekte, die für die gegenwärtige wirtschaftliche Transformation in den Reformstaaten durchaus relevant sein können. Der nicht nur akademische Leitsatz, daß man grundsätzlich immer von den Erfahrungen der Vorgänger lernen kann, gilt auch für Volkswirtschaften.

Es wurde bereits kurz darauf eingegangen, daß von den westeuropäischen Staaten Österreich sehr wohl als marktwirtschaftliches Orientierungsmodell für die Reformstaaten dienen könnte. Ähnliches gilt für die Nachkriegsentwicklung in der Bundesrepublik Deutschland, aber auch hinsichtlich der im Zuge der Wiedervereinigung seit 1991 gewonnenen Erfahrungswerte. Im folgenden wird am Beispiel Österreichs die Rekonstruktion der Marktwirtschaft nach dem Zweiten Weltkrieg übersichtsartig dargestellt.

Österreich, das damals mit enormen Zerstörungen fertig werden mußte – unter anderem war die Hälfte der Industrieanlagen und des Schienennetzes unbenutzbar –, konnte in kurzer Zeit wieder einen Zustand der Normalität erreichen. Das Bruttosozialprodukt, das 1946 erst etwas mehr als die Hälfte des Sozialproduktes von 1938 erreichte, überschritt vier Jahre später bereits den Vorkriegsstand und lag 1951 schon um 13 % darüber. Mit der im Jahre 1952 durchgeführten Währungsreform wurde die erste Etappe des Übergangs zur „Normalität“ abgeschlossen. Die rasche Erholung von der extremen Notzeit nach

Kriegsende stellte keine österreichische Besonderheit dar, sondern war typisch für die Mehrzahl der kriegszerstörten Länder. So wie es ein österreichisches „Wirtschaftswunder“ gab, existierte auch ein deutsches, italienisches oder japanisches „Wunder“. Das wirtschaftliche Wachstum fiel im damals noch vierfach besetzten Österreich aber besonders hoch aus. 1947, nach Beseitigung der ärgsten Kriegsfolgen, betrug das reale Bruttosozialprodukt je Einwohner in Österreich erst 56 % des entsprechenden Wertes für Westeuropa insgesamt. Drei Jahre später, 1950, war es schon auf 81 % des Europastandards gestiegen. Als Gründe, die zu dieser herausragenden Entwicklung beigetragen haben, werden unter anderem die politische Stabilität des Landes und das Vermeiden von wirtschaftspolitischen Fehlern, wie sie in der Zwischenkriegszeit passiert waren, angeführt. Zu letzteren zählten beispielsweise die schwere Deflation oder die Weigerung der Regierung, die eindeutig überbewertete Währung zu korrigieren, was eine hohe Arbeitslosigkeit zur Folge hatte. Zur raschen Aufwärtsentwicklung nach dem Zweiten Weltkrieg trug auch die großzügige Hilfe durch das Ausland, insbesondere der Marshallplan, wesentlich bei.

Die vom Ende des Zweiten Weltkrieges bis heute andauernde politische und soziale Stabilität Österreichs gilt mit als Ergebnis der sogenannten „Sozialpartnerschaft“. Diese bis heute gesetzlich nicht fixierte Einrichtung, die sich, kurz gesagt, als eine Kompromißfindungsinstanz zwischen den Interessen von Arbeitgebern und Arbeitnehmern unter Einbindung der Belange der Landwirtschaft umschreiben läßt, gilt weltweit als österreichisches Unikat. Ein ähnliches, wenn auch nicht so umfassendes sozialpartnerschaftliches Modell war die in Deutschland vom ehemaligen Wirtschaftsminister Karl Schiller initiierte, sogenannte „Konzertierte Aktion“. Weitere, auf den sozialen Ausgleich ausgerichtete Kooperationsmodelle, wie beispielsweise der von Helmut Schmidt vorgeschlagene „Runde Tisch“, könnten auch in den Reformstaaten eine entscheidende ökonomische und politische Stabilisierungsfunktion ausüben.

Ihren Ursprung hatte die österreichische Sozialpartnerschaft nach den Erfahrungen der Lohn- und Preisabkommen in der Errichtung der sogenannten Paritätischen Kommission für Löhne und Preise, mit der man auf Basis des direkten Verhandlungsweges zwischen Arbeitgeber- und Arbeitnehmervertretern die Nachkriegsinflation in den Griff bekommen wollte. In der Folge fand das sozialpartnerschaftliche Prinzip eine immer breitere Ausdehnung und reicht heute von der Sozialversicherung, der Arbeitsmarktförderung und der Agrar-, Geld- und Kreditpolitik bis zur Rechtsprechung bei Kartellverfahren und arbeitsgerichtlichen Verfahren. In letzteren Fällen werden von den Arbeitgeber- und Arbeitnehmerverbänden fachmännische Laienrichter entsandt.

Der nach dem Zweiten Weltkrieg ausgeprägte Wille zur Zusammenarbeit der einzelnen politischen Lager und der ihnen zuzurechnenden Verbände resultierte aus der Einsicht in die Zweckmäßigkeit des Wiederaufbaus und der vollen Souveränität Österreichs. Für den Bestand des sozialpartnerschaftlichen Systems war und ist entscheidend, daß zwischen den politischen Entscheidungsträgern ein Konsens über die sozioökonomische Struktur eines Landes und die Einkommensverteilung in der Bevölkerung besteht. Zum Erfolg der Sozialpartnerschaft trug sicherlich auch bei, daß der öffentliche Sektor in der österreichischen Wirtschaft eine bedeutende Rolle spielt und daß die Organisationsstruktur des privaten Sektors eine hohe Zentralisierung aufweist. Bis heute wird die wirtschaftliche und soziale Entwicklung in Österreich von der Sozialpartnerschaft determiniert, die, obwohl sie nicht nur unkritisch gesehen wird, für Österreich in der EU durchaus zu einem „Standortvorteil“ werden könnte, wie der Wirtschaftswissenschaftler Georg Winckler meint.

In Anlehnung an den ehemaligen österreichischen Finanzminister Stephan Koren kann man zwischen drei Phasen unterscheiden, während derer sich Österreich nach dem Zweiten Weltkrieg zu einem modernen Industriestaat herausgebildet hat. Die Periode der „pragmatischen Improvisation“ dauerte von 1945 bis 1947. Diese Zeitspanne war gekennzeichnet durch Chaos, Hunger, Not, eine zurückgestaute Inflation und den Kampf ums Überleben. Die Wirtschaftspolitik beschränkte sich zunächst auf Rationierungen, auf die Kontrolle der Produktion, der Güterverteilung und der Festsetzung der Verkaufspreise. Die Banken konnten aufgrund des „Schaltergesetzes“ bereits im Juli 1945 ihre Tätigkeit wieder aufnehmen. Der Geldumlauf wurde sowohl durch das Einfrieren von Bankeinlagen und Devisenguthaben als auch durch die Einführung einer neuen Währung begrenzt. Ende 1945 wurde der Schilling wieder als österreichische Währung eingesetzt. Mit dem Devisengesetz von 1946 wurde der Wechselkurs zwischen dem österreichischen Schilling und dem US-Dollar mit 10 Schilling festgesetzt. Ausländische Zahlungen wurden zur Gänze vom Staat kontrolliert.

Die durch die Knappheit der Güter bedingten Rationierungen und Preiskontrollen waren eine pragmatische Notwendigkeit, die zu keinen Kontroversen um die Sinnhaftigkeit wirtschaftlicher Regulierung durch den Staat Anlaß gab. Auch die Verstaatlichung der Grundstoffindustrie, der Elektrizitätswirtschaft und des Bankensektors war vorwiegend eine Frage der Zweckmäßigkeit und keine der Ideologie.

Die zweite Phase der wirtschaftlichen Rekonstruktion fand zwischen 1947 und Ende 1951 statt. Diese Periode wurde durch eine Währungsreform eingeleitet. Mit dem Währungsschutzgesetz vom November 1947 wurden drei Ziele verfolgt, und zwar die Verringerung der Notenbankgeldmenge, die Reduktion des Buchgeldumlaufes und die Schaffung der Voraussetzungen für die Bereinigung der Bilanzen der Kreditinstitute. Die Reduktion des Bargeldumlaufes wurde dadurch erreicht, daß alle Schillingnoten im Verhältnis von 3:1 gegen neue Schillinge umgetauscht werden mußten. Davon ausgenommen war nur ein Betrag von 150 Schilling pro Person, der 1:1 umgewechselt wurde. Durch diese Maßnahme konnte der Geldumlauf von 12,4 auf 7,7 Milliarden Schilling reduziert werden. Der Buchgeldbestand wurde teils durch ersatzloses Streichen bestimmter Einlagekategorien, teils durch die Umwandlung von Einlagen in eine Forderung an den Bundesschatz um zirka 10,7 Milliarden Schilling auf 5 Milliarden Schilling verringert. Die Währungsreform, die laut dem ehemaligen österreichischen Finanzminister Reinhard Kamitz ein voller Erfolg war, fiel mit dem Einsetzen der Marshallplanhilfe zusammen, was zu einer stürmischen wirtschaftlichen Aufwärtsentwicklung führte. Bereits zur Jahreswende 1948/49 konnte die Rationierung bei wichtigen Versorgungsgütern aufgehoben werden.

Als kleine und offene Wirtschaft war Österreich auch damals schon sehr stark vom Außenhandel abhängig. Der Schilling war bei den im Jahr 1946 fixierten Wechselkursen stark unterbewertet. Die zu geringe Bewertung ging in den Jahren 1946 und 1947 wegen der relativ hohen Preissteigerungsraten allmählich verloren, was speziell für die österreichische Exportwirtschaft Probleme mit sich brachte. Dies erforderte eine Neuordnung der österreichischen Devisenbewirtschaftung, die im November 1949 geregelt wurde. Es kam zur Einführung eines gespaltenen Wechselkurses. Der „Grundkurs" gegenüber dem US-Dollar wurde mit 14,40 Schilling festgelegt. Für Transaktionen im Dienstleistungs- und Kapitalverkehr galt der „Prämienkurs" von 26 Schilling pro US-Dollar. Der effektive Kurs für Warenexporte belief sich auf 21,40 Schilling pro US-Dollar, da den Exporteuren eine „Belassungsquote" von 60 % gewährt wurde. Dies bedeutete, daß die Exporteure 60 % der Ausfuhrerlöse zum Prämienkurs an Importeure verkaufen konnten. Die Erfolge dieser Abwertung schlugen sich in der Exportstatistik deutlich nieder. Während die Exporte 1949 nur etwa zwei Drittel des Vorkriegsstandes von 1938 erreicht hatten, konnte 1950 das Vorkriegsniveau eingeholt werden.

Trotz des Währungsschnittes von 1947 gelang es in der Folge nicht, die umlaufende Geldmenge in den Griff zu bekommen, was zu hohen Inflationsschüben in der zweiten Nachkriegsperiode führte. Die hohe Inflation, die naturgemäß zu einer geringeren Spartätigkeit führte, behinderte den Aufbau eines österreichischen Kapitalmarktes und durchkreuzte auch alle Versuche, die Zahlungsbilanz zum gegebenen Wechselkurs in Ordnung zu bringen. Die österreichischen Wirtschaftspolitiker hatten sich zur Eindämmung der inflationären Entwicklung zunächst der zwischen den Sozialpartnern abgeschlossenen Preis- und Lohnabkommen bedient. Diese Maßnahme erwies sich auf Sicht gesehen aber als nicht wirksam, da zwischen den politischen Kräften keine Einigung über eine längerfristige wirtschaftspolitische Strategie erzielt werden konnte. Die eine Seite wollte dieses Problem durch verstärkte Kontrolle, die andere durch Zulassung eines freieren Marktes erreichen.

Im Vertrag vom 2. Juli 1948 zwischen der amerikanischen und der österreichischen Regierung, der die Marshallplanhilfe zum Gegenstand hatte, mußte sich Österreich verpflichten, die „Währung zu stabilisieren, einen gesunden Wechselkurs festzusetzen, den Staatshaushalt so bald als möglich ins Gleichgewicht zu bringen, eine innerstaatliche finanzielle Stabilität zu schaffen und aufrechtzuerhalten und allgemein das Vertrauen in das Währungssystem wiederherzustellen und aufrechtzuerhalten" (Artikel II C). Das auf vier Jahre angelegte US-Hilfsprogramm (European Recovery Program) lief 1952 aus. Eine unkontrollierte Inflation barg zu diesem Zeitpunkt die Gefahr einer ernsthaften Gefährdung der erreichten wirtschaftlichen Stabilisierung und hätte zu unlösbaren Problemen in bezug auf die Zahlungsbilanz führen können. Um dieses negative Szenario nicht Realität werden zu lassen, wurde von der damaligen Regierung ein umfassendes wirtschaftliches Restriktivitätsprogramm eingeleitet. Dieses beinhaltete die klassischen Methoden der Währungsstabilisierung, nämlich Zinssatzerhöhung, Kreditrestriktion und Verringerung der gesamtwirtschaftlichen Nachfrage durch eine

Beseitigung des Budgetdefizits. Dieses Programm führte 1952 zu einer Stabilisierungskrise. Die industrielle Produktion stagnierte, und die Arbeitslosigkeit stieg stark an. Zu Jahresende 1952 waren mehr als 240.000 Menschen arbeitslos, um fast 100.000 mehr als ein Jahr zuvor. Auf lange Sicht gesehen, führten die eingesetzten wirtschaftspolitischen Maßnahmen aber zum Erfolg. Die Inflation konnte auf niedrigem Niveau eingedämmt und das Vertrauen der österreichischen Bevölkerung in den Schilling wiederhergestellt werden. Die durch die Währungsstabilisierung ausgelöste Wirtschaftskrise konnte relativ rasch überwunden werden. Bereits 1953 setzte ein Wirtschaftsboom ein, der zum Teil auch durch eine starke Nachfrage nach österreichischen Produkten aus dem Ausland getragen wurde. Dieser Boom leitete eine Phase des Wachstums und der Liberalisierung der österreichischen Wirtschaft ein.

An der Entwicklung des Bruttosozialproduktes als aussagekräftigem Indikator für die wirtschaftliche Leistung eines Landes lassen sich die Stationen der wirtschaftlichen Aufwärtsentwicklung in den ersten acht Jahren der Nachkriegszeit markant nachzeichnen. Das Sozialprodukt, das 1946 um mehr als zwei Drittel unter das Niveau von 1937 gesunken war, erreichte 1949 den Vorkriegsstand und lag 1951 um zirka 30 % höher als 1949. Zur Erholung der österreichischen Wirtschaft und zur Stärkung der finanziellen Position hat auch das 1952 abgeschlossene Schuldenabkommen von Rom beigetragen, durch das die Vorkriegsschulden Österreichs erheblich reduziert wurden.

In der dritten Nachkriegsphase, die 1953 einsetzte, wurde Österreich endgültig zu einer funktionierenden Marktwirtschaft ausgebaut. Zunächst wurde die Politik zur Stabilisierung der österreichischen Währung fortgesetzt. Bereits im Mai 1953 wurde die Vereinheitlichung des Wechselkurses durchgeführt, was gleichzeitig zu einer Schillingabwertung führte. An die Stelle des gespaltenen Wechselkurses trat ein einheitlicher Außenwert, der mit 26 Schilling für einen US-Dollar festgesetzt wurde. Nach dieser Reform des Wechselkurses wurde Österreich Vollmitglied des Internationalen Währungsfonds, dessen Statuten Österreich schon im August 1948 ratifiziert hatte.

Die Stabilisierung des Schillings führte zu einem weiteren Anstieg der Spartätigkeit, was zum einen Ergebnis der wachsenden Masseneinkommen und zum anderen das Resultat steuerlicher Sparanreize war. Da Österreich seit 1953 keine weiteren Mittel aus dem Europäischen Wiederaufbauprogramm erhielt, mußte zur Finanzierung langfristiger Investitionen die inländische Kapitalbildung verstärkt werden. Die Sparförderung war ein Teil der Maßnahmen, die von der Regierung in den Jahren 1954 und 1955 zur Wiederbelebung des österreichischen Kapitalmarktes gesetzt worden waren. Kernpunkte dieses Maßnahmenkataloges waren die sogenannten „Kapitalmarktgesetze", denen im wesentlichen das Schillingbilanzeröffnungsgesetz, das Versicherungswiederaufbaugesetz, das Bankenrekonstruktionsgesetz und das Nationalbankgesetz zuzuzählen sind.

Das Schillingbilanzeröffnungsgesetz ermöglichte es den Unternehmen, die Aktiva und Passiva zu aktuellen Werten in die Bilanz einzustellen. Mit dem Versicherungswiederaufbaugesetz wurde eine einheitliche Regelung auf dem Gebiet der Versicherungsleistung festgelegt und die finanzielle Lage der Versicherungsunternehmen neu geregelt. Das Rekonstruktionsgesetz war wiederum für die Banken von großer Bedeutung. Mit Hilfe dieses Gesetzes konnten die Kreditunternehmen ihre Bilanzen bereinigen und ihre Geschäftstätigkeit wieder auf eine gesunde Basis stellen. Den Abschluß der monetären Rekonstruktionsperiode nach dem Zweiten Weltkrieg bildete das Nationalbankgesetz von 1955. Dieses beinhaltete eine Neuordnung der Rechtsverhältnisse und der geldpolitischen Einflußmöglichkeiten der Oesterreichischen Nationalbank.

Als im Dezember 1958 die meisten Mitgliedstaaten der Europäischen Zahlungsunion ihre Währungen als konvertibel erklärten, konnte Österreich rasch nachziehen. Der österreichische Schilling wurde für laufende Transaktionen im Januar 1959 konvertibel. Im August 1962 übernahm Österreich schließlich die Konvertibilitätsverpflichtungen des Artikels VIII der Währungsfondsstatuten. Damit verzichtete Österreich auf die Einführung von Beschränkungen von Zahlungen aus laufenden Transaktionen (Außenhandel mit Gütern und Dienstleistungen) ohne vorherige Genehmigung des Währungsfonds. Im sonstigen Kapitalverkehr mit dem Ausland bestehende Beschränkungen im Rahmen der Devisenbewirtschaftung wurden sukzessive adaptiert und verringert. Die vollständige Aufhebung sämtlicher Beschränkungen wurde aber erst im Jahre 1991 erreicht.

Am aufgezeigten Beispiel Österreich wird deutlich, wie langwierig sich der erneute Aufbau einer Marktwirtschaft gestaltet und welche Fülle von Maßnahmen notwendig sind, um den einmal eingeleiteten Prozeß zu sichern und weiterzuentwickeln. Die Wiederaufbauphase selbst war in Österreich faktisch mit der endgültigen Beseitigung der Rationierung im Jahre 1953, also neun Jahre nach Kriegsende, abgeschlossen. Die volle Konvertibilität im Sinne der Vorgaben des Internationalen Währungsfonds konnte aber erst weitere neun Jahre später erreicht werden. Nach einer langen Wachstumsperiode ist die österreichische Wirtschaft aufgrund der Veränderungen im internationalen Währungssystem und der Ölpreisrelation mit dem Wachstumsknick 1975 in eine vierte Nachkriegsphase und mit der sich seit den achtziger Jahren abzeichnenden Entwicklung der Globalisierung und Deregulierung in eine fünfte eingetreten.

Ein wesentlicher Unterschied zwischen dem Transformationsverlauf der unmittelbaren Nachkriegszeit und dem der Gegenwart besteht ganz allgemein darin, daß Kriegszerstörungen leichter zu überwinden sind als die Zerstörung aller Lebens- und Wirtschaftsbereiche durch ein politisches System. Auch die globalökonomischen Rahmenbedingungen haben sich im Vergleich zur Nachkriegszeit erheblich verschlechtert. Nach dem Zweiten Weltkrieg herrschte ein unersättlicher Warenhunger, und alle ehemaligen Kriegsstaaten waren mehr oder weniger gleich unterversorgt. Weltweit gab es damals Kapitalmangel und Verkäufermärkte. Es ging nicht darum, Nachfrage zu schaffen, sondern darum, Angebot bereitzustellen. In dem Maße, in dem dies geschehen ist, konnten Gewinne erzielt werden und war Selbstfinanzierung möglich. Darauf aufbauend haben sich dann in der Folge alle anderen traditionellen Formen der Finanzierung entwickelt. Der wirtschaftliche Aufbau wurde zudem durch großzügige Hilfe gefördert – zunächst von seiten ausländischer Nationalbanken und New Yorker Bankinstitute, von denen vor allem das Bankhaus J. P. Morgan & Co großes Engagement an den Tag legte, und von seiten der Vereinten Nationen in Form des UNRRA-Programmes. In weiterer Folge wurde der wirtschaftliche Erholungsprozeß maßgeblich durch das von den USA getragene Europäische Wiederaufbauprogramm unterstützt.

Diese beiden, den Aufschwung tragenden Paradigmen sind beim jetzigen Transformationsprozeß nicht festzustellen. Bislang existiert kein konzentriertes Hilfsprogramm der westlichen Welt, um die Transformation in den Reformstaaten nachhaltig und gezielt zu unterstützen. Umgekehrt konnten und können die Reformstaaten aus den Maßnahmen und den Entwicklungen der Aufbauzeit in Westeuropa nach dem Zweiten Weltkrieg zweifelsohne die eine oder andere nützliche Lehre ziehen und auch aus den ökonomischen Entwicklungen Japans und anderer fernöstlicher Staaten lernen.

Bei den abgeschlossenen Transformationsprozessen können rückblickend im wesentlichen zwei grundlegende Gemeinsamkeiten ausgemacht werden. In keinem der Staaten wurde ein doktrinärer marktwirtschaftlicher Kurs verfochten. Vielmehr wurde eine pragmatische, an den jeweiligen Erfordernissen ausgerichtete Wirtschaftspolitik betrieben, die in jedem Fall durch interventionistische Maßnahmen des Staates getragen, zumindest aber ergänzt wurde. Sogar in jenen Staaten, in denen das vorrangige Ziel der Aufbau und die Förderung einer Marktwirtschaft war, mußte selbst von den Apologeten einer freien Marktwirtschaft zur Kenntnis genommen werden, daß eine komplexe und moderne Industriewirtschaft nicht ohne ein bestimmtes Maß an staatlicher Regulierung funktionieren und sich gedeihlich weiterentwickeln kann.

Alle Industriestaaten des Westens haben nach dem Zweiten Weltkrieg eine interventionistische, fiskalische und monetaristische Politik betrieben, um zu einem makroökonomischen Gleichgewicht zu gelangen. In den meisten Staaten kamen auch wirtschaftliche Entwicklungspläne zur Anwendung, die zusätzlich durch staatliche Förderungsprogramme, wie zum Beispiel in den Bereichen des Arbeitsmarktes, der Bildung und der Forschung, unterstützt wurden. Diese hatten aber mit den alles erfassenden und zwanghaften Wirtschaftsplänen der ehemaligen UdSSR nichts gemein. Sie gaben lediglich Leitlinien vor, die allerdings mit bestimmten Anreizen verbunden waren. In Frankreich etwa wurde im Rahmen des Monnet-Planes zwischen 1947 und 1952 ein breit angelegtes Investitions- und Produktionsprogramm für die sechs Sektoren Kohle, elektrische Energie, Stahl, Zement, landwirtschaftliche Maschinen und Transport realisiert. In Italien wiederum erfolgte die Wirtschaftsplanung in engem Konnex mit den großen staatseigenen Holdingfirmen IRI und ENI. In Japan wurde 1956 eine eigene Wirtschaftsplanungsagentur installiert und über das Wirtschaftsministerium MITI (Ministry for International Trade and Industry) die industrie- und technologiepolitische Entwicklung erfolgreich gesteuert. Sogar die ehemalige Bundesrepublik Deutschland, die zunächst betont auf die Entwicklung einer freien Marktwirtschaft gesetzt hatte, revidierte diese Ausrichtung in den sechziger Jahren zugunsten vermehrter Einflußmöglichkeiten des Staates. 1967 wurde nach einer kurzen, aber schweren Rezession von der Bundesregierung das unter Federführung des damaligen Finanzministers Karl Schiller ausgearbeitete Stabilitätspaket verabschiedet, welches eine antizyklische Konjunkturpolitik auf der Basis fiskalpolitischer Maßnahmen in Koppelung mit einer erhöhten Ausgabenpolitik des Bundes („deficit spending“) beinhaltete. Auch wenn dieses Programm nur teilweise realisiert wurde, so markierte es dennoch einen signifikanten wirtschaftspolitischen Kurswechsel.

Im Rückblick gesehen, war die staatliche Interventionspolitik bei der Förderung des Aufbaues neuer Industrien in den ersten Nachkriegsjahren erfolgreicher als später bei der Unterstützung des Restrukturierungsprozesses von industriellen Problembranchen. Die wirtschaftlich notwendig gewordenen Anpassungen etwa in der eisen- und stahlerzeugenden Industrie, in der Textilbranche oder im Kohlenbergbau stießen auf große Widerstände von seiten der Betroffenen und waren mit hohen sozialen Kosten verbunden. Ob ein besseres Ergebnis erzielt hätte werden können, wenn nur die Marktkräfte wirksam geworden wären, kann stark angezweifelt werden. Die Erfahrungen, die in Großbritannien in der Zwischenkriegszeit mit der marktwirtschaftlichen Bereinigung von Krisen in der Textilbranche, im Kohlenbergbau und im Schiffbau gemacht wurden, lassen eine solche Schlußfolgerung jedenfalls nicht zu.

Diese Feststellung ist aber mit keiner Tabuisierung einer Diskussion über die Zweckhaftigkeit staatlicher Wirtschaftspolitik verknüpft. Eine solche muß, soll sie effizient bleiben, ständig auf ihre Zweckdienlichkeit hin hinterfragt werden. Interventionistische Maßnahmen können unter bestimmten Voraussetzungen höchst sinnvolle, unter anderen Voraussetzungen hingegen kontraproduktive Auswirkungen haben. Eine prinzipielle Entlassung des Staates aus jeder wirtschafts- und sozialpolitischen Verantwortlichkeit ist aber kein Fortschritt, sondern ein Rückschritt, mit allen aus der Geschichte des Kapitalismus bekannten negativen Begleiterscheinungen.

DIE IMPLEMENTIERUNG DER MARKTWIRTSCHAFT

Ist einmal die fundamentale Entscheidung zugunsten der Marktwirtschaft gefallen, dann muß eine Vielzahl von Rahmenbedingungen neu geschaffen beziehungsweise verändert werden.

Was das Reformtempo anbelangt, so ist die Diskussion, ob Schocktherapie oder Gradualismus, „big bang" oder Evolution Anwendung finden sollte, wenig nützlich, weil bestimmte Schritte, wie Währungsmaßnahmen oder das Festlegen gesetzlicher Rahmenbedingungen, schlagartig und radikal, andere hingegen, wie etwa Privatisierung und Modernisierung, nur schrittweise erfolgen können. Bei Anwendung einer Schocktherapie ist zudem die Gefahr groß, daß nur ein Schock entsteht, aber kaum eine Therapie bewirkt wird. Einen Rekonvaleszenten kann man nicht sofort auf das Matterhorn des internationalen Wettbewerbes jagen; und bei einem Neugeborenen muß man auch einige Zeit bis zum Erwachsenwerden zuwarten.

Für den Übergang zur Marktwirtschaft ist die Ausarbeitung einer umfassenden und kohärenten Konzeption von Stabilisierungsmaßnahmen und Reformschritten durch die Transformationsländer einerseits und das Anbot einer breiten Palette von Unterstützungsmaßnahmen durch das Ausland andererseits erforderlich. Auch wenn verschiedene Grundsätze gleich sein müssen, so werden dennoch die erforderlichen Maßnahmen und erzielbaren Lösungen im Einzelfall verschieden ausfallen. Schon allein aus administrativen Gründen ist es unmöglich, daß alle Stabilisierungs- und Reformmaßnahmen simultan ausgeführt werden. Vielmehr werden die eingeleiteten Stabilisierungsmaßnahmen naturgemäß in Reformschritte übergehen beziehungsweise selbst zu solchen werden. Noch bedeutender ist jedoch, daß manche Reformen Vorbedingung für andere sind. Beispielsweise hat für Länder mit hoher Inflation und nicht aufrechtzuerhaltenden Leistungsbilanzdefiziten die makroökonomische Stabilisierung Priorität. Eine entscheidende Rolle kommt daher auch der richtigen Abfolge der einzelnen Stabilisierungs- beziehungsweise Reformmaßnahmen zu.

Stabilisierungsmaßnahmen

Die Umwandlung der früheren Kommandowirtschaften in funktionierende Marktwirtschaften ist auf jeden Fall mit einer Stabilisierungspolitik einzuleiten. Die dazu notwendigen Maßnahmen betreffen im wesentlichen das Geld- und Haushaltswesen, eine Neuregelung der Preis- und Lohnstrukturen, die Bekämpfung der Inflation sowie den Aufbau eines staatlichen Sozialsystems. Im folgenden werden die wichtigsten Einzelmaßnahmen für eine Stabilisierung kurz aufgelistet.

Währungsreform und Eindämmung der Inflation

Ausgangspunkt jeder ökonomischen Stabilisierungspolitik in der Transformation ist eine Währungsreform. Die Umstellung der Währung, das heißt ein Währungsschnitt, ist die Voraussetzung dafür, die jeweilige Landeswährung zu Geld als Recheneinheit, als Mittel der Wertaufbewahrung sowie zur Maßeinheit und zu einem organisierenden Faktor für wirtschaftliche Aktivitäten zu machen. Dazu zählt auch die Spartätigkeit, also die Geldkapitalbildung.

Mit Hilfe einer Währungsreform ist es möglich, den zunächst in allen Transformationswirtschaften signifikant hohen Geldüberhang zu beseitigen und eine offene oder zurückgestaute Inflation zu bekämpfen, ohne Devisenreserven angreifen oder ausländische Anleihen aufnehmen zu müssen.

Anstatt mit einer Währungsreform könnte der Geldüberhang auch mittels einer erheblich über dem Zinsniveau liegenden Inflation oder mit dem Verkauf staatlicher Vermögenswerte an die Bevölkerung erreicht werden. Erstere Variante, die Ende der achtziger Jahre in Polen und im ehemaligen Jugoslawien zur Abschöpfung des Geldüberhanges gewählt wurde, erwies sich aufgrund der hohen Kosten, die mit diesem Anpassungsprozeß verbunden waren, letztlich als ineffizient. Der Verkauf von öffentlichen Vermögenswerten wiederum ist alleine aufgrund der Langfristigkeit der tatsächlichen Umsetzung kaum als rasch greifendes Instrument für eine makroökonomische Stabilisierung geeignet.

Im Anschluß an die Währungsreform muß von den Regierungen der Transformationsländer eine strikte und restriktive Geldmengenpolitik verfolgt werden, um die Inflation unter Kontrolle halten zu können. Diese Vorgabe bedeutet eine Abkehr von den aus der Planwirtschaft übernommenen Fiskalstrukturen, die durch die mangelnde Trennung von öffentlichem Budget, Notenbank und Kommerzbanken eine effiziente Steuerung der Geldmenge praktisch nicht zuließen, zumal die Finanzbedürfnisse der Unternehmen ohne Obergrenze befriedigt wurden. Die nicht limitierte Subventionierung der Unternehmen und die Stützung der Preise aller wichtigen Konsumgüter hat vielfach zu erheblichen Budgetdefiziten geführt, die ebenfalls anstandslos über Notenbankkredite finanziert wurden. Dem Aufbau wirksamer makroökonomischer Steuerungsinstrumente, insbesondere im Bereich der Geldpolitik, kommt daher in den Reformländern höchste Priorität zu.

Eine weitere, der Geldpolitik zuzuordnende Maßnahme zur Stabilisierung der Wirtschaft besteht in der Fixierung eines einheitlichen und realistischen Wechselkurses im Außenverhältnis, um durch möglichst rasche Konvertibilität der jeweiligen Landeswährung die Vielzahl offizieller, offiziöser und informeller Kurse mit all den Arbitragemöglichkeiten durch sogenannte Valutisierung zu beseitigen. Dies bedeutet in der Regel eine substantielle Abwertung mit einerseits exportfördender Wirkung, andererseits aber die Inkaufnahme eines erhöhten Inflationsdruckes von der allerdings zunächst weniger bedeutsamen Importseite.

Neue Preis- und Lohnstrukturen

Da ein realistischer Wechselkurs auf die relative Produktionskostenposition ausgerichtet ist, setzt dessen Einführung die Existenz von Marktpreisen voraus. Die Zulassung realistischer Preisstrukturen sollte aus sozialen Gründen in wichtigen Einzelbereichen schrittweise, ansonsten aber möglichst zügig durch den weitgehenden Abbau von Preiskontrollen erfolgen. Vor allem für alle international handelbaren Güter und Leistungen ist eine rasche Preisfreigabe unerläßlich. Die damit notwendigerweise verbundene Anpassungsinflation kann durch eine strikte Geldmengenpolitik unter Kontrolle gehalten werden.

Vorbedingung für die Preisfreigabe ist die Schaffung von Konkurrenzbedingungen. Um Wettbewerbsmärkte zu schaffen, müssen Industrie, Landwirtschaft und der Dienstleistungssektor dereguliert und das

Transport-, Verteilungs- und Handelssystem demonopolisiert werden. Auch für die marktwirtschaftliche Ausrichtung der Unternehmen und deren Strukturen ist eine Preisreform ein unerläßlicher Bestandteil. Solange die Produktpreise von der Regierung zentral festgelegt werden, können die Unternehmen für ihre Profitabilität nur schwer verantwortlich gemacht werden. Erst bei freier Preisbildung ist es möglich, die erzielten Gewinne oder Verluste als betrieblichen Leistungsindikator, der auch eine Grundlage für weitere Investitionsentscheidungen ist, heranzuziehen.

Zu den Stabilisierungsmaßnahmen zählt auch, daß möglichst rasch produktivitätsbezogene Lohnstrukturen erreicht werden, die sich an Leistung und Qualifikation orientieren. In der Phase bis zum Greifen der Marktmechanismen stellt die Festsetzung der Löhne eine brisante politische Aufgabe innerhalb des magischen Vierecks zwischen der Unternehmensproduktivität, der Inflation und den wechselnden relativen Preisen dar. In Polen wurde dieses magische Viereck in Form von Lohnrichtlinien gelöst, im Rahmen derer die Löhne zum Teil indexiert wurden.

Sozialer Mindestschutz

Die Umstellungsphase zur Marktwirtschaft ist unvermeidbar mit der Freisetzung von Arbeitskräften verbunden. Dies ist sicherlich eine der dramatischsten Konsequenzen für die ehemaligen kommunistischen Volkswirtschaften, in denen Arbeitslosigkeit aus ideologischen Gründen offiziell nicht zugelassen wurde. Überflüssige Arbeitskräfte wurden in den Betrieben auf Kosten der Erträge und der Effizienz gehalten, und das Pensionsalter war vielfach sehr niedrig angesetzt. Daher gab es anfänglich auch keine Erfahrung mit dem Umgang offener Arbeitslosigkeit und dementsprechend keine administrativen Strukturen für die Bewältigung dieses sozialen Problems. Im Falle von Krankheit, Invalidität und Alter waren die Arbeiter und Angestellten in der einen oder anderen Form abgesichert.

Auch wenn die Mittelknappheit der öffentlichen Hand im Rahmen des Transformationsprozesses dazu zwingt, in einigen Bereichen einen sozialen Abbau vorzunehmen, muß ein sozialer Mindestschutz aufrechterhalten bleiben, um menschliches Leid durch Not und Verelendung hintanzuhalten und den damit verbundenen innenpolitischen Konfliktstoff, der den politischen und ökonomischen Reformverlauf nachhaltig blockieren könnte, einzudämmen.

Abbau der Budgetdefizite

Eine wichtige Stabilisierungsmaßnahme ist schließlich auch die Eindämmung der Budgetdefizite. Die aus der kommunistischen Ära übernommenen und zum Teil enormen Budgetdefizite können nur durch eine strenge, auf Einsparungen bedachte Budgetpolitik abgebaut werden. Einsparungspotentiale ergeben sich am Beginn der Transformation etwa aus der Verringerung des ohnehin überstrapazierten Verteidigungsbudgets als ein Relikt der Mitgliedschaft beim sowjetischen Verteidigungsbündnis, dem Warschauer Pakt, und durch den gezielten Abbau von Subventionen speziell für Nahrungsmittel und Verlustbetriebe.

Reformmaßnahmen

Zu den wichtigsten Eckpunkten der Reformmaßnahmen zählen die prompte Einführung einer Rechtsgrundlage für eine neue Wirtschaftsordnung, der Aufbau eines Banken- und Versicherungswesens sowie die Restrukturierung der Unternehmenskonglomerate und der Landwirtschaft. Neben den auf legistischer und institutioneller Ebene angesiedelten Maßnahmen muß auch ein Reformvorstoß in Richtung Privatisierung, Modernisierung und Internationalisierung der heimischen Wirtschaft unternommen und der Aufbau und Ausbau von Klein- und Mittelbetrieben und des Dienstleistungssektors forciert werden.

Neues Wirtschafts- und Steuerrecht

Eine grundlegende Schlüsselfunktion nimmt in der Transformation die Einführung einer neuen Rechtsgrundlage ein, auf der wettbewerbsorientiertes und marktwirtschaftliches Wirtschaften überhaupt erst aufgebaut werden kann. Diese muß als Kernpunkt eine eindeutige Definition von privatem Eigentum und dessen Verfügbarkeit beinhalten. Eine dezentrale Wirtschaftsordnung, die auf privaten, also autonomen Wirtschaftseinheiten und autonomen Haushalten beruht, ist ohne Privatrecht nicht organisierbar. Dies bedeutet insbesondere für die GUS- beziehungsweise die Neuen Unabhängigen Staaten, wo das Privatrecht nur während der Zarenzeit in Ansätzen vorhanden war und während der kommunistischen Ära verfemt und negativ ausgegrenzt wurde, eine radikale Umstellung in der Judikatur und in der wirtschaftspolitischen Kultur insgesamt. Die Erarbeitung einer neuen Rechtsgrundlage kann abgekürzt werden, indem das komplette, wirtschaftlich relevante Gesetzes- und Verordnungssystem von einem Staat, zu dem historische und kulturelle Bande bestehen, übernommen wird. So bauen beispielsweise das tschechische und das slowakische Wirtschaftsrecht auf jenem der Bundesrepublik Deutschland und Österreichs auf. Die Neuen Unabhängigen Staaten könnten wiederum auf die legistischen Erfahrungen der mitteleuropäischen Reformstaaten zurückgreifen. Das Gütekriterium für eine neue Wirtschaftsordnung beschränkt sich aber nicht auf deren legistische Vollständigkeit, sondern erstreckt sich auf deren Einhaltung und Durchsetzbarkeit.

Im speziellen muß im Zuge der Adaptierung des Wirtschaftsrechtes auch das legistische Umfeld für ausländische Investitionen umfassend geregelt werden. Die massive Anziehung von Auslandskapital zum Zweck des Know-how-Flusses, des Technologietransfers und des besseren Marktzuganges ist als „Treibmittel" für den marktwirtschaftlichen Transformationsprozeß in den Reformländern unverzichtbar. Daher sollte auch durch den Abbau bürokratischer Hürden und Schranken der Marktzutritt für ausländische Unternehmen erleichtert werden.

Ein integraler Bestandteil des neuen Rechtssystems für die Wirtschaft ist auch die Neufassung des Steuersystems, das auf eine der Marktwirtschaft adäquaten Basis gestellt werden muß. In der Ära der Planwirtschaft wurde das staatliche Budget vor allem durch die direkte Abschöpfung der Erträge aus den Unternehmen gespeist. Ohne Abkehr von dieser Politik der budgetären Mittelaufbringung ist eine Reform des Unternehmenssektors nicht möglich. Die Steuerpolitik selbst muß auf die Förderung der Investitionstätigkeit, der Geldkapitalbildung und der Leistungsbereitschaft ausgerichtet sein und einen sozialen Mindestschutz im Rahmen der verringerten Staatsausgaben sicherstellen.

Reorganisation des Bankensektors und des Kapitalmarktes

Dem Aufbau funktionsfähiger und effizienter Kapitalmärkte kommt beim Übergang zu einer Marktwirtschaft eine eminent große Bedeutung zu. Das Hauptelement bei der Entwicklung von Kapitalmärkten mit den dazugehörigen Finanzinstitutionen, einschließlich einer Börse, ist jedoch der Bankensektor. So war die Existenz von Banken im Nachkriegs-Österreich eine Grundvoraussetzung für die Finanzierung des wirtschaftlichen Wachstums und die Wiedererrichtung der Marktwirtschaft.

Das traditionelle Bankenmodell in Osteuropa bestand aus einer Zentralbank und wenigen Spezialbanken, von denen einige auf Privatkundengeschäfte und andere auf Finanzaktivitäten mit dem Ausland spezialisiert waren. Durch die Zentralbank wurde der gesamte Geld- und Zahlungsmittelverkehr geregelt. Der erste Reformschritt muß daher darin bestehen, den Aktivitätsradius der Zentralbank auf ihre ursächlichen Aufgaben – der Ausgabe von Geldnoten und die Überwachung des Zahlungsmittelumlaufs – zu beschränken und das Kommerzgeschäft auszugliedern. Diese Maßnahme ist notwendig, um ein beständiges Währungssystem zu etablieren, das die geeigneten Rahmenbedingungen für ein reibungsloses Funktionieren der Wirtschaft und die optimale Allokation der finanziellen Ressourcen sicherstellt.

Die zentrale Zuteilung von Finanzmitteln an den Unternehmenssektor hat in der Vergangenheit zu einer ineffizienten Allokation des knappen Kapitals geführt. Durch die Schaffung eines unabhängigen und nach den Regeln des freien Wettbewerbs agierenden Bankensystems und eines funktionierenden Kapitalmarktes ist daher zu gewährleisten, daß das Kapital den produktivsten und rentabelsten Verwendungen zugeführt wird. Beim Aufbau der Kapitalmärkte in den Reformländern spielen die Banken insofern eine herausragende Rolle, als viele Voraussetzungen für einen voll funktionsfähigen Aktien- und Rentenmarkt vorerst nicht gegeben sind. Deshalb müssen zunächst die Banken die Mittlerfunktion zwischen den Ersparnissen der Bevölkerung und den Kreditaufnahmen der Unternehmen übernehmen. Damit sie dieser Aufgabenstellung gerecht werden können, ist es notwendig, ihre wirtschaftliche Eigenständigkeit herzustellen und ihre Solidität zu stärken. Daher müssen die Banken restrukturiert und rekapitalisiert werden.

Während der kommunistischen Ära mußten die Firmen ihre Gewinne – so es ihnen nicht versagt war, überhaupt welche zu lukrieren – fast zur Gänze an den Staat überweisen. Daher war es den Unternehmen nicht möglich, genügend Rücklagen zu bilden, und sie mußten ihren Finanzierungsbedarf zu einem großen Teil über Bankkredite abdecken. Diese Kredite konnten von den Firmen aber oftmals nicht bedient werden. Zum Teil wurde den Unternehmen daher die Zahlung von Zinsen durch staatliche Subventionsleistungen ermöglicht, die aber zu Lasten der Zentralbank gingen und deren Verluste erhöhten. Schätzungen der Weltbank zufolge sollte in Polen im Jahre 1988 die vom Staat über die Banken gewährte Unterstützung für Zinszahlungen 10 % des Bruttosozialproduktes betragen haben. Vielfach mußten die Banken aber auch die gewährten Kredite refinanzieren, indem sie den Unternehmen für die Begleichung der Zinsen weitere Kredite einräumten. Die Möglichkeit, insolvente Firmen in den Konkurs zu schicken, bestand aufgrund politischer Vorgaben im kommunistischen Wirtschaftssystem nicht. Im ehemaligen Jugoslawien, beispielsweise, sollen 1990 mehr als 40 % der von den Kommerzbanken gewährten Kredite uneinbringbar gewesen sein, was einem geschätzten Verlust in der Höhe von 7 bis 9 Milliarden US-Dollar gleichkam, weit mehr, als den Banken überhaupt an Kapital zur Verfügung stand. Die Banken fungierten also Jahrzehnte hindurch als Verwahrungsort für die angehäuften Verluste der staatseigenen Firmen.

Aufgrund der Kardinalsrolle, die den Banken im Finanzierungssystem der Reformstaaten zukommt, würde es keinen Sinn machen, die Altschulden zu liquidieren, indem über die Banken der Konkurs eröffnet wird. Die einzige zukunftsweisende Option für die Wiederherstellung ihrer Handlungsfreiheit ist ihre Rekapitalisierung. Um dies zu erreichen, wäre es notwendig, die uneinbringlichen Kredite aus den Portfolios der Banken zu entfernen und die Injizierung von neuem Kapital zu ermöglichen.

Eine zielführende Möglichkeit, das Portfolio der Banken zu bereinigen, besteht darin, daß der Staat die nicht einbringlichen Kredite übernimmt und über eine langfristig angelegte Staatsanleihe refinanziert. Durch die Eliminierung der Problemkredite und den gesicherten Einkommenszufluß aus den Zinszahlungen der staatlichen Obligationen kann die Kapitalausstattung der Banken wieder auf eine gesunde Basis gestellt werden. Diese Vorgangsweise wurde im Nachkriegs-Europa wiederholt angewandt und hat sich bestens bewährt.

Im Zuge der Restrukturierung können die Banken auch sukzessive eine unternehmerische, über die Vergabe von Finanzmitteln hinausgehende Hilfsfunktion wahrnehmen, indem sie beim Ausbau der Industrie und der Infrastruktur Informationen bereitstellen und das Management bei der Projektabwicklung unterstützen.

Buchführung und Rechnungswesen

Im planwirtschaftlichen System waren Rechnungsführung und Bilanzierung ausschließlich auf die Erfüllung des vorgegebenen Planes ausgerichtet. Bilanzeckdaten waren ebenso staatlich vorgegebene Kennzahlen wie Auflagen für die Produktion nach Menge und Sortiment, die Zuteilung materieller und finanzieller Mittel aus staatlichen Fonds oder Auflagen zur Nettogewinnabführung. Erfolgsmaßstab dabei war bestenfalls das Verhältnis zwischen der Nettogewinnabführung an den Staat und der Fondszuteilung durch den Staat. Rentabel arbeitende Betriebe mußten unverhältnismäßig mehr Gewinn abführen, als sie aus staatlichen Fonds, etwa für Investitionen, zugeteilt bekamen. Für unrentable Betriebe galt das Gegenteil. Diese Vorgangsweise hatte dementsprechende Auswirkungen auf den Verschuldungsgrad der einzelnen Unternehmen. In Verbindung mit zu geringen Abschreibungsmöglichkeiten, unterlassener Instandhaltung und mangelnden Reparaturen sowie nicht getroffener Risikovorsorge durch Rückstellungen kam es zwangsläufig zu einer Unterkapitalisierung, selbst dann, wenn, wie üblich, Grund und Boden nicht oder jedenfalls unterbewertet wurden. Unter diesen Umständen spiegelten weder Preise noch Kosten, noch das Rechnungswesen die Kapitalverhältnisse wider, und es herrschte keine Kostentransparenz. Zur Überwindung dieses surrealen Rechnungswesens müssen daher die Bilanzen rekonstruiert und brauchbare Eröffnungsbilanzen mit angemessener Kapitalisierung geschaffen werden. Dies bringt eine Fülle schwieriger Bewertungsaufgaben mit sich, schafft aber die Voraussetzung für ein aussagefähiges, dokumentäres und instrumentales Rechnungswesen.

Buchhaltung und Rechnungswesen zählen zu den fundamentalen Kernstücken einer Marktwirtschaft. Buchhaltung gilt als die Sprache der Geschäftsleute. Die doppelte Buchführung, also das Prinzip von Soll und Haben, von Gewinn und Verlust, von ökonomischer Belohnung und Bestrafung, entwickelte sich in der zweiten Hälfte des 13. Jahrhunderts.

Es handelt sich dabei um ein methodisches System zur Darstellung und Klassifizierung von Rechnungslegungsinformationen. Der Vater der doppelten Buchführung, der venezianische Padre Luca Pacioli, hat ihre Prinzipien 1494, also etwa zur Zeit der Entdeckung Amerikas, in seinem Werk „Summa de arithmetica, geometria, proporcioni e proporcionalita" niedergelegt. Der Historiker Oswald Spengler befand den Schöpfer der doppelten Buchführung für wert, ihn mit seinen Zeitgenossen Kolumbus und Kopernikus auf eine Stufe zu stellen. Für den Wirtschaftshistoriker Werner Sombart war der Kapitalismus, das heißt, eine Marktwirtschaft ohne doppelte Buchführung, einfach unvorstellbar.

Voraussetzung für ein betriebliches Rechnungswesen ist die freie Preisbildung, für die wiederum die Existenz von freien Märkten Vorbedingung ist. Diese beiden Postulate wurden im marxistischen Wirtschaftsmodell negiert. Der österreichische Nationalökonom Ludwig Mises hat in einem Anfang der dreißiger Jahre erschienenen Werk namens „Die Gemeinwirtschaft" bereits theoretisch nachgewiesen, daß Unternehmen ohne Rechnungswesen zum Scheitern verurteilt sind. Von ihm wurde die fehlende Wirtschaftsrechnung, für die von keinem marxistischen Ökonomen ein gleichwertiges Substitut entwickelt werden konnte, als das vorherrschende Grundproblem der sozialistischen Lehre diagnostiziert. Für Mises war der „Nachweis, daß im sozialistischen Gemeinwesen Wirtschaftsrechnung nicht möglich wäre, ... zugleich der Beweis dafür, daß der Sozialismus undurchführbar ist".[4]

Aufgabe des betrieblichen Rechnungswesens ist es, Nachweise über die Transaktionen und über die Aktiva und Passiva einer unternehmerischen Einheit als Grundlage für interne und externe Kontrolle bereitzustellen. Das betriebliche Rechnungswesen ist für das Management eine Unterstützung bei der Planung und Kontrolle der Unternehmensoperationen und für die Eigentümer und Aufsichtsorgane die Grundlage für die Beurteilung der wirtschaftlichen Situation und Ausgangspunkt für zukunftsbezogene Entscheidungen. Im externen Verhältnis dient es wiederum der öffentlichen Hand als Bewertungsgrundlage für die Festlegung der Steuern.

Die Einführung des betrieblichen Rechnungswesens dokumentiert auch die Ausrichtung auf neue Leistungsparameter, die letztlich der Ge-

---

[4] Ludwig MISES, Die Gemeinwirtschaft: Untersuchungen über den Sozialismus. Jena 1932, S. 115

winnerzielung untergeordnet sind. Die marktwirtschaftlich organisierte Weltwirtschaft ist zugleich auch eine Geldwirtschaft. Das Geld ist für die Wirtschaft das, was für das Verkehrswesen das Rad ist. Durch wirtschaftliche Aktivitäten gilt es, Geld zu verdienen und nicht, Geld zu verlieren. Erfolgsindikatoren dafür sind Produktivität, Effizienz, Leistungsgrad, Rentabilität sowie Risikobegrenzung und Risikomanagement, also insgesamt gesehen intensives statt extensives Wirtschaften. Es muß, entsprechend einem aus der Landwirtschaft entlehnten Sinnbild, mehr geerntet werden, als gesät worden ist. Für den einzelnen Betrieb bedeutet dies die Zielsetzung, die jeweils wohlstandsproduzierende Kapazität zu maximieren und Rentabilität zu bewahren. Unter wettbewerbsorientierten Verhältnissen von Käufermärkten sind preisdeckende Kosten und nicht kostendeckende Preise die Norm. Daher muß das unternehmerische Ziel sowohl in der Kostenführerschaft wie auch in ständiger Innovationsbereitschaft bestehen.

Die Übernahme von international üblichen Standards für die Buchführung, das Rechnungswesen und die Vermögensbewertung sollte in den Transformationsländern bei den Banken und den Unternehmen zum gleichen Zeitpunkt eingeführt werden. Die vielfältige Verflochtenheit des Bankensektors mit dem Unternehmenssektor bedingt generell, daß die marktwirtschaftliche Reformierung beider Bereiche nicht zeitverschoben, sondern parallel abgewickelt wird.

Unternehmensreform

In den ehemaligen kommunistischen Staaten wurden große Wirtschaftsbereiche von wenigen Großbetrieben beherrscht, die damit eine Monopolstellung innehatten. In der ehemaligen DDR wurde zum Beispiel der überwiegende Teil der Wirtschaftstätigkeit von nur 150 Kombinaten durchgeführt. Unter solchen Voraussetzungen ist der Übergang zur freien Preisbildung äußerst gefährlich, da die Vorteile der Marktpreisbildung verlorengehen und Unternehmen mit Monopolrenten zumindest so lange ineffizient arbeiten, wie die Importkonkurrenz wegen der aufrechten Devisenbeschränkungen gering bleibt. Die betrieblichen Rieseneinheiten von Kombinaten müssen auf Grundlage der neuen Wirtschaftsgesetze einer umfassenden Unternehmensreform unterzogen werden. Diese muß zum einen auf eine Restrukturierung, Redimensionierung und Entflechtung sowie zum andern auf eine Kommerzialisierung, also eine Ausgliederung aus dem direkten Einflußbereich des Staates hinauslaufen. Gleichzeitig müssen bestehende Monopole und Kartelle aufgebrochen und beseitigt werden. Bei der Umgestaltung der Unternehmen zu tauglichen Wirtschaftssubjekten, die sich auch in einem Marktmilieu behaupten können, wird zudem die Abstoßung und Liquidierung nicht lebensfähiger Teile unumgänglich sein. Innerhalb der Unternehmen bedarf es der Schaffung klarer Management- und Organisationsstrukturen, um entscheidungsorientierte Zuständigkeiten und nachvollziehbare Verantwortungsbereiche zu gewährleisten. Für die Reorganisierung benötigen die Betriebe weiters ein brauchbares Rechnungswesen, eine aussagefähige Bilanz, eine angemessene Eigenmittelausstattung und eine Mindestausstattung mit Betriebsmittelkrediten. Die im früheren System zwangsweise angehäuften Schulden der Industriebetriebe müssen beseitigt oder zumindest auf ein bewältigbares Maß reduziert werden. Ein gangbarer Weg dafür ist, wie bei der Bankenreform bereits dargestellt, jene Schulden der Unternehmen, die in den Büchern der Banken als uneinbringliche Forderungen aufscheinen, durch Staatsanleihen zu ersetzen.

Eine andere Überlegung besteht darin, die offenen Forderungen der Banken in Firmenbeteiligungen umzuwandeln. Die enge Verflechtung zwischen Kommerzbanken und Unternehmen wird bekanntlich in Japan, Deutschland oder Österreich sehr erfolgreich praktiziert. In den USA ist sie jedoch gesetzlich verboten. Gegen diesen Vorschlag wird allerdings eingewendet, daß die Banken, die selbst erst ihrem neuen Aufgabenprofil gerecht werden müssen und die zudem häufig mit großen wirtschaftlichen Problemen zu kämpfen haben, bis zum Abschluß ihrer eigenen Konsolidierung nicht durch die zusätzliche Herausforderung der Unternehmensrestrukturierung überlastet und überfordert werden sollten.

Ein spezifisches Problemfeld der Unternehmensreform stellt der militärische Komplex dar. Der Waffenindustrie kommt in vielen ehemaligen Ostblockstaaten eine überragende Bedeutung zu. Schätzungen des CIA zufolge erreichten die Rüstungsausgaben in der ehemaligen UdSSR 15–17% des Bruttoinlandsproduktes. Möglicherweise war dieser Anteil sogar noch höher. Im heutigen Rußland soll die wirtschaftliche Existenz von rund 40 Millionen Menschen direkt oder indirekt von den Rüstungsbetrieben abhängen. Aufgrund der neuen geopolitischen Realitäten hat die Waffenindustrie ihre frühere Bedeutung und ihre ehemaligen

Abnehmer verloren. Die Umstellung der Waffenproduktion auf zivile Produkte ist auch in westlichen Staaten erfahrungsgemäß nicht ohne weiteres zu bewerkstelligen und erfordert einen hohen Kapitaleinsatz, Know-how und eine profunde Marktkenntnis über die neuen Produktsparten. Bestand in weiten Teilen des östlichen Europas zu Beginn des Jahrhunderts die Aufgabe darin, das Zeitalter des Stahls in Gebiete des Holzpflugs zu bringen, so gilt es dort am Ende des Jahrhunderts, „Pflüge statt Schwerter" zu produzieren. Dies ist allerdings leichter gesagt als getan.

Generell müssen die Unternehmen unter den neuen Bedingungen des Wettbewerbs ihre Produktpalette auf deren Markttauglichkeit prüfen. In der Vergangenheit sind oft nur zur Aufrechterhaltung der Produktion Erzeugnisse hergestellt worden, an denen kein wirklicher Bedarf bestand. In der Folge sind über die Jahre die Lagerbestände enorm angewachsen. Während in Marktwirtschaften die Lagerbestände zirka 20–25 % des Bruttoinlandsproduktes erreichen, belief sich deren Wert in Ländern des ehemaligen Ostblocks oft auf mehr als 100 %.

Die Unternehmensreform muß über die Industriebetriebe hinausgehend auch den landwirtschaftlichen Sektor mit einschließen. Die landwirtschaftlichen Betriebe, in denen oft die landwirtschaftlichen Flächen mehrerer Dörfer zusammengefaßt waren, müssen in kleinere, selbständige Einheiten aufgeteilt sowie modernisiert werden.

Damit aber unternehmerisches Kalkül als wirtschaftliche Maxime wirksam werden kann, reicht es nicht, die Marktwirtschaft per Gesetz und Dekret einzuführen und gleichsam von oben zu verordnen. Vielmehr müssen die betroffenen Menschen – der Manager genauso wie der Arbeiter – lernen, sich marktkonform zu verhalten, selbständig zu entscheiden und zu agieren. Dies läßt sich nicht ausschließlich aus Lehrbüchern und in Kursen lernen. Es bedarf vielmehr auch protestantischer Arbeitsethik. Darüber hinaus sind „learning by doing" und „training on the job" angesagt. Rasche Erfolge lassen sich in den Betrieben ohne übergroßen Kapitaleinsatz auch durch immaterielle Motivationsanreize, wie etwa Verbesserungen in der Arbeitsorganisation oder durch die Entwicklung neuer Karrierevoraussetzungen, erreichen. Darüber hinaus muß auf betrieblicher und überbetrieblicher Ebene ein konzentriertes Weiterbildungsprogramm in Sachen Marktwirtschaft angeboten werden. Auch die Ausbildungs- und Forschungssysteme sind radikal umzustellen und nach den Erkenntnissen einer modernen Industriegesellschaft auszurichten.

Privatisierung

Die Privatisierung von staatlichen Unternehmen ist ein essentieller Bestandteil für die marktwirtschaftliche Transformation. Eine grundlegende Voraussetzung für die Privatisierung und den Ausbau des privaten Sektors ist die Sicherung und das Garantieren privater Eigentumsrechte. Nur unter diesen Bedingungen werden Inländer ihre Ersparnisse langfristig in private Unternehmen investieren und ausländische Investoren sich in größerem Umfang engagieren. Zu den Voraussetzungen für eine Privatisierung und die Methoden ihrer Durchführung gibt es verschiedene Ansätze und Problemlösungsvarianten.

Für die eher dem Gradualismus zuneigenden ökonomischen Schulen, denen auch das Wiener Institut für Internationale Wirtschaftsvergleiche zuzurechnen ist, muß vor Einleitung der Privatisierung eine marktwirtschaftliche Strukturreform durchgeführt worden sein. Das Fundament einer Privatisierung bildet demzufolge ein funktionierender Kapitalmarkt, Wettbewerbsmärkte und eine weitgehende Unternehmensreform, die es dem Management ermöglicht, eigenverantwortlich die Geschäfte abzuwickeln.

Vielfach wird die Unternehmensreform selbst als Privatisierung im weitesten Sinn bezeichnet, auch wenn das Unternehmen weiter in öffentlichem Besitz verbleibt. In Abgrenzung dazu wird die Übertragung von staatlichem Eigentum an private Personen oder private Firmen als Privatisierung im engeren Sinn verstanden.

Grundsätzlich gelten nur jene Unternehmen als geeignete Privatisierungskandidaten, die unter den Bedingungen des Marktes lebensfähig sind, wobei wiederum kleineren Unternehmen höhere Privatisierungschancen eingeräumt werden als Großunternehmen. Die sogenannte „kleine Privatisierung“, bei der Handels- und Dienstleistungsbetriebe veräußert werden, läßt sich relativ schnell – im Laufe von ein bis drei Jahren – durchführen. Für die Privatisierung von Großbetrieben ist hingegen eine weitaus längere Zeitspanne zu veranschlagen. In Ungarn, das bei seinen Privatisierungsbemühungen vor allem auf den Verkauf von staatlichen Unternehmen an Großinvestoren aus dem Ausland setzt, wurde in mehreren, unabhängig voneinander durchgeführten Studien für die Privatisierung von großen Teilen der Industrie ein Zeitraum von bis zu 30 Jahren prognostiziert.

Die Privatisierung einer ganzen Volkswirtschaft ist im Gegensatz zur Nationalisierung fraglos ein höchst schwieriger und langwieriger Prozeß. Auch in den westlichen Staaten gestalten sich Privatisierungen kompliziert und zeitaufwendig. So hat die Rückführung des Deutschen Eigentums, das nur einen kleinen Teil der österreichischen Wirtschaft in der Zweiten Republik ausmachte, immerhin 25 Jahre gedauert. Unter der Regierung Margaret Thatchers, die ein umfangreiches Privatisierungsprogramm in die Wege leitete, wurden in einem Zeitraum von zehn Jahren etwa 50 Industriebetriebe privatisiert. Würde man diesen zeitlichen Erfahrungswert auf Polen umlegen, wie es Jeffrey Sachs in einer seiner Publikationen in polemischer Absicht getan hat, dann würde es 2.000 Jahre dauern, bis der staatliche Sektor komplett privatisiert wäre. Das britische Modell, das am Beginn der Transformation in Polen und auch in Ungarn favorisiert wurde, ist inzwischen vielfach von anderen, spezifisch auf die Reformländer zugeschnittenen Privatisierungsmodellen abgelöst worden.

Für Ökonomen, die einen radikalen marktwirtschaftlichen Lösungsansatz im Sinne des Neoliberalismus vertreten, wie etwa Jeffrey Sachs, ist eine marktwirtschaftliche Strukturreform nicht die Voraussetzung für eine Privatisierung, sondern die Privatisierung stellt ihrerseits eine Basisbedingung für die marktwirtschaftliche Transformation dar. Daher ist dieser Argumentation nach eine schnelle Eigentumsreform notwendig, um die Effizienz der Unternehmen und der Volkswirtschaft insgesamt rasch steigern zu können. Diesem Lösungsansatz liegt auf ideologischer Basis die strikte Ablehnung staatlicher Unternehmertätigkeit zugrunde, die während der Transformation möglichst schnell und umfassend eliminiert werden sollte. Auf realwirtschaftlicher Basis wird die Notwendigkeit einer schlagartigen Privatisierung mit dem Verweis auf die Gefahr legitimiert, daß die Phase der vom Staat durchgeführten Restrukturierung der Unternehmen von den Insidern und Mitgliedern der Nomenklatura dazu benutzt werden könnte, sich zu bereichern und sich in einer „anarchistischen Privatisierung“ (Olivier Blanchard) Unternehmen beziehungsweise deren lebensfähige Teilbereiche anzueignen, um solcherart die eigene berufliche Zukunft materiell abzusichern. Diese Entwicklung müßte zwangsläufig zu einem politischen Rückschlag und dem Scheitern des Reformprogrammes beitragen. Selbst wenn diese anarchistische Entwicklung des Raubbaues an staatlichem Eigentum rasch gestoppt werden könnte, so wird dennoch grundsätzlich davon ausgegangen, daß in den Staatsbetrieben das Eigeninteresse der Belegschaft, das primär auf Lohnerhöhung und nicht auf Restrukturierung ausgerichtet ist, den Reformprozeß empfindlich beeinträchtigen und letztlich sogar konterkarieren könnte. Beispiele, wie etwa die freiwilligen Pönalzahlungen von mehr als 1.000 polnischen Staatsunternehmen in Höhe einer 500 %igen Steuer auf den Lohnzuwachs in einer Phase staatlich verordneter Lohnbeschränkungen, werden dabei gerne zum Beweis für die Divergenz der betrieblichen „Maximierungskultur“ von staatlichen und privaten Unternehmen herangezogen.

Während sich kleine Unternehmen relativ rasch und unproblematisch privatisieren lassen, stößt die vorgesehene rasche Privatisierung von mittleren und großen Unternehmen bald an ihre Grenzen. Quasi über Nacht genügend interessierte Käufer zu identifizieren, die zudem über die entsprechenden Geldmittel verfügen, ist ein Ding der Unmöglichkeit. Die Konzeption, ein Unternehmen dem Management und den Mitarbeitern zum Kauf anzubieten, stößt vor allem bei größeren Firmen in der Bevölkerung rasch auf Grenzen der Akzeptanz. Das Privatisierungsbeispiel in Polen, wo im sogenannten „Liquidationsverfahren“ am Beginn der Privatisierungskampagne mehr als 1.000 mittlere Unternehmen in der Größenordnung bis zu 500 Beschäftigten an das Management und die Belegschaft verkauft wurden, ist daher in seiner Praxisrelevanz nicht unumstritten.

Um beim Verkauf von ehemaligem Volksvermögen dem Dilemma einer unter dem Gesichtspunkt der Gleichheit nicht legitimierbaren einseitigen Bevorzugung einer schmalen Bevölkerungsgruppe zu entgehen, wurden Massenprivatisierungsprogramme mittels Kupons ausgearbeitet. Die Kuponprivatisierung wurde zuerst in der ehemaligen ČSFR eingeführt. Ähnliche Projekte der Massenprivatisierung sind inzwischen in den meisten Reformstaaten durchgeführt worden.

Die Kuponprivatisierung selbst ist in mehrere Etappen gegliedert. Zunächst wird den Staatsbürgern ermöglicht, unentgeltlich oder gegen einen unbedeutenden nominellen Betrag Kupons zu erwerben. Die Bezahlung eines symbolischen Betrages soll lediglich sicherstellen, daß der wirklich desinteressierte Personenkreis aus dem Privatisierungsprozeß ausscheidet. Die erhaltenen Voucher werden dann in einem mehrere Runden dauernden Auktionsverfahren gegen die Aktien bestimmter Unternehmen ausgetauscht. Die Inhaber der Kupons müssen dieses Procedere zumeist aber nicht selbst wahrnehmen, sondern können diese Aufgaben in der Regel auch an private Investitionsfonds delegieren. Der Marktwert der Aktien wird erst im Zuge des Wertpapierhandels an der Börse ermittelt und festgesetzt. In der Zwischenzeit, die bis zu zwei Jahren dauern kann, sind die zur Privatisierung anstehenden Betriebe praktisch ohne jegliche Kontrolle. Sie befinden sich in der sogenannten „Privatisierungsagonie". (Dieser Begriff ist von den Erfindern der Kuponprivatisierung selbst geprägt werden.) Die Unternehmen sind also während dieser Phase weitgehend sich selbst überlassen, was nicht automatisch damit verbunden sein muß, daß das Management Maßnahmen zur Steigerung der betrieblichen Effizienz setzt.

Von einer Gruppe von Ökonomen, der Olivier Blanchard, Rudiger Dornbusch, Paul Krugmann, Richard Layard und Lawrence Summers angehören, wurde daher ein anderes Privatisierungsmodell ausgearbeitet, das der Vorgabe der Massenprivatisierung ebenso Genüge leisten soll wie der Unternehmensrestrukturierung. Grundzügen dieses Modells wurde in Polen im Rahmen der 1995 eingeleiteten Massenprivatisierung erstmals auch in der Praxis Rechnung getragen. Dem von den vorgenannten Wissenschaftlern entwickelten Ansatz nach sollen mehrere Holdinggesellschaften gegründet werden, von denen jede die volle Kontrolle über ein Portfolio von mehreren Firmen haben soll. Jede Holdinggesellschaft soll von einem Manager geleitet werden, der von einem Team von ausländischen und heimischen Experten unterstützt wird. Dieser Generalmanager soll von der Regierung ernannt und auch abgesetzt werden können. Die Anteile der einzelnen Firmen sollen zur Gänze in die Holdings eingebracht werden und die Anteile der einzelnen Holdings wiederum unentgeltlich und zu gleichen Teilen an die Bevölkerung ausgegeben werden. Der Handel mit den Aktien soll erst nach der Etablierung der Sekundärmärkte, also des Wertpapiermarktes, an den Börsen aufgenommen werden. Hauptaufgabe der Holdinggesellschaft soll die Unternehmensrestrukturierung sein. Jeder Holding ist diesem Plan nach ein Zeitpunkt vorzugeben, bis zu dem die Firmen entweder liquidiert oder verkauft sein müssen. Die Verkaufserlöse müssen in Form von Dividenden an die Aktionäre abgeführt werden. Den Holdinggesellschaften ist es auch nicht erlaubt, Geld aufzunehmen oder zusätzliche Aktien aufzulegen. Unter diesen Einschränkungen sind die Holding-Manager im Rahmen der Gesetze, einschließlich der Anti-Trust-Bestimmungen, in ihren Entscheidungen frei. Es ist ihnen anheimgestellt, ob sie Firmen schließen oder an wen sie diese verkaufen – ob an Privatpersonen, Finanzinstitutionen, ausländische Firmen oder an die Belegschaft –, sofern die Käufer die benötigten Finanzmittel über den Kapitalmarkt aufbringen können. Die Kontrolle über die Manager der einzelnen Holdings liegt in diesem Modell direkt bei der Regierung. Die Aktionäre der Holdings haben während des Privatisierungsprozesses nur die Möglichkeit einer indirekten Einflußnahme, indem sie bei Unzufriedenheit Druck auf das Management oder die Regierung ausüben.

Die ausschließliche Übertragung des öffentlichen Eigentums an private Personen wird in diesem Modell des Ökonomenteams nicht als Conditio sine qua non angesehen. So gilt es als durchaus legitim, einen Teil der Aktien der einzelnen Firmen aus fiskalischen Gründen dem Staat, aus makroökonomischen Gründen neu zu errichtenden Pensionsfonds und aus politischen Gründen den Arbeitnehmern in den einzelnen Betrieben zu überlassen. Die Einbindung des Staates als Aktionärshalter basiert auf der Überlegung, daß damit eine zusätzliche Einnahmequelle zum Steueraufkommen ermöglicht wird. Die Speisung von Pensionsfonds mit Aktien soll hingegen zu einer Entlastung des öffentlichen Haushaltes führen. Zu diesem Zweck sollen private Pensionsfonds gegründet werden, aufgrund derer das staatliche Pensionssystem in seinem Leistungsumfang reduziert werden könnte. Von Blanchard und seinen Mitautoren wird dazu vorgeschlagen, an die Erwerbstätigen und Pensionisten nach einem Verteilungsschlüssel, dem die letzten Beitragszahlungen zugrunde liegen, Aktien auszugeben und im Gegenzug den staatlichen Pensionsanspruch im entsprechenden Verhältnis zu reduzieren. In der Folge würden die unselbständig Erwerbstätigen sowohl an das staatliche Pensionssystem als auch an die privaten Pensionsfonds Beiträge einzahlen und von beiden Institutionen Pensionsleistungen erhalten. Abgesehen von der Entlastung des staatlichen Pensionssystems durch Eigenvorsorge, könnten die privaten Pensionsfonds zugleich beim Aufbau des Kapitalmarktes eine wichtige Rolle spielen. Die Spartätigkeit der Bevölkerung sollte nicht nur durch attraktive Anlageformen, sondern auch durch die Einsicht in die Notwendigkeit privater Vorsorge erhöht werden, da in Marktwirtschaften grundsätzlich das soziale Netz weniger dicht geknüpft und die staatlichen Pensionsleistungen auf einem niedrigeren Niveau angesiedelt sind als in den ehemaligen kommunistischen Systemen. Die Einräumung der Möglichkeit, Firmenaktien an die Beschäftigten auszugeben, wird hingegen politisch mit dem Hinweis darauf begründet, daß die Arbeitnehmer im Zuge der Ablösung des alten Regimes häufig de facto die Kontrolle über ihr Unternehmen übernommen haben und sich eine Ausklammerung ihrer Interessen im Privatisierungsprozeß als dysfunktional erweisen könnte. Das an die Beschäftigten abgegebene Aktienpaket sollte aber einen Mindestanteil im Ausmaß von 20–30 % nicht überschreiten. Zusätzlich sollte durch die Gesetzeslage sichergestellt werden, daß die Ausübung von Minderheitenrechten die Unternehmensrestrukturierung nicht torpedieren kann. Ein weiterer Vorschlag zur Steigerung des Interesses der Arbeitnehmer an der Unternehmensreform besteht darin, den Arbeitnehmern nach erfolgter Restrukturierung die Übernahme des Unternehmens zu besonderen Konditionen, etwa im Rahmen eines „leveraged buyout", zu ermöglichen.

Die Aufteilung des ehemaligen betrieblichen Volksvermögens an die Bevölkerung zu Beginn des marktwirtschaftlichen Transformationsprozesses erweckt auf den ersten Blick zweifelsohne den Eindruck von absoluter Fairness. Da Aktien generell und im Transformationsprozess im speziellen risikoreiche Wertpapiere darstellen, stellt sich aber vorab die Frage nach der langfristigen Akzeptanz dieser Methode in der Bevölkerung, die spätestens dann auf dem Prüfstand steht, wenn sich auf der einen Seite die wahrscheinlich kleinere Gruppe der Privatisierungsgewinner und auf der anderen Seite die wahrscheinlich um vieles größere Gruppe der Privatisierungsverlierer herausgebildet hat. Die breite Streuung von Aktien in einem Umfeld ohne ausreichende marktwirtschaftliche Vorkenntnisse ist aber in jedem Fall problematisch. Der einem solchen Privatisierungsmodell zugrundeliegende Ansatz, daß jeder einzelne Aktionär automatisch als „homo oeconomicus" seine Entscheidungen trifft und dementsprechend die Aktionäre in ihrer Gesamtheit den Prozeß der marktwirtschaftlichen Transformation ökonomisch rational steuern, mag als Denkvehikel in wirtschaftstheoretischen Modellen sehr wohl nützlich sein. Es kann aber ernsthaft bezweifelt werden, daß als Ergebnis eines solchen bislang einzigartigen volkswirtschaftlichen Experimentes der empirische Beweis dafür erbracht werden kann. Die Privatisierung als zentrales Element einer transformatorischen Strukturpolitik ist sicherlich ein verkürzter Reformansatz, der nicht ausreicht, um die Installierung eines marktwirtschaftlichen Systems zu tragen. Ein verläßliches Geldwesen, funktionierende Kreditbeziehungen und ein intakter monetärer Blutkreislauf der Wirtschaft – „money is the blood of commerce" – ist für die Einführung und Funktionstüchtigkeit der

Marktwirtschaft wichtiger als eine schlagartige, umfassende Privatisierung. Die Privatisierung ist nicht die Voraussetzung für die marktwirtschaftliche Transformation; sie ist vielmehr ein Element der wirtschaftlichen Umgestaltung, dem selbst bestimmte strukturelle Voraussetzungen vorangehen müssen.

Gründung neuer Unternehmen

Die Förderung des privaten Sektors im Zuge der marktwirtschaftlichen Reformpolitik darf sich nicht nur auf die Privatisierung beschränken, sondern muß auch auf die Neugründung von Unternehmen ausgerichtet sein, wobei vor allem dem mittelständischen Bereich große Bedeutung zukommt. Dort gilt es, durch Ermunterung von Eigeninitiative und Selbständigkeit ein „schwarzes Loch" zu füllen. Klein- und Mittelbetriebe bilden den Humus einer funktionierenden Marktwirtschaft. Betriebe mit weniger als 100 Mitarbeitern beschäftigen in Marktwirtschaften zirka 80 % der unselbständig Erwerbstätigen, in den Planwirtschaften waren es weniger als 5 %. In letzteren beschäftigte die öffentliche Hand direkt und indirekt rund 95 % der Erwerbstätigen. In den OECD-Ländern sind es hingegen im Durchschnitt nicht mehr als 35 % und höchstens 45 %.

Neugegründete mittelständische Unternehmen tragen auch zum wirtschaftlichen Aufschwung bei, indem sie das Angebot auf dem Gütermarkt erhöhen und neue Arbeitsplätze sowie Einkommen schaffen. Der Ausbau der mittelständischen Wirtschaft kann durch Gewerbe-, Industrie- und Technologieparks, von denen die Infrastruktur und unterstützende Dienstleistungen bereitgestellt werden, sowie durch die Ermöglichung von Geräte- und Maschinen-Leasing nachhaltig unterstützt werden. In den Reformländern muß auch ein funktionierendes Großhandelssystem für Maschinen und sonstige Vorprodukte, die die Unternehmen als Inputs benötigen, neu aufgebaut werden. Ein marktwirtschaftliches System bedeutet nicht nur das freie Spiel von Angebot und Nachfrage im Bereich der Konsumgüter, sondern auch auf den sogenannten Faktormärkten.

Speziell im Dienstleistungssektor bestehen für neue Unternehmen große Chancen. Dieser Bereich war in den kommunistischen Systemen traditionell unterentwickelt, da er aus ideologischen Gründen gegenüber der produzierenden manuellen Arbeit geringgeschätzt wurde. Im Zusammenhang mit der marktwirtschaftlichen Transformation besteht daher ein enormer Bedarf an wirtschaftsnahen Dienstleistungen wie Rechtsdienste, Versicherungsdienste, Steuerberater- und Wirtschaftstreuhänderdienste, aber auch an der Erbringung von Anbotsleistungen in den Sektoren Engineering, Marketing, Design und Software.

Die Ausweitung, Steigerung und Verbesserung des Angebotes ist nur im Bereich der Einzelwirtschaften, das heißt, der Betriebe, Fabriken und Unternehmungen, möglich. Nur dort wird das Sozialprodukt geschaffen. Es gibt keine Makroökonomie ohne Mikroökonomie, ohne betriebliche, das heißt einzelwirtschaftliche Aktivitäten. Ohne Unternehmensreform und Förderung von Unternehmensgründungen ist daher kein Aufschwung möglich. Schließlich bedarf es aber auch einer möglichst großen und zahlreichen Beteiligung aus dem Ausland, um Internationalisierung zu erreichen.

Ausländische Hilfe und Unterstützung

Bei der Transformation zur Marktwirtschaft stehen die Reformländer vor gigantischen Herausforderungen. Die Hauptaufgabe und Hauptlast ihrer Bewältigung liegt in unvermeidbarer Weise bei den einzelnen Ländern und deren Bevölkerung. Dabei kommt es vor allem darauf an, daß sich genügend Menschen finden, die sich mit Engagement und Initiative an die konkrete Arbeit machen, also im wahrsten Sinn des Wortes „Unternehmer“ und auch „Macher“ sind.

Der Transformationsprozeß selbst bringt unweigerlich große wirtschaftliche und soziale Einbrüche mit sich und verlangt der Bevölkerung große Opfer ab. Daher muß der Westen den Prozeß der Umgestaltung durch ein umfassendes und großzügiges Programm, das mit sinnvollen Bedingungen verbunden sein muß, nachhaltig unterstützen. Die westliche Hilfe ist, abgesehen von der humanitären Verpflichtung, auch eine sicherheitspolitische Notwendigkeit, die darüber hinaus gleichzeitig gewaltige ökonomische Chancen und große ökologische Gestaltungsmöglichkeiten bietet.

Die Länder des Westens müssen in enger Kooperation mit den Ländern des Ostens auf politischem Weg darauf hinarbeiten, daß das Rad der Zeit sich nicht zurückdreht und dem 20. Jahrhundert nicht das 19. Jahrhundert folgt, sondern daß das 21. Jahrhundert erfolgreich gestaltet wird. Mit dem Verständnis darauf, daß die Nationalstaaten, wie es der Soziologe Daniel Bell einmal formuliert hat, längst zu klein für die großen Aufgaben und zu groß für die kleinen Aufgaben sind, bedeutet eine solche Zielsetzung auf transnationaler Basis eine möglichst rasch fortschreitende europäische Integration, eine zunehmende politische Zusammenarbeit im ökonomischen Bereich und die Installierung eines kollektiven Sicherheitssystems in Europa nicht zuletzt auch als Beitrag für eine friedliche Weltordnung.

Vor allem am Beispiel Jugoslawiens wird deutlich, daß die bestehenden Institutionen, deren Einflußmöglichkeiten fatal an die Rolle des Völkerbundes in der Zwischenkriegszeit erinnern, den neuen Sicherheitsproblemen in Europa nicht gewachsen sind. Dies trifft auf die auf 52 Mitglieder angewachsene OSZE (Organisation für Sicherheit und Zusammenarbeit in Europa, ehemals KSZE) ebenso zu wie auf die EU, die WEU oder die NATO. Der UNO wiederum fehlt es für die notwendigen friedensstiftenden und friedenserhaltenden Aufgaben ebenso an Legitimierung wie an den entsprechenden Aufträgen, jedenfalls aber an den dafür notwendigen finanziellen Mitteln und Ressourcen. Im Rahmen des Völkerrechtes existieren bislang auch keine brauchbaren internationalen Regelungen und Usancen für die Bewältigung inner- und zwischenstaatlicher Konflikte. Dazu braucht es eine neue Weltordnung und eine europäische Friedensordnung, einschließlich einer institutionellen Gewalt für deren Durchsetzbarkeit in Form einer Friedenspolizei.

Realistischerweise muß der erste Schritt für eine gesamteuropäische und globale Länderintegration darin bestehen, die neuen Staaten Mittel- und Osteuropas in die vorhandenen internationalen Organisationen einzubinden. Wenn einer Vollmitgliedschaft zunächst Hindernisse entgegenstehen, dann soll den neuen selbständigen Staaten vorläufig zumindest ein Beobachterstatus eingeräumt beziehungsweise soll ein Assoziierungsabkommen mit ihnen abgeschlossen werden. Die wachsende Integration der einzelnen Nationalstaaten auf politischem und ökonomischem Gebiet ist zwar kein Garant, aber zumindest eine Grundvoraussetzung für die Festigung und die Weiterentwicklung einer umfassenden europäischen und globalen Sicherheitspolitik. So ist letztlich auch die westeuropäische wirtschaftliche Integration aus sicherheitspolitischen Erwägungen als ein Instrument zur Friedenssicherung entstanden. Ausgangspunkt dabei war die Vermeidung eines neuerlichen Konfliktes zwischen Deutschland und Frankreich und die Europäisierung

Deutschlands, um auf diese Weise zu verhindern, daß Deutschland einen weiteren Versuch zur Germanisierung Europas unternahm. In der Folge handelte es sich bei den Integrationsbemühungen um sicherheitspolitische Schritte in bezug auf den ökonomischen Bereich im Rahmen des Kalten Krieges. Dies begann 1951 mit der Europäischen Gemeinschaft für Kohle und Stahl (Montanunion) und fand seine Fortsetzung zunächst in der Sechsergemeinschaft der Europäischen Wirtschaftsgemeinschaft (EWG), die dann zur Zwölfergemeinschaft erweitert und mit dem Binnenmarktgesetz 1993 vertieft wurde, angereichert um die Regelung des Europäischen Wirtschaftsraumes. 1994 mutierte die Europäische Gemeinschaft (EG) schließlich zur Europäischen Union (EU), der 1995 15 Mitgliedstaaten angehörten.

In Ergänzung zur verstärkten gesamteuropäischen Kooperation ist in vielen Bereichen auch eine vermehrte regionale Kooperation erforderlich. In Zentraleuropa gibt es dafür seit längerem wertvolle Ansätze. Die im November 1989 gegründete Quadragonale, spätere Pentagonale, Hexagonale und nunmehrige Zentraleuropäische Initiative ist dabei – als Gegengewicht zu Deutschland verstanden und daher ohne deren Teilnahme – ein Mißverständnis. Vielmehr bedarf es für Aufgabenbereiche gemeinsamen Interesses auch einer entsprechenden Zusammenarbeit, wobei als Beispiel dafür die Montanunion dienen kann. Überregionale Problemlösungskonzepte sind unter anderem im Bereich der Telekommunikation, des Verkehrswesens, der Energieversorgung und der ökologischen Vor- und Nachsorge von größter Wichtigkeit. Der von der EU ausgearbeitete und unter dem Schlagwort TEN (Transeuropäische Netze) bekannt gewordene Schwerpunkte-Katalog für den gesamteuropäischen Ausbau des Verkehrs- und Telekommunikationsnetzes stellt in diesem Zusammenhang eine richtungweisende Entwicklung dar. Im Rahmen einer zukünftigen europaweiten Zusammenarbeit könnte die Einbindung der betroffenen Länder beziehungsweise Regionen dergestalt erfolgen, daß für den jeweiligen Problemschwerpunkt regionale Behördenstellen mit hinreichenden Rechten und einer gewissen finanziellen Ausstattung eingerichtet werden. Der Sitz dieser Behörden sollte jeweils in verschiedenen Hauptstädten vorgesehen werden, wodurch einseitige Dominanz verhindert und größere regionale Balance erzielt werden könnte. Kulturelle, sprachliche und nationale Grenzen blieben dadurch unberührt, würden aber ganz im Sinne des ehemaligen Europapolitikers Robert Schuman insgesamt niedriger und dadurch leichter überwindbar. Auf diesem Sektor eine Initiative zur Gestaltung vor allem des östlichen Mitteleuropas zu setzen, könnte speziell für Österreich aufgrund seiner Geschichte und geopolitischen Lage eine große Aufgabe darstellen.

Die Einbindung des ehemaligen Ostblocks in das polit-ökonomische System des Westens kann nur auf dem Weg einer verstärkten internationalen Kooperation, nicht zuletzt auch auf Unternehmensebene, erreicht werden. Die Weltwirtschaft ist kein Nullsummenspiel, bei dem eine Seite das verliert, was die andere gewinnt. Durch Kooperation gewinnen alle Beteiligten.

Es wäre nicht nur aus humanitären, sondern auch aus geopolitischen und unternehmerischen Gründen eine Tragödie, wenn der ehemalige Eiserne Vorhang in Zukunft durch eine Demarkationslinie der Armut ersetzt und eine Zweidrittelteilung Europas mit Überfluß auf der einen und Mangel auf der anderen Seite toleriert würde. Dies würde nicht nur das Versäumnis einer historischen Chance bedeuten, sondern auch eine Gefährdung der Sicherheit im wirtschaftlichen Bereich Europas mit sich bringen. Als Folgeerscheinung einer neuerlichen, diesmal wirtschaftlichen Teilung Europas würde ein gewaltiger Migrationsdruck von Ost nach West entstehen, den kein Staat und keine Staatengemeinschaft absorbieren könnte, wenn er einmal voll in Gang käme.

In Westeuropa und Osteuropa leben jeweils etwa 400 Millionen Menschen. Der osteuropäische Lebensstandard entspricht nur zu einem Drittel bis zur Hälfte dem westeuropäischen. Mehr als 400 Millionen Menschen an das westliche Wohlstandsniveau ohne dessen Verwerfungen heranzuführen, ist ein Vorhaben, das ein riesiges Wachstumspotential für die westlichen Industriestaaten insgesamt und für Europa im besonderen eröffnet. Diese Chancen muß Westeuropa nutzen, um seine gefährdete wirtschaftliche Stellung innerhalb der Triade – Amerika, Asien, Europa – erfolgreich zu verteidigen. Ohne Mitgestaltung und Nutzung des „industriellen Hinterhofes“ im Osten (Gerhard Waldheim) wird Europa im Konzert der Triade unweigerlich aus dem Takt fallen. Daher ist eine erfolgreiche Umsetzung der ökonomischen und politischen Reformen im Osten für Westeuropa aus wohlverstandenem Eigeninteresse lebensnotwendig, wobei dieses über die Absicherung langfristiger Rohstoffinteressen und die Erschließung neuer Absatzmärkte hinausgeht und die Eingrenzung von militärischen, nuklearen sowie Umwelt- und Migrationsrisken einschließt. Nicht von ungefähr hat der ehemalige deutsche Außenminister Hans-Dietrich Genscher einmal gemeint, daß „es dem Westen nur gutgehen wird, wenn es auch dem Osten gutgeht“.

Die Haltung des Westens gegenüber dem Osten darf sich daher nicht auf „wohlwollende Betrachtung und Beten“ (US-Präsident Dwight D. Eisenhower 1956) und nicht auf „wait and see“ beschränken. Vielmehr muß die Devise lauten: „Let's go to help, to help massively and help urgently in a very practical way“ (John M. Howell), wobei die Hilfe als Hilfe zur Selbsthilfe angelegt werden muß. Es geht nicht darum, Fische herzuschenken, sondern vielmehr darum, zu helfen, daß die Betroffenen fähig werden, selbst zu fischen, und sie darüber hinaus dabei zu unterstützen, sich selbst die Angeln herzustellen. Der Westen kann dem Osten die Transformationsanstrengungen nicht abnehmen, aber er kann die dringlich erforderliche Bluttransfusion bereitstellen.

Materielle und immaterielle Hilfe

Die Unterstützung des Westens muß sowohl materielle als auch immaterielle Hilfe umfassen, wobei letztere vor allem im Sinn von Know-how- und Technologietransfer ebenso wichtig ist wie der Kapitaltransfer; immaterielle Unterstützung ist auch die beste Hilfe zur Selbsthilfe, und kleine Länder wie Österreich könnten auf diesem Gebiet überproportionale Beiträge leisten. Speziell bei der Aus- und Fortbildung des Managements wurden von westlichen Firmen, vielfach mit Unterstützung ihrer Regierungen, bereits zahlreiche Initiativen gesetzt, wobei der Banken- und der Tourismussektor eine Vorreiterrolle spielen. Diese Hilfestellung, die alle Bereiche der Wirtschaft, aber auch die behördliche Verwaltung und das Schul- und Universitätswesen umfassen sollte, muß noch weiter ausgebaut werden.

Der Übergang zur Marktwirtschaft ist für die Transformationsländer kurzfristig mit erheblichen Liquiditätsproblemen verbunden. Daher muß in der Anfangsphase ein beträchtlicher Teil der benötigten Finanzmittel von öffentlichen Stellen im Westen kommen – nicht zuletzt von internationalen Institutionen, wie etwa dem Internationalen Währungsfonds, der Weltbank, der Europäischen Investitionsbank und der neu gegründeten Europäischen Bank für Wiederaufbau und Entwicklung (EBRD). Langfristig wird nach der Schaffung der entsprechenden Rahmenbedingungen schließlich privates Kapital die entscheidende Rolle spielen. Die Banken werden dann bei der Durchführung weiterer Zahlungsbilanzfinanzierungen sehr zurückhaltend sein, sich dafür aber bei der Projekt-, Außenhandels- und Joint-venture-Finanzierung verstärkt engagieren. Für generelle Kredite ohne konkrete Widmung ist der Kapitalmarkt zuständig.

Der aus der Transformation resultierende Finanzbedarf kann als gigantisch bezeichnet werden. Vom ISP Eduard Pestel Institut für Systemforschung wurde zu Beginn der neunziger Jahre in verschiedenen Szenarien der Investitionsbedarf der Reformländer während der Transformationsperiode untersucht; weiters wurden die vom Westen beizustellenden Kredite und Direktinvestitionen, die von den Reformländern nicht aus eigener Sparquote finanzierbar sind, errechnet. Unter der Annahme, daß die Reformländer die Talsohle des wirtschaftlichen Abschwunges 1993 durchschritten haben und daß es bis zum Jahr 2000 zu durchschnittlichen Wachstumsraten kommt, die etwa jenen Spaniens und Portugals nach dem EG-Beitritt Mitte der achtziger Jahre entsprechen, wurde im Durchschnitt ein jährlich von außen einzubringender Finanzierungsbedarf von knapp 40 Milliarden US-Dollar für die osteuropäischen Staaten (Bulgarien, Tschechien, Slowakei, Ungarn, Polen und Rumänien) und von zirka 100 Milliarden US-Doller für die ehemalige Sowjetunion errechnet. Bei dieser Modellrechnung würden die Reformländer bis zur Jahrtausendwende lediglich das Einkommensniveau erreichen, das sie vor Beginn des Umbruches 1988 hatten. Das Bruttosozialprodukt pro Kopf würde dann für die osteuropäischen Staaten 16–40 % und in der ehemaligen UdSSR 21 % des US-Niveaus betragen. In einer weiteren Variante wurde den Berechnungen das „Deutsche Wirtschaftswunder“ in der Nachkriegszeit zugrunde gelegt. Zwischen 1950 und 1965 wuchs das Buttosozialprodukt im ehemaligen Westdeutschland pro Kopf um jährlich 5,6 %. Am Ende dieser Periode hatte die Bundesrepublik auf 53 % des Bruttosozialproduktes pro Kopf der USA aufgeholt. Würden die Länder Osteuropas und die ehemalige UdSSR in der Zeit von 1994 bis 2006 dieselben hohen Jahreswachstumsraten aufweisen, so würde das Bruttosozialprodukt pro Kopf in den einzelnen osteuropäischen Staaten etwa 24–56 % und in der ehemaligen UdSSR zirka 35 % des US-Niveaus erreichen. Der jährliche durchschnittliche Finanzierungsbedarf wurde in dieser optimistischen Modellrechnung mit 23 Milliarden US-Dollar für die erstere Länderkategorie und für die Ex-UdSSR mit 91 Milliarden US-Dollar beziffert.

Die Finanzierung der Reformen wurde vom US-Notenbankchef Greenspan bereits im Frühjahr 1990 als die größte finanztechnische Aufgabe der neunziger Jahre bezeichnet. Aufgrund des gigantischen Mittelbedarfes für den Wiederaufbau wurden Befürchtungen laut, daß die vorhandenen Kapitalressourcen dafür nicht ausreichen und die vermehrte Nachfrage nach Kapital zu negativen Begleiterscheinungen in Form einer Erhöhung des Zinsniveaus auf den internationalen Kapitalmärkten führen müsse. Diese Entwicklung ist inzwischen auch eingetreten und hat vor allem die hochverschuldeten Reformländer am härtesten getroffen. Allerdings sollte bei einer längerfristigen Betrachtung der Finanzierung des Aufbaues von Marktwirtschaften nicht außer acht gelassen werden, daß der Wiederaufbauprozeß zusätzliches Wachstum und damit zusätzliche Ersparnisse in den westlichen Industrieländern und in den Reformländern selbst generiert, die für die Fortführung der Investitionen im Reformprozeß zur Verfügung stehen. Anders ausgedrückt kommt einmal der Zeitpunkt, zu dem sich die Reformen weitgehend selbst finanzieren werden. So kam das Kölner Institut der deutschen Wirtschaft bezüglich der Kosten der deutschen Einheit für die öffentliche Hand in einem zu Beginn der Wiedervereinigung erstellten Gutachten zu dem Schluß, daß die Kosten durch die zusätzliche Wachstumsdynamik ohne größere Probleme zu verkraften wären. Bis zum Jahr 2000 wurden sogar Überschüsse im öffentlichen Haushalt prognostiziert, weswegen Steuererhöhungen mittelfristig als nicht nur unnötig, sondern sogar als schädlich eingestuft wurden, da sie die Wirtschaftsdynamik behindern würden. Dieser in der Tendenz grundsätzlich richtige Standpunkt hat sich allerdings, an der Realität gemessen, als zu optimistisch herausgestellt.

Bei der Diskussion um die finanzielle Unterstützung der Reformstaaten wird oftmals übersehen, daß auch die heute führenden Industrienationen ihren wirtschaftlichen Aufbau jahrzehntelang zu einem beachtlichen Teil auf ausländisches Kapital gestützt haben. So war Deutschland bis spät in das 19. Jahrhundert hinein ein Nettoimporteur von Kapital. In Österreich wurden Ende der vierziger Jahre etwa 30 % der heimischen Investitionen mit Hilfe des Marshallplanes finanziert. Zu dieser Zeit war auch Österreich in einem Teufelskreis aus aufgestauter Inflation und Depression gefangen, der nur durch Unterstützung von außen aufgebrochen werden konnte. In diesem Sinne wäre die Schaffung eines dem European Recovery Program ähnlichen Fonds für die mittel- und osteuropäischen Länder durchaus überlegenswert. Ohne die Bereitstellung von Auslandskapital und ohne die Einbindung in das internationale Finanzsystem wird der wirtschaftliche Erneuerungprozeß in den osteuropäischen Ländern schwerlich gelingen. Westliche Hilfe und Assistenz sind daher überaus wichtig, und sie wären idealerweise mit einem Programm zur Verbesserung der Infrastruktur, mit dem auch Beschäftigungsmöglichkeiten geschaffen würden, zu verbinden. Die Inhalte solch neuer „New Deal Programs" sind unschwer auszumachen. Vordringliche Aufgaben sind die dringend notwendige Modernisierung der Infrastruktur, vor allem im Verkehrs- und Telekommunikationsbereich, und die Sanierung der Umwelt. In den ehemaligen kommunistischen Ländern hat sich ebenso wie in einer Reihe von Entwicklungsländern gezeigt, daß der größte Feind der Umwelt die Kombination von autoritären Regimen und Armut ist. Ein überaus dringlicher Handlungsbedarf besteht auch im Wohnungsbau, und zwar in der Errichtung neuer Wohnungen und der Restaurierung der bestehenden Substanz. Zwar ist es unwahrscheinlich, daß sich westliche Projektentwickler und Geldgeber in stärkerem Ausmaß im privaten Wohnungsbau engagieren werden. Eine Beispielwirkung könnte jedoch von den Wohnbauförderungsprogrammen ausgehen, die in Deutschland und in Großbritannien nach dem Zweiten Weltkrieg durchgeführt wurden.

Aufgrund des umfassenden Investitionsbedarfes sollte idealerweise von den einzelnen Reformländern in Zusammenarbeit mit internationalen Finanzierungsinstitutionen ein Konzept erarbeitet werden, in dem die Bedürfnisse aufgelistet und Prioritäten ausgearbeitet werden. Bei der Gewichtung der Investitionsentscheidungen ausländischer Banken werden Projekte, mit denen sich Devisen erwirtschaften lassen, sicherlich eine bedeutende Rolle spielen. In diesem Zusammenhang ist der Bau von Hotels und anderen touristischen Anziehungspunkten, aber auch der Bau von Büro- und Einkaufszentren besonders interessant.

Das gemeinsame Interesse von Ost und West erfordert auch bei der Lösung des Energieproblems, von dem auch die Umwelt länderübergreifend in vielerlei Hinsicht negativ tangiert wird, eine gemeinsame Koordination und beiderseitige Kooperation. Zu den wichtigsten umweltrelevanten Investitionen im Bereich der Energieerzeugung zählt insbesondere die Ersetzung der gefährlichen Kernkraftwerke und die Sanierung von umweltgefährdenden Kohle- und Gaskraftwerken. Darüber hinaus sollte das Energiepotential der Wasserkraft stärker ausgenützt werden. Neben einer effizienteren Nutzung ihrer Energie durch die Modernisierung der Anlagen sollte den ehemaligen RGW-Ländern auch die Möglichkeit eingeräumt werden, den Energieexport in den Westen zu steigern, um Devisen verdienen zu können. Ein weiterer Kooperationsschritt könnte darin bestehen, das europäische Energienetzwerk zu verdichten. Aus der geographischen Logik heraus eignet sich speziell der Donauraum als Drehscheibe für die Energieversorgung mit Öl, Gas oder Elektrizität. Was die Finanzierung dieser Energieschienen einschließlich des Aufbaues von Speicherkapazitäten betrifft, so ist zu berücksichtigen, daß im Gegensatz zu anderen für die Reformländer wichtigen Investitionen speziell bei Energie eine große Nachfrage im Westen vorhanden ist. Durch langfristige Lieferkontrakte kann daher die Rückzahlung der Kredite sichergestellt werden. Der Gas-Pipeline-Vertrag, der zwischen der UdSSR und Österreich in den sechziger Jahren abgeschlossen wurde, könnte dafür als Pionierbeispiel dienen. Aufgrund der guten Darstellbarkeit und Rechenbarkeit könnten solche Projekte problemlos von der Weltbank, der Europäischen Bank für Wiederaufbau und Entwicklung und der Europäischen Investmentbank finanziert werden.

Bei der Realisierung von Investitionsprogrammen für die Modernisierung der Wirtschaft im allgemeinen und des Energiesektors und der Infrastruktur im besonderen würden sich in der Konsequenz auch für westliche Unternehmen beachtliche „spill-over-effects“ ergeben, weil die Reformländer aus Kapazitätsgründen nicht in der Lage wären, die realwirtschaftlichen Voraussetzungen, wie unter anderem Baumaterialien, Engineering-Leistungen oder Facharbeiter, im erforderlichen Ausmaß allein bereitzustellen.

Gegenwertshilfe

Die Ausarbeitung eines Hilfs- und Investitionsprogrammes für die Reformländer stößt auf vielfältige konzeptive und politische Schwierigkeiten, die wiederum mit der weltwirtschaftlichen Lage eng verknüpft sind. Nach sieben fetten Konjunkturjahren von 1983 bis 1990 verzeichneten viele Länder des Westens bis 1994 einen schleichenden Konjunktureinbruch, der in einigen Ländern zu einer hartnäckigen Depression oder einer eingedämmten Depression führte. Die Entkopplung des Geldwesens von der Realwirtschaft, der Mangel an Solidität vieler öffentlicher

Haushalte, die Überforderung der Sozialprodukte und der wohlfahrtsstaatlichen Einrichtungen und die Kostenkorpulenz vieler Großunternehmungen – staatlicher wie privater – im Produktions- und Dienstleistungsbereich haben die Spekulationsblasen zum Platzen und die Schuldenkartenhäuser der achtziger Jahre zum Einsturz gebracht. Diese Enwicklung spiegelt sich in den letzten Jahren im Bereich der Wechselkurse ebenso wider wie in den Insolvenzstatistiken oder in der Zahl der Arbeitslosen.

Ein möglicher Weg, den ärmsten Staaten in Osteuropa (vorzugsweise Albanien und einzelnen GUS-Staaten) unmittelbar zu helfen und gleichzeitig die Stagnation im Westen zu mildern, besteht darin, daß Westeuropa Güter – Konsumgüter sowie Maschinen – an die in Frage kommenden Staaten verschenkt. Westliche Regierungen könnten geeignete Produkte herstellen lassen und damit im eigenen Land Kapazitäten auslasten sowie auf diesem Weg eine Verringerung der Arbeitslosigkeit bewirken. Diese Produkte sollten den Regierungen der Empfängerländer kostenlos zur Verfügung gestellt und von diesen wiederum in lokaler Währung zu angemessenen Preisen an die Bevölkerung verkauft werden. Dadurch könnte die Versorgung verbessert und Konsumkraft absorbiert werden. Die dabei erzielten Einnahmen sollten unter strengen Auflagen für private und öffentliche Vorhaben zur Verfügung stehen und würden auf diese Weise wachstumsfördernd wirken. Die dabei entstehenden positiven Kaufkrafteffekte würden auch zu einer höheren Nachfrage nach westlichen Produkten und Dienstleistungen führen. Bei der Realisierung einer solchen oder einer ähnlichen Idee sollte auf jeden Fall auf die Erfahrung der OECD zurückgegriffen werden, die diese mit dem Instrumentarium der Gegenwertshilfe bei der Unterstützung der Nachkriegswirtschaften Westeuropas gesammelt hat.

Abbau der Schulden

Eine große Barriere im ökonomischen Umgestaltungsprozeß stellt für viele Reformstaaten das überbordende Verschuldungsproblem dar. Für einige Länder ist die Schuldenlast so groß, daß sie diese nicht selbst tragen können, und selbst wenn sie es könnten, würde die Bedienung der Schulden einen ungeheuren „Tempoverlust“ für die Reformen mit sich bringen und eine mögliche Aufwärtsentwicklung stark einschränken.

Von den postkommunistischen Staaten sind Tschechien, die Slowakei und Slowenien die einzigen Länder, in denen die Verschuldung kein ernsthaftes wirtschaftliches Problem darstellt. Einige Länder, wie etwa Polen, das ehemalige Jugoslawien, Ungarn und die Ex-DDR, waren bereits im „alten System" schwer verschuldet. Die Tschechoslowakei war hingegen kaum verschuldet, und die UdSSR selbst hatte keine Schuldenprobleme. In Rumänien wurde bereits unter Ceauşescu eine massive Entschuldungspolitik betrieben, die allerdings zum Ruin des Landes führte. Nach dem Fall des kommunistischen Regimes ist insbesondere die Verschuldung Rußlands, das die Schulden der ehemaligen UdSSR übernommen hat, dramatisch angestiegen. Allerdings ist in Rußland seither auch die Kapitalflucht außerordentlich hoch. Von den vorhin angeführten Ländern ist Ungarn der einzige Staat, der seine zum Großteil aus der Vergangenheit übernommenen Schulden ordnungsgemäß bedient, wofür allerdings ein hoher sozialer Preis bezahlt wird. Als schwierige Verschuldungs-Problemfälle, zu denen bald auch Rumänien zählen könnte, gelten Bulgarien, Polen und Rußland. Ein das Weltfinanzsystem bedrohender Krisenfall, wie es Anfang der achtziger Jahre Lateinamerika war, zeichnet sich allerdings nicht ab.

Um die Reformstaaten von den Altlasten der Schulden zu befreien, sollten Schuldenerleichterungen gewährt werden. Solche sind auch vielen europäischen Staaten nach dem Zweiten Weltkrieg zugute gekommen. Deutschland und Österreich wurden beispielsweise bei der Tilgung ihrer Vorkriegsschulden äußerst großzügig behandelt. In den 1952 in London für die BRD und in Rom für Österreich abgeschlossenen Verträgen wurden beiden Ländern entsprechend ihrer damaligen wirtschaftlichen Leistungsfähigkeit eine beträchtliche Reduktion der ausstehenden Schulden sowie langfristige Rückzahlungsmodalitäten zugebilligt. Österreich wurden damals 70 % (!) der Vorkriegsschulden erlassen.

Auch die Reformstaaten sollten durch eine großzügige Unterstützung beim Abbau der Altschulden die Chance für einen erleichterten wirtschaftlichen Neustart erhalten. Neben der Streichung von Schulden sind auch spezielle Schuldenumwandlungen zu prüfen, wie vorzugsweise „dept-equity swaps". Dieses Instrumentarium könnte auch zu Impulsen durch ausländische Investoren bei der Privatisierung führen und über Nachfolgeinvestitionen zusätzliche Devisen ins Land bringen.

Eine dauerhafte Schuldenregelung ist nicht nur im Interesse der Reformländer, sondern auch im Interesse der westlichen Wirtschaftspartner. Sie ist eine Vorbedingung für den Aufbau effizienter Kapitalmärkte und auch eine Voraussetzung für den Einsatz der klassischen Finanzierungsinstrumente des Handels.

Ausbau der Handelsbeziehungen

Die westlichen Industriestaaten können zum Erfolg der Wirtschaftsreform in den Transitländern durch die Öffnung ihrer Märkte für Produkte und Leistungen aus den Reformländern wesentlich beitragen.

Die Steigerung der Exporte ist für die wirtschaftliche Transformation insofern ein Angelpunkt, weil aus den Exportüberschüssen Finanzierungsmittel generiert werden können. Die gegenwärtige Situation der Reformländer ähnelt auch in dieser Hinsicht den Bedingungen der Nachkriegszeit. „Exportieren oder sterben“ war anfangs der fünfziger Jahre in der deutschen Wirtschaft ein geflügeltes Wort. Aber „exportare necesse est“ ist sehr viel leichter gesagt als getan, und es war nach dem Krieg auch leichter möglich als heute, weil man in nichtgesättigte Märkte eindringen konnte. Darüber hinaus passen die Kostenstrukturen des früheren, völlig anderen Wirtschaftssystems nicht zu den weltmarktwirtschaftlichen Preisbedingungen. Selbst in den vier Visegrád-Ländern haben ein Fünftel bis ein Viertel der industriellen Erzeugnisse unter Weltmarktbedingungen eine negative Wertschöpfung ergeben. Zum Teil dürfte dies immer noch zutreffen, weil bestehende Betriebe oft nicht einfach nur zugesperrt werden können. Zu dem von Schumpeter geprägten Bild von der „schöpferischen Zerstörung“ hat sich auf industriellem Gebiet das der „unschöpferischen Zerstörung“ dazugesellt.

Neben der Steigerung des Außenhandels zur Erzielung von Exportüberschüssen ist für die Reformländer auch von großer Wichtigkeit, daß ein immer größerer Teil des steigenden Binnenhandels aus der Wertschöpfung des eigenen Landes kommt, weil der Importsubstitution saldenmäßig der gleiche Effekt zukommt wie zusätzlichen Exporten.

Eine der Hauptaufgaben der neunziger Jahre besteht darin, das freie Welthandelssystem zu erhalten und weiter auszubauen. Dazu ist auch notwendig, Europas Wirtschaft in einen globalen Zusammenhang zu stellen und die neuen Wirtschaftszonen in Osteuropa, in Mittel- und Südamerika sowie in Asien – insbesondere in China – in gesamtwirtschaftliche Überlegungen einzubeziehen. Nur im Rahmen einer arbeitsteiligen Weltwirtschaft kann eine bestmögliche Versorgung der stark zunehmenden Weltbevölkerung mit den notwendigen Gütern und Leistungen sichergestellt werden. Sollte es zu ernsthaften Behinderungen des Welthandels kommen, ist mit weltweiten Verteilungkämpfen zu rechnen und damit auch mit der Bedrohung des Weltfriedens, so unwahrscheinlich dies aus heutiger Sicht auch klingen mag. Der freie Welthandel ist ein wichtiger Garant für die Sicherung der zunehmenden Demokratisierung zahlreicher Länder. Es gibt Studien, nach denen ein Pro-Kopf-Brutto-Inlandsprodukt von 6.000 US-Dollar jährlich die Untergrenze für eine funktionierende Demokratie darstellt.

Natürlich darf sich die Freiheit nicht auf den Güter- und Dienstleistungsverkehr beschränken, sondern muß auch den Kapitalverkehr und die Möglichkeit von Unternehmensgründungen beziehungsweise Unternehmenskäufen umfassen. Kleine europäische Länder bringen wenig Verständnis für die Angst der USA vor einem Ausverkauf an Japan auf, wenn ihre eigene Industrie vielfach zu 30–40 % in ausländischer Hand ist. Schließlich ist auch eine größere Freiheit für Arbeitskräftebewegungen notwendig. Es muß einfach zur Kenntnis genommen werden, daß die meisten westlichen Industriestaaten, vor allem die europäischen und Japan, demographisch stagnieren. Wenn diese Staaten ihre wirtschaftliche Dynamik langfristig erhalten wollen, gibt es keine Alternative zur Verstärkung der Immigration. Noch immer gilt die Grundaussage der Wachstumstheorie, daß langfristiges Wirtschaftswachstum ausschließlich vom technischen Fortschritt und der Bevölkerungsentwicklung determiniert wird. Tatsächlich stehen wir vor einem zunehmenden weltweiten Migrationsdruck, der von Fernost auf Australien, von Lateinamerika auf Nordamerika, von den islamischen Ländern auf die Staaten der ehemaligen Sowjetunion und vom Mittelmeerraum und von Osteuropa auf Westeuropa wirkt. Wenn man in Westeuropa nicht will, daß aus Osteuropa Menschen „exportiert" werden, muß daher akzeptiert werden, daß Waren exportiert werden. Und wenn man in Westeuropa neue Kunden und Käufer in Osteuropa gewinnen will, dann muß auch eingesehen werden, daß die dortigen Staaten verkaufen müssen, weil aus dem Verdienst Kaufkraft entsteht. Nur wenn die westlichen Staaten ihre Märkte offen halten, werden alle Beteiligten – ökonomisch und sicherheitspolitisch – von den neuen Chancen im Osten profitieren können.

FÜNF JAHRE TRANSFORMATION – EINE ZWISCHENBILANZ

Die Umwälzungen des Jahres 1989 im Ostblock haben große Freude ausgelöst und höchste Erwartungen geweckt. Doch schon bald ist Ernüchterung eingetreten. Die Freude und der Taumel des ersten Augenblicks sind einer zunehmenden Enttäuschung gewichen. Berechtigte Hoffnungen und psychologisch zwar verständliche, aber in bezug auf die Machbarkeit oftmals überzogene Erwartungen haben sich nicht erfüllt. An ihrer Stelle haben sich trotz beachtlicher Reformfortschritte einzelner Länder auf dem Weg zu Demokratie und Marktwirtschaft vielerorts auch Sorge, Angst und Verbitterung breitgemacht. Das zunächst erwartete „Goldene Zeitalter" ist nicht angebrochen. Der Traum von einer schönen, neuen Welt ist vielmehr rüde zerstoben, als offensichtlich wurde, daß die zu beseitigenden Schäden viel mehr Zeit, Geld, Mühen und Opfer erfordern werden als ursprünglich angenommen. Der Anpassungszeitraum und die Anpassungsschwierigkeiten sind von östlicher und westlicher Seite gleichermaßen zumeist bei weitem unterschätzt worden.

Auf dem Weg zur Marktwirtschaft werden der Bevölkerung, die ein „Tal der Tränen" (Ralf Dahrendorf) durchqueren muß, hohe Opfer abverlangt. Der mit einer Transformationskrise verbundene Übergang zur Marktwirtschaft manifestierte sich in allen Reformstaaten in einer sogenannten J-Kurve, die nichts anderes besagt, als daß es zunächst noch schlechter werden muß, ehe es besser werden kann („no gain without pain").

Die über die Transformationsländer publizierten Wirtschaftsdaten werden bezüglich ihrer Richtigkeit häufig in Zweifel gezogen. Die statistischen Erfassungen in den Reformstaaten sind zweifelsohne mit zahlreichen Unsicherheiten behaftet. (Das ironische Bonmont von Sir Winston Churchill, daß man Statistiken nur dann Glauben schenken solle, wenn man sie selbst manipulieren konnte, hat nie an Aktualität verloren!) In dieser Arbeit wird vorwiegend auf die Daten des auf die Länder Mittel- und Osteuropas spezialisierten und wissenschaftlich renommierten Wiener Instituts für Internationale Wirtschaftsvergleiche (WIIW) zurückgegriffen. Damit wird zum einen die wissenschaftliche Seriosität der angeführten Daten und zum anderen deren Vergleichbarkeit abgesichert.

In der folgenden Beschreibung der volkswirtschaftlichen Entwicklung der einzelnen Transformationsländer wird die ehemalige DDR, die aufgrund ihrer Eingliederung in die Bundesrepublik Deutschland einen atypischen Sonderfall darstellt, nicht berücksichtigt. Der kriegerischen Ereignisse wegen, die die ersten Transformations-Jahre überschatteten, wird auch auf die Nachfolgestaaten des ehemals blockfreien Jugoslawiens mit Ausnahme von Slowenien und Kroatien nicht näher eingegangen.

Die Transformationskrise

Der Übergang zur Marktwirtschaft war für die einzelnen Volkswirtschaften, die bereits unter dem kommunistischen Regime mit ökonomischen Problemen und Stagnation zu kämpfen hatten, mit einem erneuten schweren wirtschaftlichen Einbruch verbunden.

Die Gründe für diese krisenhafte Entwicklung sind mannigfaltig. Als die herausragendsten unter vielen können unter anderem die Änderung der relativen Preise ohne gleichzeitige entsprechende Verbesserung der Produktivität und der relativen Einkommen ebenso angeführt werden wie eine unzulängliche Infrastruktur, veraltete Industrietechnologien, eine hohe Staatsverschuldung, die Unterkapitalisierung und Überschuldung der Unternehmen sowie im planwirtschaftlichen System verhaftete betriebliche Organisations- und Managementstrukturen. Der Zusammenbruch des Außenhandels zwischen den RGW-Ländern, insbesondere aber mit der Sowjetunion, sowie der Ausfall des Marktes der ehemaligen DDR, dem zweitgrößten Handelspartner für die RGW-Staaten nach Rußland, bewirkten zusätzlich einen schweren externen Schock.

In der zweiten Hälfte des Jahres 1990 kam es bei der Lieferung von Rohstoffen und Energieträgern der damaligen Sowjetunion an ihre RGW-Partner zu drastischen Ausfällen. Der dadurch hervorgerufene Engpaß, insbesondere bei Rohöl, wurde durch das von der UNO gegen den Irak verhängte Embargo noch verstärkt. Einige der vormaligen Ostblockstaaten hatten mit dem Irak Kompensationsverträge über die Lieferung von Rohöl für ausständige Kredite, die vorwiegend Waffenlieferungen zum Gegenstand hatten, abgeschlossen, die nun nicht mehr erfüllt werden konnten. Infolge dieser Tatbestände mußten Rohöl und Ölprodukte auf den Spotmärkten zu steigenden Preisen zugekauft werden, wodurch die ohnehin angespannten Handels- und Zahlungsbilanzen der betroffenen Staaten zusätzlich belastet wurden. Die Knappheit an Energie bedingte in den einzelnen Transformationswirtschaften, insbesondere aber in Bulgarien und Rumänien, einen weiteren eklatanten Rückgang der Produktion. Dieser Einbruch wurde durch die Handelspolitik der UdSSR, die mit der Begründung der Zahlungsunfähigkeit die Abnahme von Industriegütern aus den RGW-Partnerländern drastisch einschränkte, zusätzlich verschärft.

1990 war das letzte Jahr im intraregionalen Handel, in dem die traditionellen Abmachungen für Preise und Rubelverrechnungen Geltung hatten. Mit 1. Januar 1991 trat offiziell ein neuer Preis- und Zahlungsmodus in Kraft. Im gegenseitigen Handel galten ab sofort Weltmarktpreise, verrechnet wurde nur noch in harter Währung. In der Folge kam der Handel, der ohnedies mit der Sowjetunion bereits drastisch verringert worden war, zwischen allen RGW-Partnern fast zum Erliegen. Die einzelnen Staaten waren nicht bereit, für osteuropäische Waren knappe Hartwährung auszugeben. Am 28. Juni 1991 hörte der RGW schließlich auch formal zu bestehen auf. Der durch die Auflösung des intraregionalen Handels ausgelöste, nachhaltige negative Effekt auf die Wirtschaft der einzelnen Staaten kann daran ermessen werden, daß 1990 immerhin noch mehr als die Hälfte der Exporte der damaligen Ostblockstaaten für den Comecon-Raum bestimmt waren.

Die Transformationskrise, von der alle Reformstaaten erfaßt wurden, ging für die Bevölkerung mit sehr hohen Wohlfahrtsverlusten einher. Die Menschen in diesen Ländern waren plötzlich mit mehrstelligen Inflationsraten, massiven Reallohnverlusten und dem neuen Phänomen Arbeitslosigkeit, das im kommunistischen System offiziell nicht existiert hatte, konfrontiert. Die aus der sozialistischen Ära übernommenen und oftmals sogar sehr engmaschigen sozialen Netze, die in der Regel auch um die Arbeitslosenversicherung erweitert worden waren, konnten das Entstehen einer neuen Armut nicht verhindern.

Urteilt man nach den Veränderungen der gesamtwirtschaftlichen Aktivitäten, die im Bruttoinlandsprodukt (BIP) ihren Ausdruck finden, dann kann man bis 1992 kaum wesentliche Differenzen in der mit der Weltwirtschaftskrise in den dreißiger Jahren vergleichbaren ökonomischen Talfahrt zwischen den einzelnen Transformationsstaaten ausmachen. Zwischen 1989 und 1992 sank das aggregierte BIP in Rußland um ein Drittel und jenes der Visegrád-Staaten um ein Fünftel, unter Einbeziehung Bulgariens und Rumäniens sogar fast um ein Viertel. Allerdings lassen etwa die Statistiken über den Verbrauch an Energie den Schluß zu, daß der wirtschaftliche Einbruch durch die sich ausbreitende Schattenwirtschaft in der Regel gemildert wurde. Eine unterschiedliche Wirtschaftsentwickung der einzelnen Staaten zeichnete sich erst 1992 ab. In diesem Jahr erreichte Polen mit einer Wachstumsrate von 2,6 % als erster Reformstaat den ökonomischen Wendepunkt. Im selben Jahr konnte in zahlreichen weiteren ost-mittel- und südosteuropäischen Reformstaaten die Transformationskrise deutlich abgeschwächt werden. Der sich 1992 abzeichnende Prozeß der ökonomischen Auseinanderentwicklung der einzelnen Reformstaaten hat sich in der Folgezeit noch weiter verstärkt.

Wirtschaftliches Auseinanderdriften der Reformstaaten

Nach fünf Jahren Transformation können die „countries in transition" makroökonomisch grob in drei Gruppen unterteilt werden, deren Grenzen ungefähr entlang der West-Ost- und der Ost-Süd- beziehungsweise Nord-Ost-Achse verlaufen. Zur ersteren Gruppe, die die am meisten entwickelten Staaten umfaßt, zählen Tschechien, Ungarn, Polen, die Slowakei und Slowenien. Die zweite, an die Süd-Ost- beziehungsweise Nord-Ost-Achse angrenzende Ländergruppe der weniger weit fortgeschrittenen Reformstaaten umfaßt Bulgarien, Rumänien, Kroatien sowie die drei baltischen Staaten Estland, Litauen und Lettland. Die dritte Gruppe wird von den geographisch am östlichsten gelegenen Ländern Rußland, der Ukraine und den anderen GUS-Staaten gebildet. Diese Staaten sind von der Transformationskrise am längsten und nachhaltigsten betroffen.

Einen Sonderfall unter den Transformationsländern stellt aufgrund seiner polithistorischen Entwicklung Albanien dar. Dieses ärmste und rückschrittlichste Land Europas wird unter Bezugnahme auf seine geographische Lage im Rahmen der südosteuropäischen Reformstaaten abgehandelt.

Im folgenden wird auf die in den ersten fünf Transformationsjahren erzielten wirtschaftlichen Ergebnisse in den einzelnen Ländergruppen staatenweise eingegangen. Je nach verfügbarer Datenlage wurde für jedes Land auch eine Übersicht über die wichtigsten Wirtschaftsindikatoren zusammengestellt.

Die Visegrád-Staaten und Slowenien

Innerhalb der Gruppe der fünf am meisten fortgeschrittenen Reformstaaten – die vier Visegrád-Länder und Slowenien – war Polen das erste Land, das auf eine positive Wachstumsrate der Wirtschaft verweisen konnte. 1992 wuchs die polnische Wirtschaft um 2,6 %. 1993 wies in dieser Ländergruppe neben Polen (3,8 %) nur noch Slowenien (1,3 %) eine positive Wachstumsrate auf. 1994 haben sich auch Tschechien (2,6 %), Ungarn (2,9 %) und die Slowakei (4,8 %) in die Riege der Wachstumsländer eingereiht. Für 1995 wurden vom WIIW für die fortgeschrittenen Reformstaaten Wachstumsraten zwischen 6,5 % (Polen, Slowakei) und 2 % (Ungarn) und für 1996 zwischen 5,5 % (Polen) und 2,5 % (Ungarn) vorherberechnet.

Die Länder dieser Gruppe konnten auch die Inflation erfolgreich bekämpfen, wenngleich die Inflationsraten, die 1994 zwischen 10 % (Tschechien) und 32 % (Polen) betrugen, für westliche Verhältnisse weiterhin hoch sind. Für 1995 und 1996 wurde ein weiteres Absinken der Inflationsraten prognostiziert, wenngleich eine Unterschreitung der 10 %-Marke vor 1996 mit Ausnahme von Tschechien vom WIIW als eher unwahrscheinlich gilt.

Zum Jahresende 1994 wies unter den fünf führenden Transformationsstaaten Tschechien mit 3,2 % die niedrigste und Polen mit 16 % die höchste Arbeitslosenrate auf. Die durchschnittliche Arbeitslosenrate der fünf Länder betrug 1994 rund 13 %. Diese Rate war zwar höher als in der EU (11 %), aber noch immer niedriger als etwa in Irland (15 %) oder Spanien (24 %), die zu den ökonomisch schwächsten Ländern innerhalb der EU zählen. Für 1995 und 1996 wurde vom WIIW für die Slowakei und für Tschechien ein weiterer Anstieg und für Polen, Ungarn und Slowenien ein leichter Rückgang der Arbeitslosenrate prognostiziert. Der wirtschaftliche Aufwärtstrend führt offenkundig zunächst zu einer Erhöhung der Produktivität und schlägt sich nicht unmittelbar in der Schaffung von neuen Arbeitsplätzen nieder.

Die Investitionstätigkeit, die bei der Beurteilung der konjunkturellen Entwicklung einer Volkswirtschaft ein wichtiger Gradmesser ist, spiegelt die bei der Entwicklung des BIP bereits beschriebene ökonomische Entwicklungskurve deutlich wider. 1994 wies die Slowakei bei den Investitionen die geringste Wachstumsrate (0,5 %) auf. In den anderen Staaten wurde eine Investitionsrate zwischen 18 % (Slowenien) und 4 % (Tschechien) erzielt. Der für 1995 und 1996 erneut erwartete Investitionsschub kann als Indiz für eine weitere wirtschaftliche Aufwärtsentwicklung in den nächsten Jahren angesehen werden. Angesichts des enormen Bedarfes, der durch den Ausbau neuer Kapazitäten in der Exportwirtschaft und durch die Modernisierung des Kapitalstockes und der Infrastruktur entsteht, reichen die Investitionen allerdings bei weitem nicht aus. Auch der Anteil der ausländischen Direktinvestitionen ist mit Ausnahme von Ungarn und Tschechien in dieser Gruppe der Reformstaaten enttäuschend gering geblieben. Bis Ende 1994 wurden in dieser Ländergruppe 17,6 Milliarden US-Dollar an ausländischem Kapital investiert. Davon entfielen rund 8,5 Milliarden US-Dollar auf Ungarn, 4,3 Milliarden auf Polen und 3,1 Milliarden auf Tschechien.

Den fünf führenden Reformstaaten ist es gelungen, ihren Handel vom ehemaligen RGW-Raum in den Westen umzuleiten. 1989 betrug der Exportanteil dieser Länder in die vormalige EG maximal 30 % (Polen). Von Polen und Slowenien gingen 1994 rund 60 %, von Tschechien rund 45 % und von der Slowakei rund 30 % der Gesamtexporte in die Europäische Union. Die EU ist somit für die meisten der in dieser Gruppe zusammengefaßten Reformstaaten zum wichtigsten Handelspartner geworden.

Zur Unterstützung der Handelsbeziehungen hat die EU bereits in den Jahren 1988 bis 1991 mit Ungarn, Polen und der ehemaligen ČSFR Handels- und Kooperationsabkommen geschlossen. Diese wurden mittlerweile durch eine zweite Generation von Verträgen, den sogenannten „Europaabkommen", abgelöst. Die Unterzeichnung dieser Abkommen erfolgte mit Polen, Ungarn und der früheren ČSFR am 16. Dezember 1991. Da Tschechien und die Slowakei seit dem 1. Januar 1993 selbständige Republiken sind, wurde das ursprüngliche, mit der ČSFR abgeschlossene Abkommen durch zwei neue, eigenständige Vertragswerke ersetzt, die am 4. Oktober 1993 unterzeichnet wurden. Die mit den vier Reformstaaten abgeschlossenen Europaabkommen sehen auf wirtschaftlichem Gebiet die Errichtung einer Freihandelszone (jedoch nur für Industriewaren) zwischen der EU und der jeweiligen Vertragspartei innerhalb von zehn Jahren, gerechnet ab dem 1. März 1992, vor.

EU-Beitrittsansuchen liegen von Ungarn seit 1. April 1994, von Polen seit 9. April 1994, von der Slowakei seit 27. Juni 1995 und von Tschechien seit 23. Januar 1996 vor. Zwischen der EU und Slowenien besteht seit 1. September 1993 entsprechend dem Abkommen mit dem ehemaligen Jugoslawien ein sogenanntes „Partnerschafts- und Kooperationsabkommen“. Die Ersetzung dieses Abkommens durch einen Assoziierungsvertrag wurde allerdings zunächst von Italien verhindert, das die Klärung von Eigentums- und Entschädigungsfragen für italienische Staatsbürger forderte, die nach dem Zweiten Weltkrieg von Jugoslawien auf ehemals italienischem Gebiet enteignet worden waren. Dieses Veto wurde von Italien im März 1995 zurückgezogen. Im Gegenzug hat sich Slowenien bereit erklärt, eine Harmonisierung der Immobiliengesetzgebung mit den in der Union geltenden Regeln vorzunehmen. Nach der Beendigung dieses Konfliktes wurde von den Außenministern der 15 EU-Mitgliedsländer am 6. März 1995 der Kommission das Mandat für die Aufnahme von Verhandlungen über ein Assoziierungsabkommen mit Slowenien erteilt. Dieses wurde am 15. Juni paraphiert. Die Ratifizierung des Abkommens wurde allerdings weiterhin von Italien blockiert.

Nach dem Vorbild der Europaabkommen haben auch die EFTA-Staaten Freihandelsabkommen mit den vier Visegrád-Ländern abgeschlossen. Diese Abkommen sind am 1. Dezember 1992 mit der damaligen ČSFR, am 1. Oktober 1993 mit Ungarn und am 15. November 1993 mit Polen in Kraft getreten. Ein EFTA-Freihandelsabkommen mit Slowenien ist am 1. Juli 1995 in Kraft getreten.

Von den fünf führenden Reformstaaten wurden auch untereinander Abkommen zur politischen und wirtschaftlichen Zusammenarbeit geschlossen. So wurde zwischen der damaligen Tschechoslowakei, Polen und Ungarn am 15. Februar 1991 in Visegrád an der Donau – einem Ort in Ungarn, in dem bereits im 14. Jahrhundert ein Treffen der Könige dieser drei Länder stattgefunden hatte – eine Erklärung über die Zusammenarbeit der drei Staaten bei ihren Bestrebungen für eine europäische Integration verabschiedet. Bei nachfolgenden Treffen wurde eine Intensivierung der Beziehungen auf den Gebieten der Wirtschaft, des Verkehrswesens, des Umweltschutzes, der Wissenschaft und der Technik vereinbart. Eine im Mai 1992 in Prag verabschiedete Erklärung beinhaltete darüber hinaus auch den gemeinsamen Willen zu einer engen Kooperation mit der NATO und der WEU mit der Zielsetzung einer Vollmitgliedschaft. Die Visegrád-Gruppe blieb auch nach dem Zerfall der ČSFR bestehen. Ihr gehören nunmehr neben Polen und Ungarn auch Tschechien und die Slowakei als gleichberechtigte Partner an. Die Bedeutung der Visegrád-Gruppe als politischer Interessenverband hat allerdings seit ihrem Bestehen abgenommen, da nach Tschechien mittlerweile auch Polen und Ungarn die Mitgliedschaft in der EU und in der NATO eigenständig und nicht im Verbund mit den anderen Visegrád-Bündnispartnern anstreben. Im Gegensatz zur politischen Kooperation hat allerdings die wirtschaftliche an Bedeutung zugenommen.

Die ökonomische Zusammenarbeit der Visegrád-Staaten mündete im Dezember 1992 im Abschluß des mitteleuropäischen Freihandelsabkommens CEFTA (Central European Free Trade Agreement), das am 1. März 1993 in Kraft getreten ist. Dieses Abkommen sieht zwischen den vier Staaten die Beseitigung bestehender Handelsbeschränkungen und Zölle für die meisten Industriegüter bis zum Jahr 1997 vor. Der Großteil der Agrarzölle soll bis 1998 aufgehoben werden. Die Verhandlungen über den Beitritt Sloweniens zur CEFTA wurden am 25. November 1995 abgeschlossen. Das Abkommen über die CEFTA-Erweiterung trat am 1. Januar 1996 in Kraft. In weiterer Folge ist auch die Aufnahme von Beitrittsverhandlungen mit Bulgarien, Rumänien und Litauen geplant.

Einen noch radikaleren Zollabbau als im Rahmen der CEFTA sieht ein Freihandelsabkommen zwischen Slowenien, Tschechien und der Slowakei vor, das am 1. Januar 1994 in Kraft trat. Der gegenseitige Zollabbau soll binnen einer Frist von zwei Jahren verwirklicht werden. Seit 1. Juli 1994 ist auch zwischen Slowenien und Ungarn ein Freihandelsabkommen wirksam. Ein weiteres zwischen Slowenien und Polen trat am 1. Januar 1996 in Kraft.

Die Gründung der CEFTA sowie der Abschluß anderer Freihandelsverträge entstand auch aus der Notwendigkeit, den durch die Europaverträge wirksam gewordenen Abbau der Zollschranken gegenüber den EU-Staaten im gegenseitigen Handel sicherzustellen. Die Europaverträge selbst enthalten allerdings für bestimmte Produktgruppen, wie etwa Textilien, Eisen, Stahl, Kohle sowie landwirtschaftliche Verarbeitungserzeugnisse, Sonderregelungen zum Schutz des EU-Marktes.

Die protektionistischen Maßnahmen westlicher Staaten trugen auch nicht unwesentlich zu den sich ausweitenden Handelsdefiziten der Reformstaaten bei. Mit Ausnahme Sloweniens im Jahr 1992, Tschechiens im Jahr 1993 und der Slowakei im Jahr 1994 wiesen die Handelsbilanzen der fünf Staaten dieser Ländergruppe zwischen 1992 und 1994 ein Defizit aus. In der Leistungsbilanz verzeichnet im selben Zeitraum Polen seit 1992, Ungarn seit 1993 und Tschechien erstmals 1994 ein Defizit. Die Finanzierung dieses Defizites entwickelte sich insbesondere für Ungarn zu einer ernsthaften Hürde im wirtschaftlichen Aufbauprozeß.

Der private Sektor hat in Polen, Tschechien, Ungarn und der Slowakei bis 1994 mit jeweils mehr als 50 % einen beachtlichen Anteil am BIP erreicht. In Slowenien war hingegen dieser Anteil mit weniger als 20 % noch vergleichsweise gering.

Einer im Februar 1995 vom WIIW publizierten Prognose zufolge wird Polen als einziges Land 1995 den Wert des BIP von 1989 annähernd wieder erreicht haben. Das BIP Sloweniens wird dieser Schätzung nach 1995 auf geringfügig mehr als 90 %, jenes Tschechiens und Ungarns auf etwas mehr und jenes der Slowakei auf etwas weniger als 80 % des im Ausgangsjahr der Transformation erwirtschafteten BIP angestiegen sein.

Tschechische Republik

Fläche: 78.864 km², Einwohner: 10.333.000

Ausgewählte Wirtschaftsindikatoren

	1990	1991	1992	1993	1994	1995[1]	1996[1]	1997[1]
Veränderungen zum Vorjahr in %								
Reales BIP	–1,2	–14,2	–6,4	–0,9	2,6	4,0	5,0	5,0
Reale Industrieproduktion[2]	–3,3	–24,4	–7,9	–5,3	2,1	2,0	2,0	–
Reale Bruttoanlageinvestitionen	6,5	–32,5	16,6	8,0	4,0	–	–	–
Verbraucherpreise	9,9	56,7	11,1	20,8	10,0	9,5	9,0	9,5
Arbeitslosenrate (Jahresende)	0,8	4,1	2,6	3,5	3,2	3,1	3,3	3,8

in Millionen US-Dollar

	1990	1991	1992	1993	1994	1995[1]	1996[1]	1997[1]
Exporte[3]	9.052	7.924	8.779	10.368	11.969	–	–	–
				(13.202)	(14.297)	(17.000)	–	–
Importe[3]	9.815	7.082	10.382	10.608	12.639	–	–	–
				(12.856)	(14.731)	(21.000)	–	–
Handelsbilanz[3]	–763	842	–1.603	–240	–670	–	–	–
				(346)	(-434)	(4.000)	–	–
Leistungsbilanz[4]	–338	1.143	53	115	–16	–1.600	–2.500	–2.500

	1990	1991	1992	1993	1994	1995[1]	1996[1]	1997[1]
in Millionen US-Dollar								
Ausländische Direktinvestitionen[5]	670	1.314	1.556	2.053	3.077	–	–	–
Bruttoauslandsverschuldung	–	–	7.082	8.496	10.300	–	–	–
Devisenreserven (inkl. Gold)	–	–	843	3.872	6.200	–	–	–
in Tausend US-Dollar								
Reales BIP pro Kopf								
US-Dollar zur Kaufkraftparität	8.844	7.903	7.583	7.668	8.095	–	–	–
US-Dollar zum Wechselkurs	3.050	2.358	2.713	3.024	3.489	–	–	–
in Milliarden tschechischen Kronen (Kč)								
Budgetdefizit[6]	1,0	14,7	1,7	-1,1	-10,4	0,0	–	–
Durchschnittlicher Wechselkurs Kč/US-Dollar	17,95	29,48	28,26	29,16	28,78	–	–	–

Stand: Juli 1995; Prognosen: November 1995

[1] Prognose; [2] 1990 in Preisen von 1989; [3] Klammerausdruck = inklusive Transaktionen mit der Slowakei; [4] bis 1992 in konvertierbaren Währungen, seit 1993 einschließlich Transaktionen mit der Slowakei; [5] 1990, 1991: ehem. ČSFR; [6] 1995: Budgetvoranschlag

Quellen: WIIW, Bundesministerium für wirtschaftliche Angelegenheiten

Musterland der Transformation

Die Tschechische Republik gilt unter den Reformstaaten als das Musterland schlechthin, obwohl es im Gegensatz zu Polen, dessen Wirtschaft seit 1992 wieder wächst, erstmals 1994 ein Wirtschaftswachstum erzielen konnte. Es kann aber angenommen werden, daß die zu Jahresbeginn 1993 vollzogene Teilung der ehemaligen Tschechoslowakei den Wirtschaftsaufschwung in Tschechien um ein Jahr verzögert hat. 1994 erzielte Tschechien eine wirtschaftliche Wachstumsrate von 2,6 %. Für 1995 wurde vom WIIW ein Wachstum von 4 % und für 1996 eines von 5 % prognostiziert. Als Zeichen der Anerkennung für den erfolgreichen Transformationsverlauf wurde Tschechien als erstes Reformland am 28. November 1995 als 26. Mitglied in die OECD aufgenommen.

Im Vorgängerstaat von Tschechien, der damaligen ČSFR, wurde mit den marktwirtschaftlichen Reformen erst 1991 begonnen. Dem Reformprozeß selbst ging eine lange und öffentlich geführte Diskussion über den einzuschlagenden Weg voran, bei der sich schließlich, nicht zuletzt mangels einer konsequent formulierten Alternative, das vom Internationalen Währungsfonds (IWF) und dem damaligen Finanzminister Václav Klaus vertretene liberal-monetaristische Reformkonzept durchsetzte.

Eine restriktive Geldpolitik, fast ausgeglichene Budgetsalden und eine prohibitive Besteuerung des nominellen Lohnwachstums führten bereits 1992 zu einem deutlichen Absinken der Inflationsrate auf 11,1 %. Die hohe Inflationsrate des Jahres 1991 (56,7 %) wurde vor allem durch die Freigabe eines Großteils der vormals öffentlich regulierten Preise bewirkt. Die Preise für Energie, Transporttarife und Wohnungsmieten blieben allerdings bis auf weiteres unter staatlicher Kontrolle. Der neuerliche Anstieg der Inflationsrate auf 20,8 % im Jahr 1993 kann vor allem auf die Staatenteilung und die Einführung der Mehrwertsteuer zurückgeführt werden. Die Einhebung dieser seit 1. Januar 1993 wirksamen Steuer verursachte einen einmaligen Preissprung in Höhe von 8,5 %. 1994 betrug die Inflationsrate 10 %. Mit einem Absinken der Inflationsrate unter die 10 %-Marke wird ab 1995 gerechnet. Zur Eindämmung der Inflation hat auch die 1993 von der Regierung verfügte Regulierung der Löhne beigetragen, von der Unternehmen, die mehr als 24 Arbeitnehmer beschäftigten, betroffen waren. Ein Jahr davor waren bereits Lohnregulierungen bei Staatsbetrieben wirksam geworden. Die Lohnkontrollen, die den sonst von der Regierung vehement propagierten

Marktprinzipien diametral entgegenstanden und nicht zuletzt aus diesem Grund von Teilen der Öffentlichkeit als absurdes Relikt schlimmster sozialistischer Traditionen kritisiert worden sind, wurden im Juli 1995 wieder zurückgenommen.

Entsprechend dem von der Regierung angepeilten marktwirtschaftlichen Ordnungsmodell wird in Tschechien seit Beginn der Transformation konsequent die wirtschaftspolitische Zielsetzung eines ausgeglichenen Staatsbudgets verfolgt. Tatsächlich überstiegen die Budgetausgaben zwischen 1990 und 1992 nur relativ geringfügig die Budgeteinnahmen. Der 1993 erzielte Budgetüberschuß in Höhe von 1,1 Milliarden Kronen (0,1 % des BIP) ist unter anderem auf das Auslaufen der Transferzahlungen an die Slowakei zurückzuführen, welche vor der Teilung rund 20 Milliarden tschechische Kronen ausgemacht haben. 1994 wies der tschechische Staatshaushalt einen Überschuß von 10,4 Milliarden Kronen aus. Der Budgetvoranschlag für 1995 war ausgeglichen. Vorgesehen waren Einnahmen und Ausgaben in Höhe von jeweils 418,5 Milliarden Kronen. Der Vorschlag der Regierungspartei ODS (Demokratische Bürgerpartei), das Prinzip eines ausgeglichenen öffentlichen Haushaltes in der Verfassung zu verankern, hat in Tschechien eine lebhafte Diskussion über die Vor- und Nachteile einer solchen dogmatischen Regelung ausgelöst. Die Umsetzung dieser Politik würde speziell auf lokaler Ebene den Zwang zu einer nicht unerheblichen Einsparungspolitik nach sich ziehen. Der öffentliche Sektor soll Schätzungen zufolge 1993 ein Defizit in Höhe von rund 1 % des BIP ausgewiesen haben.

Niedrige Arbeitslosigkeit

Ein herausragendes Merkmal der tschechischen Reformpolitik sind die niedrigen Arbeitslosenraten. Von 1989 bis 1993 gingen immerhin rund 900.000 Arbeitsplätze verloren, und die Zahl der Beschäftigten sank von 5,4 auf 4,5 Millionen. Dennoch blieb die Arbeitslosenrate niedrig. Sie betrug 1991 4,1 %, 1992 2,6 %, 1993 3,5 % und 1994 3,2 %. Auch 1995 konnte die Arbeitslosenrate auf dem Vorjahresstand gehalten werden. Die niedrigen Raten werden unter anderem darauf zurückgeführt, daß in der ČSFR zur Zeit der wirtschaftlichen Wende viele Arbeitnehmer im Rentenalter zwar pensioniert waren, aber als Pensionisten weiterarbeiten durften. Deren Ausscheiden aus dem Arbeitsprozeß hat natürlich keinen Niederschlag in den Arbeitslosenstatistiken gefunden. Zudem dürften viele Frauen die Suche nach Arbeit aufgegeben haben und

„zurück an den Herd" gekehrt sein. Viele Arbeitnehmer haben auch im expandierenden Dienstleistungssektor eine neue Beschäftigung gefunden. Das hohe Ausbildungsniveau der Bevölkerung wirkte sich zudem auf die Flexibilität beim Berufswechsel förderlich aus. Laut Statistik haben zwischen 1990 und 1993 über ein Viertel der tschechischen Arbeitnehmer ihren Job gewechselt. Dieser Prozeß wurde durch eine aktive Arbeitsmarktpolitik, wie etwa in Form von Umschulungsprogrammen, unterstützt. Durch das Zusammenwirken dieser Faktoren sowie durch eine niedrige Lohnstruktur konnten die sozialen Kosten trotz einer restriktiven Geld- und Finanzpolitik in den ersten Transformationsjahren extrem niedrig gehalten werden.

Hohe Devisenreserven

Obwohl Tschechien zwei Drittel der Bruttoauslandsverschuldung der ehemaligen ČSFR übernommen hat, stellt die Auslandsverschuldung für das Land kein Problem dar. Die Brutto-Hartwährungsverschuldung nahm 1993 zwar um 1,2 Milliarden US-Dollar auf 8,5 Milliarden US-Dollar zu, ein großer Teil der Neuverschuldung diente allerdings zur Aufstockung der Devisenreserven. Tschechien hat 1993 die Währungsreserven, die nach der Auflösung der Währungsunion mit der Slowakei im Februar 1993 auf 500 Milliarden US-Dollar gesunken waren, bis Ende desselben Jahres auf 3,8 Milliarden US-Dollar erhöht. Zum Stichtag 1. August 1994 betrugen die Währungsreserven der Tschechischen Nationalbank, einschließlich der Goldbestände 5,3 Milliarden US-Dollar. Aufgrund dieser Entwicklung wurde vom Rat der Tschechischen Nationalbank beschlossen, alle Schulden beim IWF – insgesamt 471 Millionen US-Dollar, die in den Jahren 1996 bis 1999 fällig geworden wären –, vorzeitig zu tilgen. Bis zum Jahresende 1994 wuchsen die Gold- und Währungsreserven auf 6,2 Milliarden US-Dollar an.

Einführung der vollen Konvertibilität

In Tschechien wurde zunächst die „innere Konvertibilität" der Krone hergestellt, was bedeutet, daß zwar nicht private Personen, wohl aber Unternehmen für geschäftliche Zwecke ohne Beschränkung Devisen erwerben können. Seit Abwertungen in den Jahren 1989 und 1990 wurde der Wechselkurs der Krone stabil gehalten. Er ist im Rahmen einer Bandbreite von +/– 0,5 % gegenüber einem fixierten Mittelwert an einen Währungskorb gebunden, in dem die D-Mark mit 65 % und der US-

Dollar mit 35 % vertreten sind. Die Herstellung der vollen Konvertibilität wurde von der tschechischen Regierung ungeachtet der monetären Voraussetzung aber hintangehalten, da unter anderem befürchtet wurde, daß Turbulenzen auf den internationalen Währungsmärkten sowie der noch nicht vollzogene Aufholprozeß der Wirtschaft die bisherigen Erfolge der Transformationspolitik gefährden könnten. Von der Regierung wurde im Juni 1995 eine Gesetzesvorlage für ein neues Devisengesetz ausgearbeitet, das auch die Rahmenbedingungen für die Einführung der vollen Konvertibilität der Krone entsprechend den Bestimmungen des Artikels VIII des IWF regelt. Das neue Devisengesetz trat am 1. Oktober 1995 in Kraft. Die Verpflichtung der heimischen Unternehmen, Erträge in Hartwährungen der Nationalbank zum Umtausch anzubieten, ist seither ebenso weggefallen wie die Einholung der Erlaubnis zur Führung von Fremdwährungskonten bei heimischen Banken. Beschränkungen für Inländer beim Kapitalexport blieben aufrecht. Tschechische Firmen können allerdings seither ohne Bewilligung Direktinvestitionen im Ausland tätigen. In Tschechien ansässigen ausländischen Unternehmen wiederum wurde der uneingeschränkte Transfer von Hartwährungsgeldern eingeräumt. Das bisherige Limit von jährlich 100.000 Kronen für den Umtausch konvertibler Währung für touristische Zwecke für Deviseninländer ist im Rahmen der neuen Devisenregelung ebenfalls aufgehoben worden.

Erfolgreiche Umstellung der Außenwirtschaft, jedoch steigendes Handelsdefizit

Die ehemals starke außenwirtschaftliche Orientierung der ČSFR auf die RGW-Märkte konnte von Tschechien inzwischen erfolgreich auf die westlichen Märkte umgelenkt werden. Der Anteil der entwickelten Marktwirtschaften am gesamten Außenhandel betrug 1994 mehr als 60 %, wovon rund 45 % auf die EU entfielen. 1993 erzielte Tschechien trotz der Rezession in Westeuropa und trotz eines massiven Einbruchs in den Handelsbeziehungen mit der Slowakei einen Exportüberschuß in Höhe von 350 Millionen US-Dollar. Ohne den Handel mit der Slowakei wurde ein Defizit in Höhe von 240 Millionen US-Dollar ausgewiesen. Letzteres Handelsdefizit hat sich 1994 auf 670 Millionen US-Dollar erhöht. Das Gesamthandelsdefizit belief sich 1994 auf mehr als 400 Millionen US-Dollar. Für 1995 wurde eine Explosion des Handelsdefizits bis auf das Zehnfache erwartet. Diese Entwicklung ist zum einen Ergebnis des Verlustes des Konkurrenzvorteiles durch Niedrigpreise infolge der Steigerung der Preis- und Lohnkosten, die zu einer realen Aufwertung der Krone geführt haben. Zum anderen verfügen viele Firmen nicht über die entsprechenden Geldmittel, um in die Verbesserung der Qualität ihrer Produkte zu investieren beziehungsweise ihre Marketing-Aktivitäten im Ausland zu finanzieren. Auf dem heimischen Markt sind die inländischen Produzenten wiederum oftmals mit dem Problem konfrontiert, daß ausländische Produkte aus Qualitäts- und Prestigegründen den ihren vorgezogen werden. Mit dem Aufbau von Bank- und Versicherungsgesellschaften zum Zweck der Abdeckung des politischen und wirtschaftlichen Exportrisikos war in Tschechien schon frühzeitig begonnen worden. Die Aktivitäten der bereits 1992 gegründeten Exportgarantie- und Versicherungsgesellschaft wurden mit Jahresbeginn 1996 der neu gegründeten Tschechischen Exportbank übertragen.

Von staatlicher Seite werden zur Eindämmung der Importe so lange keine handelspolitischen Maßnahmen in Erwägung gezogen, solange das Handelsdefizit durch Überschüsse in der Dienstleistungs- und Kapitalbilanz abgefedert werden kann. Tschechien erlebt seit der Öffnung zum Westen einen Tourismusboom. Die Einnahmen aus dem Tourismus erreichten 1994 bereits 14 % der Erlöse aus dem gesamten Warenexport. Die Kapitalbilanz schloß 1994 mit einem Überschuß von 3 Milliarden US-Dollar ab. Im Vorfeld der Einführung der Konvertibilität der tschechischen Krone kam es 1995 zudem in Erwartung einer Aufwertung der Krone zu einem hohen spekulativen Devisenzufluß. Grundsätzliche Überlegungen über zukünftige Importrestriktionen würden spätestens dann hinfällig werden, wenn sich herausstellen sollte, daß ein beträchtlicher Teil der rasant ansteigenden Importe mit der Beendigung des Clearing-Abkommens im bilateralen Handel mit der Slowakei in ursächlichem Zusammenhang stand.

Zwischen Tschechien und der Slowakei wurde am 8. Februar 1993 für den gegenseitigen Handel ein Clearing-System eingerichtet, das monatlich bei Überschreitung einer Grenze von 130 Millionen ECU (zirka 170 Millionen US-Dollar) einen Ausgleich des Saldos in Devisen vorsah. Um ständige Anpassungen des ECU-Verrechnungskurses zu vermeiden, wurde vereinbart, Kursabweichungen der beiden Währungen gegenüber dem ECU von 5 % nach oben und unten unberücksichtigt zu lassen. 1993 erzielte Tschechien in der bilateralen Handelsbilanz mit der Slowakei einen Überschuß in Höhe von etwas mehr als 500 Millionen US-Dollar. Dieser Befund hat sich im Folgejahr umgekehrt. Einschließlich Mai 1995 betrug der Clearing-Saldo zugunsten der Slowakei fast eine Milliarde US-Dollar. Dieses Ergebnis ist zum einen auf eine Abwertung der slowakischen Krone gegenüber dem Clearing-ECU und zum anderen auf die Einführung von Importbarrieren zurückzuführen. Im März 1994 wurde von der Slowakei für Importe ein 10%iger Zuschlag eingeführt, und seit April 1994 dürfen ausländische Produkte nur mit einem slowakischen Zertifikat die Grenze passieren. Diese Maßnahmen führten auch zu einer weiteren Verringerung des Handelsvolumens der beiden Nachbarstaaten, die einander aber nach wie vor die wichtigsten Handelspartner sind. Das Clearing-Abkommen wurde aufgrund der beidseitigen wachsenden Unzufriedenheit im Zuge der Abwicklung sowie im Zusammenhang mit der Vorbereitung der Vollkonvertibilität der tschechischen Krone per 1. Oktober 1995 von Tschechien aufgekündigt.

Privatisierung vor dem Abschluß

Die Privatisierung ist in Tschechien sehr erfolgreich verlaufen. Der Anteil des Privatsektors am Bruttoinlandsprodukt betrug 1995 etwa 80%.

Bereits im Oktober 1990 und im Februar 1991 wurden in der ehemaligen ČSFR zwei Gesetze verabschiedet, die die Restitution von kleinen Gewerbebetrieben im Bereich des Handels und der Dienstleistungen regelten. Die Restitution erfolgte entweder durch eine direkte Rückgabe an die früheren Eigentümer, durch Geldentschädigungen oder durch die Zuteilung von Staatsanteilen oder Aktien an Betriebe, die in die Privatisierungslisten aufgenommen worden waren. Für diesen Zweck mußten die zu privatisierenden Unternehmen 3% ihres Stammkapitals reservieren. Kleinbetriebe, die für die Restitution nicht in Frage kamen, wurden durch Auktionen privatisiert. Die Versteigerungen wurden von lokalen Kommissionen abgewickelt. Im Rahmen der sogenannten kleinen Privatisierung wurden insgesamt 23.800 Einheiten mit einem Gesamtausrufpreis von 21 Milliarden tschechischen Kronen angeboten. Der Großteil dieser Betriebe konnte bereits 1992 privatisiert werden. Ab dem 1. Januar 1992 konnten auch ausländische Investoren an der kleinen Privatisierung teilnehmen, die in Tschechien bis zum Jahresende 1993 endgültig abgeschlossen werden konnte. Die Gesamteinnahmen beliefen sich auf rund 35 Milliarden Kronen. Davon wurden 20 Milliarden für die Finanzierung weiterer Reformvorhaben langfristig angelegt.

Die große Privatisierung wurde in der ehemaligen ČSFR im Februar 1992 eingeleitet. Aus Überlegungen der sozialen Gerechtigkeit wurden einzelne Staatsbetriebe oder Teile davon mittels Kupons, einer völlig neuen und somit praktisch unerprobten Methode, veräußert. Das Konzept dafür wurde unter der Federführung des Wirtschaftswissenschaftlers und damaligen Finanzministers Václav Klaus ausgearbeitet, der im Juni 1992 zum Premierminister des Landes gewählt wurde.

Im Rahmen der großen Privatisierung konnte jeder Staatsbürger der ČSFR ab 18 Jahren für eine Gebühr von 1.000 tschechischen Kronen (36 US-Dollar) ein auf seinen Namen ausgestelltes und nicht handelbares Kuponheft erwerben. Mit der niedrigen Gebühr, die keine Hürde beim Erwerb solcher Hefte darstellte, wurden die Verwaltungskosten des Verfahrens gedeckt. Die Kuponhefte stießen auf reges Interesse. Zwischen Oktober 1991 und Februar 1992 wurden 8,54 Millionen Hefte verkauft, davon 5,95 Millionen in der Tschechischen Republik. Die darin enthaltenen Wertmarken berechtigten zum Kauf von Anteilen an fast 1.000 tschechischen und etwa 500 slowakischen Betrieben. Der Kuponinhaber konnte seine Gutscheine entweder selbst zur direkten Order von Aktien nutzen oder sie einem oder mehreren Investitions-Privatisierungs-Fonds überantworten. In ersterem Fall konnten die Wertmarken in einem Bietprozeß mit mehreren Durchgängen gegen die Aktien der Unternehmen geboten werden. Dadurch wurden Quasipreise der Aktien in Punkten ermittelt. Nach Abschluß des Prozesses wurden die Aktien den Kuponbesitzern kostenlos ausgehändigt. Im zweiteren Fall erwarben die Fonds mit den ihnen ausgehändigten Investitionspunkten an Stelle der Kuponbesitzer Aktien. Sobald feststand, wieviel Eigentum (Nominale) jeder Fonds erzielt hatte, wurden von den Fonds handelbare Anteilsscheine (Aktien) zu in Summe gleichem Betrag ausgegeben.

Insgesamt waren in der Tschechoslowakei mehr als 4.000 staatliche Industrie- und Handelsbetriebe für die große Privatisierung vorgesehen, die in einem Zeitraum von sechs Jahren durchgeführt werden sollte. Die Banken wurden ebenfalls in das allgemeine Massenprivatisierungsprogramm einbezogen. Die Teilung der ČSFR erforderte von den beiden Nachfolgestaaten jedoch eine Modifizierung des Privatisierungsfahrplanes.

In Tschechien kam es bei der Umsetzung der ersten Welle der großen Privatisierung zu Verzögerungen. Sie konnte erst im Mai 1993 abgeschlossen werden. Während dieses Privatisierungsabschnittes wurden

1.900 Unternehmen mit einem Buchwert von 650 Milliarden tschechischen Kronen veräußert. Mittels Voucher wurden davon 988 Firmen mit einem Buchwert von 212 Milliarden Kronen privatisiert. Im Rahmen der zweiten, im Oktober 1993 begonnenen und zum Jahresende 1994 abgeschlossenen Privatisierungswelle wurden 2.000 Unternehmen mit einem auf 550 Milliarden Kronen geschätzten Buchwert privatisiert. Davon entfielen auf die Kuponprivatisierung 861 Unternehmen mit einem Buchwert von rund 155 Milliarden Kronen. Mit der zweiten Privatisierungswelle wurde die Kuponprivatisierung in Tschechien endgültig beendet. Der Anteil der Kuponprivatisierung an der großen Privatisierung beträgt nicht ganz ein Drittel des zu entstaatlichenden Buchwertes. Vom Fonds für Nationales Eigentum wurden nach Abschluß der zweiten Privatisierungswelle noch Firmenanteile in Höhe von 415 Milliarden Kronen gehalten. Weitere Privatisierungen, wie etwa die im November 1994 eingeleitete Privatisierung der SPT Telecom, werden auf konventionellem Weg mittels Standardmethoden wie Direktverkauf und Tender durchgeführt.

Aufgeschobene Unternehmensreform

Die Privatisierungspolitik in Tschechien war zweifelsohne sehr erfolgreich. Die Fokusierung auf die Änderung der Eigentumsverhältnisse im Rahmen der Reformpolitik bewirkte allerdings die zeitliche Zurückstellung der an sich dringlichen marktwirtschaftskonformen Restrukturierung der Unternehmen.

Die Bereinigung und Sanierung des Unternehmenssektors wird durch die breite Streuung des Firmeneigentums als Folge der Massenprivatisierung erschwert. Nicht nur Einzelpersonen, auch die Investmentfonds, die sich oft im Besitz der staatlichen Banken befinden, haben in der Regel ihre Beteiligungen sehr breit gestreut. Die Vielzahl der neuen Eigentümer macht eine klare Vorgabe von strategischen und unternehmerischen Leitlinien an das Management schwer möglich. Zusätzlich wird die Situation dadurch verschärft, daß die meisten Unternehmen, die durch die Privatisierung keine neuen Geldmittel zugeführt bekamen, mit schweren finanziellen Problemen zu kämpfen haben. Mehr als die Hälfte der tschechischen Betriebe befindet sich in einer akuten Finanzkrise, die die Modernisierung der Betriebe, welche zum Großteil über veralterte Maschinen und Anlagen verfügen, behindert. Darüber hinaus haben sich viele Firmen infolge des Liquiditätsengpasses auf dem tschechischen Kapitalmarkt gegenseitig schwer verschuldet. Die Zahlungsunfähigkeit der Betriebe erreichte zum Jahresende 1994 ein Volumen von rund 150 Milliarden tschechischen Kronen. Die dringend benötigte Restrukturierung und Modernisierung der Unternehmen wird daher noch zu einer Nagelprobe für den tschechischen Reformprozeß werden.

In Tschechien ist seit April 1993 ein Konkursgesetz in Kraft. Dieses Gesetz wurde allerdings mehrmals novelliert, um die Ingangsetzung einer Konkurswelle, die volkswirtschaftlich verheerende Auswirkungen gehabt hätte, zu verhindern. 1994 langten bei den Gerichten 3.264 Konkursanträge ein. Davon wurde 1.405 stattgegeben. Zu geringe personelle Kapazitäten sowie eine noch mangelhafte Spruchpraxis lassen eine nur schleppende Bearbeitung dieser Anträge zu. Darüber hinaus sind auch die tschechischen Banken aufgrund zu geringer Kapitalreserven wenig an Konkursen ihrer Kunden interessiert.

Großes Interesse ausländischer Investoren

Tschechien zählt zu den attraktivsten Investitionsstandorten in Osteuropa. Bis Ende 1994 wurden zirka 23.000 Projekte ausländischer Investoren mit einem Wert von rund 3,1 Milliarden US-Dollar registriert. Mit einem Anteil von 217 Millionen US-Dollar lagen österreichische Unternehmen hinter Deutschland, den USA und Frankreich an vierter Investorenstelle. Von den ausländischen Unternehmen wurde vor allem in die Automobilbranche, in die Lebensmittel-, Konsumgüter- und Tabakindustrie, in die Bauwirtschaft sowie in den Banken- und Versicherungssektor investiert.

1992 wurden von ausländischen Unternehmen in Tschechien rund 1 Milliarde US-Dollar und 1993 568 Millionen US-Dollar investiert. Der Rückgang der ausländischen Direktinvestitionen im Jahr 1993 läßt sich vor allem durch die damals noch in Gang befindliche zweite Privatisierungswelle und die damit verbundene Unsicherheit für potentielle private Investoren bezüglich der neuen Besitz- und Managementverhältnisse bei vielen Unternehmen erklären. Im Gegenzug zu den ausländischen Direktinvestitionen haben sich damals jedoch die Kredite von ausländischen Banken an tschechische Betriebe sowie die Portfolio-Investitionen erhöht. 1994 betrugen die Neuinvestitionen 862 Millionen US-Dollar, wovon 80 Millionen US-Dollar auf österreichische Unternehmen entfielen. Mit diesem Betrag lag Österreich 1994 hinter Deutschland auf Rang zwei. Auch bei der Anzahl der bis zum Jahresende 1994 registrierten Auslandsfirmen – von den insgesamt 23.005 Investitionsfällen entfielen 2.900 auf Österreich – lag Österreich hinter Deutschland an zweiter Stelle. Diese Vorrangstellung beruht aber vor allem darauf, daß bei österreichischen Beteiligungen Klein- und Mittelbetriebe dominieren, während von deutschen, aber auch amerikanischen Firmen in Tschechien zumeist strategische Großinvestitionen vorgenommen wurden.

Für 1995 wurde aufgrund der politischen und wirtschaftlichen Stabilität, des qualifizierten und relativ billigen Arbeitskräftepotentials, des wirtschaftlichen Aufschwungs in den westlichen Industriestaaten und der bedeutenden Privatisierungsvorhaben erwartet, daß die Investitionszuflüsse mindestens das Doppelte von 1994 erreichen.

Ungarn

Fläche: 93.033 km², Einwohner: 10.245.000

Ausgewählte Wirtschaftsindikatoren

	1990	1991	1992	1993	1994	1995[1]	1996[1]	1997[1]
Veränderungen zum Vorjahr in %								
Reales BIP	–3,5	–11,9	–3,0	–0,8	2,9	2,0	2,5	4,0
Reale Industrieproduktion	–10,2	–16,6	–9,7	–4,0	9,2	4,0	4,0	–
Reale Bruttoanlageinvestitionen	–9,8	–11,9	–1,7	0,5	10,0	5,0	–	–
Verbraucherpreise	28,9	35,0	23,0	22,5	18,8	29,0	22,0	15,0
Arbeitslosenrate (Jahresende)	1,9	7,8	13,2	12,6	10,9	10,0	10,0	10,0
in Millionen US-Dollar								
Exporte	9.551	10.216	10.678	8.908	10.737	12.670	–	–
Importe	8.622	11.438	11.120	12.630	14.621	15.940	–	–
Handelsbilanz	929	–1.222	–422	–3.722	–3.884	–3.270	–	–
Leistungsbilanz	127	267	324	–3.455	–3.911	–2.900	–2.200	–1.500

	1990	1991	1992	1993	1994	1995[1]	1996[1]	1997[1]
in Millionen US-Dollar								
Ausländische Direktinvestitionen	1.450	3.064	4.705	7.186	8.506	–	–	–
Bruttoauslandsverschuldung	21.270	22.658	21.438	24.560	28.521	–	–	–
Devisenreserven	1.069	3.935	4.347	6.691	6.727	–	–	–
in Tausend US-Dollar								
Reales BIP pro Kopf								
US-Dollar zur Kaufkraftparität	6.766	6.187	6.174	6.275	6.609	–	–	–
US-Dollar zum Wechselkurs	3.189	3.221	3.595	3.727	4.000	–	–	–
in Milliarden Forint (HUF)								
Budgetdefizit	1,40	114,20	197,10	199,70	321,70	–	–	–
Durchschnittlicher Wechselkurs HUF/US-Dollar	63,20	74,81	79,00	92,04	105,12	–	–	–

Stand: Juli 1995; Prognosen: November 1995

[1] Prognose

Quellen: WIIW, Bundesministerium für wirtschaftliche Angelegenheiten

Wirtschaftliche Reformversuche vor der Transformation

In Ungarn gab es schon lange Zeit vor der Wende immer wieder Reformvorstöße zur Steigerung der Effizienz der Wirtschaft, die auch marktwirtschaftliche Elemente enthielten. Bereits unter Imre Nagy wurden 1953 Arbeitsgruppen eingesetzt, die ein Programm für die Reformierung der Wirtschaft ausarbeiten sollten. Diese Bestrebungen wurden durch die Niederschlagung des Volksaufstandes gegen die kommunistischen Machthaber im Jahre 1956 zwar zunichte gemacht, in der Folge konnte das stalinistische Modell aber sowohl in politischer als auch in wirtschaftlicher Hinsicht nicht mehr in voller Härte durchgesetzt werden.

In den sechziger Jahren kam es erneut zu einer breit angelegten Diskussion über die Reformierung der Wirtschaft, die 1968 in der Einführung des „Neuen Wirtschaftsmechanismus" mündete. Die verbindlichen Planziele wurden abgeschafft, und den Unternehmen wurde eine größere Entscheidungsfreiheit, wie etwa bei der Investitionstätigkeit oder der Aufnahme von Krediten, zuerkannt. Auch ein Teil der Preiskontrollen wurde abgeschafft. Signifikante Merkmale des sozialistischen Wirtschaftsmodells, wie etwa das Monobankensystem oder die Zentralisierung des Außenhandels, wurden aber beibehalten, wenngleich einige große Industrieunternehmen die Berechtigung erhielten, ihre eigenen Produkte in einem beschränktem Ausmaß selbst zu exportieren. Das ungarische Experiment, das zwischen 1968 und 1972 zu guten Wirtschaftsergebnissen führte, wurde von der politischen Führung der Sowjetunion mit zunehmendem Mißtrauen beobachtet. In Ungarn gelang es schließlich jenen Kräften, die die Reformen nicht mittrugen, den wirtschaftlichen Dezentralisierungsprozeß zu stoppen und die Autonomie der Unternehmensentscheidungen erneut zu beschränken, wenn auch die verbindlichen Planziele nicht mehr eingeführt wurden. Die wirtschaftspolitische Trendumkehr bewirkte ein Sinken der Wirtschaftskraft des Landes, den Verlust der internationalen Konkurrenzfähigkeit und eine zunehmende Staatsverschuldung. 1982 konnte Ungarn die drohende Zahlungsunfähigkeit nur knapp vermeiden. Die budgetären Probleme und die zunehmende Instabilität im RGW-Raum veranlaßten die kommunistische Führung schließlich zu einer vorsichtigen Öffnung gegenüber dem Westen. Ungarn wurde Mitglied des IWF und der Weltbank. Um der wirtschaftlichen Krise im Land und dem Rückgang des

Lebensniveaus entgegenzusteuern, wurden zu Beginn der achtziger Jahre erstmals private Tätigkeiten in begrenztem Ausmaß zugelassen. Trotz zahlreicher Restriktionen nahmen Hunderttausende die Chance zur unternehmerischen Selbständigkeit war. Viele erfolgreiche Privatfirmen im heutigen Ungarn wurden damals gegründet. Als schließlich 1990 der marktwirtschaftliche Transformationsprozeß eingeleitet wurde, bestand in Ungarn zumindest in Ansätzen ein quasimarktwirtschaftliches Milieu. Trotzdem ist die wirtschaftliche Ausgangsposition dieses Landes, dessen Wirtschaft seit 1979 stagnierte, mit den anderen mittel- und osteuropäischen Staaten durchaus vergleichbar.

Überwindung der Talsohle

Ungarn konnte den „turnaround" in der Transformationskrise erst 1994 erreichen. Der Rückgang des BIP hat sich zwar bereits 1993 mit 0,8 % gegenüber den Vorjahren (1990: –3,5 %; 1991: –11,9 %; 1992: –3 %) deutlich abgeschwächt, eine positive Wachstumsrate (fast 3 %) konnte aber erst 1994 erreicht werden. Die wirtschaftliche Trendwende drückt sich 1994 auch in einer Zunahme der Industrieproduktion um etwa 9 % (1993: –4 %) und dem Anwachsen der Investitionen um zirka 10 % (1993: 0,5 %) aus.

Die Arbeitslosenrate, die 1992 mit 13,2 % bislang am höchsten war, sank 1994 auf knapp 11 % ab. Die leicht rückläufige Tendenz läßt sich durch die Anwendung einer neuen Registrierungstechnik, bei der Langzeitarbeitslose nicht mehr erfaßt werden, und durch die steigende Zahl neuer Arbeitsplätze im Privatsektor erklären.

Die Inflationsrate, die 1991 mit 35 % ihren Spitzenwert erreichte, konnte bis 1994 auf 19 % gesenkt werden. Ein Absinken unter die 20 %-Marke vor 1996 gilt als wenig wahrscheinlich. Für 1995 und 1996 wurden vom WIIW für Ungarn Inflationsraten in Höhe von 29 % beziehungsweise 22 % prognostiziert. Die höhere Inflationserwartung für 1995 basiert unter anderem auf der Anhebung des Mehrwertsteuersatzes von 10 auf 12 % sowie der Verbrauchersteuern und der Energiepreise. Gemäß internationaler Verpflichtungen und dem Energiegesetz müssen die ungarischen Energiepreise ab 1. Januar 1997 die Produktionskosten decken.

Enorme Auslandsverschuldung

Ein Kernproblem der ungarischen Wirtschaft ist die noch aus der kommunistischen Ära stammende hohe Auslandsverschuldung, die in der Transformationsphase noch weiter angewachsen ist. Die Bruttoauslandsverschuldung stieg von 20,4 Milliarden US-Dollar im Jahr 1989 auf 28,5 Milliarden US-Dollar im Jahr 1994. Ungarn hat aber trotz der schwierigen Schuldenlage keine Umschuldung betrieben und seine Auslandsverpflichtung immer ordnungsgemäß bedient.

Zur Absicherung der für die Auslandsschulden anfallenden Zahlungen wurden die Devisenreserven der ungarischen Nationalbank stark aufgestockt. Sie beliefen sich zum Jahresende 1994 auf 6,7 Milliarden US-Dollar.

Der Forint ist seit 1. Januar 1996 gemäß der Bestimmung von Artikel VIII des IWF konvertibel.

Hohe Handels- und Leistungsbilanzdefizite

Ungarn, das seine Exporte schon frühzeitig vom ehemaligen RGW-Raum nach Westeuropa umleiten konnte, exportierte bereits 1993 rund 60 % seiner Güter in die EU- und EFTA-Staaten. Die Entwicklung des Handels verlief allerdings insgesamt ungünstig. Ein Rückgang der Exporte und steigende Importe verursachten 1993 ein Handelsbilanzdefizit, das 3,7 Milliarden US-Dollar erreichte. Dieses Defizit, das sich gegenüber dem vorangegangenen Jahr fast verzehnfacht hatte, bewirkte auch eine eklatante Verschlechterung der Leistungsbilanz. Diese mußte 1993 mit einem negativen Saldo von rund 3,5 Milliarden US-Dollar abgeschlossen werden. 1994 stieg das Leistungsbilanzdefizit auf rund 3,9 Milliarden US-Dollar an. Ein anhaltend hohes Defizit in der Leistungsbilanz stellt für die erst 1994 eingeleitete Wachstumsentwicklung der ungarischen Wirtschaft eine ernste Gefahr dar. Von der ungarischen Regierung wird daher für die Folgejahre eine deutliche Verringerung des Passivums der Leistungsbilanz angepeilt. Diese Zielsetzung soll durch eine Export-, Tourismus- und ausländische Investitionsoffensive einerseits und eine harte Austerity-Politik andererseits realisiert werden.

Im Exportsektor ist auch eine neuerliche verstärkte Ausrichtung auf den verlorengegangenen GUS-Markt sowie eine Ausdehnung der Handelsbeziehungen auf die potenten und zukunftsträchtigen Fernostmärkte geplant. Im Zusammenhang mit der Erhöhung der Konkurrenzfähigkeit der ungarischen Exportwirtschaft ist auch die bereits 1994 schrittweise durchgeführte Abwertung der ungarischen Währung zu sehen. 1994 wurde der Forint gegenüber dem Währungskorb, der sich zu 70 % aus ECU und zu 30 % aus US-Dollar zusammensetzt, in sieben Schritten nominell um 15,9 % abgewertet. Am 3. Januar 1995 erfolgte eine weitere Abwertung um 1,4 % und am 13. März 1995 um 9 %. Parallel zur letzten Abwertung wurde auch das Wechselkursregime geändert, um eine bessere Vorhersehbarkeit der Wechselkursentwicklung zu gewährleisten. Das bisherige System eines fixen, aber angepaßten Wechselkurses wurde durch eine Wechselkurspolitik der kontinuierlichen kleinen Abwertungen („crawling peg") abgelöst, wobei der Forint monatlich bis 30. Juni 1995 um 1,9 % und ab 1. Juli 1995 um 1,3 % abgewertet wurde. Bis Ende März 1996 dürfte der Forint gemäß „crawling peg" um etwa 17 % gegenüber seinem Währungskorb abgewertet werden.

Das an die ökonomischen Grenzen gestoßene Budgetdefizit, das 1994 auf rund 7 % des BIP angestiegen war, sollte 1995 auf rund 6 % herabgesetzt werden. Diese Reduktion wird vor allem durch eine Verringerung der Budgetausgaben angestrebt, wobei vor allem bei den sozialen Aufwendungen drastische Kürzungen vorgesehen sind. Ein von der ungarischen Regierung Mitte März 1995 beschlossenes Sanierungspaket, das Ende Mai vom Parlament verabschiedet worden war, sah eine Reduktion der sozialen Leistungen um 100 Millionen Forint vor. Mehrere der im Paket vorgesehenen Maßnahmen wurden vom Verfassungsgerichtshof allerdings in der Folge wieder aufgehoben. Einnahmenseitig wurde bereits am 20. März 1995 die Einhebung eines 8 %igen Zollzuschlages auf alle Einfuhrgüter mit Ausnahme von Energieträgern und Investitionsgütern – bei letzteren wird der Zuschlag rückerstattet – wirksam. Weiters wurde mit selbem Datum die Verbrauchssteuer auf importierte Autos um 10 % angehoben. Eine Erhöhung der Budgeteinnahmen soll auch durch Privatisierungen erreicht werden, wobei ein Teil dieser Erlöse zweckgebunden für die Schuldentilgung aufgewendet werden soll. Hauptkomponente des Budgetdefizites ist die Bedienung der Staatsschuld. 1994 entfiel auf Tilgungs- und Zinszahlungen etwa ein Viertel, 1995 etwa ein Drittel der Gesamtausgaben des Staatshaushaltes.

Kein neues Abkommen mit dem IWF

Die Konsolidierung des Budgets und die Verringerung des Leistungsbilanzdefizites sind auch zwei essentielle Vorbedingungen für weitere Unterstützungsmaßnahmen durch den Internationalen Währungsfonds. IWF-Kredite sind für das hochverschuldete Ungarn auch insofern von großer Bedeutung, als sie die Kreditwürdigkeit des Landes erhöhen. Das mit dem IWF Anfang 1991 abgeschlossene Dreijahresabkommen wurde aufgrund des raschen Anstieges des Budgetdefizites Mitte 1992 vorübergehend ausgesetzt. Ein im September 1993 neuerlich ausverhandeltes Abkommen für einen Beistandskredit in Höhe von 180 Millionen US-Dollar mit einer Laufzeit bis 31. Dezember 1994 wurde nicht realisiert, weil Ungarn die vereinbarten Kriterien nicht erfüllen konnte. Ein neuerliches Abkommen mit dem IWF, das auch die Vorbedingung für einen 1,3-Milliarden-Dollar-Kredit der Weltbank und einer Kreditfazilität der EU in Höhe von 2,5 Milliarden US-Dollar ist, kam 1995 ebensowenig zum Tragen. Insbesondere hinsichtlich der Senkung des Budgetdefizites wurde keine Übereinstimmung über den maximalen Begrenzungswert gefunden. Die Erfüllung der vom IWF für 1995 geforderten Senkung des Budgetdefizites auf höchstens 3,5 % des BIP gilt als schwer einhaltbar. Als Signal an die internationale Finanzwelt wurden unter Verweis auf die bereits erreichten Erfolge bei der Stabilisierung der Wirtschaft im November 1995 630 Millionen US-Dollar Schulden aus einem IWF-Kredit beglichen, obwohl der Betrag erst in drei Jahren fällig geworden wäre. Die makroökonomische Stabilisierung des Landes schlug sich 1995 auch in einem deutlichen Anstieg der Auslandsinvestitionen nieder.

Spitzenreiter bei ausländischen Direktinvestitionen

Bis Ende 1994 wurden in Ungarn 24.153 Projekte ausländischer Investoren mit einem Wert von 8,5 Milliarden US-Dollar registriert, was rund 30 % des gesamten ausländischen Investitionskapitals in Osteuropa entspricht. Damit ist Ungarn bei den ausländischen Investoren Spitzenreiter unter den Reformstaaten. Dieser Erfolg kann zu einem erheblichen Teil auch darauf zurückgeführt werden, daß in Ungarn schon relativ bald nach Einleitung der Transformation klare gesetzliche Regelungen für ausländische Investitionen erlassen worden waren, die auch zahlreiche vorteilhafte Bestimmungen enthielten. Etwa 70 % des gesamten Auslandskapitals flossen in den Industriesektor, vorwiegend in die Maschinen- und Lebensmittelindustrie.

Von österreichischen Firmen wurden bis Ende 1994 in Ungarn 1,3 Milliarden US-Dollar investiert. Österreich war damit nach den USA und Deutschland der drittgrößte Investor in Ungarn.

1994 haben sich die Neuinvestitionen ausländischer Unternehmen mit einem Volumen von 1,3 Milliarden US-Dollar aufgrund der Verschlechterung der ökonomischen Rahmenbedingungen des Landes (wachsende Verschuldung, großes Leistungsbilanz- und Budgetdefizit) und der politischen Unsicherheit in Zusammenhang mit der Wahl der neuen Regierung stark rückläufig entwickelt. 1993 sind noch 2,5 Milliarden US-Dollar nach Ungarn geflossen, wovon allein 900 Millionen US-Dollar auf die Privatisierung der Telecom entfielen. Weitere Privatisierungsprojekte, wie etwa im Energiesektor, lassen bis 1997 neuerlich Investitionen in Milliardenhöhe erwarten. Alleine 1995 wurde ersten Schätzungen zufolge ausländisches Kapital im Gegenwert von rund 2 Milliarden US-Dollar in Ungarn investiert.

Privatisierung der kleinen Schritte

In Ungarn wurden 1995 zwischen 55 und 60 % des BIP von privaten Unternehmen erwirtschaftet, die rund die Hälfte aller Arbeitskräfte beschäftigen. Der hohe Anteil des Privatsektors an der Wirtschaft ist allerdings auch auf zahlreiche Neugründungen privater Unternehmen zurückzuführen.

Während die sogenannte kleine Privatisierung relativ rasch abgeschlossen werden konnte, kam die große Privatisierung zwar stetig, aber langsam voran. Deren Abwicklung wurde der neugeschaffenen Staatlichen Vermögensagentur übertragen, welche die Entstaatlichung nach dem Muster der deutschen Treuhandanstalt auf konventionellem Weg abwickelt.

Von den früheren staatlichen Unternehmen konnten bis Ende 1995 knapp 70 % privatisiert werden. Dieser Anteil soll sich bis Ende 1996 auf 80 % erhöhen.

Bis Ende 1994 konnten rund 50 % des staatlichen Vermögens privatisiert werden. In der KP-Ära verstaatlichtes Eigentum wurde in Ungarn nicht an deren Vorbesitzer zurückgegeben. Diese erhielten vielmehr

Entschädigungs-Kupons bis zum Höchstbetrag von 5 Millionen Forint. Insgesamt sind an 1,2 Millionen ungarische Staatsbürger Kupons zum Nominalwert von 300 Milliarden Forint ausgegeben worden. Die Kupons, die bis Ende 1995 mit Wertpapieren gleichgestellt waren, konnten an der Börse gehandelt oder zum Kauf von Gemeindewohnungen, Firmenanteilen oder von Agrarland verwendet werden.

Zwischen dem Beginn der Bodenprivatisierungen und Mitte 1994 sind etwa 2 Millionen Hektar Land in Privatbesitz übergegangen. Anfang 1994 befanden sich nur noch rund 20 % des landwirtschaftlichen Bodens im Staatseigentum. Auf landwirtschaftliche Genossenschaften beziehungsweise deren Mitglieder entfielen 49 %. Da die Privatisierung staatlichen und genossenschaftlichen Landbesitzes seither weiter vorangetrieben worden ist, dürften sich die prozentuellen Verhältnisse inzwischen weiter zugunsten privater Eigentümer verschoben haben.

Anfang 1995 trat in Ungarn ein neues Privatisierungsgesetz in Kraft, durch das staatliches Vermögen im Wert von 1.500 Milliarden Forint innerhalb von drei Jahren privatisiert werden soll. Die Abwicklung wurde der Ungarischen Privatisierungs- und Holdinggesellschaft AG übertragen. Diese Behörde entstand durch die Zusammenlegung der Staatlichen Vermögensagentur und der Staatlichen Vermögensverwaltungs AG. Zum Verkauf stehen Großbetriebe, wie die E-Wirtschaft, Gas- und Ölgesellschaften sowie Kommerzbanken. Deren Privatisierung erfolgt über die Börse, durch Tender sowie durch die Abgabe an Pensionsfonds. Klein- und Mittelbetriebe sollen vorwiegend durch öffentliche Ausschreibungen privatisiert werden. Gelingt dies nicht, sollen sie an Manager oder Mitarbeiter verkauft werden. Als private Käufer kommen in- und ausländische natürliche und juristische Personen in Betracht. Nur ganz wenige Bereiche sind ausschließlich ungarischen Käufern vorbehalten. Im Rahmen der neuerlichen Privatisierungsoffensive sollen auch Kleinanleger und Arbeitnehmer begünstigtes staatliches Eigentum erwerben können. In der Vergangenheit ist die Einbeziehung von Kleinaktionären in den Privatisierungsprozeß trotz wiederholter Versuche nicht gelungen. So blieb der Erfolg des im April 1994 gestarteten „Kleinaktionärsprogramms“, in dessen Rahmen der Kaufpreis von Aktien innerhalb von fünf Jahren in Raten ohne Zinsaufschlag zurückgezahlt werden kann, weit hinter den Erwartungen zurück.

Die Privatisierung der ungarischen Banken ging ebenfalls äußerst schleppend voran. Die Mehrzahl der größten Bankinstitute befand sich 1995 weiterhin in staatlichem Eigentum, obwohl das Bankgesetz bis zum Jahresende 1996 eine Reduzierung des Staatsanteiles auf 25 % vorgibt.

Polen

Fläche: 312.683 km^2, Einwohner: 38.571.000

Ausgewählte Wirtschaftsindikatoren

	1990	1991	1992	1993	1994	1995*1	1996*1	1997*1
Veränderungen zum Vorjahr in %								
Reales BIP	–11,6	–7,0	2,6	3,8	5,1	6,5	5,5	5,0
Reale Industrieproduktion	–24,2	–11,9	3,9	7,3	11,9	10,0	8,0	–
Reale Bruttoanlageinvestitionen	–10,1	–4,1	0,7	2,2	6,0	8,0	7,0	–
Verbraucherpreise	585,8	70,3	43,0	35,3	32,2	29,0	20,0	18,0
Arbeitslosenrate (Jahresende)	6,3	11,8	13,6	16,4	16,0	15,0	14,0	14,0
in Millionen US-Dollar								
Exporte	14.322	14.903	13.187	14.143	17.240	21.000	24.000	–
Importe	9.528	15.522	15.913	18.835	21.569	25.000	28.800	–
Handelsbilanz	4.794	–619	–2.726	–4.692	–4.329	–4.000	–4.000	–
Leistungsbilanz	716	–1.359	–269	–2.329	–944	–1.500	–2.500	–2.500

	1990	1991	1992	1993	1994	1995[1]	1996[1]	1997[1]
in Millionen US-Dollar								
Ausländische Direktinvestitionen	372	700	1.400	3.100	4.300	–	–	–
Bruttoauslandsverschuldung	48.500	48.400	47.000	47.200	42.174	39.000	–	–
Devisenreserven (inkl. Gold)	4.680	3.814	4.287	4.281	6.029	8.500	–	–
in Tausend US-Dollar								
Reales BIP pro Kopf								
US-Dollar zur Kaufkraftparität	4.636	4.450	4.671	4.943	5.330	–	–	–
US-Dollar zum Wechselkurs	1.547	1.999	2.198	2.232	2.406	–	–	–
in Trillionen Zloty, seit 1995 in Milliarden „neuen“ Zloty (PLZ)								
Budgetdefizit	–2,4	31,0	69,1	43,4	59,0	8,78	–	–
Durchschnittlicher Wechselkurs PLZ/US-Dollar	9.500	10.583	13.631	18.145	22.727	2,5	2,8	–

Stand: Juli 1995; Prognosen: November 1995

* Per 1. Januar 1995: Umstellung der Währung im Verhältnis 1:10.000

1 Prognose

Quellen: WIIW, Bundesministerium für wirtschaftliche Angelegenheiten

Erster Reformstaat mit Wirtschaftswachstum

Die polnische Wirtschaft befand sich bereits vor dem Übergang zur Marktwirtschaft in einer schwierigen Phase, die zu einer Stagnation der Wirtschaft, zu steigenden Inflationsraten (1989: 215 %) und zu einer hohen Auslandsverschuldung (1989: 40,8 Milliarden US-Dollar) geführt hat.

Als „Bonus“ für den Umgestaltungsprozeß wird demgegenüber gewertet, daß Polens Wirtschaft bereits vor der Wende nicht mehr wie eine typische Planwirtschaft funktioniert hat. Der Steuerung der Wirtschaft über zentrale Finanzinstrumente standen Betriebe gegenüber, in denen sich die Arbeiterschaft ein immer stärker werdendes Mitspracherecht erkämpft hatte und die daher bei der betrieblichen und schließlich auch bei der überbetrieblichen Zielformulierung nicht mehr übergangen werden konnte. So gab es bereits 1987 und 1988 im Zuge wirtschaftlicher Reformbestrebungen im Bereich des Unternehmenssektors Gesetzesregelungen, die die Umwandlung von Staatsbetrieben in Aktiengesellschaften und die Ausgabe von Anteilsscheinen an die Belegschaft ermöglichten. Weiters konnte Polen an eine privatwirtschaftliche Tradition anknüpfen, da es den kommunistischen Machthabern nicht gelungen war, eine umfassende Zwangskollektivierung der Landwirtschaft durchzusetzen. In Polen war der größte Teil des agrarisch genutzten Bodens (etwa 75 %) auch während der kommunistischen Ära in privater Hand verblieben.

Die marktwirtschaftliche Umgestaltung wurde in Polen mit einer Schocktherapie eingeleitet, die eine schwere Rezession zur Folge hatte. 1990 schrumpfte die Wirtschaft um fast 12 %, der industrielle Output verringerte sich um 24 %, die Investitionsrate um 10 %. Infolge der Freigabe der Preise stieg die Inflation im Jahresdurchschnitt auf fast 600 % an. Die Arbeitslosenrate betrug zum Jahresende 1990 6,3 %. Auch im Folgejahr hielt der wirtschaftliche Einbruch mit einem neuerlichen Schrumpfungsprozeß der Wirtschaft um 7 % an. Die Arbeitslosenrate, die 1991 auf 11,8 % anstieg, verdoppelte sich beinahe. Bei der Industrieproduktion (–11,9 %) und den Investitionen (–4,1 %) war der neuerliche Einbruch aber deutlich geringer als im vorangegangenen Jahr, was auf die Einleitung der Überwindung des wirtschaftlichen Tiefs hindeutete. Die Inflationsrate konnte 1991 auf 70 % gesenkt werden. Bereits 1992 konnte in Polen der wirtschaftliche „turnaround“ eingeleitet werden.

Polen war das erste Land unter den Reformstaaten, das die Rezession überwinden konnte. 1992 wuchs die polnische Wirtschaft um 2,6 %, 1993 um 3,8 %, 1994 um 5,1 % und 1995 um 6,5 %. Damit erreichte Polen eine Spitzenposition in Europa. Aufgrund dieser Dynamik konnte Polen als erstes ehemaliges Ostblockland im letztgenannten Jahr wieder das Niveau des Bruttoinlandsprodukts vor dem Fall des Eisernen Vorhanges im Jahr 1989 erreichen.

Die Industrieproduktion, die 1992 um 3,9 % gewachsen war, konnte 1993 um 7,3 % und 1994 um rund 12 % gesteigert werden. Auch bei den Bruttoanlageinvestitionen ist seit 1992 ein stetiger Anstieg zu verzeichnen. 1992 wurde um knapp 1 %, 1993 um rund 2 % und 1994 um 6 % mehr investiert als im jeweils vorangegangenen Jahr. Die steigende Investitionstätigkeit im Jahr 1994 wurde durch einen Anstieg der Gewinne, durch eine Lockerung der Geldpolitik und durch steuerliche Erleichterungen, wie etwa einen Steuernachlaß für reinvestierte Einkommen, unterstützt.

Weiterhin hohe Arbeitslosen- und Inflationsraten

Trotz des wirtschaftlichen Aufschwunges gelang es erst 1995, die hohe Arbeitslosenrate, die sich 1993 und 1994 bei rund 16 % eingependelt hatte, zu verringern. Der dynamisch wachsende private Sektor konnte die im Zuge der Restrukturierung der staatlichen Betriebe freigesetzten Arbeitskräfte aber nur zum Teil absorbieren. Zudem gibt es in den Betrieben noch eine hohe versteckte Arbeitslosigkeit, die durch weitere Rationalisierungen in eine offene umzuschlagen droht. Es besteht die Gefahr, daß, ähnlich wie etwa in Spanien, hohe Arbeitslosenzahlen trotz Wirtschaftswachstum zur Regel werden. 1994 waren in Polen rund 3 Millionen Menschen ohne Arbeit. 1995 zeichnete sich eine leichte Entspannung auf dem Arbeitsmarkt ab. Die nach wie vor hohen Arbeitslosenzahlen stellen das reformbedürftige polnische Sozialversicherungssystem jedoch vor immer größere Finanzierungsprobleme.

Die Inflationsrate konnte seit 1992 (43 %) zwar jährlich um einige Prozentpunkte gesenkt werden, sie blieb aber weiterhin hoch. 1994 erreichte die Jahresinflation 32 %. Für 1995 wurde eine Inflationsrate von 29 % prognostiziert. Neben dem Anstieg der Preise und Löhne ging auch von der kontinuierlichen Abwertung des Zloty eine inflationsverstärkende Wirkung aus. Seit Oktober 1991 wird ein „crawling peg“, eine Wechselkurspolitik der kontinuierlich kleinen Abwertungen, betrieben.

Die Abwertung gegenüber einem handelsgewichteten Währungskorb, die ursprünglich 1,8 % betragen hat, belief sich im August, Oktober und November 1993 monatlich auf 1,6 %. Im September 1993 wurde allerdings eine größere Währungskorrektur vorgenommen und der Zloty um 8 % abgewertet. Am 30. November 1994 nahm Polen das maximale Ausmaß der fortlaufenden automatischen Abwertung des Zloty auf monatlich 1,4 % und am 16. Februar 1995 auf monatlich 1,2 % zurück. Der Währungskorb, an den der Zloty gebunden ist und der sich zu 45 % aus US-Dollar, zu 35 % aus D-Mark, zu 10 % aus dem britischen Pfund und zu jeweils 5 % aus französischen Francs und Schweizer Franken zusammensetzt, blieb unverändert.

Am 1. Januar 1995 wurde die polnische Währung im Ausmaß von 1:10.000 umgestellt. Die neue Währung, die auch in Form von Münzen in Umlauf kommt – ein „neuer" Zloty besteht aus 100 Groszy –, wird erst allmählich eingeführt. „Alte" und „neue" Zloty gelten zwei Jahre lang gleichwertig nebeneinander.

Seit Mai 1995 ist der Zloty für Transaktionen im Rahmen der Leistungsbilanz entsprechend dem Artikel VIII des IWF konvertibel. Im Mai 1995 wurde von der polnischen Zentralbank weiters eine Teilliberalisierung des Zloty-Wechselkurses verlautbart. Die erlaubte Abweichung auf dem Interbanken-Markt vom offiziellen Zloty-Kurs wurde von 4 auf 7 % nach oben und unten ausgedehnt. In der Folge kam es zu einer realen Aufwertung des Zloty. Mit dieser Maßnahme wurde insbesondere eine inflationsdämpfende Wirkung angepeilt. Es wurden aber auch Befürchtungen laut, daß das Floaten des Zloty negative Auswirkungen auf die Exportwirtschaft haben könnte.

Defizitäre Handels- und Leistungsbilanz

Die polnische Handelsbilanz wies im Betrachtungszeitraum seit 1991 eine defizitäre Entwicklung auf. 1993 erreichte das Defizit 4,7 Milliarden US-Dollar (1991: –0,6 Milliarden US-Dollar, 1992: –2,7 Milliarden US-Dollar). Die ungünstige Entwicklung der polnischen Ausfuhren in diesem Jahr wird hauptsächlich mit der Rezession in den westeuropäischen Ländern, mit denen Polen drei Viertel seines Außenhandels abwickelt, begründet. Auch die Struktur der polnischen Exporte, von denen Rohstoffe und Halbfabrikate nach wie vor den Hauptteil bilden, erwies sich von Nachteil.

Die hohe Zunahme der 1993 getätigten Importe wurde vor allem durch das mit 1. März 1992 in Kraft getretene EG-Polen-Handelsabkommen und durch stark gestiegene Energieimporte aus Rußland bewirkt. Im ersten Halbjahr 1993 kam es außerdem zu Vorziehkäufen in Hinblick auf die im Juli des Jahres eingeführte Mehrwertsteuer. Die steigende Importtätigkeit wurde aber auch durch die reale Aufwertung des Zloty begünstigt. 1994 konnte die Handelsbilanz, die ein Defizit von 4,3 Milliarden US-Dollar aufwies, nur geringfügig verbessert werden. 1994 stammten rund 67 % der gesamten Importe Polens aus der EU. In die EU gingen bereits 71 % der Gesamtexporte.

Die Leistungsbilanz wurde in Polen trotz hoher Nettokapitalzuflüsse ebenfalls seit 1991 jährlich mit einem negativen Saldo abgeschlossen. 1993 betrug das Leistungsbilanzdefizit mehr als 2 Milliarden US-Dollar, 1994 knapp 1 Milliarde und 1995 rund 1,5 Milliarden US-Dollar. Die Eindämmung der Defizite in der Handels- und Leistungsbilanz ist eines der vorrangigen Ziele der polnischen Wirtschaftspolitik.

Regelung der Auslandsverschuldung

Die Staatsverschuldung Polens erreichte 1993 88,2 % des BIP. Etwa zwei Drittel davon entfielen auf die Auslandsverschuldung. Zum Jahresende 1993 betrug die Bruttoauslandsverschuldung Polens 47,2 Milliarden US-Dollar. Die von Polen angestrebten Umschuldungsverhandlungen konnten 1994 erfolgreich abgeschlossen werden.

Polen unterzeichnete mit dem Pariser Club, der auf westlicher Seite die Interessen der öffentlichen Gläubiger vertritt, bereits am 21. April 1991 ein Abkommen, das alle lang- und mittelfristigen Kredite umfaßt, die Polen vor dem Januar 1984 gewährt worden waren. Deren Summe belief sich am 1. April 1994 auf etwa 33 Milliarden US-Dollar. Das Pariser-Club-Abkommen gestand Polen eine Schuldenreduktion um etwa 50 % in zwei Phasen zu, berechnet auf den Gegenwartswert der Tilgungszahlungen und Zinsen. In der ersten Phase (ab 1. April 1991) wurde eine 30 %ige Schuldenreduktion erreicht. Im April 1994 trat die zweite Phase in Kraft. Vorbedingung dafür waren eine vergleichbare Abmachung mit den im Londoner Club zusammengeschlossenen westlichen Handelsbanken sowie eine Senkung des Budgetdefizits. Beide Auflagen wurden von Polen erfüllt.

Mit dem Londoner Club wurde nach vierjährigen Verhandlungen am 10. März 1994 ein Abkommen unterzeichnet, das am 27. Oktober wirksam wurde. Es beinhaltet einen ungefähr 49 %igen Schuldenerlaß, bezogen auf den damaligen Gegenwartswert der ausstehenden Tilgungen und Zinsen. Die Schuld gegenüber dem Londoner Club betrug zum Zeitpunkt des Abkommens etwa 14,3 Milliarden US-Dollar an Kapital und aufgelaufenen Zinsen.

Die beiden Schuldenabkommen leisteten einen wesentlichen Beitrag zur weiteren ökonomischen Stabilisierung des Landes und zur Wiederherstellung seiner internationalen Kreditwürdigkeit.

Sanierung des Budgets

Eine wesentliche Voraussetzung für die Umsetzung der zweiten Tranche der Umschuldungsvereinbarung mit den westlichen Gläubigerstaaten war die Senkung des Budgetdefizits. Die Transformationskrise und die damit verbundenen Ausfälle bei den Steuereinnahmen sowie ein ungenügendes Steuererfassungssystem haben während der Transformationsphase zu einem steigenden Haushaltsdefizit geführt, das 1991 3,8 % und 1992 6 % des BIP betrug. 1993 und 1994 konnte dieser Wert auf 2,8 % gedrückt werden; im Haushaltsentwurf für 1994 war das Defizit noch mit 4,2 % des BIP veranschlagt worden. Die Senkung des Budgetdefizits war zum einen das Ergebnis einer effizienteren Eintreibung der Einkommens- und Mehrwertsteuer, wodurch höhere Budgeteinnahmen erzielt werden konnten als ursprünglich veranschlagt. Zum anderen blieben die Budgetausgaben unter dem Voranschlag, weil die Banken der Regierung nur zögernd Kredite gewährten und die allgemeine Nachfrage nach Staatsschuldverschreibungen gering war. Letzteres hat sich mittlerweile umgekehrt: Eine von Polen 1995 aufgelegte Eurobond-Anleihe über 250 Millionen US-Dollar war binnen kurzem überzeichnet.

Gute Rating-Noten

Aufgrund der guten Entwicklung der volkswirtschaftlichen Eckdaten erfuhr Polen 1995 von den internationalen Rating-Agenturen gute Bewertungen: Baa 3 (Moody's), BB (SP) und BB+ (IBCA).

Polen, das seit 15 Jahren nur mehr unzureichend seine westlichen Schulden bedient hatte, erhielt somit dasselbe Rating wie Ungarn, das seinen internationalen Zahlungsverpflichtungen stets nachgekommen ist. Für die gute Bewertung Polens war neben der Regelung der Auslandsschulden auch die erfolgreiche Umorientierung des Außenhandels auf die westlichen Märkte sowie das Ansteigen der Devisenreserven maßgeblich. Polens Währungsreserven betrugen inklusive Gold zum Jahresende 1994 6 Milliarden US-Dollar. Es wird geschätzt, daß sich die Netto-Währungsreserven des gesamten Bankensektors im ersten Halbjahr 1995 auf rund 15 Milliarden US-Dollar belaufen haben.

Das gute Rating Polens ist aber auch im Zusammenhang mit den bedeutenden staatlichen Vermögenswerten zu sehen, deren Privatisierung noch ausstand.

Neue Offensive für große Privatisierung

Etwa 60 % der Erwerbstätigen waren bereits Ende 1993 in privaten Betrieben beschäftigt, von denen rund 55 % des BIP erwirtschaftet wurden. An diesem Prozentsatz haben allerdings die private Landwirtschaft sowie neugegründete Unternehmen einen hohen Anteil.

Während die kleine Privatisierung sehr zügig abgewickelt werden konnte – Ende 1991 war zirka 70 %, Mitte 1995 98 % des Einzelhandels privatisiert – ist die große Privatisierung nur sehr langsam vorangekommen. Dazu trug die schwierige Entscheidungsfindung angesichts der Vielzahl der im Parlament vertretenen Parteien, komplizierte administrative Strukturen und die begrenzten finanziellen Möglichkeiten polnischer Unternehmen und der Bevölkerung bei. Zu Beginn der Privatisierung wurden im Rahmen einer einmaligen Aktion im sogenannten „Liquidationsverfahren" mehr als 1.000 mittlere Unternehmen, die bis zu 500 Beschäftigte umfaßten, an das Management und die Belegschaft verkauft. Diese Vorgangsweise stieß in der Bevölkerung nicht nur auf positive Resonanz.

1994 befanden sich von den nicht-landwirtschaftlichen Unternehmen nur noch rund 30 % im Besitz der öffentlichen Hand, von denen allerdings 60 % des Gesamtumsatzes getätigt wurden. Die Privatisierung der noch in Staatsbesitz befindlichen Unternehmen wird durch eine dreigliedrige Privatisierungsstrategie angestrebt. Deren Stoßrichtung zielt zum einen auf die Ausdehnung der Einzelprivatisierung auf Schlüsselindustrien, wie die Telekommunikation und den Energiesektor, die die größten und attraktivsten Unternehmen aufweisen. Zum anderen ist im Rahmen einer „Reprivatisierungsaktion" die Rückgabe von Eigentum, das von den Kommunisten beschlagnahmt worden ist, vorgesehen. Die dritte Maßnahme beinhaltet die Massenprivatisierung.

Von der Regierung wurde bereits im April 1993 ein Programm für eine Massenprivatisierung beschlossen, mit dessen Umsetzung allerdings erst im Sommer 1995 begonnen wurde. Insgesamt sind für die Privatisierung 450 Betriebe – rund 15 % der gesamten Industrieproduktion – freigegeben worden, die einen Vermögenswert von rund 2,6 Milliarden US-Dollar darstellen. Der Startschuß für die Privatisierung von 413 Unternehmen erfolgte am 17. Juli 1995. In einem ersten Schritt gingen 60 % der Unternehmensanteile an 15 NIFs (Nationale Investmentsfonds) über, die unter in- und ausländischem Management stehen. Für die Belegschaft wurden 15 % der Aktien reserviert. Den Rest behielt das Finanzministerium, oder er wurde an Zulieferanten oder Lokalbehörden verteilt. Für jedes Unternehmen ist einer der Fonds „Lead-Fonds“. Dieser erhielt 33 % der Aktien. Die restlichen 27 % wurden gleichmäßig unter den anderen Fonds aufgeteilt. Die Aufteilungsprozedur der einzelnen Unternehmen an die Fonds erfolgte per Los nach dem System einer Fußballweltmeisterschaft. Zunächst wurde durch Ziehung bestimmt, welcher Fonds sich zuerst ein Unternehmen aus der Liste der Betriebe aussuchen darf. Auf diesem Verfahrensweg wurden alle Unternehmen aufgeteilt.

Im Herbst 1995 konnten alle polnischen Staatsbürger, die älter als 18 Jahre waren, im Gegenwert von zirka 21 US-Dollar – die Gebühr wurde mit höchstens 10 % eines durchschnittlichen Monatsgehaltes festgelegt – Partizipationszertifikate der Fonds erwerben. Diese sollen in der ersten Jahreshälfte 1996 in Aktien der einzelnen NIFs umgewandelt und auf einem OTC (over the counter)-Markt gehandelt werden können. Ab 1997 sollen sie auch an der Börse notieren. Im Gegensatz zur tschechischen Kuponprivatisierung sind bei der polnischen Massenprivatisierung die zukünftigen Besitzer und Manager der Unternehmen – die NIFs – von vornherein bekannt, und es werden auch ausländische Fonds-Manager eingebunden. Das Risiko, aber auch die Vorteile der freien Fonds-Bildung und ihres freien Wettbewerbes um Klienten und Unternehmen wurden bei der Etablierung der Fonds in Polen damit weitgehend ausgeschaltet.

Mit den Konsortien, von denen die NIFs verwaltet werden, wurden von offizieller Seite Zehnjahresverträge abgeschlossen. Die Konsortien erhalten zusätzlich zu den laufenden Kosten jährlich einen 1 %igen und im letzten Jahr einen 5 %igen Anteil als Managementgebühr. Alle Unternehmensaktien, die einen 20 %igen Anteil der Lead-NIFs an einem Unternehmen übersteigen, dürfen sofort verkauft werden. Auf einen Anteil unter 20 % dürfen die NIFs erst nach drei Jahren kommen. Die NIFs dürfen auch Aktien zukaufen, müssen dann allerdings an alle Aktienbesitzer ein Anbot zum Aufkauf sämtlicher Aktien legen. Durch diese Regelung soll ein Anreiz geschaffen werden, daß sich die Konsortien langfristig um die ihnen anvertrauten Unternehmen kümmern und daß keine rasche Zersplitterung des Aktienbesitzes eintritt.

Die Bankenprivatisierung, die nach dem Prinzip der Kapitalprivatisierung abgewickelt wird – die Finanzinstitute wurden in Aktiengesellschaften umgewandelt und die staatlichen Anteile in der Folge am freien Markt angeboten oder in größeren Paketen an in- und ausländische Investoren verkauft –, sollte bis Ende 1996 abgeschlossen werden.

Attraktiver Standort für ausländische Investoren

Die Stabilisierung des Staatshaushaltes durch das Schuldenabkommen mit dem Pariser Club sowie das Anspringen der Konjunktur im Jahre 1992 führten auch zu einem Anstieg der ausländischen Investitionen, die bis dahin eher gering ausgefallen waren. Zum Jahresende 1990 waren in Polen etwa 1.600 Auslandsprojekte mit einem Investitionsvolumen von 372 Millionen US-Dollar vermerkt. Ende 1992 waren 10.000 Unternehmen mit ausländischem Kapital registriert, das waren siebenmal mehr als 1990 und fast doppelt so viele wie im Jahr 1991. Bis Ende 1994 stieg die Zahl der ausländischen Direktinvestitionen auf 20.000 Projekte an, wovon 650 auf Österreich entfielen. Von österreichischen Unternehmen sind bis zu diesem Zeitpunkt rund 400 Millionen US-Dollar in Polen investiert worden. Österreich lag damit hinter den USA, hinter multinationalen Unternehmen, Deutschland, Italien, Frankreich und den Niederlanden an siebenter Investorenstelle. Das gesamte ausländische Investitionsvolumen betrug Ende 1994 rund 4,3 Milliarden US-Dollar. In Wirklichkeit (wenn nicht nur Investitionen über 1 Million US-Dollar berücksichtigt werden) dürfte der Wert bereits 6 Milliarden US-Dollar überschritten haben. Das meiste Kapital ist in die Elektro- und Elektromaschinenindustrie, die Autoindustrie, die Nahrungsmittelerzeugung, die Bauwirtschaft und in den Finanzsektor geflossen.

Slowakische Republik

Fläche: 49.035 km^2, Einwohner: 5.350.000

Ausgewählte Wirtschaftsindikatoren

	1990	1991	1992	1993	1994	1995[1]	1996[1]	1997[1]
Veränderungen zum Vorjahr in %								
Reales BIP	–2,5	–14,5	–7,0	–4,1	4,8	6,5	5,0	5,0
Reale Industrieproduktion	–4,0	–24,7	–13,8	–10,6	6,4	7,0	4,0	–
Reale Bruttoanlageinvestitionen	4,8	–28,6	–24,4	–3,5	0,5	10,0	5,0	–
Verbraucherpreise	10,6	61,2	10,0	23,2	13,4	11,0	10,0	9,0
Arbeitslosenrate (Jahresende)	1,6	11,8	10,4	14,4	14,8	14,0	15,0	15,0
in Millionen US-Dollar								
Exporte[2]	2.875	3.284	3.713	3.137	4.229	–	–	–
				(5.447)	(6.727)	(8.600)	–	–
Importe[2]	3.217	3.608	3.837	4.060	4.645	–	–	–
				(6.334)	(6.600)	(8.900)	–	–
Handelsbilanz[2]	324	–324	–124	–923	–416	–	–	–
				(–887)	(–127)	(–300)	–	–
Leistungsbilanz	–	–	–	–601	712	200	–500	–800

	1990	1991	1992	1993	1994	1995[1]	1996[1]	1997[1]
in Millionen US-Dollar								
Ausländische Direktinvestitionen	–	–	231	366	552	600	–	–
Bruttoauslandsverschuldung	–	–	2.981	3.622	4.300	5.200	–	–
Devisenreserven (inkl. Gold)	–	–	409,2	449,5	1.739,4	2.800	–	–
in Tausend US-Dollar								
Reales BIP pro Kopf								
US-Dollar zur Kaufkraftparität	7.858	6.977	6.631	6.478	6.957	–	–	–
US-Dollar zum Wechselkurs	2.702	1.902	2.055	2.074	2.324	–	–	–
in Milliarden slowakischen Kronen (SK)								
Budgetdefizit	0,5	10,8	9,3	23,0	22,8	–	–	–
Durchschnittlicher Wechselkurs SK/US-Dollar	17,95	29,48	28,26	30,79	32,04	30,0	–	–

Stand: Juli 1995; Prognosen: November 1995

[1] Prognose

[2] Klammerausdruck = inklusive Transaktionen mit Tschechien

Quellen: WIIW, Bundesministerium für wirtschaftliche Angelegenheiten

Schock der Staatenteilung überwunden

Der zu Jahresbeginn 1993 wirksam gewordene Schritt in die Souveränität war für die Slowakei mit ungleich schwierigeren Ausgangsbedingungen verbunden als für Tschechien. So mußten in der Slowakei zahlreiche politische und wirtschaftliche Institutionen innerhalb kürzester Zeit neu aufgebaut werden. Darüber hinaus wird die slowakische Wirtschaft durch die Krise der Rüstungsindustrie – 70 % der Rüstungsgüter der ehemaligen ČSFR wurden in der Slowakei produziert – schwer belastet. Diese ungünstige Ausgangslage wird zudem noch dadurch erschwert, daß die Umstellung der Waffenproduktion auf zivile Industriegüter äußerst schwierig ist.

Nach der Erlangung der Eigenstaatlichkeit wurden in der Slowakei keine nennenswerten wirtschaftspolitischen Kurskorrekturen vorgenommen. Die Finanzpolitik blieb weiterhin restriktiv und erfolgte in enger Zusammenarbeit mit dem IWF, mit dem ein Beistandsabkommen besteht. Trotz der ungünstigen Ausgangslage ist der Schock der Teilung für die Slowakei weniger gravierend ausgefallen, als ursprünglich von vielen erwartet worden war. Nach einem Rückgang des realen BIP um 4,1 % im Jahr 1993 wuchs die Wirtschaft 1994 wieder um fast 5 %. Ende 1994 erreichte die Slowakei etwa 78 % der Wirtschaftsleistung des Jahres 1989. 1995 verzeichnete die Wirtschaft einen erneuten Wachstumsschub um mehr als 6 %.

Hohe Inflations- und Arbeitslosenraten

Die Inflationsrate schnellte 1993, im „Jahr eins“ der Eigenstaatlichkeit der Slowakei, auf 23,2 % hinauf. Dieser hohe Wert – 1992 betrug die Inflationsrate 10 % – wurde durch temporäre Sonderfaktoren, wie die Einführung der Mehrwertsteuer zu Jahresbeginn und die Abwertung der slowakischen Krone um 10 % im Juli 1993, verstärkt. 1994 sank die Inflation auf 13,4 % ab. Vor 1997 wird keine Senkung der Inflationsrate auf unter 10 % erwartet.

Im Gegensatz zu Tschechien weist die Slowakei seit dem Beginn der Transformation stark steigende Arbeitslosenraten auf (1991: 11,8 %; 1992: 10,4 %). Dieser Unterschied kann im wesentlichen auf die ungünstige Branchenstruktur der slowakischen Industrie, die vorwiegend auf die osteuropäischen Märkte ausgerichtet war, zurückgeführt werden. Der Anstieg der Arbeitslosenrate bis zum Jahresende 1994 auf fast

15 % ist insbesondere darauf zurückzuführen, daß die von den Staatsbetrieben entlassenen Arbeitskräfte nur ungenügend vom privaten Sektor absorbiert werden konnten. Für 1995 und 1996 wird eine Stagnation der Arbeitslosigkeit erwartet. Die Beschäftigungslage ist von starken regionalen Unterschieden geprägt. Während im Großraum Bratislava nahezu Vollbeschäftigung gegeben ist, weisen andere Landesteile – speziell in der Ostslowakei – Arbeitslosenraten bis zu 30 % auf.

Relativ geringe Verschuldung

Das Budgetdefizit belief sich 1994 auf 23 Milliarden slowakische Kronen und erreichte damit die von der Regierung Mitte des Jahres mit dem IWF nachverhandelte Obergrenze von 7 % des BIP. Ursprünglich war mit dem IWF eine Begrenzung des Budgetdefizits bis zu maximal 5 % vereinbart worden. Für 1994 wurde vom IWF die Grenze des Budgetdefizits mit 4 % des BIP vorgegeben. Die Verpflichtung zu einer restriktiven Budgetpolitik war eine der Vorbedingungen, aufgrund derer im Juni 1993 ein IWF-Abkommen über eine Systemumwandlungs-Fazilität im Ausmaß von 180 Millionen US-Dollar abgeschlossen werden konnte. Die erste Hälfte davon wurde 1993, die zweite 1994 ausbezahlt. Aufgrund der erzielten Fortschritte in der Reformpolitik wurde vom IWF im Juli 1994 ein Stand-by-Kredit in Höhe von 169 Millionen US-Dollar gewährt, der in sieben Tranchen ausbezahlt wurde. Von der Weltbank, die der Slowakei 1994 einen Unterstützungskredit in Höhe von 80 Millionen US-Dollar gewährt hat, wurde für den Zeitraum der nächsten drei Jahre ein Kreditpaket im Gesamtausmaß von 700 Millionen US-Dollar in Aussicht gestellt.

Im September 1993 wurden von der Slowakei Obligationen in Höhe von 240 Millionen US-Dollar auf den internationalen Kapitalmärkten plaziert. Mitte Juli 1994 wurden auf dem japanischen Markt slowakische Staatsanleihen im Wert von 250 Millionen US-Dollar begeben. Vom japanischen Bond Research Institute war der Slowakei kurz zuvor die Anleihenbewertung BBB zuerkannt worden. Die eingenommenen Geldmittel dienten der Aufstockung der Devisenreserven. Den Goldbestand eingerechnet, konnten die Devisenreserven der Slowakischen Nationalbank, die zum Jahresende 1993 449,5 Millionen US-Dollar betragen hatten, im folgenden Jahr auf 1,7 und 1995 auf rund 2,8 Milliarden US-Dollar aufgestockt werden.

Die Bruttoauslandsverschuldung der Slowakei betrug Ende 1994 4,3 und Ende 1995 5,2 Milliarden US-Dollar. Von den fünf fortgeschrittenen Reformstaaten wies in diesen beiden Jahren nur noch Slowenien eine niedrigere Auslandsverschuldung als die Slowakei auf. Nach Tschechien und Ungarn war die Slowakei das dritte osteuropäische Land, das im April 1995 von der Rating-Agentur Standard & Poor eine Bonitätsbewertung erhielt.

Tschechien weiterhin wichtigster Handelspartner

Nach der Staatentrennung ist der Handel zwischen der Slowakei und Tschechien um ungefähr ein Viertel zurückgegangen. Tschechien ist aber nach wie vor der wichtigste Handelspartner für die Slowakei. Rund ein Drittel des slowakischen Handels entfällt auf Tschechien. Die Zahlungen im bilateralen Handel wurden bis Oktober 1995 über ein Clearing-Konto mit einem Rahmen für jedes Land in Höhe von 130 Millionen ECU abgewickelt. Beträge, die dieses Limit übersteigen, mußten in konvertierbarer Währung bezahlt werden. Um ständige Anpassungen des ECU-Verrechnungskurses zu vermeiden, wurde vereinbart, Kursabweichungen der beiden Währungen gegenüber dem ECU von 5 % nach oben und unten unberücksichtigt zu lassen.

Nach Tschechien sind die EU- und EFTA-Staaten zu den wichtigsten Handelspartnern der Slowakei geworden. 1993 gingen rund 52 % der slowakischen Gesamtexporte in den EU- und EFTA-Raum. Von dort wurden auch rund 54 % der slowakischen Importe bezogen. Insgesamt wurden von der Slowakei 1993 aber mehr Güter importiert als exportiert. Das Handelsbilanzdefizit erreichte 1993, ohne den Handel mit Tschechien, mehr als 900 Millionen US-Dollar. Das Passivum der Leistungsbilanz betrug 1993 601 Millionen US-Dollar.

Um das Defizit in der Handelsbilanz einzudämmen, wurde am 3. März 1994 von der Slowakei ein 10 %iger Zuschlag auf alle Importgüter eingeführt. Zusätzlich wurden durch die Einführung von Qualitätsvorschriften Handelsbarrieren für importierte Waren errichtet. Diese Maßnahmen führten dazu, daß 1994 die Importe um nur 4 % anstiegen. Da bei den Exporten eine Steigerung von mehr als 20 % erreicht werden konnte, schloß 1994 die Handelsbilanz erstmals seit 1990 wieder mit einem Überschuß ab. Positive Beiträge zum Handelsbilanzüberschuß lieferte sowohl der Außenhandel mit OECD-Staaten, auf die mittlerweile bereits zwei Fünftel des Außenhandels entfallen, als auch der Warenaustausch mit der Tschechischen Republik. Im bilateralen Handel mit Tschechien erzielte die Slowakei 1994 einen Überschuß von etwa 500 Millionen US-Dollar. Die hohe Handelsverschuldung der Tschechischen Republik ist neben den angeführten Importrestriktionen seitens der Slowakei auch auf eine Reihe von Abwertungsschritten der slowakischen Krone gegenüber dem im Clearing-Verfahren eingesetzten Verrechnungs-ECU zurückzuführen. Die Forderung von Tschechien nach einer Aufwertung der slowakischen Krone wurde von der Slowakei im Rahmen von Verhandlungen zunächst abgelehnt. Eine Aufwertung der Slowakischen Krone gegenüber dem Clearing-ECU um 4 % erfolgte schließlich am 19. Mai 1995. Nichtsdestotrotz wurde von der tschechischen Regierung im Juni 1995 entschieden, das Clearing-Abkommen per 1. Oktober 1995 zu kündigen. Zu diesem Schritt hat die beiderseitig wachsende Unzufriedenheit mit der Abwicklung dieses Abkommens, aber auch die Vorbereitung der Vollkonvertibilität sowohl der slowakischen als auch der tschechischen Krone im Bereich der Zahlungsbilanz geführt. Von der Slowakei wurde die Krone per 1. Oktober 1995 für konvertibel erklärt.

Zick-Zack-Kurs bei Privatisierung

Der Anteil des privaten Sektors am BIP hat sich von 39 % im Jahr 1993 auf rund 60 % im Jahr 1995 erhöht. Die kleine Privatisierung konnte bereits Ende 1992 weitgehend abgeschlossen werden. Die erste Welle der großen Privatisierung, die noch von der Regierung der ehemaligen ČSFR initiiert worden war, wurde Mitte 1993 beendet. In der Slowakei wurden im Rahmen dieser Privatisierungsaktion 750 Unternehmen mit einem Buchwert von 166 Milliarden slowakischen Kronen entstaatlicht. Durch Kupons wurden davon 503 Unternehmen mit einem Aktienkapital von 80 Milliarden Kronen privatisiert. Im Rahmen der ersten Privatisierungswelle wurden rund 2,6 Millionen Kupon-Heftchen ausgegeben. Davon wurden etwa 70 % an einen der 166 Investmentfonds zur Verwertung übergeben beziehungsweise verkauft. Im ersten Privatisierungsabschnitt wurde auch der Großteil der zuvor in Aktiengesellschaften umgewandelten Banken dank des Massenprivatisierungsprogramms privatisiert.

Die zweite Welle der großen Privatisierung wurde im September 1994 eingeleitet. Zur Privatisierung sind damals insgesamt 514 Unternehmen mit einem Buchwert von rund 200 Milliarden Kronen freigegeben worden. Davon sollte rund ein Drittel mittels Kupons veräußert werden. Dieser Privatisierungsfahrplan kam allerdings durch neue politische Machtverhältnisse nicht zum Tragen. Am 5. November 1994 wurden vom slowakischen Parlament alle seit dem 6. September 1994 getätigten direkten Verkäufe von Staatsanteilen und Unternehmen im Staatseigentum gestoppt und die von der vorigen Regierung ausgearbeiteten Privatisierungsgesetze außer Kraft gesetzt. Von dieser Entscheidung waren rund 240 Projekte, teils auch mit Beteiligung ausländischer Investoren, betroffen. Am 12. Juli 1995 wurde nach heftigen innenpolitischen Diskussionen über den neu einzuschlagenden Entstaatlichungskurs ein neues Privatisierungsgesetz in das Parlament eingebracht, gegen dessen Verabschiedung der Staatspräsident allerdings sein Veto einlegte. Dieses Veto wurde durch eine neuerliche Beschlußfassung durch das Parlament am 7. September 1995 außer Kraft gesetzt und folglich das neue Privatisierungsgesetz verabschiedet.

Dieses Gesetz sieht vor, daß strategische Unternehmen, wie Energieversorger, Rüstungsbetriebe und die Telekommunikation, zur Gänze im Staatsbesitz beziehungsweise mehrheitlich unter der Kontrolle des staatlichen Nationalen Eigentumsfonds (FNM) verbleiben. Von der Kuponprivatisierung wurde Abstand genommen. Vielmehr sollte der Verkauf von Unternehmen unter anderem in Form von „management-buy-outs" forciert werden. Die bereits vor dem Stoppen der zweiten Privatisierungswelle verkauften 3,5 Millionen Kuponheftchen wurden in staatliche Schuldscheine zum Nominalwert von 10.000 Kronen umgewandelt. Diese sind bis zum Jahr 2000 gebunden, so nicht von der durch die Regierung eingeräumten Möglichkeit Gebrauch gemacht wird, für diese im Gegenwert des Nominale Aktien zu erwerben.

Geringe ausländische Direktinvestitionen

Mit Jahresende 1994 wurden in der Slowakei 7.207 Auslandsprojekte mit einem Investitionsvolumen von 552 Millionen US-Dollar registriert. Mit diesen Werten lag die Slowakei unter den führenden Reformstaaten weit abgeschlagen an letzter Stelle. 1994 wurden in der Slowakei insgesamt ausländische Neuinvestitionen im Wert von 186 Millionen US-Dollar getätigt; das sind um nur 51 Millionen US-Dollar mehr als im vorangegangenen Jahr. Das nach wie vor niedrige ausländische Investitionsniveau, das auch 1995 nicht signifikant angestiegen sein dürfte, ist nicht zuletzt eine Folgeerscheinung der unsicheren innenpolitischen Lage.

Bis Ende 1994 haben österreichische Unternehmen 114 Millionen US-Dollar in der Slowakei investiert. Österreich war damit nach Deutschland (123 Millionen US-Dollar) der zweitgrößte Investor in der Slowakei, gefolgt von Tschechien (84 Millionen US-Dollar) und den USA (80 Millionen US-Dollar). Rund die Hälfte des ausländischen Investitionskapitals floß in die Verarbeitungsindustrie und rund ein Drittel in den Handels- und Dienstleistungssektor.

Slowenien

Fläche: 20.251 km², Einwohner: 1.988.900

Ausgewählte Wirtschaftsindikatoren

	1990	1991	1992	1993	1994	1995[1]	1996[1]	1997[1]
Veränderungen zum Vorjahr in %								
Reales BIP	–4,7	–8,1	–5,4	1,3	5,5	4,0	5,0	6,0
Reale Industrieproduktion	–10,5	–12,4	–13,2	–2,8	6,4	5,0	6,0	–
Reale Bruttoanlageinvestitionen	–	–14,8	–14,9	15,0	18,3	16,0	13,0	–
Einzelhandelspreise	549,7	117,7	201,3	32,3	19,8	14,0	9,0	7,0
Arbeitslosenrate (Jahresende)	5,8	10,1	13,4	15,4	14,2	14,0	14,0	13,0
in Millionen US-Dollar								
Exporte[2]	4.118	3.874	6.681	6.083	6.828	8.500	–	–
Importe[2]	4.727	4.131	6.141	6.501	7.304	9.000	–	–
Handelsbilanz[2]	–609	–257	540	–418	–476	–500	–	–
Leistungsbilanz[3]	518	129	926	150	475	50	50	100

	1990	1991	1992	1993	1994	1995[1]	1996[1]	1997[1]
in Millionen US-Dollar								
Ausländische Direktinvestitionen	501	827	1.044	1.113	1.160	–	–	–
Bruttoauslandsverschuldung[4]	1.954	1.866	1.741	1.873	2.258	–	–	–
Devisenreserven[5]	–	112	716	788	1.495	–	–	–
in Tausend US-Dollar								
Reales BIP pro Kopf								
US-Dollar zur Kaufkraftparität	8.193	7.786	7.580	7.865	8.509	–	–	–
US-Dollar zum Wechselkurs	8.699	6.331	6.195	6.366	6.957	–	–	–
in Milliarden Tolar (SIT)								
Budgetdefizit	–	–9,2	–2,6	–4,6	4,3	16,0	–	–
Durchschnittlicher Wechselkurs SIT/US-Dollar	11,32	27,57	81,29	113,24	128,81	–	–	–

Stand: Juli 1995; Prognosen: November 1995

[1] Prognose; [2] seit 1992 inklusive Veredelung; [3] seit 1992 einschließlich der Transaktionen mit dem ehemaligen Jugoslawien; [4] ohne Anteil an den Schulden der ehemaligen jugoslawischen Föderation; [5] Bank von Slowenien

Quellen: WIIW, Bundesministerium für wirtschaftliche Angelegenheiten

Günstige Ausgangslage für die Transformation

Die ehemalige jugoslawische Teilrepublik Slowenien erklärte sich am 25. Juni 1991 für unabhängig. Der daraufhin folgende bewaffnete Konflikt mit der jugoslawischen Armee dauerte nur wenige Tage.

Am 8. Oktober 1991 koppelte sich Slowenien vom jugoslawischen Währungssystem ab und installierte eine eigene Währung, den Tolar. Das kleine Land Slowenien zählt zu den wirtschaftlich aufstrebendsten Reformstaaten in Ost-Mittel-Europa.

Die Ausgangsbedingungen für den marktwirtschaftlichen Transformationsprozeß wichen in der vormaligen jugoslawischen Teilrepublik Slowenien erheblich von denen der anderen in dieser Gruppe zusammengefaßten Reformstaaten ab. Im ehemaligen Jugoslawien ist bereits Mitte der sechziger Jahre unter Partei- und Staatschef Josip Broz Tito das stalinistische Planwirtschaftsmodell durch eine gemischte und in Ansätzen marktwirtschaftlich orientierte ökonomische Ordnung ersetzt worden, in der den selbstverwalteten Betrieben eine Schlüsselfunktion zukam. Der Belegschaft der einzelnen Firmen wurde im Rahmen dieses Systems ein weitgehendes Nutzungs- und Verfügungsrecht über das produktive Betriebskapital gewährt. Damit wurde das Staatseigentum zwar nicht de jure, aber de facto außer Kraft gesetzt. Die Belegschaft der einzelnen Betriebe bekam keine Kennziffern vorgeschrieben, sondern entschied selbständig über das Sortiment, die Produktion und den Absatz. Der Außenhandel wurde allerdings nicht vollständig liberalisiert, es gab weiterhin zahlreiche Kontrollen und Restriktionen von seiten des Staates. Das Geld- und Kreditwesen verblieb ausschließlich unter staatlicher Kontrolle. Wenn sich auch die Schere der marktwirtschaftlichen Reformbestrebungen zwischen der mikroökonomischen und der makroökonomischen Ebene weit öffnete, so kann Slowenien dennoch bei der ökonomischen Transformation auf ein beträchtliches marktwirtschaftliches Erfahrungspotential zurückgreifen.

Die „Schweiz unter den Reformstaaten“

Slowenien dürfte neben Tschechien am frühesten in der Lage sein, wirtschaftlich zu Westeuropa aufzuschließen. Mit einem an der Kaufkraftparität pro US-Dollar gemessenen Bruttoinlandsprodukt je Kopf im Jahr 1994 in Höhe von 8.509 US-Dollar lag Slowenien in etwa gleichauf wie Tschechien (8.095 US-Dollar), aber weit vor Ungarn (6.909 US-Dollar) oder Polen (5.330 US-Dollar). Die beiden EU-Länder Griechenland und Portugal wiesen zum Vergleich 1994 ein entsprechendes Pro-Kopf-Einkommen von 8.885 beziehungsweise 12.073 US-Dollar auf.

Der Wendepunkt von der Rezession zum Wachstum wurde in Slowenien 1993 erreicht. Das rund 1,3 %ige Wachstum der Wirtschaft in diesem Jahr konnte vor allem auf die Zunahme der Dienstleistungen zurückgeführt werden. 1994 wurde eine Wachstumsrate in Höhe von 5,5 % erzielt. Für die Jahre 1995 und 1996 wurde vom WIIW ein jährliches Wirtschaftswachstum von 4 beziehungsweise 5 % prognostiziert.

1994 wies die Industrieproduktion, die auf etwa 70 % des Niveaus von 1989 gefallen war, erstmals wieder ein Wachstumsergebnis auf. Bei den Bruttoanlageinvestitionen konnte bereits 1993 mit einer Wachstumsrate von 15 % ein sieben Jahre andauernder Einbruch beendet werden.

Die Steigerungsrate der Einzelhandelspreise, die 1989 mit 1.306 % eine vierstellige und in den drei darauffolgenden Jahren immerhin noch eine dreistellige Zuwachsrate aufwies (1992: 201,3 %), konnte auf Grundlage einer restriktiven Geld- und Fiskalpolitik sowie durch Lohnbeschränkungen 1993 auf 32 % eingedämmt werden. Den im September 1992 einsetzenden hohen Reallohnsteigerungen versuchte die Regierung im März 1993 mit der Einführung von Lohnkontrollen entgegenzusteuern. Nach deren Auslaufen wurden im Juli 1993 Kollektivverträge vereinbart, die aber im Gegensatz zu den Lohnregulierungen nicht den gewünschten Erfolg brachten. 1993 stiegen die Reallöhne erneut um 14,4 %. Errechnet nach dem offiziellen Wechselkurs betrug in diesem Jahr der durchschnittliche monatliche Nettolohn in Slowenien 414 US-Dollar und war somit weitaus höher als etwa in Ungarn (295 US-Dollar), Polen (180 US-Dollar), Tschechien (205 US-Dollar) oder in der Slowakei (174 US-Dollar). Um die Löhne weiterhin unter Kontrolle zu halten, wurden im April 1994 zwischen Regierung sowie Arbeitnehmer- und Arbeitgebervertretern neuerliche Lohnbegrenzungen vereinbart. Eine maßvolle Lohnpolitik ist in Slowenien zu einem Schlüsselfaktor für die Bekämpfung der Inflation geworden. 1994 konnte die Steigerungsrate bei den Einzelhandelspreisen auf knapp unter 20 % gesenkt werden. Für 1995 wurde vom WIIW eine Preissteigerung von 14 % und für 1996 von 9 % vorherberechnet. Das Ringen um Preisstabilität ist weiterhin ein vorrangiges wirtschaftspolitisches Ziel.

Slowenien erzielte von 1991 bis 1993 regelmäßig Budgetüberschüsse. Das Budget für 1994 wurde mit einem geringfügigen Defizit in

Höhe von rund 0,2 % des BIP abgeschlossen. Dieses war auf verringerte Einnahmen im Zuge der Steuerreform sowie auf steigende öffentliche Ausgaben, vor allem für Gesundheit und Pensionen, zurückzuführen.

Regelung der Auslandsschulden

Slowenien hat eine relativ geringe Auslandsverschuldung. Die direkt zurechenbare Bruttoauslandsverschuldung Sloweniens betrug Ende 1994 2,3 Milliarden US-Dollar. Die Auslandsschulden werden regelmäßig bedient.

Von Slowenien konnte mittlerweile die Übernahme seines Anteils an den Gesamtschulden von Ex-Jugoslawien geklärt werden. Die gesamte Auslandsverschuldung des ehemaligen Jugoslawiens betrug nach den letzten Umschuldungsabkommen Ende 1988 21,176 Milliarden US-Dollar. In den darauffolgenden Jahren konnte die Regierung des noch vereinten Jugoslawiens den Schuldenstand durch Rückkäufe und Schulden-Swaps deutlich reduzieren. Der durch die Golfkrise bedingte Ölpreisanstieg im Jahre 1990 führte jedoch abermals zu akuten Zahlungsschwierigkeiten. Seitdem stiegen die Prinzipalrückstände kontinuierlich an. Ende 1992 betrug die gesamte Auslandsschuld 16,3 Milliarden US-Dollar. Ein Großteil der Schulden konnte trotz des Widerstandes von Serbien-Montenegro und Bosnien-Herzegowina aufgeteilt werden, da viele Kredite projektbezogen waren und somit den einzelnen Republiken zugerechnet werden konnten. So wurden die 2 Milliarden US-Dollar Schulden bei der Weltbank vollständig nach dem „end-user-Prinzip“ aufgeteilt. Auf Slowenien entfiel auf diese Weise nur ein Anteil von 150 Millionen US-Dollar. Die nicht direkt zurechenbaren Schulden Ex-Jugoslawiens beliefen sich auf rund 3,6 Milliarden US-Dollar (davon stammten etwa 1,2 Milliarden US-Dollar vom Londoner Club). Die Verbindlichkeiten gegenüber dem IWF wurden nach Quoten aufgeteilt. Die IWF-Quote für Slowenien beträgt 16,39 %.

Gegenüber den im Pariser Club zusammengeschlossenen öffentlichen Gläubigern konnte Slowenien ebenfalls erfolgreich das Prinzip des „end-users“ vertreten. Bei etwas mehr als 1 Milliarde US-Dollar war eine direkte Zuordnung nicht möglich; hier kam die IWF-Quotenregelung zur Anwendung.

Die mit dem Londoner Club aufgenommenen Schuldenverhandlungen scheiterten zunächst an dem Wunsch Sloweniens, eine Aufteilung analog zu dem mit dem Pariser Club vereinbarten Prinzip zu erwirken. Die direkt zuordenbaren Schulden hätten sich demnach auf 410 Millionen US-Dollar beziffert, die IWF-Quote an den nicht direkt zurechenbaren Schulden auf 160 Millionen US-Dollar. Die Gläubigerbanken sahen jedoch in Slowenien ein potentiell tilgungsfähiges Land und verlangten mit dem Verweis auf die Solidarhaftungsklausel einen höheren Beitrag Sloweniens. Über diesen strittigen Punkt konnte im Juni 1995 schließlich eine Einigung erzielt werden. Mit dem Koordinierungskomitee der 450 ausländischen Kommerzbanken wurde ein Rahmenabkommen unterzeichnet, in dem sich Slowenien zur Zahlung von insgesamt 710 Millionen US-Dollar bis zum Jahr 2006 verpflichtete. Im Gegenzug wurde Slowenien aus der jugoslawischen Solidarhaftungsklausel entlassen. Dabei handelt es sich um ein Finanzabkommen aus dem Jahr 1988, auf dessen Grundlage Jugoslawien von internationalen Kommerzbanken insgesamt 7,3 Milliarden US-Dollar an Krediten zur Verfügung gestellt worden sind. Jede der sechs jugoslawischen Teilrepubliken mußte sich damals verpflichten, für die uneinbringlichen Schulden der anderen Republiken zu haften. Eine wesentliche Basisvoraussetzung für die Schuldenentlassung Sloweniens aus der jugoslawischen Solidarhaftungsklausel bildeten seine hohen Devisenreserven. Im ersten Quartal 1995 betrugen die Devisenreserven des gesamten Bankensektors 3,2 Milliarden US-Dollar.

Erfolgreiche Neuausrichtung des Außenhandels

Slowenien konnte seine Exporttätigkeit, die sich bis 1990 vor allem auf den innerjugoslawischen Raum konzentriert hatte, erfolgreich auf die westlichen Märkte umlenken. Bereits 1993 gingen rund 60 % der Exporte in die EU. 1993 wurde vor allem aufgrund rückläufiger Exporte in die Region des ehemaligen Jugoslawiens und aufgrund gesteigerter Importe aus dem westlichen Ausland ein Defizit in der Handelsbilanz in Höhe von 418 Millionen US-Dollar erzielt. Im Jahr davor wurde noch ein Überschuß (540 Millionen US-Dollar) registriert. Das 1994 erzielte Handelsbilanzdefizit im Ausland von 440 Millionen US-Dollar ergab sich vorwiegend aus dem Handel mit Österreich (–340 Millionen US-Dollar) und Italien (–314 Millionen US-Dollar). Das Handelsbilanzdefizit wurde durch die Dienstleistungsbilanz mehr als ausgeglichen.

In der Leistungsbilanz konnten seit 1990 in ununterbrochener Reihenfolge Überschüsse erzielt werden, wobei 1992 mit 926 Millionen US-Dollar das bislang beste Ergebnis erreicht wurde. 1993 sackte der positive Saldo aufgrund der Verschlechterung der Handelsbilanz auf

150 Millionen US-Dollar ab. 1994 konnte ein Überschuß in der Leistungsbilanz in Höhe von 475 Millionen US-Dollar erwirtschaftet werden. Zu diesem Ergebnis trug eine ausgezeichnete Tourismussaison, die 1994 Nettoeinnahmen von 617 Millionen US-Dollar erbrachte, wesentlich bei. Dieser Zustrom an ausländischer Währung erhöhte sich noch durch Kredite an Unternehmen und Banken sowie durch kurzfristige, für Ausländer relativ profitable Tolar-Einlagen. In der Statistik schlug sich dieser Geldzufluß in einem Anstieg der internationalen Reserven und in der Erhöhung der Bruttoauslandsverschuldung nieder.

Konvertierbare Währung

Die stabile Zahlungsbilanz sowie der erfolgreiche Kampf gegen die Inflation ermöglichten die Einführung der freien Umtauschbarkeit der slowenischen Währung Tolar mit 1. September 1995. Mit diesem Schritt folgte die slowenische Regierung einer Empfehlung des IWF. Slowenien war der 103. Staat unter den 178 IWF-Mitgliedstaaten, von dem diese währungspolitische Maßnahme gesetzt worden war.

Hohe Arbeitslosigkeit

Die 1993 eingeleitete wirtschaftliche Aufschwungphase bewirkte in Slowenien kein signifikantes Absinken der Arbeitslosenrate, die sich 1993 auf 15,4 % und 1994 auf 14,2 % belief. Die Arbeitslosenrate wird auch 1995 und 1996 mit vorherberechneten 14% pro Jahr hoch bleiben. Die in der Industrie freigesetzten Arbeitskräfte finden zwar zunehmend im Dienstleistungssektor Verwendung, der private Sektor ist insgesamt aber noch zu klein, um zu einer deutlichen Entlastung des Überangebotes am Arbeitsmarkt beizutragen.

Privatisierung erst am Beginn

Der Anteil des privaten Sektors am BIP ist in Slowenien im Vergleich zu den anderen vier fortgeschrittenen Reformstaaten noch gering. 1994 wurden nur rund 16 % des BIP von privaten Firmen, unter die auch zahlreiche Neugründungen fallen, erwirtschaftet.

Im Gegensatz zur kleinen Privatisierung ist die große Privatisierung bislang eher schleppend verlaufen. Die Ausarbeitung von Privatisierungsrichtlinien wurde vor allem durch die Struktur der Selbstverwaltung, die im ehemaligen Jugoslawien unter Tito installiert worden war, erschwert. Nach zweijähriger Diskussion wurde im Dezember 1992 schließlich ein Privatisierungsgesetz verabschiedet, das eine Kombination aus Verkauf und kostenloser Privatisierung vorsah. Unter Federführung der staatlichen Privatisierungsagentur sollten mit Ausnahme von Banken, Versicherungen, öffentlichen Versorgungsunternehmen, forstwirtschaftlichen Betrieben und Flughäfen laut Privatisierungsgesetz insgesamt rund 1.400 Selbstverwaltungsbetriebe und 1.000 Tochterfirmen privatisiert werden. Laut Gesetz ist der Buchwert dieser Unternehmen grundsätzlich nach folgendem Schlüssel aufzuteilen: 20 % ergehen unentgeltlich an die Belegschaft, 20 % werden an einen staatlichen Entwicklungsfonds übertragen, der aus vier bis fünf Investmentfonds besteht, 10 % der Anteile werden dem Restitutionsfonds und weitere 10 % einem staatlichen Pensionsfonds zugeteilt. Die restlichen 40 % werden auf dem freien Markt inländischen Investoren angeboten. Der Verkauf kann über ein Mitarbeiter-Buy-out, im Tenderverfahren, über Auktionen oder über die Ausgabe von Aktien erfolgen.

Den slowenischen Bürgern stehen Eigentumszertifikate zu, die in der Regel in Anteilsscheine des staatlichen Investitionsfonds eingetauscht werden können. Nur die Belegschaften der zu privatisierenden Betriebe können ihre Zertifikate direkt in Aktien ihrer Betriebe umtauschen.

Im Oktober 1993 haben alle Slowenen, die bis zum 5. Dezember 1992 – dem Tag der Verabschiedung des Privatisierungsgesetzes – die slowenische Staatsbürgerschaft erworben hatten, Eigentumszertifikate erhalten. Insgesamt wurden etwa 2 Millionen Zertifikate im Gesamtwert von rund 5,7 Milliarden US-Dollar ausgegeben. Die Zertifikate wurden je nach dem Alter der Berechtigten verteilt. Kinder erhielten Privatisierungszertifikate im Wert von 100.000 Tolar, Erwachsene über 48 Jahre das Vierfache. Die Eigentumszertifikate sind im Gegensatz zu den damit erworbenen Aktien nicht übertragbar. Vom staatlichen Entwicklungsfonds wurde im Dezember 1994 die erste öffentliche Auktion an der Ljubljaner Börse abgehalten.

Gemäß dem Privatisierungsgesetz mußten alle Unternehmen einen eigenen Privatisierungsfahrplan erstellen und bis zum 31. Dezember 1994 ihre Privatisierungsmethode bekanntgeben. Die meisten Betriebe haben ihr Privatisierungsprogramm erst 1994 zur Begutachtung und Genehmigung an die Privatisierungsagentur geschickt. Auch 1995 kam die große Privatisierung nur zögerlich voran. Im ersten Halbjahr 1995 waren 79 % der unselbständig Beschäftigten noch in vergesellschafteten Unternehmen beschäftigt.

Ausländische Investoren können an den Privatisierungen nicht auf direktem Weg teilnehmen. Sie dürfen nur Aktien des Entwicklungsfonds erwerben, welcher 20 % jedes privatisierten Unternehmens erhält.

Ausländische Direktinvestitionen

Die schleppende Privatisierung in Slowenien wird mit als ein Grund dafür gesehen, daß die ausländischen Direktinvestitionen im Vergleich zu Ungarn, Tschechien und Polen äußerst niedrig geblieben sind. Dabei dürfte allerdings auch die Sorge um die außenpolitische Stabilität Sloweniens durch den andauernden Krieg im ehemaligen Jugoslawien eine nicht unwesentliche Rolle gespielt haben. Darüber hinaus wirkten sich sicherlich auch die laufenden Änderungen bei den rechtlichen und administrativen Rahmenbedingungen investitionshemmend aus.

Bis Ende 1994 waren in Slowenien, das für den Westen als ein Tor zum Balkan fungiert, 3.660 Auslandsprojekte mit einem Investitionsvolumen in Höhe von 1.160 Millionen US-Dollar registriert. Davon entfielen auf Österreich 700 Projekte und 203 Millionen US-Dollar an investiertem Kapital. Mit dieser Investitionssumme lag Österreich hinter Deutschland an zweiter Stelle.

Die ausländischen Direktinvestitionen wurden vorwiegend in den Bereichen Handel und Dienstleistungen getätigt.

Die südosteuropäischen Reformstaaten

Zur Gruppe der weniger fortgeschrittenen Reformstaaten zählen in Südosteuropa Bulgarien, Rumänien und Kroatien. Einen spezifischen Sonderfall in dieser Region stellt Albanien dar. Dieses von den ehemaligen kommunistischen Machthabern fast völlig von der Außenwelt abgeschirmte und ökonomisch rückständige Land kann seit 1993 einen dynamischen wirtschaftlichen Aufholprozeß vorweisen. Da die wirtschaftliche Entwicklung Albaniens vom WIIW statistisch nicht erfaßt wird, sind die angeführten Wirtschaftsdaten mit denen der anderen aufgelisteten Reformstaaten nur bedingt vergleichbar. In der Transformationsbilanz bis einschließlich 1995 ist auch bei Kroatien nur eine eingeschränkte Vergleichbarkeit mit den anderen Reformstaaten gegeben, da die kriegerischen Ereignisse im ehemaligen Jugoslawien die wirtschaftliche Entwicklung und den Reformprozeß in diesem Land erheblich behindert haben.

Im Gegensatz zu Bulgarien und Kroatien wies Rumänien bereits 1993 ein geringfügiges wirtschaftliches Wachstum (1,3 %) auf. 1994 wuchs die rumänische Wirtschaft um mehr als 3 %, 1995 um mehr als 4 %. Für 1996 wird eine gleich hohe Steigerungsrate erwartet. In Bulgarien konnte die Transformationskrise erst 1994 gestoppt werden. In diesen beiden Reformstaaten hat sich auch die jeweilige innenpolitische Instabilität hemmend auf den Reformfortschritt ausgewirkt. In Bulgarien wurde die Volkswirtschaft zudem durch eine hohe außenwirtschaftliche Verschuldung geknebelt. Negative Auswirkungen zeitigte weiters – wie im übrigen auch in Rumänien – das von der UNO gegenüber Restjugoslawien verhängte Handelsembargo. Kroatien, dessen Wirtschaft durch Kriegsschäden und die noch nicht absehbare politische Entwicklung in der Region schwer belastet ist, konnte 1994 ebenfalls erstmals ein Wachstum des BIP, und zwar in Höhe von knapp 1 %, erzielen.

Die Beendigung des mehr als vier Jahre andauernden Krieges im ehemaligen Jugoslawien, die durch die Unterzeichnung des sogenannten Dayton-Vertrages am 14. Dezember 1995 in Paris besiegelt worden ist, und der damit verbundene Wiederaufbau, der durch internationale Finanzmittel massiv unterstützt wird, läßt für die Wirtschaft dieser Region einen starken Auftrieb erwarten. In diesem Kontext ist natürlich auch ein deutlicher Anstieg der ausländischen Direktinvestitionen in einzelnen Balkanländern zu erwarten.

Die labile politische und wirtschaftliche Lage der vier südosteuropäischen Reformstaaten hat sich in der Vergangenheit bei den ausländischen Direktinvestitionen äußerst negativ ausgewirkt. Bis zum Jahresende 1994 wurden knapp 11 % des für Direktinvestitionen in Osteuropa insgesamt bereitgestellten Auslandskapitals in diese vier Länder investiert.

Mit Ausnahme Kroatiens wurden von der EU bis 1995 mit allen Staaten dieser Ländergruppe Abkommen zur Zusammenarbeit geschlossen. Sogenannte Europaabkommen wurden am 1. Februar 1993 mit Rumänien und am 8. März 1993 mit Bulgarien unterzeichnet. Um die Zeit bis zum Inkrafttreten dieser Verträge zu überbrücken, wurden über deren Handelsteil Interimsabkommen ausverhandelt. Das EU-Handelsabkommen mit Rumänien trat am 1. Mai 1993 und jenes mit Bulgarien am 31. Dezember 1993 in Kraft. Von Rumänien wurde am 22. Juni 1995 und von Bulgarien am 16. Dezember 1995 der Beitrittsantrag zur EU gestellt. Zwischen Albanien und der EU wurde am 11. Mai 1992 ein Handels- und Wirtschaftsabkommen abgeschlossen, das seit 1. Dezember 1992 wirksam ist.

Bulgarien

Fläche: 110.993 km², Einwohner: 8.427.000

Ausgewählte Wirtschaftsindikatoren

	1990	1991	1992	1993	1994	1995[1]	1996[1]	1997[1]
Veränderungen zum Vorjahr in %								
Reales BIP	–9,1	–11,7	–7,3	–2,4	1,4	2,5	3,5	4,0
Reale Industrieproduktion[2]	–16,7	–22,2	–15,9	–10,9	4,5	4,0	5,0	–
Reale Bruttoanlageinvestitionen	–18,5	–19,9	–13,7	–24,5	–11,9	–	–	–
Verbraucherpreise	23,8	338,5	91,3	72,9	96,2	65,0	45,0	40,0
Arbeitslosenrate (Jahresende)	1,7	11,1	15,2	16,4	12,8	12,0	12,0	12,0
in Millionen US-Dollar								
Exporte[3]	–	3.433	3.922	3.721	4.156	4.400	4.500	–
Importe[3]	–	2.700	4.468	5.058	4.316	4.700	4.700	–
Handelsbilanz[3]	–	733	–546	–1.337	–160	–300	–200	–
Leistungsbilanz	–1.152	–77	–361	–1.098	157	–600	–500	–500

	1990	1991	1992	1993	1994	1995[1]	1996[1]	1997[1]
in Millionen US-Dollar								
Ausländische Direktinvestitionen	50	100	150	230	467	–	–	–
Bruttoauslandsverschuldung	10.600	11.375	12.087	12.472	10.363	–	–	–
Devisenreserven	–	–	902	655	1.002	–	–	–
in Tausend US-Dollar								
Reales BIP pro Kopf								
US-Dollar zur Kaufkraftparität	4.257	3.929	3.786	3.787	3.970	–	–	–
US-Dollar zum Wechselkurs	6.663	943	1.008	1.276	1.187	–	–	–
in Milliarden Lewa (BGL)								
Budgetdefizit	2,2	5,0	11,7	33,0	35,6	–	–	–
Durchschnittlicher Wechselkurs BGL/US-Dollar	0,79	16,68	23,34	27,65	54,25	75,00	110,00	–

Stand: Juli 1995; Prognosen: November 1995
[1] Prognose; [2] ohne privaten Sektor; [3] seit 1992 methodische Änderung

Quellen: WIIW, Bundesministerium für wirtschaftliche Angelegenheiten

Prolongierte Wirtschaftskrise nach Radikalschock

In Bulgarien wurde der wirtschaftliche Transformationsprozeß erst relativ spät nach der Wende eingeleitet. Im Februar 1991 wurden im Rahmen einer Radikalreform die Preise und der Außenhandel fast völlig liberalisiert und der Wechselkurs der bulgarischen Währung gegenüber den westlichen Währungen freigegeben, was zu einer drastischen Abwertung des Lewa führte. Diese Schocktherapie, die durch eine restriktive Geld-, Lohn- und Fiskalpolitik ergänzt wurde, wirkte sich auf die bulgarische Wirtschaft verheerend aus. Durch die Preisliberalisierung bei monopolistischen Strukturen stieg die Inflation explosionsartig an. Sie erreichte im Jahr 1991 knapp 339 %, das waren um 315 % mehr als im vorangegangenen Jahr. Der wirtschaftliche Rückgang, der 1991 mit einem Rückgang des BIP im Ausmaß von 11,7 % den Tiefpunkt erreicht hatte, setzte sich auch in den beiden Folgejahren fort (1992: –7,3 %; 1993: –2,4 %). Zwischen 1990 und 1993 ging das BIP insgesamt um 37,4 % zurück. Das Realeinkommen lag Ende 1993 um 35 % unter dem Niveau des Jahres 1990. Das an der Kaufkraft bemessene reale BIP pro Kopf hat sich zwischen 1990 und 1994 von 4.257 US-Dollar auf 3.787 US-Dollar verringert. 1994, als der wirtschaftliche Aufschwung eingeleitet wurde, lebte mehr als die Hälfte der Bevölkerung an oder unter der Armutsgrenze.

Die Arbeitslosigkeit ist in Bulgarien während der Transformation stark angestiegen. 1992 und 1993 wies Bulgarien unter den Ländern Osteuropas nach Kroatien die höchste Arbeitslosenquote auf. 1992 betrug die Arbeitslosenrate 15,2 %, 1993 16,4 %. Ein weiterer Anstieg der Arbeitslosigkeit gilt als wahrscheinlich, da die Umstrukturierung und Privatisierung der Industrie noch weitgehend aussteht. Laut offizieller Statistik wies allerdings die Arbeitslosigkeit 1994 mit einer Rate von rund 13 % eine rückläufige Tendenz auf. Diese Ergebnisverbesserung ist jedoch vor allem auf die bei der Erfassung des freigesetzten Personenkreises angewandte Methode zurückzuführen. Arbeitslos gewordene Menschen haben in Bulgarien nur während einer relativ kurzen Zeitspanne Anspruch auf staatliche Unterstützungszahlungen. Nach Ablauf dieser Frist, die 1995 maximal neun Monate betrug, entfällt daher für viele weiterhin Arbeitslose der Anreiz und die Notwendigkeit, sich weiterhin registrieren zu lassen. Die tatsächliche Arbeitslosenrate betrug 1995 etwa 20 % und ist somit eine der höchsten in Mittel- und Osteuropa.

Die in Verbindung mit dem Zusammenbruch des RGW aufgetretenen Marktanteilsverluste für heimische Waren im In- und Ausland konnten bis 1995 nicht wettgemacht werden. Die Exportwirtschaft mußte auch durch die Sanktionen der UNO gegen Restjugoslawien beträchtliche Einbußen hinnehmen. Berechnungen internationaler Finanzinstitute zufolge soll das Handelsembargo zwischen Mitte 1992 und 1994 für die bulgarische Volkswirtschaft Verluste in Höhe von 2,8 Milliarden US-Dollar verursacht haben. Der Wegbruch von Marktanteilen schlug sich auch in der Handelsbilanz signifikant nieder. Diese mußte 1992 mit einem Defizit in Höhe von 546 Millionen US-Dollar und 1993 mit einem Defizit im Ausmaß von 1,3 Milliarden US-Dollar abgeschlossen werden. Ein Hauptziel der bulgarischen Außenwirtschaftspolitik ist die Wiedergewinnung des ehemaligen RGW-Marktes und der Ausbau der Handelsbeziehungen mit den westlichen Staaten. 1994 gingen rund 33 % der bulgarischen Exporte in die EU-Staaten. Aus den EU-Staaten wurden rund 34 % der bulgarischen Importe bezogen.

Zur krisenhaften Entwicklung der Exportwirtschaft und des Unternehmenssektors insgesamt trug auch die auf makroökonomischer Ebene verfolgte „Politik des knappen Geldes" maßgeblich bei. Der antiinflationäre, restriktive monetäre Kurs der Bulgarischen Nationalbank bedingte für die Betriebe viel zu eng vorgegebene Kreditlimits, die vom Finanzierungsbedarf für Umlaufkredite – zum Beispiel für Lohnzahlungen – weitgehend absorbiert wurden und für Investitionen zur Modernisierung und Strukturverbesserung kaum Spielraum ließen.

Der unbefriedigende Transformationsprozeß in Bulgarien ist aber auch das Ergebnis innenpolitischer Instabilitäten, die eine konsequente Durchführung von Reformmaßnahmen nicht zuließen, wodurch diese oftmals nur Stückwerk blieben. Letztlich wurde damit die Transformationskrise nur prolongiert.

1994 konnte die Krise zwar gestoppt werden – das BIP wuchs um 1,4 % an –, der makroökonomische Aufschwung wurde jedoch durch einen neuerlichen Inflationsschub gebremst. Die Teuerungsrate erreichte 1994 fast 100 %. Die Inflation, die auch durch die Einführung der Mehrwertsteuer (18 %) per 1. April 1994 verstärkt worden war, erhielt vor allem durch die im März 1994 ausgelöste Währungskrise Auftrieb. In diesem Monat mußte die bulgarische Währung innerhalb zweier Wochen um 70 % abgewertet werden. Bis zu diesem Zeitpunkt konnte der

Wechselkurs des Lewa, der bereits im Februar 1991 freigegeben worden war, aufgrund einer massiven Stützungspolitik durch die Bulgarische Nationalbank relativ stabil gehalten werden. Dieses währungspolitische Engagement bedingte allerdings ein starkes Absinken des Devisenbestandes der Nationalbank, der mit 655 Millionen US-Dollar zum Jahresende 1993 (1992: 902 Millionen US-Dollar) auf ein kritisches Minimum gesunken war. Bis zum Jahresende 1994 konnte der Devisenbestand wieder auf 1 Milliarde US-Dollar angehoben werden. Die zwar eingedämmte, aber noch immer hohe Inflation sowie die von der bulgarischen Regierung eingegangene Verpflichtung zum kurzfristigen Rückkauf von Verbindlichkeiten im Rahmen von Umschuldungsabkommen mit westlichen Gläubigern dürfte allerdings in unmittelbarer Zukunft die Einhaltung eines relativ stabilen Devisenkurses erschweren.

1994 konnte aufgrund der starken Abwertung des Lewa, durch die Importe empfindlich verteuert wurden, das Defizit in der bulgarischen Handelsbilanz, das 1993 auf 1,3 Milliarden US-Dollar angestiegen war, auf etwa 160 Millionen US-Dollar eingedämmt werden. Die Leistungsbilanz wies 1994 einen Überschuß in Höhe von knapp 160 Millionen US-Dollar aus. Ein ansteigendes Defizit in der Handelsbilanz sowie ein starker Einbruch im Tourismus infolge drastischer Preiserhöhungen und einer mangelhaften Fremdenverkehrsinfrastruktur bewirkten 1995 erneut ein nicht unbeträchtliches Defizit in der Leistungsbilanz.

Die wirtschaftlichen Aussichten des seit 1994 wieder auf Wachstumskurs befindlichen Landes haben sich durch die Beendigung des kriegerischen Konfliktes im ehemaligen Jugoslawien und dem damit verbundenen, international unterstützten Wiederaufbau sowie der Reaktivierung der Handelsbeziehungen mit dieser Region zusätzlich verbessert. Eine grundlegende Basis für die Stabilisierung der bulgarischen Wirtschaft wurde aber zweifelsfrei mit der Umschuldung der hohen Auslandsverbindlichkeiten des Landes gelegt.

Entschärfung der Schuldenkrise durch Umschuldungsabkommen

Bulgarien wies mit einer Bruttoauslandsverschuldung von 12,5 Milliarden US-Dollar zum Jahresende 1993 nach Polen und Ungarn die höchste Verschuldung unter den ostmittel- und südosteuropäischen Reformstaaten auf. Die hohen Auslandsschulden wurden von Bulgarien seit 1990 nur mehr spärlich bedient. Nach vierjährigen Verhandlungen konnte Bulgarien 1994 sowohl mit den im Pariser Club zusammengeschlossenen Gläubigerstaaten als auch mit den durch den Londoner Club repräsentierten westlichen Kommerzbanken Abkommen über Umschuldungen schließen. Ziel dieser Abkommen war die Wiederherstellung der internationalen Kreditwürdigkeit Bulgariens, das bis zu dieser Vereinbarung praktisch von den internationalen Finanzmärkten abgeschnitten war, und die Normalisierung der Beziehungen zur internationalen Finanzgemeinschaft.

Mit dem Pariser Club, mit dem schon 1992 und 1993 Umschuldungsregelungen erzielt werden konnten, wurde am 13. April 1993 ein neuerliches Umschuldungsabkommen unterzeichnet. In dieser Vereinbarung wurden alle bis zum 30. April 1995 fälligen Zahlungen einschließlich der Rückstände bei den Zinszahlungen, erfaßt. Die Umschuldungsperiode erstreckt sich auf elf Jahre. Während der ersten sieben Jahre sind von Bulgarien nur die anfallenden Kreditzinsen zu begleichen. Die Tilgungszahlungen müssen im Jahr 2001 wieder aufgenommen werden.

Mit dem Londoner Club wurde am 29. Juni 1994 ein Schuldenabkommen unterzeichnet. Im Rahmen dieser Vereinbarung werden Bulgarien von den 8,7 Milliarden US-Dollar Kreditschulden bei mehr als 300 westlichen Kommerzbanken 47,1 % erlassen. Das Umschuldungsabkommen sieht für 12,5 % der Schulden den Rückkauf durch die bulgarische Regierung zu 25 % des Nominales vor. 60,5 % der ausstehenden Kredite (ohne notleidende Zinsen) werden in Anleihen umgewandelt, die zu 50 % des Nominales begeben werden und mit 30 Jahren Laufzeit und einem Zinssatz von 13/16 über Libor ausgestattet sind. Die restlichen 27 % Schulden werden in Schuldverschreibungen mit verringerten Zinssätzen („Front-Loaded Interest-Reduced Bonds") getauscht. Die Rückstände bei den Zinszahlungen (rund 1,8 Milliarden US-Dollar) werden in Schuldverschreibungen mit einer Laufzeit von 17 Jahren umgewandelt, wobei in den ersten sieben Jahren keine Rückzahlungen anfallen.

Laut Berechnungen des bulgarischen Finanzministeriums resultierte aus diesem Umschuldungsabkommen kurzfristig eine Budgetbelastung in Höhe von 710 Millionen US-Dollar. Da diese Schuldenkosten aufgrund der Budgetsituation und des geringen Bestandes an Devisenreserven von Bulgarien schwerlich aufgebracht werden konnten, wurde zwischen dem IWF, der Weltbank und der EU ein Finanzierungspaket zur Unterstützung Bulgariens ausgehandelt. Die Finanzminister der EU stimmten im März 1994 einem Zahlungsbilanzkredit für Bulgarien in der Höhe von 110 Millionen ECU zu. Im April 1994 wurde schließlich auch vom IWF ein Stand-by-Kredit und eine Kreditfazilität zur Unterstützung des wirtschaftlichen Transformationsprozesses in einer Gesamthöhe von 421 Millionen US-Dollar genehmigt. Im Gegenzug mußte sich Bulgarien zur Einhaltung einer restriktiven Budgetpolitik und zur Intensivierung des Reformprozesses einschließlich der Privatisierung verpflichten. Beiden Vorgaben wurde 1995 Rechnung getragen.

Neuer Privatisierungsanlauf

Vom bulgarischen Parlament wurde im April 1992 ein Gesetz über die Rückgabe des von den Kommunisten enteigneten Privatbesitzes einschließlich des Agrarlandes an die früheren Eigentümer sowie über die Privatisierung staats- und gemeindeeigener Betriebe beschlossen. Im Juni 1994 wurde eine Gesetzesnovelle verabschiedet, die die Möglichkeit zur Massenprivatisierung über Investitionsgutscheine regelt.

Die Kompetenzverteilung im Rahmen des Privatisierungsgesetzes ist wie folgt geregelt: Die Branchenministerien sind für die Privatisierung der in ihrem Kompetenzbereich angesiedelten Unternehmen dann zuständig, wenn der Bilanzwert von deren ständigen Aktiva nicht höher als 70 Millionen Lewa ist. Das Verkaufsprocedere bei Unternehmen, die diesen Grenzwert überschreiten, wird von der Privatisierungsagentur abgewickelt. Diese muß allerdings bei volkswirtschaftlichen Schlüsselbetrieben, die von der Privatisierung nicht ausgenommen sind, die Zustimmung des Ministerrates einholen. Für die Privatisierung von Gemeindebetrieben ist der jeweilige Gemeinderat zuständig. Für die Massenprivatisierung wurde eine eigene Agentur, die dem Ministerrat unterstellt ist, installiert.

Gemäß dem bulgarischen Privatisierungsgesetz sind in- und ausländische Bewerber gleichgestellt. 20 % der Anteile eines Unternehmens müssen dessen Management und den Mitarbeitern angeboten werden. Dieses Präferenzrecht wird jedoch nicht immer ausgeschöpft.

Durch Restitution haben 1992 rund 25.000 kleinere und mittlere Handels- und Gewerbebetriebe ihren Eigentümer gewechselt. 1995 befanden sich rund 70 % der landwirtschaftlichen Flächen wieder in privater Hand. Der Verkauf von Staatsbetrieben, der durch marktbezogene

Privatisierungsinstrumente hätte erfolgen sollen, blieb allerdings in Ansätzen stecken.

1994 wurden in Bulgarien insgesamt 610 Privatisierungsverfahren eröffnet, von denen im selben Jahr 171 abgeschlossen werden konnten. Der erzielte Verkaufserlös in Höhe von 10 Milliarden Lewa entsprach 90 % des Gesamtwertes der Privatisierungsgeschäfte in der Zeitspanne 1993–1994. Auf ausländische Investoren entfielen neun Privatisierungsabschlüsse mit einem Verkaufserlös von 7,2 Milliarden Lewa. Das staatliche Privatisierungsprogramm für 1995 sah die Einleitung von Privatisierungsverfahren für mindestens 480 Unternehmen – einem Fünftel der staatlichen Unternehmen – vor. Die Privatisierungen beschränken sich aber nicht auf die offizielle Liste. Vielmehr können auch andere Unternehmen, für die ein ernsthaftes Investoreninteresse vorliegt, jederzeit einbezogen werden.

Die ursprünglich für Herbst 1994 vorgesehene Einleitung eines Massenprivatisierungsprogrammes nach tschechischem Vorbild wurde aufgrund vorgezogener Neuwahlen des Parlaments, die am 18. Dezember 1994 stattfanden, zunächst ausgesetzt und auf 1995 verschoben. Am 30. März 1995 wurde ein Privatisierungsprogramm verabschiedet, das die Privatisierungsfelder, die Abfolge der Privatisierungen, die Behörden und den Verkaufsmechanismus regelt. Als prioritäre Privatisierungsbereiche wurden zunächst der Fremdenverkehr, die Nahrungsmittelindustrie, der Maschinenbau und der Transport festgelegt. Die Privatisierung soll in zwei Phasen erfolgen. Die erste Phase, die im November 1995 begonnen hat, soll im Oktober 1996 beendet sein. Der gesamte Privatisierungsprozeß, der auf eine Kombination aus Markt- und Massenprivatisierung aufbaut, soll 1998 abgeschlossen sein.

Die Massenprivatisierung wurde im Dezember 1995 mit der Veröffentlichung einer dafür vorgesehenen Unternehmensliste seitens der Regierung und des Parlaments eingeleitet. Diese Liste umfaßte 1.063 Betriebe, von denen Unternehmensanteile zwischen 25 und 90 % für die Massenprivatisierung reserviert wurden. Mit der Ausgabe von Kuponheften wurde zu Jahresbeginn 1996 begonnen. Jeder erwachsene bulgarische Staatsbürger konnte gegen eine Gebühr von 500 Lewa (für sozial Schwache gab es Ermäßigungen) ein Kuponheft im Gegenwert von 25.000 Lewa erwerben. Die Kuponhefte sind nicht handelbar, sie können nur innerhalb der Familie übertragen werden. Die Inhaber der Kupons können diese im weiteren Privatisierungsverlauf entweder selbst in Aktien der in das Massenprivatisierungsprogramm aufgenommenen Betriebe umtauschen oder sie einem Privatisierungsfonds überantworten.

Das Gesetz über die Privatisierungsfonds wurde Mitte November 1995 vom bulgarischen Parlament beschlossen. Den legistischen Bestimmungen nach sind für die Gründung eines Privatisierungsfonds mindestens 70 Millionen Lewa erforderlich. Davon müssen mindestens 10 Millionen Lewa auf Geldkapital oder staatliche Wertpapiere entfallen. Der restliche Betrag, zumindest aber 70 % der Fondsmittel, muß in Form von Investitionsbonds eingebracht werden.

Keiner der Teilhaber eines Fonds darf an diesem direkt oder indirekt mit mehr als 10 % beteiligt sein. Juristische Personen, an denen die öffentliche Hand mit mehr als 50 % beteiligt ist, dürfen nicht als Gründer beziehungsweise Aktionäre eines Privatisierungsfonds aufscheinen.

Die Fonds dürfen nicht mehr als 10 % des Fondskapitals in Form von privaten Wertpapieren und nicht mehr als 25 % in Form von staatlichen Wertpapieren halten. Weiters wurde festgelegt, daß nicht mehr als 10 % des Fondskapitals auf die Wertpapiere eines Emittenten entfallen dürfen. Hingegen kann ein Privatisierungsfonds bis zu 34 % der stimmberechtigten Aktien einer Kapitalgesellschaft erwerben.

Die Aktien der einzelnen Privatisierungsfonds dürfen nicht vor sechs Monaten nach der ersten Runde der Massenprivatisierung weiterverkauft werden. Die Privatisierungsfonds selbst dürfen die von ihnen ausgegebenen Aktien in den ersten fünf Jahren nach ihrer Gründung nicht zurückkaufen. Die Fonds dürfen nicht ohne Genehmigung in die Aktien anderer Fonds investieren.

Ausländische Unternehmen können Privatisierungsfonds gründen und sich an ihnen beteiligen. Sie müssen allerdings in ihrem Land registriert sein und eine entsprechende Tätigkeit für die letzten fünf Jahre nachweisen können. Die Leitung von Privatisierungsfonds dürfen allerdings nur Personen ausüben, die ihren Hauptwohnsitz in Bulgarien haben.

Geringes Auslandskapital

Bis Ende 1994 flossen lediglich 467 Millionen US-Dollar an ausländischem Investitionskapital nach Bulgarien. Mit dieser Kennziffer lag Bulgarien weit abgeschlagen hinter Kroatien (964 Millionen US-

Dollar) und Rumänien (1.244 Millionen US-Dollar) und nur geringfügig vor Albanien (345 Millionen US-Dollar). Das meiste Kapital floß in den Industriesektor. Von österreichischen Unternehmen wurden bis Ende 1994 24 Millionen US-Dollar in insgesamt 130 Projekte investiert. Gemessen an den 3.087 ausländischen Investitionsfällen, zumeist Handelsfirmen, lag Österreich damit hinter Griechenland, der Türkei, Rußland und Deutschland auf Platz fünf. Das Volumen der Neuinvestitionen stieg 1994 (237 Millionen US-Dollar; 1993: 80 Millionen US-Dollar) erheblich an, obwohl im Rahmen der Privatisierung noch kaum Geschäfte mit ausländischen Käufern abgewickelt worden sind. Bis Ende 1995 stieg die Gesamtsumme der ausländischen Direktinvestitionen auf rund 750 Millionen US-Dollar an.

Zur Steigerung der Attraktivität für ausländische Direktinvestitionen wurde Ende 1992 ein neues Gesetz über die Wirtschaftstätigkeit ausländischer Personen und über den Schutz ausländischer Investitionen erlassen, das sehr liberale Bestimmungen enthält. So können unter anderem Joint-ventures auch Immobilien erwerben und Gewinne unbegrenzt repatriieren.

Rumänien

Fläche: 237.500 km², Einwohner: 22.735.00

Ausgewählte Wirtschaftsindikatoren

	1990	1991	1992	1993	1994	1995[1]	1996[1]	1997[1]
Veränderungen zum Vorjahr in %								
Reales BIP	–5,6	–12,9	–10,0	1,3	3,4	4,5	4,0	5,0
Reale Industrieproduktion	–19,0	–22,8	–21,9	1,3	3,3	4,0	4,0	–
Reale Bruttoanlageinvestitionen	–38,3	–25,8	–1,2	8,5	15,3	6,0	–	–
Verbraucherpreise	5,1	174,5	210,9	290,3	136,8	35,0	35,0	30,0
Arbeitslosenrate (Jahresende)	–	3,0	8,4	10,4	10,9	10,0	10,0	10,0
in Millionen US-Dollar								
Exporte	5.776	4.266	4.363	4.892	6.151	7.400	–	–
Importe	9.203	5.793	6.260	6.522	7.109	9.000	–	–
Handelsbilanz	–3.427	–1.527	–1.897	–1.630	–958	–1.600	–	–
Leistungsbilanz	–1.656	–1.187	–1.564	–1.170	–271	–1.300	–1.000	–1.000

	1990	1991	1992	1993	1994	1995[1]	1996[1]	1997[1]
in Millionen US-Dollar								
Ausländische Direktinvestitionen	108	264	533	761	1.244	–	–	–
Bruttoauslandsverschuldung	230	1.143	2.479	3.357	4.417	–	–	–
Devisenreserven	26,5	209,3	89,8	42,3	591,5	–	–	–
in Tausend US-Dollar								
Reales BIP pro Kopf								
US-Dollar zur Kaufkraftparität	3.416	3.086	2.899	3.004	3.201	–	–	–
US-Dollar zum Wechselkurs	1.648	1.244	867	1.141	1.262	1.550	–	–
in Milliarden Lei (ROL)								
Budgetdefizit	3,8	41,1	263,0	336,4	2.070,2	1.932,0	–	–
Durchschnittlicher Wechselkurs ROL/US-Dollar	24,43	76,39	307,95	760,05	1.655,00	2.000,00	–	–

Stand: Juli 1995; Prognosen: November 1995

[1] Prognose

Quellen: WIIW, Bundesministerium für wirtschaftliche Angelegenheiten

Wirtschaftswachstum seit 1993

Die mit der Wende eingeleitete Depression der rumänischen Wirtschaft erreichte 1991 und 1992 mit einem Absinken des realen BIP um 13 % beziehungsweise 10 % ihren Tiefpunkt. 1993 wurde mit einer wirtschaftlichen Wachstumsrate von 1,3 % der Aufschwung eingeleitet. 1994 wuchs die rumänische Wirtschaft um 3,4 %. Für 1995 bis 1997 wurden Wachstumsraten zwischen 4 und 5 % prognostiziert.

Die 1993 durchgeführte Lockerung der Geldpolitik in Form von subventionierten Krediten erzeugte jene Liquidität, die in diesem Jahr zu einer Steigerung der Produktion in der Industrie und der Investitionen führte, gleichzeitig aber auch eine neuerliche Beschleunigung der Inflation zur Folge hatte. Die Inflationsrate, die bereits 1992 211 % erreicht hatte, stieg 1993 auf fast 300 % an. Durch das Abweichen der Regierung von ihrem antiinflationären Wirtschaftskurs gerieten wichtige Etappen des im Mai 1993 beschlossenen Vierjahres-Wirtschaftsprogrammes in Verzug.

Zur Unterstützung des Transformationsprozesses wurde im Dezember 1993 mit dem IWF ein Beistandsabkommen geschlossen, das unter anderem eine restriktive Geld- und Budgetpolitik sowie die Verpflichtung zur Restrukturierung des industriellen Sektors beinhaltete. Im Mai 1994 wurde ein weiteres Abkommen mit dem IWF unterzeichnet. Der IWF gewährte Rumänien einen Stand-by-Kredit in Höhe von 187 Millionen US-Dollar sowie Ziehungsrechte aus der Systemtransformations-Fazilität im Wert von 267 Millionen US-Dollar. Die Bereitstellung eines gleich hohen Betrages aus demselben Titel wurde für 1995 vorgesehen. Im Mai 1994 wurden auch von der Weltbank 150 Millionen US-Dollar als zweite Tranche eines bereits 1992 fixierten Kredites mit einem Gesamtvolumen von 1,35 Milliarden US-Dollar ausbezahlt. Mit diesem Geld werden von der Weltbank in Rumänien Programme für den Ausbau der Infrastruktur, der Telekommunikation und des privatwirtschaftlichen Sektors finanziert. Kreditzusagen für den wirtschaftlichen Aufbau des Landes wurden auch von der EU, der EBRD, den G24-Staaten, Japan und Südkorea gegeben. Der Zufluß von Kreditgeldern hat die Auslandsverschuldung Rumäniens, die zum Jahresende 1990 nur 230 Millionen US-Dollar betragen hatte, bis zum Jahresende 1994 auf 4,4 Milliarden US-Dollar ansteigen lassen.

Im Anhang zum Beistandsabkommen mit dem IWF war ein wirtschaftliches Entwicklungsszenario enthalten, in dem für 1994 eine wirtschaftliche Stagnation und für 1995 ein 1 %iges Wachstum angepeilt wurde. Nach dieser Vorgabe hätte 1994 die Inflationsrate auf 152 % und 1995 auf 38 % gesenkt und das Defizit der Leistungsbilanz 1994 auf 800 Millionen US-Dollar und 1995 auf 600 Millionen US-Dollar verringert werden sollen. Alle diese Zielvorgaben wurden 1994 jedoch zum Teil beträchtlich über- beziehungsweise unterschritten. So wuchs das reale BIP 1994 um 3,4 %. Die Inflationsrate erreichte 1994 einen Jahresdurchschnitt von knapp 140 %. Die restriktive Budgetpolitik bewirkte 1994 auch eine Verringerung des Handelsbilanzdefizites, da einerseits die Finanzierung von Krediten auf Kreditbasis erschwert wurde und andererseits Firmen aufgrund einer geringeren Inlandsnachfrage gezwungen waren, ihre Exporte zu steigern. 1994 stiegen die Exporte gegenüber dem Vergleichszeitraum des Vorjahres um 25 %, die Importe hingegen nur um 9 %. Die Steigerung der Exporte wurde auch durch eine drastische Abwertung der rumänischen Währung im ersten Quartal 1994 sowie durch die niedrigen durchschnittlichen Lohnkosten (80 US-Dollar pro Monat) begünstigt. Branchen mit einem steigenden Exportanteil, wie etwa im Bereich Textilien oder Schuhe, wurden darüber hinaus durch subventionierte Kredite bei der Ausweitung ihrer Produktion unterstützt. 1994 konnte die Außenhandelsbilanz mit einem Defizit von knapp 1 Milliarde US-Dollar – eine halbe Milliarde US-Dollar weniger als ein Jahr zuvor – abgeschlossen und auch das Defizit in der Leistungsbilanz deutlich verringert werden. Dieses konnte 1994 auf weniger als 300 Millionen US-Dollar eingedämmt werden. Im vorangegangenen Jahr hatte die Leistungsbilanz noch einen Negativsaldo in Höhe von rund 1,2 Milliarden US-Dollar ausgewiesen.

Die günstige Entwicklung der außenwirtschaftlichen Verflechtung und der damit verbundene Devisenzufluß ermöglichten es auch der Rumänischen Nationalbank, ihre knappen Reserven an Devisen aufzustocken. Der Devisenbestand, der zum Jahresende 1993 nur 42 Millionen US-Dollar betragen hatte, konnte bis Ende 1994 auf 592 Millionen US-Dollar aufgestockt werden.

Erfolgreicher Ausbau der Handelsbeziehungen mit dem Westen

In Rumänien wurde der Außenhandel bereits unter kommunistischer Herrschaft zugunsten der OECD-Staaten und der Länder der Dritten Welt umorientiert. Mitte der achtziger Jahre ging nur rund ein Drittel der Exporte in den Comecon-Raum, während die restlichen zwei Drittel zu gleichen Anteilen für die OECD-Staaten und die Entwicklungsländer bestimmt waren.

Die im Vergleich zu anderen Reformstaaten geringere handelspolitische Abhängigkeit vom RGW-Raum trug auch wesentlich zur erfolgreichen Umorientierung des rumänischen Außenhandels in die westlichen Industriestaaten bei. 1994 ging fast die Hälfte (46 %) aller Exporte Rumäniens in die EU-Staaten. Aus der EU bezog Rumänien ebenfalls fast die Hälfte (44,5 %) seiner Importe.

In der Gruppe der südosteuropäischen „Nachzüglerstaaten" wies Rumänien zwischen 1991 und 1993 mit einer Gesamtsumme von 4,8 Milliarden US-Dollar das größte Passivum in der Handelsbilanz auf. Alleine 1993 betrug der negative Handelssaldo 1,6 Milliarden US-Dollar. 1994 konnte der Importüberschuß zwar auf 960 Millionen US-Dollar reduziert werden, 1995 stieg das Defizit aber wieder beträchtlich an. Die Verbesserung der Handelsbilanz stellt für Rumänien einen Schlüsselpunkt im wirtschaftlichen Transformationsprozeß dar. Die dringend notwendige Steigerung der Exporttätigkeit bedingt allerdings auch nachhaltige Fortschritte bei der Restrukturierung und Modernisierung des industriellen und landwirtschaftlichen Sektors und die Hebung der Qualitätsstandards der erzeugten Produkte. Der Erfolg des weiteren Reformprogrammes wird aber nicht nur von der praktischen Umsetzung dieser Prämissen, sondern auch von der Lösung des steigenden sozialen Konfliktpotentiales entscheidend beeinflußt werden.

Anstieg von Armut und Arbeitslosigkeit

Die bisherige Transformationsperiode war für die rumänische Bevölkerung, deren Lebensstandard bereits unter der kommunistischen Diktatur auf ein Minimum abgesunken war, erneut mit großen Härten verbunden. Das an der Kaufkraft pro US-Dollar gemessene Pro-Kopf-Einkommen, das 1990 noch 3.417 US-Dollar betragen hatte, sank bis 1994 auf rund 3.000 US-Dollar ab. Abgesehen von den GUS-Staaten, zählt der Lebensstandard in Rumänien neben dem in Albanien und Bosnien zu den niedrigsten in Osteuropa. Mehr als die Hälfte der rumänischen Bevölkerung lebte 1994 bereits unter der Armutsgrenze.

Die Arbeitslosenrate, die von 3 % im Jahre 1991 auf 11 % im Jahre 1994 angestiegen ist, wird auch in den kommenden Jahren hoch bleiben. Die soziale Lage war bis 1994 noch dadurch verschärft, daß die Nominallöhne nicht mit der Inflation Schritt hielten und überdies viele Firmen aufgrund von Liquiditätsengpässen die Löhne verspätet oder gar nicht auszahlen konnten. Die wachsenden sozialen Spannungen haben sich bereits mehrfach in Streiks und Unruhen entladen. Ein für Herbst 1994 angekündigtes Massenprivatisierungsprogramm kann in diesem Zusammenhang durchaus als Versuch gewertet werden, die Bevölkerung verstärkt in den Transformationsprozeß einzubinden.

Neue Privatisierungsoffensive

Der Privatisierungsprozeß wurde in Rumänien mit der Verabschiedung des Gesetzes über die Restitution des Bodens im Februar 1991 eingeleitet. 1994 erreichte der Anteil des gesamten Privatsektors am BIP 35 %. In den privaten landwirtschaftlichen und gewerblichen Betrieben – letztere entstanden zu einem großen Teil durch Neugründungen –, arbeiteten in diesem Jahr mehr als 40 % der Erwerbstätigen.

Die Privatisierung im agrarischen Sektor ist seit Erlassung des entsprechenden Gesetzes im Jahr 1991 weit fortgeschritten. 1994 befanden sich mehr als 80 % des landwirtschaftlichen Bodens Rumäniens in privater Hand. In den zumeist sehr kleinen bäuerlichen Familienbetrieben arbeitete 1994 mehr als ein Drittel aller Beschäftigten. Damit hat sich in der Beschäftigungsstruktur eine bemerkenswerte Entwicklung weg von der krisengeschüttelten Industrie hin zur Landwirtschaft vollzogen. Die privaten landwirtschaftlichen Kleinbetriebe verfügen allerdings zumeist nur über primitive manuelle Produktionsinstrumente. Mehr als zwei Drittel der mechanischen Bearbeitungsmaschinen, wie etwa Traktoren, sind in Staatseigentum verblieben. Durch die mangelnde maschinelle Ausstattung und die dadurch gegebene indirekte Abhängigkeit von den staatlichen Landwirtschaftsbetrieben wurde der private agrarische Sektor, der beim wirtschaftlichen Aufbau Rumäniens eine Schlüsselrolle spielen hätte sollen, nachhaltig geschwächt.

Bei der sogenannten kleinen Privatisierung kann Rumänien eine gute Zwischenbilanz vorweisen. Ende 1993 befanden sich rund 25 % der Dienstleistungsbetriebe und etwa 45 % des Handels in privater Hand. Die meisten mittleren und großen Staatsbetriebe wurden allerdings bis einschließlich 1994 von der Privatisierung weitgehend ausgeklammert.

Für die sogenannte große Privatisierung wurde bereits im Juli 1991 die gesetzliche Grundlage geschaffen. In der ersten Privatisierungsphase sind 30 % der Kapitalanteile von 6.280 Staatsbetrieben an fünf als Aktiengesellschaften organisierte sogenannte „Privateigentumsfonds“ transferiert worden. Von jedem dieser Fonds konnten bis Ende 1992 alle erwachsenen Staatsbürger Rumäniens gratis je ein Vermögenszertifikat erwerben. Diese berechtigen zum Bezug allfälliger Dividenden der Fonds und sind handelbar. Im Laufe des Privatisierungsprozesses können die einzelnen Zertifikate auch gegen Aktien eingetauscht werden.

Rund 95 % der bezugsberechtigten Personen Rumäniens haben im Rahmen dieser Massenprivatisierung je 5 Zertifikate erworben. Insgesamt sind davon 15,5 Millionen Stück ausgegeben worden.

Die restlichen 70 % des Stammkapitals der in die erste Privatisierungsaktion aufgenommenen Betriebe, die insgesamt etwa 55 % des Kapitals der Staatsunternehmen im sekundären und tertiären Sektor repräsentieren, wurden einem sogenannten „Staatseigentumsfonds" überantwortet. Die Privatisierung dieser Unternehmensanteile sollte von diesem Fonds sukzessive durch öffentliche Ausschreibungen, Versteigerungen und Direktverkäufe an in- und ausländische Interessenten erfolgen, wobei für den Verkauf an das Management beziehungsweise an die Belegschaft Begünstigungen vorgesehen wurden.

Die 330 größten Betriebe, die in den strategischen Bereichen der Schwerindustrie, des Bergbaues, der Rüstungsproduktion und der Energieversorgung angesiedelt sind, wurden vom Privatisierungsprogramm ausgenommen. Sie sollten nach französischem Vorbild als autonome, selbständige Staatsbetriebe geführt werden.

Im Rahmen der großen Privatisierung wurden bis Ende 1994 lediglich 863 Unternehmen privatisiert. Davon wurden die meisten an das Management oder die Belegschaft verkauft. Mehr als 8.000 Betriebe befanden sich weiterhin mehrheitlich in Staatsbesitz. Ende 1994 wurde von der rumänischen Regierung die Ausarbeitung eines weiteren Massenprivatisierungsprogrammes für das folgende Jahr angekündigt.

Auf Grundlage einer Modifizierung des Privatisierungsgesetzes von 1991 wurde 1995 die Entstaatlichung von fast 5.000 zumeist kleineren und mittelgroßen Unternehmen einesteils durch die Ausgabe von Vouchers und andernteils durch direkten Verkauf an vorwiegend rumänische Staatsbürger eingeleitet. Jedem erwachsenen Staatsbürger wurde ein Anspruch auf Vouchers im Wert von 875.000 Lei (464 US-Dollar) – mehr als der doppelte Durchschnittslohn – zuerkannt. Diese konnten bis zum 31. Dezember 1995 gegen Unternehmensanteile an 3.905 zu privatisierenden Staatsunternehmen eingetauscht werden. Andernfalls bestand laut Gesetz die Möglichkeit, die Kupons bis zum 31. März 1996 in Beteiligungen an den fünf Privateigentumsfonds einzulösen.

An dem neuen Massenprivatisierungsgesetz wurden insbesondere die Nicht-Handelbarkeit der Vouchers – diese wurde offiziell aus Spekulationsgründen untersagt – sowie die fehlenden Abwicklungsinstrumente für den Umtausch von Vouchers in Aktien kritisiert.

Inwieweit die Börse in Bukarest, die im Herbst 1995 ihre Tätigkeit aufnahm, dem Ansturm von mehr als 16 Millionen Kleinstaktionären gerecht werden kann, blieb ebenso dahingestellt wie der Beitrag der neuen Miteigentümer zur Unternehmensrestrukturierung. Bemängelt wurde weiters die Privatisierungsstrategie des Direktverkaufs, da die meisten Rumänen nicht über die notwendigen finanziellen Mittel verfügen, um sich in Unternehmen einzukaufen, deren Buchwert von der Regierung zudem als so hoch wie möglich angesetzt wurde. Ausländische Investoren können sich sehr wohl am Direktverkauf, aber nur sehr eingeschränkt an der Massenprivatisierung beteiligen.

Vor diesem Hintergrund ist es nicht verwunderlich, daß in einem an zwei Unternehmen durchgeführten Privatisierungs-Pilotversuch lediglich 5 % der zum Verkauf vorgesehenen Unternehmensanteile veräußert werden konnten, während jene Anteile, die für die Voucher-Privatisierung vorgesehen waren, überzeichnet wurden.

Bereits die Umsetzung des ersten Privatisierungsprogrammes wurde durch den Mangel an finanziell potenten inländischen Investoren blockiert. Aber auch innenpolitische Probleme, die technologische Rückständigkeit der Mehrzahl der Betriebe und deren zumeist hohe Verschuldung haben sich hemmend ausgewirkt. Letztere Faktoren sowie der schlechte Zustand der Infrastruktur, insbesondere auf dem Gebiet des Verkehrs und der Telekommunikation, haben ungeachtet des niedrigen Lohnniveaus wesentlich zu dem in den ersten Transformationsjahren eher vorsichtigen Engagement ausländischer Investoren beigetragen.

Verstärktes Interesse ausländischer Investoren

Bis Ende 1994 flossen 1,2 Milliarden US-Dollar an ausländischem Investitionskapital nach Rumänien, was einem Anteil von 5 % des insgesamt in die Reformstaaten investierten Kapitals westlicher Staaten entspricht. Mit diesem Investitionsvolumen lag Rumänien in der Gruppe der südosteuropäischen Reformstaaten 1994 erstmals vor Kroatien (964 Millionen US-Dollar) an erster Stelle.

Der Neuzufluß an direkt investiertem Kapital war 1994 mit 627 Millionen US-Dollar fast doppelt so hoch wie 1992 und fast dreimal so hoch wie 1993. Südkoreanische Unternehmen zählen zu den größten Investoren in Rumänien (13 %), gefolgt von den USA (9 %) und Italien (8 %). Österreichische Unternehmen haben sich bis Ende 1994 mit einem Betrag von 28 Millionen US-Dollar in Rumänien engagiert, was einem Prozentanteil von etwa 2 % des gesamten ausländischen Investitionskapitals entspricht. Die meisten ausländischen Investitionen wurden im Handel, in den Dienstleistungen und in der Produktion getätigt. Der Großteil der Investitionen konzentrierte sich auf Bukarest.

Ende 1994 waren in Rumänien 43.000 ausländische Direktinvestitionsfälle registriert, wovon knapp 1.000 (2 %) auf Österreich entfielen. Die meisten Projekte konnten Deutschland, Italien, der Türkei und Syrien zugerechnet werden. Letztere Daten weisen auf eine zunehmende wirtschaftliche Verflechtung Rumäniens mit der Türkei und dem arabischen Raum hin. Die am ausländischen Investitionskapital gemessene hohe Zahl der Joint-ventures zeigt aber auch auf, daß die meisten Projekte nur einen äußerst geringen Umfang aufzuweisen hatten beziehungsweise viele Gemeinschaftsunternehmen inaktiv gewesen sein müssen.

Kroatien

Fläche: 56.538 km², Einwohner: 4.808.000

Ausgewählte Wirtschaftsindikatoren

	1990	1991	1992	1993	1994	1995[1]	1996[2]	1997[2]
Veränderungen zum Vorjahr in %								
Reales BIP	–8,5	–20,9	–9,7	–3,7	0,8	2,0	–	–
Reale Industrieproduktion	–11,3	–28,5	–14,6	–5,9	–2,7	2,0	–	–
Reale Bruttoanlageinvestitionen	–16,2	–40,0	–59,1	–32,1	16,1	–8,0	–	–
Einzelhandelspreise	609,5	123,0	665,5	1.517,5	97,6	2,5	–	–
Arbeitslosenrate (Jahresende)	11,4	18,2	17,8	17,4	17,6	17,0	–	–
in Millionen US-Dollar								
Exporte	–	–	4.598	3.904	4.260	5.000	–	–
Importe	–	–	4.461	4.666	5.229	7.000	–	–
Handelsbilanz	–	–	137	–762	–969	–2.000	–	–
Leistungsbilanz[3]	–593	–589	823	104	103	–1.000	–	–

	1990	1991	1992	1993	1994	1995[1]	1996[1]	1997[1]
in Millionen US-Dollar								
Ausländische Direktinvestitionen	–	–	408	696	964	–	–	–
Bruttoauslandsverschuldung[4]	–	2.771	2.627	2.638	2.822	–	–	–
Devisenreserven	–	0,0	166,8	616,4	1.405,0	–	–	–
in Tausend US-Dollar								
Reales BIP pro Kopf								
US-Dollar zur Kaufkraftparität	–	–	–	–	–	–	–	–
US-Dollar zum Wechselkurs	–	–	–	–	–	–	–	–
in Millionen Kuna (HRK)								
Budgetdefizit	–	19,5	15,3	382,3	–457,0	–	–	–
Durchschnittlicher Wechselkurs HRK/US-Dollar	0,01	0,02	0,26	3,58	6,00	5,60	–	–

Stand: Juli 1995; Prognosen: November 1995

[1] Prognose; [2] keine Angaben möglich; [3] seit 1993 einschließlich Transaktionen mit dem ehemaligen Jugoslawien; [4] ohne Anteil an der Bundesschuld des ehemaligen Jugoslawiens

Quellen: WIIW, Bundesministerium für wirtschaftliche Angelegenheiten

Krieg verschärfte Transformationskrise

Kroatien erklärte am 25. Juni 1991 seine Unabhängigkeit, die am 15. Januar 1992 international anerkannt wurde.

Aufgrund des im ehemaligen Jugoslawien praktizierten Wirtschaftsmodells (auf dieses wird bei der Beschreibung des Transformationsverlaufes in Slowenien näher eingegangen) sowie einer technologisch gut ausgebauten Industrie, einer leistungsfähigen Landwirtschaft und einer entwickelten Tourismusbranche verfügte Kroatien über günstige strukturelle Voraussetzungen für den Übergang zu einem marktwirtschaftlichen System.

Der wirtschaftliche Reformprozeß in Kroatien wurde allerdings durch den Mitte 1991 ausgebrochenen Krieg überlagert, der in einem bewaffneten Konflikt zwischen der jugoslawischen Armee und Kroatien seinen Ausgang nahm. Auf kroatischem Gebiet flaute der Krieg nach dem Januar 1992 zunächst ab. Nach einem von UN-Sonderbotschafter Cyrus Vance vermittelten Waffenstillstand hielten UN-Blauhelme die von den Serben eroberten Gebiete besetzt, die nach UN-Beschlüssen weiterhin Zagreb unterstehen sollten. Ein Drittel des kroatischen Territoriums, das zwischen der von der UNO kontrollierten Zone und jener Linie verlief, an der die serbisch-kroatische Front Anfang 1992 zum Stillstand gekommen war, wurde von Serbien besetzt gehalten. Im Mai 1995 kam es seitens Kroatiens erneut zu Kriegshandlungen. Anfang des Monats wurde Westslawonien in einer Blitzoffensive wieder unter die Kontrolle Zagrebs gebracht. Die Krajina wurde in den ersten Augusttagen rückerobert. Die Rückgabe des von Serbien besetzt gehaltenen Ostslawoniens wurde im Zuge der internationalen Friedensgespräche im November 1995 auf dem Verhandlungsweg erreicht. Ein Vertrag über die gegenseitige Anerkennung von Kroatien und Serbien wurde im Rahmen des Abkommens von Dayton paraphiert. Verhandlungen über die Wiederaufnahme von diplomatischen und wirtschaftlichen Beziehungen begannen im Januar 1996.

Die Kosten und Auswirkungen des Balkankrieges, die Trennung vom jugoslawischen Staatenverband und der Verlust des RGW-Marktes hatten und haben für die kroatische Wirtschaft verheerende Folgen. Alleine die Kriegsschäden vor der Rückeroberung der Krajina werden laut Angaben aus Zagreb auf 22 Milliarden US-Dollar geschätzt. Neben der Unterhaltung der Armee stellt trotz humanitärer Unterstützung aus dem Ausland auch die hohe Zahl der Flüchtlinge eine große Belastung für das Budget dar. Zur Jahresmitte 1994 wurden auf kroatischem Territorium rund

273.000 Flüchtlinge und etwa 240.000 vertriebene Personen registriert. Zwar konnten nach der Rückeroberung der Krajina viele Vertriebene wieder in ihre Häuser zurückkehren, es kamen jedoch neue Flüchtlinge, beispielsweise aus Banja Luka, nach Kroatien. Trotz der schwierigen politischen Lage und der damit verbundenen Rückwirkung auf die Wirtschaft konnte die krisenhafte Entwicklung 1994 überwunden werden. Das BIP verzeichnete in diesem Jahr einen Anstieg von knapp 1 %, die Bruttoanlageinvestitionen, die gegenüber dem jeweils vorangegangenen Jahr 1991 um 40 %, 1992 um 60 % und 1993 um weitere 30 % zurückgegangen waren, wiesen 1994 erstmals wieder ein Wachstum auf, und zwar rund 16 %. Auch die Inflation, die zwischen 1990 und 1992 dreistellige Werte und 1993 sogar einen vierstelligen Wert (1.500 %) erreicht hatte, konnte 1994 auf unter 100 % gedrückt werden. Die Arbeitslosenrate blieb aber weiterhin hoch. Sie betrug zum Jahresende 1994 18 %. Die tatsächliche Arbeitslosigkeit dürfte aber weitaus größer sein, da ein Teil der erwerbsfähigen männlichen Bevölkerung in die Armee eingezogen worden ist.

Der 1994 eingeleitete Aufschwung – für 1995 wurde vom WIIW trotz des Kriegseinsatzes ein Wirtschaftswachstum von rund 2 % und ein Anstieg der Einzelhandelspreise um rund 3 % erwartet – ist das Resultat des 1993 eingeleiteten wirtschaftlichen Reformkonzeptes.

Erfolgreiches Stabilisierungsprogramm

Anfang Oktober 1993 wurde von der Regierung ein umfassendes Programm zur Stabilisierung der Wirtschaft vorgestellt, das auf drei einander überschneidende Reformphasen aufgebaut war. Der Eindämmung der Inflation folgte als zweites Phasenziel die strukturelle marktwirtschaftliche Adaptierung der Wirtschaft mit den Schwerpunkten der Demonopolisierung und Restrukturierung der Unternehmen und der Ankurbelung der großen Privatisierung. Die kleine Privatisierung konnte in Kroatien, das vor seiner nationalen Eigenständigkeit wie alle anderen jugoslawischen Teilstaaten einen relativ hohen Anteil an privaten Kleinbetrieben aufwies, bis 1994 weitgehend abgeschlossen werden. 1994 wurden 55 % des BIP vom privaten Sektor erwirtschaftet. Die dritte und letzte Phase des Stabilisierungsprogrammes beinhaltet den Aufbau eines funktionsfähigen und effizienten Bankensektors.

Der für 1994 erstmals nach den Spezifikationen der Weltbank und des IWF erstellte Budgetvoranschlag, der im März 1994 vom kroatischen Parlament verabschiedet wurde, sah im Jahresdurchschnitt eine

Inflationsrate zwischen 12 und 15 % vor. Diese Zielsetzung war allerdings zu niedrig angesetzt. Die Einzelhandelspreise unterschritten zum Jahresende 1994 knapp die 100 %-Grenze. 1993 hatte deren Steigerungsrate noch mehr als 1.500 % betragen.

Die drastische Eindämmung der Inflation wurde durch eine restriktive Geld- und Fiskalpolitik sowie eine Kürzung der privaten Nachfrage erreicht. Im öffentlich kontrollierten Wirtschaftssektor, der 1994 noch rund zwei Drittel der gesamten Volkswirtschaft repräsentierte, wurden strikte Lohnkontrollen eingeführt. In Unternehmen, die sich mehrheitlich in privater Hand befanden, wurden die Löhne allerdings nicht reglementiert. Neben den Löhnen wurde vor seiner Freigabe auch kurzfristig der Wechselkurs eingefroren. Die Preise wurden vollständig liberalisiert.

Ausgabenseitig wurden beim öffentlichen Haushalt vor allem bei Subventionen, wie etwa an die Landwirtschaft oder an die Schiffswerften, einschneidende Kürzungen vorgenommen. Parallel dazu wurde das Steuersystem reformiert und die Effizienz der Steuereintreibung verbessert. Zur Erhöhung der Einnahmen wurden bestimmte Produkte, wie etwa Tabak, Alkohol oder Treibstoffe, mit Verbrauchersteuern belegt. Für die Einfuhr von Luxusgütern wurden Importzuschläge verhängt. Der Budgethaushalt für 1994 konnte mit einem Überschuß von rund 460 Millionen Kuna abgeschlossen werden.

Die dritte Phase des Stabilisierungsprogrammes, die den Auf- und Ausbau der Finanzmärkte und eines leistungsstarken Bankensektors als dessen Kernelement zum Inhalt hat, wurde ebenfalls bereits 1994 eingeleitet. So wurde im Juni 1994 vom kroatischen Parlament ein Gesetz zur Sanierung der Banken und deren Rekapitalisierung erlassen.

Ein weiterer monetärer Zielpunkt des Stabilisierungsprogrammes war die Aufstockung der Devisenreserven der heimischen Nationalbank. Dieser Bestand, der sich zum Jahresende 1991 auf knapp 167 Millionen US-Dollar belief, konnte bereits in den folgenden Jahren kräftig aufgestockt werden und erreichte zum Jahresende 1994 1,4 Milliarden US-Dollar. Ein Großteil der Deviseneinnahmen Kroatiens stammt aus dem Fremdenverkehr und aus Gastarbeiterüberweisungen.

Die erfolgreiche Implementierung des Stabilisierungsprogrammes, die Beendigung des hohen Inflationsdruckes und die ausreichende Devisenbewirtschaftung ermöglichten 1994 die Ablösung der im Dezember 1991 eingeführten Übergangswährung. Mit dem Stichtag 30. Mai 1994 wurde der kroatische Dinar ohne Abwertung durch die neue Währungseinheit Kuna ersetzt. Der Eintausch der alten Währung gegen die neue erfolgte binnen Jahresfrist zum Kurs von 1.000:1. Der Kuna ist weitgehend konvertibel. Bei autorisierten Banken konnten 1994 von natürlichen Personen in unlimitierter Höhe Devisen erworben werden.

1994 konnte die kroatische Wirtschaft auf den Wachstumspfad zurückgeführt werden. Das kroatische BIP wuchs in diesem Jahr real um etwa 1 %. Obwohl die restriktive Geldpolitik zu einem Mangel an inländischer Währung führte, die die Illiquidität vieler Unternehmen zur Folge hatte, kam es zu keiner Konkurswelle und keinem weiteren Anstieg der ohnedies hohen Arbeitslosigkeit. Für diesen Erfolg mußte allerdings eine zunehmende Verschuldung der Unternehmen in Kauf genommen werden. Die Steigerung der Einzelhandelspreise war in diesem Jahr mit 97,6 % die niedrigste seit 1990. Die Bruttoanlageinvestitionen stiegen um 16 % an, und der Überschuß der Leistungsbilanz konnte trotz eines Rekorddefizites in der Handelsbilanz in Höhe von fast 1 Milliarde US-Dollar auf dem Vorjahreswert von etwas mehr als 100 Millionen US-Dollar gehalten werden.

Die Handelsbilanz Kroatiens weist seit 1993 eine ansteigende defizitäre Entwicklung auf. Diese konnte in der Leistungsbilanz aber durch Überweisungen von Geldern von Gastarbeitern in ihre Heimat sowie durch steigende Einnahmen aus dem Fremdenverkehr kompensiert werden. Der Tourismus, der 1994 erst 40 % des Vorkriegsstandes erreicht hatte, erlitt 1995 trotz der kriegerischen Ereignisse in der Region keine wesentlichen Einbussen. Das hohe Defizit in der Leistungsbilanz 1995 ist vielmehr das Ergebnis eines hohen Defizites in der Handelsbilanz.

Durch den neuerlichen Kriegsausbruch ist die zweite Phase des Stabilisierungsprogrammes ins Stocken geraten. Der Privatisierungsprozeß wurde weitgehend gestoppt, ebenso die dringend notwendige, aber „teure" Restrukturierung des Unternehmens- und Bankensektors. Für letzteres Reformvorhaben ist Kroatien bei der Weltbank um die Gewährung eines Darlehens vorstellig geworden.

Ausländische Finanzhilfen und Umschuldungsabkommen

Kroatien erhielt aufgrund der politischen Situation bis Ende 1993 als selbständiger Staat keine ausländische Finanzhilfe. Nach dem Abschluß eines Friedensabkommens am 1. März 1994, das den Zusammenschluß von Moslems und bosnischen Kroaten in einer Föderation und deren spätere Konföderation mit Kroatien zum Inhalt hatte, wurden von Kroatien mit dem IWF, der Weltbank und anderen internationalen Finanzierungsinstitutionen erneut Verhandlungen über Finanzhilfen aufgenommen.

Am 27. Juni 1994 wurde von der Weltbank zur Beseitigung von Kriegsschäden ein Kredit in der Höhe von 127 Millionen US-Dollar bewilligt. Der IWF gewährte Kroatien am 14. Oktober 1994 einen Stand-by-Kredit in Höhe von 65,4 Millionen Sonderziehungsrechten mit einer Laufzeit von 18 Monaten sowie Ziehungsrechte aus der Systemtransformations-Fazilität in Höhe von 65,4 Millionen.

Die gegenüber internationalen Finanzinstitutionen bestehenden Schulden werden von Kroatien regelmäßig bedient. Die Bruttoauslandsverschuldung Kroatiens belief sich zum Jahresende 1994 auf 2,8 Milliarden US-Dollar. In diesem Betrag ist der Anteil Kroatiens an den Verbindlichkeiten des früheren Jugoslawiens nicht enthalten.

Von Kroatien konnte mittlerweile die Übernahme seines Anteils an den Gesamtschulden von Ex-Jugoslawien weitgehend geklärt werden. Die gesamte Auslandsverschuldung des ehemaligen Jugoslawiens betrug nach den letzten Umschuldungsabkommen Ende 1988 21,176 Milliarden US-Dollar. In den darauffolgenden Jahren konnte die Regierung des noch vereinten Jugoslawiens den Schuldenstand durch Rückkäufe und Schulden-Swaps deutlich reduzieren. Der durch die Golfkrise bedingte Ölpreisanstieg 1990 führte jedoch abermals zu akuten Zahlungsschwierigkeiten. Seitdem stiegen die Prinzipalrückstände kontinuierlich an. Ende 1992 betrug die gesamte Auslandsschuld 16,3 Milliarden US-Dollar. Ein Großteil dieser Schulden konnte trotz des Widerstandes von Serbien-Montenegro und Bosnien-Herzegowina aufgeteilt werden, da viele Kredite projektbezogen waren und somit eine Zuordnung an die einzelnen Republiken möglich war. Die nicht direkt zuordenbaren Altlasten Jugoslawiens gegenüber den multilateralen Organisationen und dem Pariser Club konnten nach IWF-Quoten aufgeteilt werden. Die IWF-Quote für Kroatien beträgt 28,49 %.

Der Pariser Club und Kroatien einigten sich am 21. März 1995 über die Umschuldung seiner 1,3 Milliarden US-Dollar Auslandsverbindlichkeiten gegenüber offiziellen Gläubigern. Das Abkommen umfaßt unter Einrechnung der Zinsen und Verzugszinsen insgesamt 970 Millionen US-Dollar, wobei die per Ende 1994 aufgelaufenen Zahlungsrückstände sowie die Fälligkeiten des laufenden Jahres berücksichtigt wurden. Die Rückzahlungsfrist erstreckt sich auf 14 Jahre mit zwei Freijahren und einer „blended payment"-Vereinbarung; das bedeutet, die Tilgungsrate steigt von 1,29 % der Prinzipalverpflichtungen nach der ersten Rate am

1. Januar 1998 auf 8,20 % bis April 2009. Die Zahlungsrückstände (rund 100 Millionen US-Dollar) müssen ab 1996 in Halbjahresraten abgegolten werden. Das Abkommen deckt neben direkten kroatischen Verpflichtungen auch jenen Anteil der föderalen Schulden des ehemaligen Jugoslawiens, welche direkt zugeordnet werden konnten. Die gesamten ex-jugoslawischen Ausstände, welche nicht direkt zugeordnet werden können, werden auf 3,6 Milliarden US-Dollar geschätzt. Das vorliegende Abkommen regelt einen Teil davon, indem Zagreb 28,49 % dieser föderalen Verpflichtung übernimmt. Die Prozentzahl entspricht dem kroatischen Anteil an der ehemaligen jugoslawischen Quote im IWF.

Ein Umschuldungsabkommen mit den im Londoner Club vertretenen Geschäftsbanken befand sich 1995 noch in Verhandlung. Kroatien schuldete den Kommerzbanken nach Angaben der Nationalbank zum 28. Februar 1995 1,013 Milliarden US-Dollar inklusive 150 Millionen US-Dollar an Prinzipal- sowie weitere 185 Millionen US-Dollar an Zinsrückständen. Strittiger Punkt im Rahmen der Verhandlungen war insbesondere der Kroatien zubemessene Anteil an den nicht direkt zuordenbaren Schulden Ex-Jugoslawiens. Kroatien forderte eine Aufteilung nach IWF-Quoten, was einem Schuldenbetrag von rund 275 Millionen US-Dollar entsprechen würde. Vom Londoner Club wurde jedoch die Übernahme eines höheren Schuldenanteiles durch Kroatien gefordert.

Eine Einigung mit dem Londoner Club im Anschluß an das mit dem Pariser Club erzielte Abkommen stellt eine wichtige Voraussetzung für den Zugang Kroatiens zu den internationalen Finanzmärkten dar. Darüber hinaus würde Kroatien dadurch ebenso wie zuvor Slowenien die letzte noch vorhandene Verbindung zum ehemaligen Jugoslawien endgültig kappen können.

Ausländische Direktinvestitionen

Ungeachtet des kriegerischen Konfliktes in der Region sind die ausländischen Direktinvestitionen in Kroatien seit 1991 ständig angestiegen, obwohl für Ausländer kaum Investitionsanreize bestehen, da sie Inländern gleichgestellt sind. Ende 1992 waren 3.384 ausländische Direktinvestitionsfälle mit einem Investitionsvolumen von 408 Millionen US-Dollar in der ehemaligen jugoslawischen Teilrepublik registriert. Bis Ende 1994 stieg die Anzahl der ausländischen Projekte auf 6.840 und die Höhe des ausländischen Investitionskapitals auf 964 Millionen US-Dollar. Davon entfielen auf österreichische Unternehmen 669 Projekte und 134 Millionen US-Dollar.

Albanien

Fläche: 28.748 km^2, Einwohner: 3.183.000

Ausgewählte Wirtschaftsindikatoren

	1990	1991	1992	1993	1994	1995[1]	1996[1]	1997[1]
Veränderungen zum Vorjahr in %								
Reales BIP	–10,0	–27,7	–9,7	11,0	7,4	6,9	7,0	6,1
Reale Industrieproduktion	–7,5	–36,9	–60,0	–10,0	–2,0	7,0	12,5	–
Reale Bruttoanlageinvestitionen	–14,2	–40,0	–22,0	31,5	15,0	10,7	9,9	–
Verbraucherpreise	0,0	36,0	226,0	85,0	23,0	18,0	16,0	12,0
Arbeitslosenrate (Jahresende)	8,7	9,0	12,0	22,3	18,0	15,8	15,0	13,6
in Millionen US-Dollar								
Exporte	123,0	72,0	70,0	112,0	142,3	241,9	362,9	–
Importe	232,6	281,0	575,0	621,0	606,2	647,8	693,2	–
Handelsbilanz	–109,6	–209,0	–505,0	–509,0	–463,9	–405,9	–330,3	–
Leistungsbilanz	–96,4	–170,3	–113,0	–139,0	–288,6	–302,4	–176,5	–146,5

	1990	1991	1992	1993	1994	1995[1]	1996[1]	1997[1]
in Millionen US-Dollar								
Ausländische Direktinvestitionen	–	139	157	205	345	–	–	–
Bruttoauslandsverschuldung	297	491	634	790	1.007	918	973	–
Devisenreserven	202,5	11,2	37,1	152,0	200,0	259,1	311,9	–
in Tausend US-Dollar								
Reales BIP pro Kopf								
US-Dollar zur Kaufkraftparität	1.321	959	887	999	1.062	1.123	1.190	–
US-Dollar zum Wechselkurs	645	254	204	311	394	493	593	–
in Millionen Lek								
Budgetdefizit	628	7.194	6.812	15.946	10.675	12.510	22.899	–
Durchschnittlicher Wechselkurs Lek/US-Dollar	8	20	75	103	95	117	129	–

Stand: Juni 1995
[1] Prognose

Quellen: PlanEcon, Bundesministerium für wirtschaftliche Angelegenheiten

Reformland mit Sonderstatus

Der südosteuropäische Staat Albanien stellt sowohl aufgrund seines geschichtlichen Werdeganges als ehemals isolierte kommunistische Enklave als auch wegen der erstaunlichen „ökonomischen Aufwärtsentwicklung“ im bisherigen Transformationsverlauf einen spezifischen Sonderfall dar.

Albanien gilt als das ärmste und wirtschaftlich rückständigste Land Europas. So weist das Land einen technologisch völlig überholten Bestand an Maschinen und Produktionsanlagen auf. Das an der Kaufkraftparität gemessende Pro-Kopf-Einkommen betrug 1993 nur 999 US-Dollar. Die Entwicklung Albaniens zum „wirtschaftlichen Schlußlicht Europas“ ist letztlich das Resultat der vom ehemaligen Partisanenführer und späteren Regierungschef Enver Hoxha betriebenen marxistischen Politik mit stalinistischer Prägung, die in einem zunehmenden Isolationismus mündete. Bereits 1948 kam es zum Bruch mit Jugoslawien. Die 1956 einsetzenden Spannungen mit der Sowjetunion führten 1961 zum Abbruch der diplomatischen Beziehungen und 1968 zum Austritt Albaniens aus dem RGW. Das Verhältnis zu China, dem sich Albanien nach dem Bruch mit Moskau angenähert hatte, verschlechterte sich ab 1977/78. Albanien geriet in eine völlige internationale Isolation, die erst mit der Einleitung des Reformprozesses Anfang der neunziger Jahre aufgebrochen werden konnte. Der Übergang zur Demokratie wurde mit den ersten freien Parlamentswahlen im März 1991 besiegelt. Die marktwirtschaftliche Transformation Albaniens wird durch die vom früheren System übernommene Last einer völlig darniederliegenden Wirtschaft und einer nur rudimentär ausgebauten Infrastruktur aufs äußerste erschwert.

Boom nach Transformationskrise

Der Ausbruch aus dem Isolationismus und der Übergang zur Marktwirtschaft war in Albanien mit einer tiefen, drei Jahre andauernden Rezession verbunden. Zwischen 1990 und 1992 ging der gesamtwirtschaftliche Output um mehr als 40 % zurück. Im industriellen Bereich war der Niedergang besonders ausgeprägt. Zwischen 1990 und 1993 fiel der industrielle Output um mehr als vier Fünftel. Allein 1992 verringerte sich die Industrieproduktion gegenüber dem Vorjahr um 60 %! Ein ähnliches Bild läßt sich auch bei den Anlageinvestitionen nachzeichnen, die 1991 mit einem Rückgang von 40 % den gravierendsten Einbruch aufwiesen.

Im Jahr 1992 wurde von der albanischen Regierung ein weitreichendes Reformprogramm eingeleitet, für das die Transformationspolitik in Polen und Tschechien als Vorbild diente. Die Hauptpunkte dieses Wirtschaftsprogrammes bildeten die Freigabe der Preise, die Reduzierung des Budgetdefizits, die Liberalisierung des Binnen- und Außenhandels, die Privatisierung sowie die Unternehmens- und Bankenrestrukturierung. Dieses Programm wurde mit Unterstützung des IWF ausgearbeitet, mit dem 1992 ein Beistandsabkommen abgeschlossen worden war.

Der Erfolg dieses Programmes verdeutlichte sich bereits 1993, als Albanien ein gesamtwirtschaftliches Wachstum in der Höhe von 11 % verzeichnete. Dieser jähe Aufschwung war vor dem Hintergrund der tiefen Rezession höchst erstaunlich. Albanien avancierte 1993 zum Wirtschaftsspitzenreiter in Europa. 1994 wuchs die albanische Wirtschaft um 7,4 %. Für 1995 und 1996 wurde von PlanEcon jeweils ein jährliches Wirtschaftswachstum von rund 7 % vorausberechnet.

Im Rahmen des Reformprogrammes konnte auch die Inflation, die nach der Liberalisierung der Preise im Juli 1992 trotz einer restriktiven Budgetpolitik auf 226 % im Jahresdurchschnitt angestiegen war, erfolgreich bekämpft werden. 1993 konnte die Inflation auf 85 %, 1994 auf 23 % gesenkt werden.

Durch eine restriktive Budgetpolitik konnte auch das 1991 auf 43,7 % des BIP aufgelaufene Budgetdefizit binnen zweier Jahre auf 16 % gesenkt werden. Ausgabenseitig wurden insbesondere durch die 1992 durchgeführte Streichung von Preis- und anderen Subventionen und durch die Reduktion von Sozialausgaben Einsparungseffekte erzielt. Andererseits konnten durch die Erhöhung der Gewinnsteuer sowie durch die Einführung neuer Umsatz- und anderer Steuern die Budgeteinnahmen erhöht werden. 1994 gelang es, den Anteil des Budgetdefizites am BIP auf 7,8 % zu drücken.

Albanien hat mit großen Arbeitsmarktproblemen zu kämpfen. 1993 waren nach offiziellen Angaben 343.000 Menschen arbeitslos gemeldet, was einer Arbeitslosenrate von 22 % entspricht. 1994 reduzierte sich die Zahl der Arbeitslosen auf 281.000, von denen aber nur 100.000 staatliche Unterstützungszahlungen erhielten. Die offizielle Arbeitslosenrate betrug 1994 18 %. Inoffiziellen Schätzungen zufolge lag unter Einbeziehung der versteckten Arbeitslosigkeit die tatsächliche Arbeitslosenrate zwischen 30 und 40 %.

Massive ausländische Unterstützung

Ohne die großzügige Hilfe, die Albanien vom Ausland gewährt worden ist, wäre das Land im Zuge der Transformation in unvorstellbare Not geraten und der wirtschaftliche Aufschwung nicht realisierbar gewesen. Zwischen 1991 und 1993 wurden Albanien von westlichen Regierungen und internationalen Institutionen Unterstützungsmittel von beinahe 1,5 Milliarden US-Dollar in Form von Nahrungsmittelhilfe, Garantien und niedrig verzinsten Krediten gewährt. Mit dieser Summe hat Albanien pro Kopf die meisten westlichen Hilfsgelder aller Reformstaaten erhalten. Bis einschließlich 1996 wurden Albanien Hilfsgelder in der Höhe von rund 300 Millionen US-Dollar jährlich zugesagt. Auf diese Unterstützungszahlungen ist auch ein dreijähriges Investitionsprogramm der albanischen Regierung mit einem Volumen von 720 Millionen US-Dollar aufgebaut, das 1994 in Angriff genommen wurde. Ziel dieses Programmes ist die Modernisierung der überalteten und stark umweltverschmutzenden Industrie, die vorwiegend auf sowjetischer und chinesischer Technologie beruht.

Neben der ausländischen Hilfe spielen beim Aufbau des Landes auch die von Auslandsalbanern an ihre Familien überwiesenen Geldmittel eine große Rolle. 1993 überwiesen Emigranten etwa 330 Millionen US-Dollar in ihre Heimat. Dieser Betrag lag sogar etwas über den vom Westen für dieses Jahr bereitgestellten Hilfsmitteln. Durch die privaten und offiziellen Transferzahlungen konnte in der Leistungsbilanz auch die stark defizitäre Entwicklung der Handelsbilanz abgeschwächt werden.

Steigende Defizite in der Handels- und Leistungsbilanz, wachsende Verschuldung

Seit Beginn der Transformation hat sich die Handelsbilanz Albaniens drastisch verschlechtert. Während 1990 noch Waren im Wert von rund 123 Millionen US-Dollar exportiert und Güter im Gegenwert von etwa 233 Millionen US-Dollar importiert worden waren, umfaßten die Exporte 1994 lediglich Warenlieferungen im Wert von 142 Millionen US-Dollar, während für Importe – vorwiegend für Industrieprodukte – 606 Millionen US-Dollar aufgewendet wurden. Das Handelsbilanzdefizit erreichte 1992 und 1993 jeweils rund 500 Millionen US-Dollar. 1994 konnte es auf 464 Millionen US-Dollar abgesenkt werden. Wichtigster

Handelspartner Albaniens ist Italien, gefolgt von Griechenland und Mazedonien.

Die erheblichen Handelsbilanzdefizite konnten durch beträchtliche Kapitalzuflüsse aus dem Ausland in der Leistungsbilanz zum Teil kompensiert werden. Alleine 1993 betrugen die von Auslandsalbanern in die Heimat transferierten Devisen mehr als dreimal soviel wie die im selben Jahr erzielten Einnahmen aus dem Export. Ohne die privaten und offiziellen Transferzahlungen wäre das Defizit in der Leistungsbilanz, das 1993 mit einem negativen Saldo von 139 und 1994 mit einem Minus von 289 Millionen US-Dollar abgeschlossen wurde, noch um vieles höher ausgefallen. Die seit 1988 durchgängig anfallenden Leistungsbilanzdefizite haben auch erheblich zum Anstieg der Auslandsverschuldung des Landes beigetragen.

Die Bruttoauslandsverschuldung Albaniens stieg mit Ende 1994 auf 1 Milliarde US-Dollar. Da die Bedienung der Schulden für Albanien eine schwere Bürde darstellt, wurden mittlerweile Umschuldungsverhandlungen mit ehemaligen mittel- und osteuropäischen „kommunistischen Brüderstaaten“ sowie westlichen Gläubigern aufgenommen. Mit den im Pariser Club zusammengefaßten offiziellen Gläubigern wurde Ende 1993 ein in der Folge in bilateralen Akommen konkretisiertes Umschuldungsabkommen erreicht. Mit den 40 westlichen Gläubigerbanken wurde Ende Juli 1995 ein Umschuldungsabkommen unterzeichnet. Von den insgesamt 501 Millionen US-Dollar Schulden wurden 401 Millionen US-Dollar erlassen. Der Restbetrag wurde von Albanien vereinbarungsgemäß im August 1995 mit Unterstützung der G24-Gruppe, der Weltbank und dem IWF, die zusammen insgesamt 79 Millionen US-Dollar an Schuldenhilfe leisteten, zurückbezahlt.

Ehrgeiziges Privatisierungsprogramm

Die Privatisierung der Landwirtschaft und die sogenannte kleine Privatisierung sind in Albanien bereits weitgehend abgeschlossen. Zu Jahresbeginn 1994 waren bereits 95 % von Grund und Boden und 80 % der Kleinbetriebe privatisiert. Insgesamt wurden seit Beginn der Transformation mehr als 2.500 staatliche Betriebe privatisiert. Knapp die Hälfte der überwiegend kleinen und mittleren Unternehmen gingen in den Besitz der Mitarbeiter über. 30 % wurden ehemaligen politischen Häftlingen als Wiedergutmachung übergeben. 1993 arbeiteten etwa 50 % der Erwerbstätigen im privaten Sektor.

Bis Ende 1993 wurden in Albanien 506.000 Hektar landwirtschaftliche Bodenfläche in zirka 1 Hektar große Einheiten zerteilt und privatisiert. Aufgrund der Kleinheit der Betriebe schließen sich die Bauern häufig zu genossenschaftlichen Vereinigungen zusammen. In Albanien leben rund 65 % der Bevölkerung von der Landwirtschaft. Die privatwirtschaftliche Nutzung der Landwirtschaft hat in Albanien zu höheren Erträgen und einer besseren Versorgung der Bevölkerung mit Lebensmitteln beigetragen.

Die Privatisierung der staatlichen Industriebetriebe, von denen ein nicht unbeträchtlicher Teil nicht operativ ist oder beträchtlich unter der Kapazitätsgrenze produziert, ist im bisherigen Transformationsprozeß weitgehend unterblieben. Lebensfähige staatliche Betriebe sollten entsprechend dem Privatisierungsplan vor dem Verkauf umstrukturiert werden. Zu diesem Zweck wurde Mitte 1993 eine eigene Agentur etabliert, der die verlustreichsten Staatsunternehmen unterstellt wurden. Zur finanziellen Unterstützung dieser Betriebe wurde ein Fonds eingerichtet, der mit 24 Millionen US-Dollar dotiert wurde. Mittelfristig sollten nicht lebensfähige Unternehmen liquidiert werden. Vom albanischen Parlament wurde bereits 1992 ein Konkursgesetz beschlossen.

Die große Privatisierung soll laut Regierungsprogramm bis Ende 1996 abgeschlossen sein. Bis dahin sollen rund 70 % des gesamten wirtschaftlichen Outputs vom privaten Sektor erbracht werden.

Geringes Engagement ausländischer Investoren

In Albanien waren Ende 1994 208 ausländische Projekte mit einem Investitionsvolumen von 345 Millionen US-Dollar registriert. Mit diesen Zahlen lag Albanien in der Gruppe der südost-europäischen Reformstaaten an letzter Stelle. Die meisten Auslandsinvestitionen wurden in der Landwirtschaft und in der Nahrungsmittelproduktion getätigt. Der Großteil der Investitionsfälle entfiel auf Italien, gefolgt von Griechenland, Deutschland und Frankreich. Österreich rangierte mit sechs Projekten auf dem fünften Platz.

Zur Anziehung von ausländischem Kapital wurde im November 1993 vom albanischen Parlament ein neues Auslandsinvestitionsgesetz beschlossen, das neben steuerlichen Anreizen zahlreiche weitere Erleichterungen bietet. So wurde der bürokratische Aufwand für ausländische Unternehmensgründungen deutlich reduziert und die Gleichstellung der Auslandsinvestoren mit den Inländern geregelt. Der Transfer von Gewinnen (minus 10 % „witholding tax") in das Ausland ist gestattet. Ausländische Unternehmen können sich im Zuge des Privatisierungsprozesses auch an albanischen Unternehmen beteiligen. Der Erwerb von Land ist ausländischen natürlichen und juristischen Personen nur in Sonderfällen bei volkswirtschaftlich besonders bedeutenden Projekten möglich. Es kann aber im Ausmaß bis zu 99 Jahren gepachtet werden. Der albanische Lek ist de facto konvertibel: Sowohl bei Banken als auch am freien Markt können kurzfristig auch größere Valutabeträge beschafft werden.

Albanien verfügt über Rohölvorkommen und metallische Rohstoffe sowie über ein erst zu 40 % genutztes Potential an Wasserkraft. Die Nutzung dieser Ressourcen könnte sich ebenso wie der Ausbau des Tourismus – Albanien verfügt über unberührte Küsten und zahlreiche Sehenswürdigkeiten – zu einem wichtigen Betätigungsfeld für ausländische Investoren entwickeln. Die zukünftige Investitionsbereitschaft ausländischer Investoren wird jedoch zu einem erheblichen Teil von der weiteren Entwicklung des mittlerweile befriedeten Krisenherdes in der nördlichen Nachbarregion von Albanien beeinflußt werden.

Die baltischen Staaten

Die drei baltischen Staaten, die 1991 wieder ihre Unabhängigkeit erlangten, zählen mit insgesamt rund 8 Millionen Einwohnern zu den kleinsten Republiken der früheren Sowjetunion.

Estland, Lettland und Litauen konnten im bisherigen Transformationsverlauf gute Fortschritte erzielen, was angesichts der ehemaligen hochgradigen Integration in die sowjetische Wirtschaftsstruktur als herausragende Leistung gewertet werden kann. Vor der politischen Wende bezogen die drei Staaten rund 80 % ihrer Importe aus den übrigen Sowjetrepubliken. Der Zusammenbruch des RGW und die starke Reduktion beziehungsweise das Ausbleiben von ehemals billigen Lieferungen von Energieträgern und Rohstoffen bewirkten daher im Baltikum eine schwere Wirtschaftskrise, die dem Grad der Verringerung der Industrieproduktion nach noch stärker ausgefallen ist als in den meisten anderen ehemaligen Sowjetrepubliken. Den Zusammenbruch ihrer Wirtschaft konnten die drei Staaten allerdings durch die Nutzung ihrer geopolitischen Lage etwas abfedern, indem sie für den Transit von Waren aus dem GUS-Raum zum baltischen Meer und für die Nutzung ihrer Häfen erhebliche Gebühren verrechneten.

Den Verlust ihres wichtigsten Ausfuhrmarktes, des ehemaligen RGW-Raumes, insbesondere aber Rußlands, versuchten die baltischen Staaten durch gegenseitige wirtschaftliche Abkommen und durch verstärkte Exporte in westliche Industriestaaten zu kompensieren. So wurden zwischen Estland, Litauen und Lettland bereits 1992 Freihandelsabkommen geschlossen, die am 13. September 1993 durch Abkommen über die wirtschaftliche Zusammenarbeit ersetzt wurden. Diese Abkommen sehen unter anderem die gegenseitige Meistbegünstigung im Handel sowie die Vereinheitlichung der Einfuhr- und Ausfuhrbedingungen vor. Längerfristig wird die Herausbildung eines gemeinsamen Marktes angestrebt. Mit der EU wurden am 18. Juli 1994 Freihandelsabkommen geschlossen, die am 1. Januar 1995 in Kraft traten. Verhandlungen über den Abschluß von Assoziierungsabkommen wurden von der EU im Dezember 1994 aufgenommen. Die entsprechenden Verträge wurden bereits ein halbes Jahr später, am 12. Juni 1995, unterschrieben. Die den handelsrelevanten Teil des Abkommens betreffenden Interimsverträge traten am 12. Juli 1995 in Kraft. Von Lettland wurde am 27. Oktober, von Estland am 24. November und von Litauen am 8. Dezember 1995 ein EU-Beitrittsabkommen gestellt. Auf bilateraler Basis wurden von den drei baltischen Republiken aber auch mit Norwegen und der Schweiz Freihandelsabkommen sowie mit zahlreichen GUS-Staaten und europäischen Ländern, darunter auch Österreich, Wirtschaftsabkommen geschlossen.

Keines der drei baltischen Länder ist Mitglied der GUS. Die drei baltischen Staaten koppelten sich bereits 1992 durch die Einführung eigener Währungen von der russischen Wirtschaft ab. Dieser Schritt hat auch wesentlich dazu beigetragen, daß in den baltischen Staaten die Inflationsraten signifikant unter jene der einzelnen GUS-Staaten gesenkt werden konnten. Der Kampf gegen die Inflation ist einer der Hauptpunkte der Reformpolitik, die von den drei Staaten in Zusammenarbeit mit dem IWF durchgeführt wird. 1995 konnten die baltischen Staaten nach einer tiefen Rezession erstmals wieder eine positive volkswirtschaftliche Bilanz ziehen. Von PlanEcon wurde für dieses Jahr für alle drei Staaten ein Wirtschaftswachstum von rund 5 % und für 1996 von rund 7 % prognostiziert.

Auf der positiven volkswirtschaftlichen Bilanzseite ist auch das stufenweise Absinken der Inflationsraten sowie die Konsolidierung der öffentlichen Haushalte zu vermerken. Eine große Herausforderung stellt allerdings die Restrukturierung des Unternehmenssektors dar, da dann die hohe versteckte Arbeitslosigkeit in offene umzuschlagen droht.

Der weitere Reformverlauf im Baltikum wird weitgehend davon abhängen, wie die drei Staaten den weiteren Prozeß der marktwirtschaftlichen Umgestaltung unter Einbeziehung der sozialen Folgekosten lösen werden und inwieweit es ihnen gelingen wird, ausländisches Kapital anzuziehen und gleichzeitig die wirtschaftliche Verflechtung mit den westlichen Industriestaaten voranzutreiben. Zur Förderung dieses Integrationsprozesses wird von allen drei Baltenstaaten mit großem Nachdruck an der möglichst raschen Anpassung der gesetzlichen Bestimmungen an den Rechtsbestand der EU sowie an der Implementierung des entsprechenden institutionellen Netzwerkes gearbeitet.

Estland

Fläche: 45.100 km^2, Einwohner: 1.492.000

Ausgewählte Wirtschaftsindikatoren

	1990	1991	1992	1993	1994	1995[1]	1996[1]	1997[1]
Veränderungen zum Vorjahr in %								
Reales BIP	–3,6	–11,8	–19,3	–3,5	–3,2	5,1	7,2	7,5
Reale Industrieproduktion	–0,6	–9,5	–38,7	–26,6	–5,6	6,0	6,5	–
Reale Bruttoanlageinvestitionen	2,7	–15,0	–35,0	10,0	6,8	7,1	10,9	–
Verbraucherpreise	17,2	210,6	1.075,4	89,8	47,7	29,3	25,8	23,0
Arbeitslosenrate (Jahresende)	–	0,1	1,9	2,2	1,8	2,5	4,0	5,0
in Millionen US-Dollar								
Exporte	–	–	457,2	811,7	1.314,6	1,449,5	1.632,4	–
Importe	–	–	519,9	939,5	1.684,4	1.899,5	2.232,4	–
Handelsbilanz	–	–	–62,7	–127,8	–369,8	–450,0	–600,0	–
Leistungsbilanz	–	–	82,8	40,4	–170,0	–300,0	–450,0	–550,0

	1990	1991	1992	1993	1994	1995[1]	1996[1]	1997[1]
in Millionen US-Dollar								
Ausländische Direktinvestitionen	–	–	250	316	322	–	–	–
Bruttoauslandsverschuldung	–	–	36,8	140,0	260,0	407,5	779,3	–
Devisenreserven	–	–	–	–	–	–	–	–
in Tausend US-Dollar								
Reales BIP pro Kopf								
US-Dollar zur Kaufkraftparität	9.009	7.986	6.596	6.446	6.301	6.685	7.174	–
US-Dollar zum Wechselkurs	–	–	730	1.100	1.561	2.266	2.890	–
in Millionen estnischen Kronen (EEK)								
Budgetdefizit	–	85,0	107,0	47,0	–170,0	–39,6	–515,6	–
Durchschnittlicher Wechselkurs EEK/US-Dollar	–	–	12,1	13,2	13,0	11,8	12,1	–

Stand: September 1995

[1] Prognose

Quellen: PlanEcon, Bundesministerium für wirtschaftliche Angelegenheiten

Wirtschaftsaufschwung seit 1994

Seit Erlangung der Unabhängigkeit im August 1991 wird von Estland eine konsequente Wirtschaftspolitik zur Einführung der Marktwirtschaft verfolgt. Das kleinste baltische Land besitzt inzwischen eines der liberalsten Wirtschaftssysteme der Welt.

Die Verschlechterung der Handelsbedingungen und der Energiepreisschock im Zuge der Auflösung des RGW stürzte Estland zu Beginn der neunziger Jahre in eine schwere Transformationskrise, die ihren Tiefpunkt 1992 erreichte. Zwischen 1990 und 1992 sank das BIP um mehr als 30 %. Die Industrieproduktion und die realen Bruttoanlageinvestitionen verzeichneten in dieser Zweijahresspanne einen Rückgang um jeweils fast 45 %. Die Inflationsrate stieg von 17 % im Jahre 1990 auf 1.075 % im Jahre 1992 an.

Die wirtschaftliche Erholungsphase wurde in der zweiten Hälfte des Jahres 1993 eingeleitet. In diesem Jahr verlangsamte sich der Schrumpfungsprozeß der Wirtschaft nach zweistelligen Minusraten in den Jahren 1991 (–11,8 %) und 1992 (–19,3 %) auf –3,5 %. 1994 brach die estnische Wirtschaft erneut um 3 % ein. Für 1995 wurde von PlanEcon ein wirtschaftliches Wachstum von rund 5 %, für 1996 eines von 7 % prognostiziert.

Neue Währung

Estland war der erste baltische Staat, der sich von der Wirtschaft der früheren Sowjetunion durch die Aufgabe des Rubels als Währung abkoppelte. Am 20. Juni 1992 wurde eine eigene Währung, die estnische Krone, installiert. Die neue Währung wurde von Beginn an im Verhältnis von 8:1 im Rahmen einer Bandbreite von 3 % an die deutsche Mark gebunden. Die im Umlauf befindlichen Kronen sowie die Mindestreserven der Banken werden zu 100 % durch Gold und Hartwährungsreserven gedeckt. Die Bevölkerung wurde per Gesetz dazu verpflichtet, die eigenen Hartwährungsbestände gegen Kronen einzutauschen. Die Umstellung auf die neue Währung wurde vom IWF durch einen Stand-by-Kredit in Höhe von 41 Millionen US-Dollar unterstützt. Am 4. Mai 1994 hob Estland sämtliche Devisenbeschränkungen auf. Seit diesem Zeitpunkt können ausländische Währungen sowie die estnische Krone in unbeschränkter Menge ein- und ausgeführt werden, und natürliche Personen können auch im Ausland legal Devisenkonten unterhalten. Die estnische Krone war 1994 die härteste unter den drei baltischen Währungen.

Bekämpfung der Inflation

Durch die Einführung einer eigenen Währung und einer restriktiven Geld- und Finanzpolitik konnte die Hyperinflation gestoppt und die inflationären Tendenzen konnten unter Kontrolle gebracht werden. Die Verbraucherpreise, die 1992 noch um einen vierstelligen Wert gestiegen waren, wuchsen 1993 um 90 % und 1994 um 48 % an. Eine Senkung unter die 20%-Grenze gilt allerdings vor 1997 als unwahrscheinlich.

Im Zuge einer restriktiven Budgetpolitik konnte das Defizit des öffentlichen Haushalts, das sich im Jahre 1991 auf 4,6 % des BIP belief, im Jahr 1993 auf 0,2 % gesenkt werden. Als Reaktion auf die rückläufige Produktion und die damit verbundene Verminderung der Steuereinnahmen wurden von der Regierung die Ausgaben gekürzt. So wurden alle Preissubventionen mit Ausnahme jener für Getreide und Energie aufgehoben. Die Einnahmensituation des Staates wurde 1993 durch die Einführung einer 18 %igen Mehrwertsteuer und einer mit einem Einheitssatz von 26 % sowohl für natürliche als auch für juristische Personen eingehobenen Einkommenssteuer verbessert. Die Stabilisierung des Budgets wurde auch durch eine relativ geringe Bruttoauslandsverschuldung, die sich 1993 auf 140 Millionen US-Dollar belief, erleichtert.

Exportoffensive in den Westen

Im Zuge der Reformpolitik wurden in Estland unter Einschluß des landwirtschaftlichen Sektors alle Handelsbeschränkungen eliminiert. Die Exportwirtschaft, die vormals auf Rußland und den übrigen Comecon-Markt ausgerichtet war, konnte erfolgreich auf westliche Märkte umorientiert werden. Finnland ist inzwischen zum wichtigsten Exportpartner von Estland geworden, gefolgt von Rußland, Deutschland und Schweden.

1992 und 1993 wies Estland vor allem aufgrund hoher Einnahmen aus Transportdienstleistungen und aus dem Tourismus positive Leistungsbilanzsalden auf (1992: 82,8 Millionen US-Dollar, 1993: 40,4 Millionen US-Dollar), obwohl die Handelsbilanz in diesen beiden Jahren ein Minus von rund 63 Millionen US-Dollar beziehungsweise rund 128 Millionen US-Dollar aufwies. 1994 hat sich das Handelsbilanzdefizit allerdings aufgrund gesteigerter Importe, vor allem von Lebensmitteln und Maschinen, gegenüber dem Vorjahr in etwa verdreifacht, was auch eine defizitäre Leistungsbilanz zur Folge hatte.

Steigende Arbeitslosigkeit

Trotz des drastischen Einbruches bei der Industrieproduktion, die 1992 um rund 40 % und 1993 erneut um etwa 30 % zurückgegangen war, belief sich die offizielle Arbeitslosenrate in diesen Jahren ebenso wie 1994 auf nur rund 2 %. Diese statistischen Daten lassen auf eine hohe versteckte Arbeitslosigkeit schließen, die im Zuge der unumgänglichen Sanierung der Unternehmen verstärkt in eine offene umzuschlagen droht. Da die Dynamik des sich ausweitenden privaten Sektors nicht ausreichen wird, um alle freigesetzten Arbeitskräfte zu absorbieren, wird für die zweite Hälfte der neunziger Jahre ein erheblicher Anstieg der Arbeitslosigkeit erwartet.

Langsamer Fortschritt bei der großen Privatisierung

Die kleine Privatisierung sowie die Entstaatlichung der Landwirtschaft ist in Estland bereits weit fortgeschritten. Mitte 1993 wurden von mehr als 10.000 privaten Betrieben mehr als 60 % des landwirtschaftlichen Bodens bearbeitet. Die kleine Privatisierung, die 1991 begonnen wurde, konnte Mitte 1993 weitgehend abgeschlossen werden. Zum Jahresende 1993 befanden sich rund 80 % der Dienstleistungsbetriebe und des Handels in privater Hand.

Im Gegensatz zur kleinen Privatisierung ging die große, bei der ausschließlich konventionelle Verkaufspraktiken eingesetzt wurden, nur sehr zögerlich voran. Der Verkauf der staatlichen Unternehmen wird von der Estnischen Privatisierungsagentur abgewickelt, deren Arbeit sich am Modell der Deutschen Treuhandgesellschaft orientiert.

Bis zum Jahresende 1993 wurden 240 mittlere und kleinere sowie 50 große staatliche Betriebe im Wert von 28 Millionen US-Dollar veräußert. In diesem Jahr wurden 36 % des industriellen Outputs und 86 % des Einzelhandelsumsatzes von privatisierten beziehungsweise neu gegründeten Privatunternehmen getätigt.

Von den restlichen 500 Industriebetrieben wurden 1994 155 durch internationale Ausschreibungen zur Privatisierung angeboten. Die große Privatisierung soll noch in den neunziger Jahren abgeschlossen werden.

Vermehrtes Engagement ausländischer Investoren

In Estland wurden bis zum Jahresende 1994 9.592 ausländische Direktinvestitionsfälle registriert; das sind fast dreimal so viele wie 1992 und um 3.000 mehr als 1993. Die meisten Projekte entfielen auf Finnland, Rußland und Schweden. Das Investitionsvolumen der registrierten Projekte betrug 322 Millionen US-Dollar. Mit diesem Betrag lag Estland knapp hinter Lettland (378 Millionen US-Dollar) und weit vor Litauen (169 Millionen US-Dollar). Österreichische Firmen waren in Estland mit 39 Projekten und einem Investitionsvolumen von rund 7 Millionen US-Dollar vertreten. Sowohl wertmäßig als auch der Anzahl nach konzentrierten sich die ausländischen Direktinvestitionen vorwiegend auf die Sparten Industrie und Handel.

Aufgrund der wirtschaftlichen Stabilisierung des Landes und der Maßnahmen der Regierung zur Beschleunigung der Privatisierung kann davon ausgegangen werden, daß sich das Engagement ausländischer Investoren in Estland in Zukunft noch verstärken wird. Ausländische Investoren unterliegen in Estland grundsätzlich denselben Wirtschafts- und Steuergesetzen wie inländische Unternehmen und können im Rahmen ihrer Geschäftstätigkeit auch Grundstücke erwerben.

Lettland

Fläche: 64.600 km², Einwohner: 2.530.000

Ausgewählte Wirtschaftsindikatoren

	1990	1991	1992	1993	1994	1995[1]	1996[1]	1997[1]
Veränderungen zum Vorjahr in %								
Reales BIP	2,9	–10,4	–34,9	–14,9	0,6	5,2	7,8	7,2
Reale Industrieproduktion	–1,1	–0,6	–34,6	–32,3	–10,8	6,0	7,0	–
Reale Bruttoanlageinvestitionen	–8,2	–31,8	–54,0	–40,8	12,0	10,0	9,0	–
Verbraucherpreise	4,7	124,4	951,2	109,2	35,7	27,5	25,4	29,1
Arbeitslosenrate (Jahresdurchschnitt)	–	–	2,3	4,7	6,4	7,0	7,8	8,0
in Millionen US-Dollar								
Exporte	–	–	848,0	1.002,4	988,2	1.078,2	1.225,3	–
Importe	–	–	799,0	948,4	1.240,4	1.503,2	1.862,8	–
Handelsbilanz	–	–	49,0	54,0	–252,2	–425,0	–637,5	–
Leistungsbilanz	–	–	21,0	193,0	–70,0	–275,0	–497,5	–250,0

	1990	1991	1992	1993	1994	1995[1]	1996[1]	1997[1]
in Millionen US-Dollar								
Ausländische Direktinvestitionen	–	–	210,0	258,0	378,0	–	–	–
Bruttoauslandsverschuldung	–	–	67,2	223,2	343,6	595,2	792,4	–
Devisenreserven	–	–	–	–	–	–	–	–
in Tausend US-Dollar								
Reales BIP pro Kopf								
US-Dollar zur Kaufkraftparität	8.300	7.467	4.959	4.287	4.374	4.672	5.087	–
US-Dollar zum Wechselkurs	–	–	–	848	1.351	1.911	2.569	–
in Millionen Lat								
Budgetdefizit	–	9,0	–0,2	–2,1	–37,9	–74,4	–99,1	–
Durchschnittlicher Wechselkurs								
Lat/US-Dollar	–	–	–	0,67	0,56	0,52	0,52	–

Stand: September 1995

[1] Prognose

Quellen: PlanEcon, Bundesministerium für wirtschaftliche Angelegenheiten

Erholung der Wirtschaft

Trotz des Mangels an eigenen Bodenschätzen galt Lettland in der ehemaligen Sowjetunion als die Republik mit der leistungsfähigsten Wirtschaft und dem zweithöchsten Lebensstandard nach Estland. Die jahrzehntelange Integration Lettlands in die Wirtschaft der ehemaligen UdSSR bewirkte eine hochgradige ökonomische Abhängigkeit. So bezog Lettland 90 % seiner Rohstoffe, fast 100 % seiner Erdölprodukte und zirka 50 % seines Energiebedarfes aus dem Comecon-Verband. Die Auflösung dieses Wirtschaftskörpers trug daher – ebenso wie in den beiden anderen baltischen Staaten – auch in Lettland massiv zur Verschärfung der Transformationskrise bei. Diese erreichte 1992 ihren Tiefpunkt. In diesem Jahr verringerten sich die realen Bruttoanlageinvestitionen gegenüber dem Vorjahr um 54 %, und der industrielle Output sackte auf 65 % des Vorjahresniveaus ab. Das BIP schrumpfte um 35 %. 1993 brach das BIP erneut um rund 15 % ein. Der Wendepunkt im wirtschaftlichen Transformationsverlauf wurde in Lettland 1994 eingeleitet: In diesem Jahr erzielte Lettland ein wirtschaftliches Wachstum von 0,6 %. Für 1995 wurde von PlanEcon eine Wachstumsrate von 5 %, für 1996 eine von 8 % prognostiziert.

Im Kampf gegen die Inflation konnte Lettland ebenfalls einen Erfolg verbuchen. Die Inflationsrate, die 1992 noch 950 % betragen hatte, konnte 1993 auf 109 % und 1994 auf rund 36 % gesenkt werden. Die erfolgreiche Anti-Inflationspolitik Lettlands ist zum einen auf die Abkoppelung von der Rubelzone durch die Einführung einer eigenen Nationalwährung zurückzuführen und zum anderen Ergebnis einer restriktiven Geld- und Finanzpolitik. So wurde im Jahr 1992, als die Wirtschaftskrise ihrem Tiefpunkt entgegensteuerte, ein leichter Budgetüberschuß erzielt. 1993 und 1994 schloß der öffentliche Haushalt mit steigenden Überschüssen ab.

Lettland verzeichnete in den Jahren 1992 und 1993 sowohl positive Handelsbilanzen (1992: 49 Millionen US-Dollar; 1993: 54 Millionen US-Dollar) als auch positive Leistungsbilanzen (1992: 21 Millionen US-Dollar; 1993: 193 Millionen US-Dollar). Steigende Importe bewirkten 1994 ein Defizit in der Handelsbilanz von rund einer viertel Milliarde US-Dollar. Die Leistungsbilanz schloß 1994 mit einem Minus von 70 Millionen US-Dollar ab. Eine wichtige Einnahmequelle stellen für Lettland die Gebühren aus dem eisfreien Hafen Ventspils dar, der der wichtigste Ausfuhrhafen für Öl in der ehemaligen Sowjetunion war.

Lettland konnte sowohl bei den Importen als auch bei den Exporten seine Abhängigkeit vom ehemaligen Comecon-Raum deutlich verringern. 1994 ging nur noch weniger als die Hälfte der Exporte in den GUS-Raum, importiert wurde von dort etwas mehr als ein Drittel aller Waren. Die EU ist in der Zwischenzeit zu einem wichtigen Handelspartner Lettlands geworden, wobei vor allem mit Deutschland, den Niederlanden und Großbritannien Handel betrieben wird.

Umstellung der Währung

Am 7. Mai 1992 wurde in Lettland die Umstellung auf ein eigenes Währungssystem eingeleitet. Diese Reform wurde durch einen Standby-Kredit des IWF und durch Goldreserven aus der Vorkriegszeit, die in Frankreich deponiert waren, unterstützt. Zielsetzung der Währungsreform war die Wiedereinführung des Lat, der Nationalwährung vor der Eingliederung Lettlands in die UdSSR. Als Übergangswährung wurde zunächst parallel zum Rubel der lettische Rubel in Form einer Kuponwährung eingeführt. Der russische und der lettische Rubel wurden offiziell 1:1 gehandelt. Da es Lettland aufgrund einer äußerst restriktiven Geldpolitik gelang, die Inflationsrate niedriger zu halten als in Rußland, nutzten die Letten den lettischen Rubel für Sparzwecke und tätigten ihre Transaktionen mit dem russischen Rubel. Vom März 1993 an wurde der lettische Rubel schrittweise durch die neue Nationalwährung Lat ersetzt. Seit 18. Oktober 1993 ist der Lat das alleinige gesetzliche Zahlungsmittel. Aufgrund hoher Zinsraten, die den Stand an westlicher Hartwährung erhöhten, und einer strikten Geldpolitik der Zentralbank konnte der Lat nominell stabil gehalten werden. Seit Mai 1993 wird der Lat inoffziell an den Wert der Sonderziehungsrechte gebunden.

Der Lat ist nicht nur für Deviseninländer, sondern auch für Devisenausländer weitgehend konvertibel. Natürliche und juristische Personen Lettlands dürfen sowohl im Inland als auch im Ausland Devisenkonten eröffnen.

Wachsende Arbeitslosigkeit

Wenn auch die Transformationskrise 1994 überwunden worden sein dürfte, so wird sich dennoch der wirtschaftliche Aufbauprozeß Lettlands aufgrund der Vielzahl der noch ungelösten Probleme in nächster Zukunft als äußerst schwierig gestalten.

Zu den potentiellen Krisenfeldern der lettischen Wirtschaft zählen die Sanierung und Modernisierung der Unternehmen und die damit verbundene Freisetzung von Arbeitskräften.

Die Arbeitslosenrate betrug in Lettland 1994 6,4 % und wird Prognosen zufolge bis auf 8 % steigen. Da in Lettland bei der Berechnung der Rate der Nichtbeschäftigten die aktive Arbeitsbevölkerung als Bezugsgröße herangezogen wird, während in Estland und Litauen die entsprechende Quote unter Bezugnahme der gesamten arbeitsfähigen Bevölkerung errechnet wird, fällt der Prozentsatz der Arbeitslosen in Lettland von vornherein höher aus als in den beiden anderen baltischen Staaten. Lettland wies aber auch in absoluten Zahlen unter den drei Staaten die höchste Zahl an Nichtbeschäftigten auf. Im Jahresdurchschnitt 1994 waren in Lettland 83.800 Personen, in Litauen 66.000 Personen und in Estland 18.000 Personen arbeitslos gemeldet. Von den im Arbeitsprozeß aktiv eingegliederten Personen waren 1994 in Lettland nur noch rund 50 % im staatlichen Sektor beschäftigt.

Privatisierungsprozeß mit zwei Geschwindigkeiten

Die Entstaatlichung wurde in Lettland mit der Privatisierung des Wohnungsbestandes, der Landwirtschaft und kleinen Betrieben im Bereich des Handels und der Dienstleistungen eingeleitet. Ende 1993 war der Großteil der landwirtschaftlich genutzten Flächen an die früheren Eigentümer zurückgegeben oder an Mitarbeiter von Kolchosen und Sowchosen verpachtet worden. Auch die kleine Privatisierung war zu diesem Zeitpunkt weitgehend abgeschlossen. 1994 wurden rund 55 % des gesamten wirtschaftlichen Outputs von privaten Unternehmen, darunter zahlreiche Neugründungen, erbracht.

Die Privatisierung der mittleren und großen Unternehmen verlief allerdings sehr stockend. Von den 698 zur Privatisierung vorgesehenen Betriebseinheiten wurden bis zum 1. Quartal 1994 nur 85 Betriebe veräußert. Diese Entwicklung hängt unter anderem damit zusammen, daß bereits im Frühjahr 1993 rund 80 % aller Industriebetriebe des Landes bankrott waren, was die Bewertung ihres Grundkapitals und die anschließende Privatisierung enorm erschwert. Im Februar 1994 wurde zur Forcierung der Entstaatlichung ein neues, an Tschechien orientiertes Privatisierungsgesetz verabschiedet. Bis zu 25 % des Kapitals der zu privatisierenden Firmen sollte durch Vouchers und die restlichen Anteile auf konventionellem Weg durch Ausschreibungen und Versteigerungen privatisiert werden. Bis Ende 1996 sollten sich 75 % der staatlichen Groß- und Mittelbetriebe in privater Hand befinden.

Zurückhaltung ausländischer Investoren

Zum Jahresende 1994 waren in Lettland 5.419 ausländische Direktinvestitionsfälle mit einem Investitionsvolumen in Höhe von 378 Millionen US-Dollar – um 120 Millionen US-Dollar mehr als im vorangegangenen Jahr – registriert. Von den Investitionsfällen her gesehen, rangierte Rußland vor Deutschland und den USA. Das meiste Kapital wurde allerdings von Unternehmen aus Dänemark, Deutschland und Großbritannien investiert. Österreichische Unternehmen waren zu diesem Zeitpunkt in Lettland mit 66 Projekten im Wert von rund 14 Millionen US-Dollar vertreten.

Von Lettland wird versucht, ausländische Investoren durch eine Reihe von Förderungsaktionen, die einen ungehinderten Gewinntransfer sowie steuerliche Erleichterungen einschließen, verstärkt anzuziehen. Auch die weitgehende Devisenfreiheit ist für ausländische Investoren von Vorteil. Der Erwerb von Eigentum an Grundstücken war in den ersten Transformationsjahren allerdings nur lettischen Staatsbürgern möglich, ausländische Firmen und Joint-ventures konnten Grundstücke nur für maximal 99 Jahre pachten.

Litauen

Fläche: 65.200 km², Einwohner: 3.718.000

Ausgewählte Wirtschaftsindikatoren

	1990	1991	1992	1993	1994	1995[1]	1996[1]	1997[1]
Veränderungen zum Vorjahr in %								
Reales BIP	–5,0	–13,1	–35,0	–23,6	–1,8	4,8	7,1	6,7
Reale Industrieproduktion	–3,3	–4,9	–28,6	–34,4	–36,2	7,0	6,3	–
Reale Bruttoanlageinvestitionen	–10,3	–46,0	–30,0	–15,0	2,0	4,3	15,5	–
Verbraucherpreise	8,4	224,7	1.020,5	410,1	72,0	39,5	26,2	20,8
Arbeitslosenrate (Jahresdurchschnitt)	–	0,3	1,3	4,2	3,6	6,0	6,7	7,0

in Millionen US-Dollar

Exporte	–	–	1.145	1.994	2.019	2.187	2.458	–
Importe	–	–	1.084	2.244	2.339	2.637	3.020	–
Handelsbilanz	–	–	61	–250	–320	–450	–563	–
Leistungsbilanz	–	–	62	–83	–90	–177	–271	–389

	1990	1991	1992	1993	1994	1995[1]	1996[1]	1997[1]
in Millionen US-Dollar								
Ausländische Direktinvestitionen	–	–	–	94,0	169,0	–	–	–
Bruttoauslandsverschuldung	–	–	99,0	381,5	671,6	1.137,0	1.460,5	–
Devisenreserven	–	–	–	–	–	–	–	–
in Tausend US-Dollar								
Reales BIP pro Kopf								
US-Dollar zur Kaufkraftparität	6.096	5.283	3.456	2.646	2.667	2.784	2.948	–
US-Dollar zum Wechselkurs	–	–	–	683	1.090	1.557	2.080	–
in Millionen Litas								
Budgetdefizit	–6,0	17,2	66,1	92,7	–313,0	–231,4	–464,1	–
Durchschnittlicher Wechselkurs Litas/US-Dollar	–	–	–	4,4	4,0	4,0	4,0	–

Stand: September 1995
[1] Prognose

Quellen: PlanEcon, Bundesministerium für wirtschaftliche Angelegenheiten

Stabilisierung der Wirtschaft auf niedrigstem Niveau

Litauen verzeichnete die tiefste Transformationskrise von allen drei baltischen Staaten. Zwischen 1990 und 1994 ging das reale BIP um rund 55 % und die reale Industrieproduktion um rund 70 % zurück. Die realen Bruttoanlageinvestitionen haben sich in diesem Zeitraum um 67 % verringert. 1994 hat sich der wirtschaftliche Niedergang mit einem erneuten wirtschaftlichen Einbruch von rund 2 % verflacht. Für 1995 wurde von PlanEcon das reale Wirtschaftswachstum mit rund 5 %, für 1996 mit rund 7 % veranschlagt.

Der Erholung der Wirtschaft steht allerdings aufgrund der noch zu bewältigenden Sanierung der Unternehmen und der damit verbundenen Umwandlung der versteckten Arbeitslosigkeit in eine offene eine zunehmende Verschlechterung auf dem Arbeitsmarkt entgegen. Die offizielle Arbeitslosenrate betrug zum Jahresende 1994 3,6 %. Bis 1997 wurde von PlanEcon ein Anstieg der Arbeitslosenrate auf bis zu 7 % vorausberechnet.

Die Inflation, die 1992 mit mehr als 1.000 % im bisherigen Transformationsverlauf ihren Spitzenwert erreicht hatte, konnte, wenn auch nicht so erfolgreich wie in den beiden baltischen Nachbarstaaten, etappenweise abgesenkt werden. Sie erreichte 1993 immer noch stolze 410 %. 1994 lag die Inflation bei 72 %.

Im Gleichklang mit den anderen baltischen Staaten wurde auch von Litauen zur Bekämpfung der Inflation eine restriktive Geld- und Fiskalpolitik betrieben. Das Budgetdefizit, das 1991 4,1 % des BIP erreicht hatte, sank bis 1993 auf weniger als 1 % des BIP ab. 1994 wurde ein Haushaltsüberschuß (1,9 % des BIP) erwirtschaftet. Ausgabenseitig wurden vor allem durch die Streichung von Subventionen an die Wirtschaft beachtliche Einsparungen erzielt. Die staatlichen Einnahmen setzten sich vorwiegend aus der Mehrwertsteuer, Erträgen und der Einkommenssteuer zusammen. Die Mehrwertsteuer in Höhe von 18 % auf alle Waren wurde im Mai 1994 eingeführt. Sie trat an die Stelle einer 18 %igen Verbrauchersteuer, von der allerdings rund ein Drittel aller Importe ausgenommen war.

Neue Nationalwährung

Von Litauen wurde bereits im April 1992 zusätzlich zum Rubel die Kuponwährung Talonas eingeführt, die am 1. Oktober 1992 die Alleinwährung Litauens wurde. Zielsetzung der litauischen Währungsreform war die Einführung des Litas, der vor dem Zweiten Weltkrieg gebräuchlichen Nationalwährung. Die Etablierung der neuen Währung mußte allerdings aufgrund der hohen Inflation bis Juni 1993 verschoben werden. Der Installierung des Litas ging eine strikte Finanzpolitik der Litauischen Nationalbank voraus, im Rahmen derer die Kommerzbanken verpflichtet wurden, ihre Geldreserven von 10 % auf 12 % zu erhöhen und 12 % ihres Hartwährungsbestandes bei der Bank von Litauen zu deponieren. Die Litauische Nationalbank verfügte auch über Goldbarren im Ausmaß von 5,78 Tonnen, die noch aus der Vorkriegszeit aufbewahrt worden waren.

Am 25. Juni 1993 wurde schließlich der Litas eingeführt. Die vorhandene Kuponwährung wurde im Verhältnis 100:1 gegen die neue Währung getauscht. Ähnlich wie in Estland wird auch in Litauen die Nationalwährung zu fast 100 % ihres Bestandes durch Hartwährungs- und Goldreserven abgedeckt. Die Ausgabe von neuem Geld ist an die Deckung durch diese Reserven gebunden. Am 1. April 1994 wurde der Litas im Verhältnis von 4:1 an den US-Dollar gebunden.

Der Litas ist zwar noch nicht voll konvertierbar, hat aber ansonsten alle Anzeichen einer Hartwährung. Das am 1. August 1993 in Kraft getretene Devisengesetz sieht kaum Beschränkungen vor. So sind darin keine Obergrenzen bei Devisenoperationen enthalten, und die Repatriierung von Gewinnen ausländischer Investoren ist zur Gänze möglich. Bargeschäfte in Devisen wurden im Inland allerdings verboten.

Die Freigabe der Preise ist in Litauen weit fortgeschritten. Vom Staat wurden 1994 nur noch die Preise für bestimmte Nahrungs- und Arzneimittel, für Energie sowie für von Monopolen erbrachte Dienstleistungen im Verkehrssektor und Telekommunikationsbereich reguliert.

Wirtschaftliche Stabilisierung löste Importboom aus

Die marktwirtschaftliche Umgestaltung der litauischen Außenwirtschaft ist ebenfalls weitgehend abgeschlossen. Der Außenhandel wird grundsätzlich mit den in einer Marktwirtschaft üblichen Mitteln reguliert.

Litauen war unter allen drei baltischen Staaten am meisten vom Handel mit den GUS-Staaten abhängig. Der offiziellen Statistik zufolge gingen 1993 62 % der Exporte in die GUS-Staaten. 84 % der Importe stammten aus diesem Raum, vorwiegend aber aus Rußland. Litauen bezieht nach wie vor den Großteil seiner Energieträger, einschließlich der nuklearen Brennstoffe, aus Rußland. Mit Weißrußland, der Ukraine und Kasachstan hat Litauen zur Unterstützung des Bartergeschäftes von Rohmaterialien gegen Fertigteilprodukte Freihandelszonen eingerichtet. Im westlichen Wirtschaftsraum ist die Bundesrepublik Deutschland zum wichtigsten Handelspartner Litauens geworden, gefolgt von Polen, Großbritannien, Schweden und Finnland.

Im Zuge der wirtschaftlichen Stabilisierung und nach der Einführung der neuen Währung stiegen die Importe drastisch an. 1993 wurde um 74 % mehr exportiert, es wurden aber auch doppelt so hohe Importe getätigt als im vorangegangen Jahr, in dem Litauen noch eine positive Handelsbilanz (61 Millionen US-Dollar) erwirtschaftet hatte. 1993 betrug das Handelsbilanzdefizit 250 Millionen US-Dollar. 1994 wuchs das Defizit in der Handelsbilanz auf 320 Millionen US-Dollar an. Seit 1993 ist auch die Leistungsbilanz Litauens passiv. Diese wird durch den Schuldendienst zunehmend belastet. Die Bruttoauslandsverschuldung ist von 99 Millionen US-Dollar im Jahr 1992 auf rund 1 Milliarde US-Dollar im Jahr 1995 angewachsen.

Privatisierung bis auf Großbetriebe fast abgeschlossen

In Litauen wurde mit der Privatisierung unmittelbar nach Einleitung des marktwirtschaftlichen Reformprozesses begonnen. Bereits am 28. Februar 1991 wurde ein Privatisierungsgesetz verabschiedet, das sowohl die kleine als auch die große Privatisierung regelte.

Die kleine Privatisierung konnte inzwischen weitgehend abgeschlossen werden. Von den 2.660 zur Privatisierung freigegebenen kleineren Unternehmen wechselten bis zum Jahresende 1993 2.318 den Besitzer. Auch die Privatisierung des Wohnungsbestandes konnte bis Dezember 1993 beendet werden. Die Reform des landwirtschaftlichen Sektors ist in Litauen ebenfalls weit fortgeschritten. Durch Restitution und die Privatisierung durch Anteilsrechte – die Mitarbeiter der ehemaligen staatlichen Agrarbetriebe konnten ihre Anteile über „weiße", nur ihnen zur Verfügung gestellte Vouchers erwerben – entstanden bis Mitte 1994 93.000 neue Landwirtschaftsbetriebe, von denen bereits mehr als vier Fünftel des Ackerlandes bewirtschaftet werden. Im Staatsbesitz verblieben vorläufig nur jene Agrarbetriebe, deren Schulden den Verkaufswert überstiegen. Auch alle nicht-landwirtschaftlichen Flächen wurden im Gemeinbesitz belassen. Eine zweite Etappe der Landreform ist für 1997 geplant. Bis zu diesem Zeitpunkt sollten alle litauischen Bürger Zertifikate erhalten, mit welchen sie nach 1997, mit Ausnahme landwirtschaftlicher Flächen, Grund und Boden erwerben können.

Durch ein System der Voucher-Privatisierung, in dessen Rahmen dem Management und der Belegschaft Unternehmensanteile bis zu 50 % vorbehalten waren, wurden bis Ende 1993 von den 2.203 in das Privatisierungsprogramm aufgenommenen Unternehmen zumeist mittlerer Größe 1.915, also fast 90 %, privatisiert. 1995 befanden sich allerdings noch mehr als zwei Drittel der ehemaligen Staatsbetriebe in privater Hand.

Noch wenige ausländische Direktinvestitionen

Im Baltikum waren zum Jahresende 1994 19.500 ausländische Direktinvestitionsfälle mit einem Projektvolumen in Höhe von 869 Millionen US-Dollar registriert. Davon entfielen auf Litauen 4.475 Investitionsfälle (23 %) und 169 Millionen US-Dollar (19 %). Mit diesen Daten lag Litauen bezüglich des Engagements ausländischer Investoren im Vergleich zu den anderen Baltenstaaten weit abgeschlagen an letzter Stelle. Das meiste Kapital wurde bislang von Unternehmern aus Großbritannien, Deutschland und den USA in Litauen investiert. Mit einer Investitionssumme von 9 Millionen US-Dollar, die sich auf 48 Projekte aufteilten, lag Österreich bezüglich des eingesetzten Kapitals auf Platz fünf Der Zahl der Projekte nach lag Rußland an erster Investorenstelle, gefolgt von Deutschland und Polen.

Zur Anziehung von Auslandsinvestoren werden von Litauen erhebliche Steuervergünstigungen gewährt. Ausländische Firmen können auch zur Gänze in ausländischem Besitz stehen. Grund und Boden können allerdings von ausländischen Firmen vorerst nicht erworben, sondern mit der Option auf eine Verlängerung für 99 Jahre gepachtet werden.

Die Gemeinschaft Unabhängiger Staaten (GUS)

Die GUS-Staaten im Überblick

	Fläche (km2)	Einwohner (in Mio.)	Hauptstadt	Währung
Armenien	29.800	3,6	Erevan	Dram
Aserbaidschan	86.600	7,5	Baku	Manat
Belarus	207.600	10,4	Minsk	Rubel, weiß-russ. Rubel
Georgien	69.700	5,5	Tbilissi	Lari
Kasachstan	2.717.300	16,7	Almaty	Tenge
Kirgisistan	198.500	4,2	Bischkek	Som
Moldawien	33.700	4,4	Chişinau	Leu
Rußland	17.075.400	148,3	Moskau	Rubel
Tadschikistan	143.100	5,2	Duschanbe	Rubel
Turkmenistan	488.100	3,8	Aschgabad	Manat
Ukraine	603.700	51,7	Kiew	Karbowanez
Usbekistan	447.400	22,2	Taschkent	Som

Stand: Oktober 1995
Quellen: WIIW, Bundeskammer der gewerblichen Wirtschaft

Ausgewählte Wirtschaftsindikatoren 1990/91 im Vergleich zu 1994

	Brutto- inlands- produkt 1991 = 100	Industrie- produktion (Bruttoprod.) 1991 = 100	Verbraucher- preise 1991 = 100
Armenien	40	50	8.071
Aserbaidschan	46	53	2.369
Belarus	65	68	3.207
Georgien	25	24	–
Kasachstan	57	52	5.615
Kirgisistan	52	42	582
Moldawien	48	51	909
Rußland	61	56	742
Tadschikistan	51	48	764
Turkmenistan	–	66	4.236
Ukraine	60	56	1.604
Usbekistan	83	98	1.129
GUS[1]	61	56	1.604

[1] Gewichteter Durchschnitt
Quelle: WIIW

Ausgewählte Wirtschaftsindikatoren 1990/91 im Vergleich zu 1994

	Exporte in US-Dollar[1] 1991 = 100	Importe in US-Dollar[1] 1991 = 100	Änderung im Beschäftigtenstand in Tsd. 1990–1994
Armenien	81,3	15,2	–100
Aserbaidschan	120,9	36,2	–126
Belarus	57,4	26,8	–880
Georgien	427,0	12,6	–
Kasachstan	137,0	32,2	–860
Kirgisistan	234,2	17,9	–55
Moldawien	158,1	29,3	–460
Rußland	94,4	63,4	–5.286
Tadschikistan	106,7	63,5	–100
Turkmenistan	411,6	83,7	+154
Ukraine	87,7	35,9	–2.735
Usbekistan	157,0	93,2	+335
GUS[2]	95,1	56,1	–9.246

[1] Außerhalb der vormaligen UdSSR, GUS-Daten;
[2] gewichteter Durchschnitt
Quelle: WIIW

Gründung der GUS

Im Zuge der Auflösung der Sowjetunion kam es bereits am 18. Oktober 1991 in Moskau zwischen Rußland und sieben unabhängig gewordenen Republiken (Armenien, Belarus, Kasachstan, Kirgisistan, Tadschikistan, Turkmenistan und Usbekistan) zum Abschluß eines Vertrages über eine Wirtschaftsgemeinschaft. In diesem wurde die Schaffung eines einheitlichen Marktes und die Koordinierung der Wirtschaftspolitik vereinbart, wofür eigene Institutionen gebildet hätten werden sollen. Diese Wirtschaftsgemeinschaft blieb jedoch in den Gründungsansätzen stecken.

Als Vorläufer der Gemeinschaft Unabhängiger Staaten (GUS) wurde am 8. Dezember 1991 die Errichtung des sogenannten „slawischen Dreibunds" (Rußland, Weißrußland und die Ukraine) angekündigt. Diesem schlossen sich die mittelasiatischen Republiken durch die Erklärung von Aschgabad vom 13. Dezember 1991 an. Damit war der Anstoß zur Entstehung der GUS gegeben. Die offizielle Gründung fand am 21. Dezember 1991 in Almaty (Alma Ata) statt. Folgende elf Republiken schlossen sich dieser Gemeinschaft an: Aserbaidschan, Armenien, Belarus, Kasachstan, Kirgisistan, Moldawien, die Russische Föderation, Tadschikistan, Turkmenistan, Usbekistan und die Ukraine. Damit umfaßte die GUS alle Nachfolgerepubliken der Sowjetunion mit Ausnahme der drei baltischen Republiken Estland, Lettland und Litauen sowie Georgien. Die kaukasische Republik Georgien trat der GUS im September 1993 bei.

In den Gründungsdokumenten des der UdSSR nachfolgenden Staatenverbandes wurde festgehalten, daß die Zusammenarbeit der Mitglieder auf dem Grundsatz der Gleichberechtigung basiert, daß die GUS weder ein Staat noch ein überstaatliches Gebilde ist und daß als oberste Beratungs- und Entscheidungsorgane der Rat der Staatschefs sowie der Rat der Regierungschefs fungiert.

Seit Bestehen der GUS sind von den Mitgliedstaaten zwar eine Vielzahl von Absichtserklärungen und Vereinbarungen mit Grundsatzcharakter geschlossen worden, umgesetzt wurden diese allerdings nur zu einem geringen Teil.

Anhaltende schwere Transformationskrise

Die Auflösung des ehemals einheitlichen Wirtschaftskomplexes der Sowjetunion führte in Verbindung mit der marktwirtschaftlichen Transformation zu einer schweren Wirtschaftskrise, deren Ende in den meisten GUS-Staaten auch 1995 nicht absehbar war.

Die wirtschaftliche Lage in den meisten GUS-Republiken ist durch eine ungebrochen hohe Inflation, durch Versorgungsengpässe, durch den Zusammenbruch des Transportsystems und den Rückgang der Industrieproduktion, durch sinkende Exporte, steigende Verschuldung und wachsende Verarmung der Bevölkerung gekennzeichnet.

Zwischen 1991 und 1994 sank der volkswirtschaftliche Output in den GUS-Staaten im Durchschnitt um 40 % und die Industrieproduktion um 44 %. In der gleichen Zeit stiegen die Einzelhandelspreise um das 1.600fache, während sich der Einzelhandelsumsatz halbierte.

Die hohen Inflationsraten stellen in den GUS-Staaten bereits ein Langzeitphänomen dar. Immer wieder unternommene Versuche, diese durch eine restriktive Geld- und Kreditpolitik zu brechen, sind weitgehend erfolglos geblieben. So haben sich in Rußland, wo Stabilisierungsversuche mit einem größeren Nachdruck als in den übrigen GUS-Staaten durchgeführt wurden, die Kredite 1993 nominell vervierfacht, die Preise aber verzehnfacht. Diese gegensätzliche Entwicklung liegt zu einem wesentlichen Teil in der Reaktion der Unternehmen begründet, die der Verknappung der Kredite nicht mit Rationalisierungsmaßnahmen, sondern vielmehr mit einer Reduzierung des Outputs und einem Anstieg der Preise begegneten. Diese Vorgangsweise wurde trotz der Freigabe der Preise durch die nach wie vor ungebrochene Monopolstellung vieler Unternehmen erleichtert. Die Kreditbeschränkungen führten auch zu einer Zunahme der gegenseitigen Verschuldung der Unternehmen sowie zu Rückständen bei Steuerzahlungen, Lieferantenrechnungen und der Auszahlung von Löhnen und Gehältern.

Trotz der Krise im Unternehmenssektor blieb in den GUS-Staaten die offizielle Arbeitslosigkeit gering. 1994 waren im gesamten GUS-Raum „nur" rund 9 Millionen Menschen weniger beschäftigt gemeldet als 1990. Die versteckte Arbeitslosigkeit dürfte aber um vieles höher liegen. Der hohen Überbeschäftigung wird von vielen Unternehmen begegnet, indem sie Arbeitnehmer auf unbezahlten oder nur teilweise bezahlten Urlaub schicken.

Für die meisten GUS-Republiken zeichnete sich auch 1995 keine Besserung der ökonomischen Lage ab. Der wirtschaftliche Niedergang hielt vielmehr unvermindert an.

Wenn man nach den Gründen der anhaltenden schweren Transformationskrise in den GUS-Staaten sucht, so ist zum einen sicherlich auf die ungenügenden und halbherzigen Reformmaßnahmen zu verweisen, die sich weitgehend auf die Liberalisierung der Preise und auf formale Privatisierungsansätze beschränkt haben, während die finanzielle Stabilisierung weitgehend erfolglos geblieben ist. Zum anderen liegt die krisenhafte Entwicklung aber auch in der ökonomischen, politischen und institutionellen Desintegration nach dem Auseinanderfallen der Sowjetunion im Jahre 1991 begründet. Insbesondere das Versäumnis, nach dem Zusammenbruch des Handels- und Zahlungssystems den neuen Gegebenheiten entsprechende institutionelle Ersatzlösungen zu entwickeln, hatte für die wirtschaftliche Entwicklung im GUS-Raum fatale Folgen.

Zusammenbruch des Handels

Dem zwischenstaatlichen Handel kam in allen vormaligen Sowjetrepubliken große Bedeutung zu. In Rußland entfielen 1990 rund 50 % aller Importe und rund 70 % aller Exporte auf die anderen Teilrepubliken der ehemaligen UdSSR. In der Ukraine wurden rund 70 % des gesamten Handels mit den anderen Sowjetrepubliken abgewickelt. Bei den anderen Sowjetrepubliken waren die Handelsbeziehungen ähnlich, im Fall der in Zentralasien oder im Kaukasus gelegenen Republiken war der zwischenstaatliche Handel sogar noch stärker ausgeprägt.

Laut einer Berechnung der russischen Goskomstat schrumpfte der innerstaatliche GUS-Handel zwischen 1991 und 1993 um rund die Hälfte. Einer Analyse des Instituts für Wirtschaftsforschung Halle zufolge kann etwa ein Drittel des Leistungsverlustes der russischen Industrie auf den Zusammenbruch der Handelsbeziehungen zurückgeführt werden.

Beim Rückgang des Handels zwischen den GUS-Staaten ist auch das verringerte Handelsvolumen insgesamt in Betracht zu ziehen. Die Verteuerung der Energie- und Rohstoffpreise, die zunehmend den Weltmarktpreisen angeglichen wurden, sowie protektionistische Maßnahmen zum Schutz des eigenen Binnenmarktes führten im gegenseitigen Handel zu beträchtlichen Einbußen.

In Gegensatz zu den meisten südost- und ost-mitteleuropäischen Reformstaaten konnten die GUS-Staaten den massiven Einbruch im Handel mit den ehemaligen RGW-Staaten nicht durch verstärkte Handelsbeziehungen mit westlichen Industriestaaten zumindest zum Teil kompensieren. Im Durchschnitt hat sich der Handel der GUS-Staaten mit Staaten außerhalb des ehemaligen RGW-Raumes mit Ausnahme von Exportgütern, wie Brenn- und Rohstoffen sowie Energie, stark rückläufig entwickelt. Zwischen 1991 und 1994 verringerten sich die GUS-Exporte in das westliche Ausland insgesamt aber nur um rund 5 %. Da sich die Zahl der Importe im selben Zeitraum fast halbierte, konnte ein riesiges Handelsbilanzaktivum vor allem dank Rußland erwirtschaftet werden.

Bei der Interpretation der vielfach auf Schätzungen beruhenden Handelsdaten ist allerdings zu berücksichtigen, daß diese als extrem ungenau gelten. Daher lassen sich die Trends anhand von Handelsstatistiken nur grob nachzeichnen. Weiters ist zu beachten, daß die Entwicklung der Handelsbeziehungen über den GUS-Raum hinaus in den einzelnen Staaten durchaus unterschiedlich verlaufen ist. So konnten etwa Turkmenistan und Georgien ihr Exportvolumen zwischen 1991 und 1994 beträchtlich steigern. Bei den Importen waren in diesem Zeitraum Rückgänge zwischen 90 % (Georgien) und rund 10 % (Usbekistan) zu verzeichnen.

Der generelle Einbruch in den Handelsbeziehungen, speziell aber der Zusammenbruch des GUS-Binnenhandels, ist auch eine Folgeerscheinung der Auflösung des einstmals gemeinsamen Zahlungssystems.

Zerfall der Rubelzone

Nach dem Zerfall der Sowjetunion blieb dessen Geldsystem in den GUS-Staaten zunächst bestehen. Die Funktion der sowjetischen Zentralbank wurde von der Nationalbank Rußlands übernommen. Die gemeinsame Rubelzone, die von Anfang an mehr schlecht als recht funktionierte, bestand bis Herbst 1993.

Die Zerschlagung der Rubelzone wurde aber bereits mit Jahresbeginn 1992 eingeleitet, als russische Reformpolitiker den Versuch unternahmen, mittels einer Schocktherapie die Transformation von der Planwirtschaft zur Marktwirtschaft zu bewältigen. Im Rahmen einer restriktiven Geld- und Fiskalpolitik wurden die den GUS-Staaten von Moskau eingeräumten Kreditlinien gekürzt und die Preise für Energie und Rohstoffe stark angehoben. 1992 betrugen die durchschnittlichen Exportpreise Rußlands bei Lieferungen in die anderen GUS-Staaten bei Heizöl rund 17 %, bei Benzin rund 28 % und bei Diesel rund 24 % der Weltmarktpreise. 1993 stiegen die Preise für diese Güter an der russischen Warenbörse erneut stark an und erreichten im dritten Jahresquartal etwa 50 bis 60 % der Weltmarktpreise. Die Kürzung der Transferzahlungen und die Erhöhung von Rohstoff- und Energiepreisen wurde von Rußland auch als Druckmittel eingesetzt, um die einzelnen Republiken stärker an sich zu binden. Rußlands Reformpolitiker verfolgten damals das Ziel, sich an die Spitze der Transformationsbewegung im GUS-Raum zu setzen. Darüber hinaus wollte man aber auch Geldmittel für die Umstrukturierungen im eigenen Land gewinnen. Mit der Rechtfertigung, daß sie die Rubelzone verlassen hatten, wurden zunächst den baltischen Staaten und der Ukraine höhere Preise verrechnet. Diese Preispolitik wurde in der zweiten Jahreshälfte 1993 auf alle GUS-Republiken ausgedehnt. Die Preissteigerungen lösten eine Verschärfung der Wirtschaftskrise im GUS-Raum aus.

Die von Moskau eingeschlagene restriktive Geld- und Fiskalpolitik bewirkte in den GUS-Staaten einen Mangel an Rubel für den Bargeldumlauf. (Dies war auch die offizielle Begründung, mit der die Ukraine Anfang 1992 ihre nationale Ersatzwährung einführte.) Auf die Verknappung des Rubel reagierten die Nationalbanken der GUS-Staaten mit der Inanspruchnahme ihrer Möglichkeit, Kreditgeld in Rubel zu emittieren. Dieses Geld wurde auch zur Begleichung russischer Öl- und Gaslieferungen eingesetzt. Durch diese Vorgangsweise wurde Rußland in die Rolle eines ungewollten Gläubigers versetzt. Mit 1. Juli 1992 wurde daher von Rußland verfügt, daß sämtliche zwischenstaatlichen Verrechnungen und Zahlungen über die Korrespondenzkonten der Zentralbanken der einzelnen GUS-Staaten bei der russischen Zentralbank durchgeführt werden mußten. Die Trennung der Buchgeldströme der GUS-Staaten bedeutete die Aufhebung des Geldsystems der ehemaligen UdSSR. Der russische Rubel blieb zwar noch im Bargeldumlauf, darauf entfielen jedoch lediglich 10 bis 15 % des gesamten Geldumlaufes.

Die Trennung der Buchgeldströme der GUS-Staaten führte zur Einschränkung ihrer gegenseitigen Zahlungsfähigkeit. Dieses Problem konnte auch durch die Einführung von Ersatzwährungen beziehungsweise von neuen Landeswährungen nicht abschließend gelöst werden, da diese gegenseitig oftmals nicht konvertierbar sind und gegenüber dem Rubel eine starke Abwertung erfahren haben.

Im Juli 1993 führte Rußland eine Rubelreform durch. Der alte Rubel wurde eingezogen, neue Geldscheine wurden ausgegeben. Damit wurde der endgültige Zerfall der Rubelzone bewirkt. Die Ukraine führte als erster GUS-Staat bereits 1992 eine eigene Währung ein. Die Rubelzone wurde von Georgien im August 1993 und von Turkmenistan, Usbekistan, Kasachstan und Moldawien im November 1993 verlassen. In Belarus ist die eigene Kuponwährung, die auch als weißrussischer Rubel bezeichnet wird, zum vorrangigen Zahlungsmittel geworden. Lediglich Tadschikistan hat den Rubel als nationales Zahlungsmittel vorläufig beibehalten.

Der Verlust der gemeinsamen Währung und des gemeinsamen Wirtschaftsraumes ist letztlich auch eine Konsequenz der divergenten wirtschaftlichen Reformpolitik in den einzelnen GUS-Staaten und deren unterschiedlicher Reformtempos. Der im September 1993 zwischen Rußland, Weißrußland, Kasachstan, Armenien, Usbekistan und Tadschikistan unternommene Versuch, eine neue Rubelzone zu schaffen, scheiterte. Die Realisierung einer solchen Vereinbarung hätte eine Annäherung des marktwirtschaftlichen Reformprozesses der einzelnen Vertragsstaaten bedingt, der in Rußland zu diesem Zeitpunkt am weitesten fortgeschritten war. Das Zustandekommen einer neuen Rubelzone ist nicht zuletzt an den Vorgaben Rußlands für eine Harmonisierung der Finanz-, Geld-, Kredit-, Währungs-, Zoll- und Außenhandelspolitik gescheitert.

Dem Verschwinden der alten wirtschaftlichen Kreisläufe versuchten die einzelnen GUS-Staaten zunehmend durch bilaterale Verträge entgegenzuwirken. So haben Rußland und Weißrußland im Januar 1994 ein Regierungsabkommen über eine gemeinsame Währungsunion unterzeichnet. Usbekistan und Kasachstan haben im Januar 1994 ebenfalls einen Vertrag über die Errichtung eines gemeinsamen Wirtschaftsraumes abgeschlossen. Rußland wiederum hat mit allen GUS-Republiken Freihandelsverträge abgeschlossen, die allerdings aufgrund der anhaltenden Wirtschaftskrise nicht oder nur zum Teil erfüllt werden können. In der Praxis sucht Rußland daher seinen Handelsüberschuß gegenüber den anderen Republiken durch eine Reihe von bilateralen Vereinbarungen über Quotenregelungen und durch ein Kompensationssystem mittels staatlicher Aufträge zu verringern. Diese Maßnahmen dienen auch dem Abbau der Verschuldung der GUS-Republiken bei Rußland.

Der Zusammenbruch des Währungssystems hat zu einer zunehmenden Verschuldung der GUS-Republiken untereinander, vor allem aber gegenüber Rußland geführt. Anfang 1994 schuldeten die GUS-Staaten Rußland rund 3,5 Billionen Rubel für gelieferte Waren und Dienstleistungen und rund 2,4 Billionen Rubel für Staatskredite.

Neue Kooperationsansätze

Die Ausbildung eines einheitlichen Marktes und einer neuen Wirtschaftsunion zählt seit der Gründung des GUS-Verbandes zu dessen perspektivischen Zielsetzungen. Die zunehmende Erkenntnis, daß die tiefe Transformationskrise nicht durch Desintegration, sondern nur durch eine verstärkte kooperative Vorgangsweise lösbar sein wird, hat auch den Verfechtern einer engen wirtschaftspolitischen Zusammenarbeit der GUS-Staaten neuen Auftrieb gegeben.

Beim GUS-Gipfeltreffen Ende Dezember 1993 in der turkmenischen Hauptstadt Aschgabad wurden eine Beschleunigung und eine Vertiefung des Integrationsprozesses beschlossen und Einigkeit über die Zielsetzung einer stufenweisen Bildung einer Wirtschaftsunion erzielt. Mit dem Aufbau des dafür notwendigen institutionellen Netzes wurde bereits begonnen: Anfang 1994 existierten schon mehr als 30 branchenspezifische Kooperationsorgane, darunter der GUS-Rat für Industrie, der Euroasiatische Verband für Kohle und Metall und der Rat für Erdöl und Gas.

Bei einem weiteren Gipfeltreffen im September 1994 in Moskau wurde mit Ausnahme von Aserbaidschan und Turkmenistan von den Regierungschefs aller anderen GUS-Staaten eine grundlegende Vereinbarung über die Schaffung einer Zahlungsunion und die Einrichtung eines supranationalen Wirtschaftskomitees zum Ausbau der wirtschaftlichen und finanziellen Verflechtungen erzielt. Konkret sollen von diesem mit Entscheidungsgewalt ausgestatteten Gremium die Energie-, Transport- und Verkehrsverbindungen zwischen den Republiken koordiniert und gemeinsame Wirtschaftsprogramme ausgearbeitet werden. In diesem neu geschaffenen Komitee mit Sitz in Moskau hat Rußland 50 % der Stimmen inne. Entscheidungen müssen von einer Vierfünftelmehrheit getragen werden.

Als Vorbild für die zukünftige Integration der vormaligen sowjetischen Teilrepubliken wird von GUS-Politikern immer wieder der europäische Weg angeführt. Wenn man den mühevollen Weg der europäischen Intergration bis zu ihren Anfängen im Jahre 1958 zurückverfolgt und die ungleich schwierigeren ökonomischen und politischen Ausgangsbedingungen in den GUS-Staaten in Betracht zieht, dann mag man ermessen, welch mühsamen und langwierigen Einigungsprozeß die GUS-Staaten noch zu bewältigen haben werden.

Partnerschaftsabkommen mit der EU

Das zwischen der EG und der UdSSR 1990 abgeschlossene Handels- und Kooperationsabkommen wurde aufgrund der politischen Ereignisse schon bald obsolet. Die Regelungen dieses Akommens wurden nach dem Zerfall der Sowjetunion auf die neuen Republiken übertragen, mit denen von der EU auf bilateralem Weg Verhandlungen über neu zu schließende Abkommen aufgenommen worden sind. Mit Rußland, der Ukraine, Moldawien, Kirgisistan und Kasachstan wurden bis 1995 bereits Partnerschafts- und Kooperationsabkommen unterzeichnet. Die Zeit bis zum Inkrafttreten dieser Vereinbarungen wird durch Interimsabkommen über den Handel und handelspolitische Fragen überbrückt.

Der Ausbau der Handelsbeziehungen mit den westlichen Industriestaaten ist für die einzelnen GUS-Republiken von großer Wichtigkeit, um dringend benötigte Devisen einnehmen zu können. Viele GUS-Staaten verfügen über ein hohes Potential an natürlichen Ressourcen, an denen weltweit große Nachfrage besteht. Rußland, beispielsweise, ist das rohstoffreichste Land der Welt. Es verfügt über immense Vorkommen an Erdöl, Erdgas, Kohle, Eisenerzen, Edelmetallen, Diamanten und Gold. Der überwiegende Anteil der Rohstoffvorkommen Rußlands befindet sich in Sibirien. Besonders reich an Bodenschätzen sind auch Kasachstan, Usbekistan, Tadschikistan, Turkmenistan, Aserbaidschan und die Ukraine. Viele der Lagerstätten sind noch unerschlossen, und bei den bereits bestehenden Förderanlagen besteht in technischer und ökologischer Hinsicht in der Regel ein großer Modernisierungsbedarf. Der Ausbau bestehender und der Aufbau neuer Anlagen kann von den einzelnen Republiken schwerlich aus eigener Kraft finanziert werden. Diese Aufgabenstellung wird daher auf absehbare Zeit nur auf Kooperationsbasis mit westlichen Staaten und westlichen Firmen gelöst werden können.

Noch geringes Auslandskapital

Der Zufluß ausländischen Investitionskapitals in den GUS-Raum ist im bisherigen Transformationsprozeß äußerst spärlich geblieben. Ende 1994 waren in den GUS-Republiken insgesamt rund 22.000 ausländische Direktinvestitionsfälle mit einem Projektvolumen von rund 6 Milliarden US-Dollar registriert. Davon entfielen allein auf Rußland rund 13.000 Projekte und 2 Milliarden US-Dollar. Knapp 300 Millionen US-Dollar wurden jeweils in der Ukraine, in Weißrußland und in Georgien investiert.

Das geringe ausländische Firmenengagement in den GUS-Staaten kann in erster Linie als Ergebnis der krisenhaften ökonomischen und der ungewissen politischen Entwicklung interpretiert werden. Sie lassen eine frühzeitige Positionierung auf den neuen Märkten im Vergleich zu den damit verbundenen Gefahren offensichtlich vielfach noch als zu riskant erscheinen.

Im folgenden wird auf den ökonomischen Transformationsprozeß der beiden GUS-Staaten Rußland und Ukraine näher eingegangen. Die Auswahl Rußlands ergibt sich aus der nach wie vor bedeutsamen Rolle dieses Landes nicht nur in Europa, sondern in der gesamten Welt. Rußland wird auch nach dem Ende des kalten Krieges und der Überwindung der Bipolarität im Rahmen einer sich neu herauskristallisierenden multipolaren Weltordnung ein wichtiger Machtfaktor bleiben. Der ukrainische Staat wurde aufgrund seiner geopolitischen Lage als Verbindungsbrücke zwischen Ost-Mittel- und Osteuropa ausgewählt. Am Beispiel der Ukraine soll aber auch die schwierige Lage jener Staaten im GUS-Raum verdeutlicht werden, die über ungleich ungünstigere Ausgangsbedingungen für die marktwirtschaftliche Transformation verfügen als Rußland.

Rußland

Fläche: 17.075.000 km^2, Einwohner: 148.249.000

Ausgewählte Wirtschaftsindikatoren

	1990	1991	1992	1993	1994	1995[1]	1996[1]	1997[1]
Veränderungen zum Vorjahr in %								
Reales BIP	–2,0	–13,0	–19,0	–12,1	–15,0	–5,0	0,0	4,0
Reale Industrieproduktion	–0,1	–8,0	–18,0	–16,2	–20,9	–7,0	–3,0	–
Reale Bruttoanlageinvestitionen	0,1	–15,5	–39,7	–16,0	–26,0	–15,0	0,0	–
Verbraucherpreise	5,3	92,6	1.460,0	840,0	300,0	200,0	80,0	40,0
Arbeitslosenrate (Jahresende)	–	0,1	0,8	1,2	2,2	3,5	5,0	8,0
in Millionen US-Dollar								
Exporte (ohne FSU[2])	71.148	50.911	42.376	44.298	48.027	50.000	50.000	–
Importe (ohne FSU[2])	81.751	44.473	36.984	26.807	28.196	30.300	32.000	–
Handelsbilanz (ohne FSU[2])	–10.603	6.438	5.395	16.098	19.831	19.700	18.000	–
Leistungsbilanz (ohne FSU[2])	–4.300	7.100	4.179	6.231	4.836	8.000	6.000	5.000

	1990	1991	1992	1993	1994	1995[1]	1996[1]	1997[1]
in Millionen US-Dollar								
Ausländische Direktinvestitionen	1.554	1.854	2.232	2.900	2.000	–	–	–
Bruttoauslandsverschuldung[3]	56.200	70.100	80.200	80.000	90.000	120.000	–	–
Devisenreserven	–	–	787	4.528	4.000	–	–	–
in Tausend US-Dollar								
Reales BIP pro Kopf								
US-Dollar zur Kaufkraftparität	7.107	6.379	5.318	4.791	4.196	–	–	–
US-Dollar zum Wechselkurs	7.424	5.010	547	1.171	1.927	–	–	–
in Milliarden Rubel (RUR)								
Budgetdefizit	–8,5	37,6	641,9	8.000	62.700	73.200	76.000	–
Durchschnittlicher Wechselkurs RUR/US-Dollar	0,585	1,75	222,2	932,4	2.204,0	5.000,0	–	–

Stand: Juli 1995; Prognosen: November 1995

[1] Prognose; [2] Former Soviet Union; [3] inklusive der Gesamtschulden der ehemaligen Sowjetunion

Quellen: WIIW, Bundesministerium für wirtschaftliche Angelegenheiten

Ungebrochene Wirtschaftskrise

Rußland befindet sich seit Beginn der neunziger Jahre in einer tiefen Wirtschaftskrise. Zwischen 1989 und 1994 verschwand gleichsam die Hälfte der russischen Wirtschaft. Das BIP erreichte 1994 nur noch die Hälfte des Wertes von 1989. Zwischen 1991 und 1994 schrumpfte die russische Wirtschaft jährlich zwischen 12 und 19 %. Die jährliche Inflation, die von 5,3 % im Jahr 1990 auf fast 1.500 % im Jahr 1992 angestiegen ist, konnte 1993 unter die 1.000 %-Marke abgesenkt werden. Sie blieb mit 300 % auch 1994 hoch.

1995 hat die Wirtschaftskrise an Intensität verloren. Die zu Jahresende 1995 vom WIIW prognostizierte Entwicklung des BIP beinhaltete für 1995 einen Rückgang von 5 % und für 1996 eine Stagnation. Die erwartete Verflachung der Krise ist aber weniger das Resultat eines einsetzenden Umkehreffektes, sondern hängt vielmehr mit dem statistischen Basiseffekt zusammen. Nach einer so gravierenden wirtschaftlichen Schrumpfungsphase, wie sie Rußland zu verzeichnen hatte, ist ein weiterhin so hoher Rückgang einfach unmöglich.

Zunächst keine stringente Reformpolitik

Im Rahmen der Perestrojka wurde die planwirtschaftliche Ordnung in Rußland zwar vielfach aufgeweicht, eine konsequente marktwirtschaftliche Umstrukturierung setzte aber erst im Jahr 1992 ein. Da viele Reformschritte punktuell und ohne Absicherung durch die parallele Einleitung von notwendigen Strukturbereinigungen im wirtschaftlichen Umfeld gesetzt wurden, zeitigten die Maßnahmen zunächst nicht die gewünschten Erfolge. Die Ungleichzeitigkeit und Ungleichgewichtigkeit der einzelnen Reformschritte, die zudem die Zielvorstellungen einer doktrinären marktwirtschaftlichen Ordnung enthielten, welche in der Realität in keinem westlichen Industrieland eine Entsprechung fanden, führten vielmehr zu einer Fortsetzung des wirtschaftlichen Chaos, in das Rußland nach der Auflösung der Sowjetunion geschlittert war.

Der Transformationsprozeß wurde mit der Liberalisierung der Preise und des Außenhandels eingeleitet. Zu Beginn des Jahres 1992 wurden auf einen Schlag 80 % der Großhandelspreise und 90 % der Einzelhandelspreise freigegeben. Nur die Preise für Grundnahrungsmittel sowie für Güter und Dienstleistungen, die für die Basisversorgung der Bevölkerung notwendig waren, wurden weiterhin vom Staat festgesetzt. 1993 wurde auch die Reglementierung der Preise für Treibstoffe, Kohle, Weizen und Brot aufgehoben.

Die Liberalisierung der Preise wurde aber durch die ungebrochen monopolistische Struktur der Unternehmen konterkariert, die die Preise mangels Konkurrenzdruck weiterhin weitgehend autonom festlegen konnten. Die Zerschlagung der Monopole und der Aufbau wirtschaftlich leistungsstarker Unternehmenseinheiten wurde nicht wirksam in Angriff genommen. In Ermangelung einer solchen Konzeption, die auch einen sozialpolitischen Lösungsansatz enthalten hätte müssen, wurden die bestehenden Strukturen vielmehr durch hohe staatliche Subventionen und billige Kredite konserviert. Die dafür notwendigen Geldmittel mußten über die Notenpresse finanziert werden, wodurch wiederum die Inflationsspirale in Gang gesetzt wurde. Die Restrukturierung des Unternehmenssektors, insbesondere aber der potentiell leistungsfähigen Unternehmen, wurde zudem durch hohe steuerliche Belastungen, die als Reaktion auf sinkende Staatseinnahmen erlassen worden waren, gehemmt. Rußland hat sich in den ersten vier Jahren seiner Transformation zu einem Hochsteuerland entwickelt. Dieser Schätzbefund blieb auch 1995 aufrecht.

Die zur Eindämmung der Inflation betriebene Politik der Verknappung der Geldmenge im Zuge einer restriktiven Finanz- und Budgetpolitik schränkte zusätzlich die Möglichkeiten für Investitionen drastisch ein. Die Politik des knappen Geldes führte im Unternehmenssektor zudem zu einer wachsenden gegenseitigen Verschuldung und zu Rückständen bei Lohn- und Gehaltszahlungen. Einer Meldung der russischen Nachrichtenagentur Itar-Tass zufolge schuldeten russische Betriebe einander zur Jahreshälfte 1994 55 Billionen Rubel. Die Zahlungsrückstände bei Banken wurden mit 12 Billionen Rubel beziffert. Die Höhe der ausständigen Löhne und Gehälter soll zum Ende des dritten Quartals 1994 fast 4 Billionen Rubel und zu Beginn des zweiten Quartals 1995 rund 6,6 Billionen betragen haben. Ohne eine zielführende Lösung dieser Problematik wird sich die von der Privatisierung der Unternehmen erhoffte Sanierung der Unternehmen als nicht realistisch erweisen. Aus diesem Grund kann den bisher durchgeführten Privatisierungsaktionen auch nur formale Bedeutung zuerkannt werden. Auch die Ausgabe von Aktien an Millionen von

Menschen im Rahmen der im Juli 1994 abgeschlossenen Massenprivatisierungsaktion, die ohne die gleichzeitige Bereitstellung eines funktionsfähigen Wertpapiermarktes und dessen legistischer Grundlage erfolgte, kann zunächst nur als Scheinlösung klassifiziert werden. Der Aufbau eines effizienten Wertpapiermarktes war daher auch einer der Schwerpunkte des Wirtschaftsprogrammes der Regierung für das Haushaltsjahr 1995, dessen primäre Zielsetzung jedoch die finanzielle Stabilisierung war.

Neuer Stabilisierungs- und Reformanlauf

Der Haushaltsplan für 1995, auf den sich Parlament und Regierung im Dezember 1994 geeinigt haben, beinhaltet ein Sparbudget. Dessen Zielwerte – Senkung der durchschnittlichen monatlichen Inflationsrate auf weniger als 5 %, Straffung der geldpolitischen Zügel und eine Senkung des Haushaltsfehlbetrages um fast die Hälfte – wurden im grundsätzlichen Einvernehmen mit den internationalen Finanzorganisationen festgelegt. Diesen wurde von Rußland auch eine Verstärkung der marktwirtschaftlichen Reformen zugesichert.

Der marktwirtschaftliche Reformkurs Rußlands ist von westlicher Seite bislang nur sehr zaghaft unterstützt worden. Von den in Aussicht gestellten Geldmitteln wurde nur ein Bruchteil zur Verfügung gestellt. Laut Berechnungen des amerikanischen Ökonomen Jeffrey D. Sachs, der zu Beginn der Transformation als Berater der russischen Regierung fungierte, wurde Rußland vom Westen bis zum Jahr 1993 ein Hilfspaket in Höhe von 28 Milliarden US-Dollar in Aussicht gestellt, von dem aber nur etwa 5 Milliarden tatsächlich transferiert worden sind. Der IWF unterstützte den Reformprozeß in Rußland durch eine Systemtransformations-Fazilität in der Höhe von insgesamt 3 Milliarden US-Dollar, die in Tranchen von jeweils 1,5 Milliarden in den Jahren 1992 und 1994 zur Auszahlung gelangten. Ein Stand-by-Kredit in Höhe von 6,8 Milliarden US-Dollar wurde vom IWF im April 1995 gewährt. Dieser Kredit ist der zweithöchste, den der IWF bis dahin jemals vergeben hat. Den mit 17,8 Milliarden US-Dollar höchsten Betrag hat Mexiko im Februar 1995 erhalten. Für 1995 wurden Rußland zur Beschleunigung der Wirtschaftsreformen und zur Ankurbelung der Konjunktur von westlicher Seite insgesamt rund 15 Milliarden US-Dollar in Aussicht gestellt.

Die Politik der finanziellen Stabilisierung Rußlands hat auch zum Ziel, der Kapitalflucht ein Ende zu setzen und den Rückfluß der im Ausland deponierten Gelder zu bewirken. Nach Angaben des Institutes der deutschen Wirtschaft verzeichneten westliche Kreditinstitute Ende 1993 Guthaben aus den Ländern der früheren Sowjetunion in der Höhe von 16,3 Milliarden US-Dollar, knapp doppelt soviel wie zwei Jahre zuvor. Das Gros dieser Einlagen sollte auf russische Banken entfallen, der Anteil von Unternehmen und Privatpersonen wurde auf rund 2,2 Milliarden US-Dollar taxiert. Neben dem legalen Kapitalexport wurden aber auch erhebliche Summen illegal ins Ausland verbracht. Für 1992 und 1993 wurde von diesem Institut allein die illegale Kapitalausfuhr aus Rußland auf rund 10 Milliarden US-Dollar jährlich geschätzt. 1994 soll monatlich russisches Kapital in Höhe von 1,2 bis 2 Milliarden US-Dollar in das Ausland geflossen sein.

Das Stabilisierungspaket konnte 1995 nur zum Teil erfüllt werden. Die monatliche Inflation konnte zwar von 17,8 % im Januar 1995 auf 5,4 % im Juli und auf 4,6 % im August gesenkt werden, die mit dem IWF ausgehandelte monatliche Teuerungsrate von 1 % im zweiten Halbjahr 1995 konnte aber nicht erreicht werden. Die im Haushaltsentwurf nicht eingeplante Subventionierung von Betrieben und der Landwirtschaft sowie von Geldinstituten zur Abfederung der im September des Jahres akut gewordenen Bankenkrise löste aufgrund der Zunahme der Geldmenge einen weiteren Inflationsschub aus. Vom WIIW wurde für 1995 eine Jahresteuerung von rund 200 % vorberechnet. Zu einer tiefen innen- und außenpolitischen Vertrauenskrise gegenüber der russischen Regierung führten auch die im Dezember 1994 begonnenen und mit hohen menschlichen und materiellen Verlusten verbundenen Kriegshandlungen gegen Tschetschenien, die zudem eine rapide Abwertung der Währung zur Folge hatten.

Die Kriegshandlungen auf russischem Territorium haben bereits zu Jahresbeginn 1995 einen erneuten Verfall des Rubelkurses eingeleitet. Zuletzt war es in Rußland im Oktober 1994 zu einer Währungskrise gekommen. Dieser gingen im April und Juni 1994 im Jahresbudget nicht eingeplante Kredite von Trillionen Rubel an die Landwirtschaft für Aussaat und Ernte voran. Diese Kredite, die in der Regel mit einer Verzögerung von rund vier Monaten auf den Geldmarkt drücken, hatten an dem am 11. Oktober 1994 ausgelösten Währungssturz des Rubels entscheidenden Anteil. Der Rubelkurs, der seit Januar 1994 weitgehend stabil

gehalten werden konnte, fiel an diesem Tag gegenüber dem US-Dollar von 3.081 auf 3.926 Rubel. Als Folge des Tschetschenien-Konflikts geriet der Rubel erneut unter Druck.
Um das Vertrauen in den Rubel wieder zu festigen, wurde in der ersten Juliwoche 1995 von der Zentralbank die Schwankungsbreite des Dollarkurses auf 4.300 bis 4.900 Rubel festgelegt. Dadurch wurde ein Teil der Banken ihrer Haupteinnahmen beraubt, die mit Devisenspekulationen erzielt worden waren. Eine Schmälung der Einnahmen war darüber hinaus auch mit der Erhöhung der Mindestreserven verbunden. Nach Gerüchten über den Bankrott einer mittelgroßen Bank kam es im August 1995 zum Zusammenbruch der Geschäfte auf dem Moskauer Geldmarkt. Zur Entschärfung der Krise wurden den Geldinstituten von der russischen Notenbank Staatstitel für 600 Milliarden Rubel abgekauft. Weiters sagte die Zentralbank die Vergabe kurzfristiger Kredite zu. Aus Furcht vor der Zahlungsunfähigkeit zahlreicher Banken hatten die Geldinstitute die gegenseitige Vergabe von kurzfristigen Krediten stark eingeschränkt. Die Bankenkrise hatte ihre Ursache aber auch in der mangelnden Bonität vieler Institute. Auf die rund 2.500 registrierten Banken entfielen nur 5 Großbanken. Nach dem Willen von Präsident Jelzin soll der Instabilität des Bankensystems durch einen Konzentrationsprozeß entgegengewirkt werden, das heißt, die Großbanken sollen weniger starke Institute aufkaufen. Zur Hebung der Wirtschaftskraft soll darüber hinaus den Banken rechtlich ermöglicht werden, sich an Industrieunternehmen zu beteiligen. Diese Maßnahme hat auch eine Beschleunigung der Restrukturierung und Modernisierung des Unternehmenssektors zum Ziel. Ein Indikator unter vielen für die noch ausständige Unternehmensreform ist die hohe versteckte Arbeitslosigkeit.

Geringe offizielle Arbeitslosigkeit

Offiziell ist die Arbeitslosigkeit in Rußland seit Einsetzen der marktwirtschaftlichen Reformen gering geblieben. Nach offiziellen Angaben stieg sie bis 1994 auf nur 2,2 %. Für 1995 wurde vom WIIW eine Erhöhung auf 3,5 % und für 1996 auf 5 % prognostiziert.

Die tatsächliche Arbeitslosigkeit liegt aber weitaus höher. Sie wird auf bis zu 13 % der Erwerbsbevölkerung geschätzt. Eine Schönung der offiziellen Statistik wird unter anderem dadurch erreicht, daß freigesetzte Arbeitnehmer jeweils nur während der ersten sechs Monate erfaßt werden. Hinzu kommt noch, daß viele ehemals berufstätige Frauen als nunmehrige „Nur-Hausfrauen" in der Arbeitslosenstatistik nicht mehr aufscheinen. Laut einem von der Nachrichtenagentur Itar-Tass Anfang Januar 1995 veröffentlichten Interview mit dem russischen Arbeitsminister waren 1994 5,1 Millionen Menschen ohne Arbeit und 4,8 Millionen in Form von Kurzarbeit oder unbezahltem Urlaub von der versteckten Arbeitslosigkeit betroffen. In der offiziellen Statistik wurden zum Jahresende 1994 nur 1,5 Millionen arbeitslose Menschen ausgewiesen.

Ein System zur Unterstützung der arbeitslos gewordenen und in Not geratenen Menschen existiert zwar, der Staat verfügt aber nicht über die Mittel, um der Verarmung und Verelendung weiter Teile der Bevölkerung wirksam entgegenzusteuern. Etwa 14 % der russischen Bevölkerung mußten 1994 mit einem Einkommen unter dem Existenzminimum auskommen. Im Zuge der Mitte 1994 abgeschlossenen Massenprivatisierung konnte in Rußland nur eine Minderzahl der neuen Aktionäre ihre Einkommenssituation verbessern.

Zügiger formaler Privatisierungsverlauf

Die Privatisierung ist in Rußland formal sehr erfolgreich verlaufen. 1994 wurden laut offiziellen Angaben vom privaten Sektor rund 50 % des BIP erwirtschaftet und ebenfalls rund 50 % aller Arbeitnehmer beschäftigt. Zum Privatsektor wurden allerdings auch Aktiengesellschaften, umgewandelte Staatsbetriebe sowie die mit Hilfe von Kupons privatisierten Unternehmen gezählt, obwohl diese noch nicht nach privatwirtschaftlichen Prinzipien geführt wurden.

Die Grundlage für die Entstaatlichung der Unternehmen bilden das Gesetz vom 3. Juli 1991 über die Privatisierung staatlicher und gemeindeeigener Betriebe und die jährlich vom Parlament zu beschließenden Privatisierungsprogramme. Letztere werden vom Staatskomitee der Russischen Föderation für die Verwaltung des Staatseigentums ausgearbeitet. Auf die vom Parlament verabschiedeten Gesetze wird wiederum vom Staatspräsidenten durch Dekrete Einfluß genommen. Wichtige Bereiche der Wirtschaft blieben von der Privatisierung ausgeschlossen oder erforderten eine Genehmigung von seiten des Staatskomitees für die Verwaltung des Staatsvermögens oder der Regierung. Solche Bestimmungen wurden teilweise durch die Festlegung des maximalen Anteils öffentlichen Eigentums in diesen Sektoren abgeschwächt. So wurde in den sensiblen Bereichen Rüstung, Nachrichtenwesen, Energiewirtschaft und Förderung von Rohstoffen die Privatisierung bis zu einem Anteil von 49 % ermöglicht.

Die kleine Privatisierung ist in Rußland weitgehend abgeschlossen. Im Einzelhandel wurden 1994 85 % des Umsatzes von nichtstaatlichen Unternehmen erzielt. Die kleine Privatisierung erfolgte überwiegend durch Ausschreibungen oder den direkten Verkauf, der allerdings zumeist nur das Inventar erfaßte. Die Immobilien gingen in der Regel in kommunales Eigentum über und wurden zumeist für einen Zeitraum von durchschnittlich fünf Jahren verpachtet.

Die große Privatisierung wurde durch ein im Juli 1992 veröffentlichtes Dekret des Präsidenten eingeleitet. Durch ein weiteres, im August 1992 erlassenes Dekret wurde die Bevölkerung durch die Ausgabe von Kupons in die große Privatisierung miteinbezogen. Alle vor 1992 geborenen Bürger Rußlands konnten zwischen Oktober 1992 und Dezember 1993 Privatisierungsschecks im Wert von 10.000 Rubel in Anspruch nehmen. Die Vouchers konnten bei Auktionen in Aktien von privatisierten Unternehmen eingetauscht, als Zahlungsmittel für Wohnungen oder kleineres Eigentum, wie etwa Garagen oder Fahrzeuge, verwendet werden, an andere Interessenten verkauft oder in einem der zahlreichen Investmentfonds angelegt werden. Durch ein im Oktober erlassenes Präsidentschaftsdekret wurden zwei Arten von Investmentfonds zugelassen: Voucher-Investmentfonds, die nur in Vouchers investieren, und Investmentfonds, die sowohl in Vouchers als auch in weiteren Kreditinstrumenten veranlagen können. Nach Abschluß der Voucher-Privatisierung wurde gesetzlich eine Angleichung des Tätigkeitsbereiches von Voucher-Investmentfonds an jene von Investmentfonds und Banken-Investmentabteilungen geregelt. Angesichts ihrer spezifischen Rolle im Privatisierungsprozeß wurden ihnen zwar weiterhin Steuerprivilegien zuerkannt, sie verloren aber ihren Vorrang im Aktienhandel.

Ausländische Investoren waren wegen fehlender rechtlicher Bestimmungen anfänglich vom Privatisierungsprozeß de facto ausgeschlossen. Erst mit dem Privatisierungsprogramm von 1993 wurde die Teilnahme von Ausländern an Voucher-Auktionen geregelt. Der Erwerb von Vouchern und deren Einsatz auf Auktionen wurde mit Ausnahme sensibler Bereiche, wie etwa der Rohstofförderung, der Rüstungsindustrie und der Energiewirtschaft, gestattet. 10 % der bei Auktionen verkauften Vouchers mit einem Wert von etwa 1 Milliarde US-Dollar gingen laut offiziellen russischen Angaben im Verlauf der Voucher-Privatisierung in den Besitz von Ausländern über. Das Interesse ausländischer Investoren galt vor allem Sektoren, wo bereits Erfahrung aus anderen „emerging markets" gesammelt worden war, sowie Wirtschaftsbereichen, in denen hohe Gewinnmargen bei relativ geringem Risiko zu erwarten waren, wie etwa monopolistische Sektoren oder Sektoren mit großem Exportpotential wie der Telekommunikationssektor oder die Erdöl- und Gasindustrie.

Die erste Phase der großen Privatisierung wurde Ende Juni 1994 abgeschlossen. Zu diesem Zeitpunkt waren etwa 15.000 Mittelbetriebe (mehr als 200 Angestellte; Anlagevermögen über 1 Million Rubel) und Großbetriebe (mehr als 1.000 Angestellte; Anlagevermögen über 50 Millionen Rubel) privatisiert. In diesen Unternehmen arbeiteten mehr als 70 % der in der Industrie beschäftigten Arbeitnehmer. In etwa 80 % der privatisierten Betriebe erwarben die Mitarbeiter, denen beim Kauf von Aktien große Begünstigungen eingeräumt wurden, die Unternehmensmehrheit. Etwa 20 % der Unternehmensanteile wurden durch das Voucher-Auktionssystem privatisiert.

Laut Präsidentenerlaß vom 30. Juni 1994 wurde mit 1. Juli 1994 die zweite Phase der großen Privatisierung eingeleitet, die auf konventionellem Weg gegen Barzahlung und unter besonderer Bevorzugung strategischer Investoren abgewickelt werden sollte. An der zweiten Welle der großen Privatisierung konnten sich von Anbeginn an auch ausländische Investoren beteiligen. Eine weitere Neuerung stellen auch die mit der Privatisierung verbundenen Auflagen zur Unternehmenssanierung dar. Im Zuge der ersten Privatisierungsphase wurde von den wenigsten Unternehmen ein Sanierungskonzept erstellt. Die meisten setzten vielmehr weiterhin auf Subventionen und billige Staatskredite. Dieser unternehmerischen Haltung wurde durch die Interessenlage der neuen Eigentümer, die sich mehrheitlich aus den Arbeitnehmern zusammensetzen, sowie durch betriebsexogene Faktoren, wie mangelnder Wettbewerb, Importrestriktionen und die nicht erfolgte Stabilisierung des Finanzsektors Vorschub geleistet. Zur Stärkung der Finanzlage der Unternehmen wurde daher bei den Durchführungsbestimmungen zum neuen Privatisierungsprogramm auch das Verteilungsschema von Privatisierungserlösen geändert: 49 % der Verkaufserlöse fließen dem Staat zu, während 51 % beim privatisierten Unternehmen verbleiben.

Im Rahmen der zweiten Welle der großen Privatisierung wurden auch die Privilegien der Belegschaft beim Erwerb von Aktien eingeschränkt. An sie kann im Regelfall nur mehr ein Viertel des Aktienpaketes begünstigt abgegeben werden. Weiters wurde die Privatisierung von Grund und Boden ermöglicht, sofern dieser gewerblichen Zwecken dient. Für Grundstücke, auf denen sich Betriebsgebäude privatisierter Unternehmen befinden, wurden Regeln zur Preisfestlegung ausgearbeitet. 37 % der Einnahmen aus dem Grundstücksverkauf sind für die regionalen Budgets bestimmt. Der Verkauf von Land in Moskau wurde hingegen per Präsidentenerlaß vom Januar 1995 weiterhin ausdrücklich verboten.

Privatisierungserlöse sollen zu einer wichtigen staatlichen Einnahmenquelle werden. Im Budgetvoranschlag für 1995 wurden Einnahmen aus diesem Titel in Höhe von 8.730 Milliarden eingeplant. Diese Annahme war zu hoch gegriffen. In den ersten vier Monaten des Jahres 1995 flossen dem Staatsbudget aus der Privatisierung nur 500 Milliarden Rubel zu. Der Grund dafür ist einerseits die Einengung der Liquidität des heimischen Marktes, unter anderem durch Staatspapiere, Wohnungszertifikate, neue Aktienemissionen, Anlageinstrumente von Banken und Pensionsfonds, und andererseits die Mexikokrise, die mit negativen Auswirkungen auf das westliche Investoreninteresse verbunden war, sowie der politische Widerstand gegenüber der Privatisierung. Dieser Einnahmenschwäche versuchte man entgegenzusteuern, indem bisher gemäß den Gesetzesvorschriften im Staatseigentum verbliebene Anteile in der Öl- und Erdgasindustrie, in der Elektrizitätswirtschaft und im Telekommunikationsbereich zum Verkauf freigegeben wurden.

Im Gegensatz zum gewerblichen und industriellen Bereich blieb die Privatisierung der Landwirtschaft aus dem marktwirtschaftlichen Reformprogramm weitgehend ausgeklammert. Ende 1993 waren rund 270.000 private, zumeist im Familienverband geführte landwirtschaftliche Betriebe mit einer durchschnittlichen Größe von 42 Hektar registriert. Von diesen wurden rund 5 % der landwirtschaftlichen Fläche Rußlands bewirtschaftet. An diesem Befund dürfte sich zwischenzeitlich nur wenig verändert haben. Eine Ausweitung der Privatisierung im landwirtschaftlichen Sektor kann mittelfristig als wenig wahrscheinlich angesehen werden. Dabei spielen sowohl legistische als auch wirtschaftliche Faktoren eine bedeutende Rolle. Im Artikel 36 der Verfassung der Russischen Föderation, die am 12. Dezember 1993 durch ein Volksreferendum verabschiedet worden war, ist zwar festgeschrieben, daß natürliche und juristische Personen berechtigt sind, Grund und Boden in Privateigentum zu besitzen, der dazugehörige rechtliche Rahmen wurde aber erst im Juli 1995 geschaffen. Die meisten privaten Bauern in Rußland bewirtschafteten daher ihre Höfe zunächst in Pacht. Aufgrund der lückenlosen Zwangskollektivierung der Landwirtschaft ging in Rußland auch das Know-how privaten bäuerlichen Wirtschaftens weitgehend verloren. Die bäuerlichen Kleinbetriebe sind zudem aufgrund hoher Preise für Betriebsmittel in der Regel schwer verschuldet. Der Trend in der russischen Landwirtschaft geht vielmehr dahin, daß sich die Sowchosen und Kolchosen als Aktiengesellschaften oder Genossenschaften neu organisieren und sich durch regionale Zusammenschlüsse beim Einkauf der Produktionsmittel und bei der Distribution von Erzeugnissen wirtschaftliche Vorteile sichern.

Hoher Handelsüberschuß bei verringertem Handelsvolumen

Am 15. November 1991 wurde das staatliche Außenhandelsmonopol, das bereits während der Reformperiode unter Gorbatschow gelockert worden war, per Erlaß des russischen Präsidenten völlig beseitigt. Der Außenhandel wird aber weiterhin durch Quotierungen, durch die Vergabe von Lizenzen sowie die Einhebung von Exportzöllen und von Akzisen für als Luxus eingestufte Importgüter reguliert. Diese Beschränkungen, die für den Schutz des heimischen Marktes erlassen wurden, sollen im Zuge fortgesetzter Liberalisierungsmaßnahmen schrittweise wieder zurückgenommen werden.

Seit 1991 konnte Rußland im Handel mit den außerhalb der ehemaligen UdSSR gelegenen Staaten beachtliche Überschüsse erzielen. Auch die Leistungsbilanz wies mit Ausnahme des Jahres 1992 durchgängig positive Salden auf. 1994 betrug der Überschuß in der Handelsbilanz (ohne den GUS-Handel) rund 20 Milliarden US-Dollar und in der Leistungsbilanz 5 Milliarden US-Dollar.

Die positive Saldenentwicklung in der Handelsbilanz ergab sich vor allem durch einen gravierenden Rückgang bei den Importen. Ein akuter Mangel an Devisen und die drastische Verteuerung von Importen aufgrund des Verfalls des Rubelkurses führten zu einer kontinuierlichen Abnahme der Einfuhren. Zwischen 1990 und 1994 verringerten sich die Importe außerhalb der GUS-Staaten um mehr als 60 %. Die Exporte gingen im gleichen Zeitraum um rund ein Drittel zurück. Da russische Maschinen und Konsumgüter aufgrund mangelnder Qualität auf den westlichen Märkten kaum konkurrenzfähig sind, wurden vorwiegend Rohstoffe und Energieträger exportiert. Die gesteigerte Ausfuhr dieser Exportartikel in den Westen wurde insbesondere durch Kürzungen der Lieferungen an andere GUS-Republiken möglich. Bis 1994 sank der gesamte Handelsumsatz Rußlands mit den GUS-Staaten ungefähr auf die Hälfte des Niveaus von 1991. Trotz der Ungenauigkeiten in den Handelsstatistiken kann davon ausgegangen werden, daß auch der GUS-Handel Rußlands weiterhin positiv geblieben ist.

Laut Gesetz müssen russische Betriebe 50% ihrer Devisenerlöse zum Marktkurs des Rubels, der an der Moskauer Devisenbörse ermittelt wird, verkaufen. Über die restlichen Geldmittel können die Betriebe frei verfügen. Viele der im Export getätigten Deviseneinnahmen flossen allerdings nicht nach Rußland zurück, sondern wurden legal und illegal bei ausländischen Geschäftsbanken deponiert. Dadurch wurden den öffentlichen Haushalten beachtliche Deviseneinnahmen entzogen, was im Gegenzug auch zu erheblichen Zahlungsrückständen bei der Bedienung der Auslandsschulden beigetragen hat.

Entschärfung der Zahlungskrise durch Umschuldungsabkommen

Rußland übernahm nach der Auflösung der Sowjetunion die gesamten Auslandsverbindlichkeiten der ehemaligen UdSSR. Als Gegenleistung wurde Rußland von den übrigen GUS-Staaten das Eigentumsrecht über die der ehemaligen UdSSR zuordenbaren Vermögenswerte übertragen. Von Rußland wurde darüber hinaus auch Anspruch auf Vermögenswerte des ehemaligen Zarenhauses angemeldet. Der Wert der gesamten, in 106 Staaten reklamierten Vermögenswerte wird von russischer Seite mit rund 9 Milliarden US-Dollar beziffert. Die Abgeltung dieser Ansprüche wird zwar langfristig angestrebt, die Aussichten auf Erfolg sind aufgrund rechtlicher und sonstiger Komplikationen aber als gering zu bewerten.

Ende 1995 betrug die Auslandsverschuldung Rußlands rund 120 Milliarden US-Dollar. Davon entfielen etwa 40 Milliarden US-Dollar auf die im Pariser Club zusammengeschlossenen Gläubigerstaaten und 32,5 Milliarden US-Dollar auf die durch den Londoner Club vertretenen westlichen Gläubigerbanken. Der Großteil der Schulden kann von Rußland aufgrund der tiefen Wirtschaftskrise nicht bedient werden. Über die von der früheren Sowjetunion übernommenen Auslandsschulden sind zwischenzeitlich sowohl mit dem Londoner als auch mit dem Pariser Club erfolgreich Umschuldungsabkommen verhandelt worden.

Bereits im April 1993 wurde mit den im Pariser Club zusammengeschlossenen Gläubigerstaaten ein Umschuldungsvertrag abgeschlossen. In dessen Rahmen wurden Schulden in Höhe von 15 Milliarden US-Dollar aus Fälligkeiten der Jahre 1992 und 1993 auf zehn Jahre mit fünf tilgungsfreien Jahren erstreckt. Anfang Juni 1994 wurde mit dem Pariser Club über die Umschuldung von weiteren 7 Milliarden US-Dollar, die 1994 fällig geworden wären, Einigkeit erzielt. Die Zahlungsfrist wurde auf 15 Jahre ausgedehnt, wovon die ersten drei Jahre zins- und tilgungsfrei sind.

Mit den im Londoner Club zusammengeschlossenen 600 Gläubigerbanken konnten zunächst nur kurzfristige Arrangements über die Umschuldung von ausständigen Zinszahlungen getroffen werden. Mitte November 1995 wurde schließlich eine Einigung über die langfristige Umschuldung von rund 25,5 Milliarden US-Dollar Schulden und etwa 7 Milliarden US-Dollar Zinsrückstände erzielt. Im Rahmen dieser Regelung, die dazu beitragen soll, die Rückkehr des Landes auf die internationalen Kapitalmärkte zu erleichtern, wurde im Gegensatz zu anderen Umschuldungsabkommen jedoch kein Schuldenerlaß gewährt.

Für die Schulden wurde eine Erstreckung auf 25 Jahre unter Einbeziehung von sieben Freijahren vereinbart. Von den aufgelaufenen Zinsen sind 1,5 Milliarden US-Dollar aus den Jahren 1994 und 1995 bis Ende 1996 zu begleichen. Die restlichen Zinsen – abzüglich der bereits an die Bank von England überwiesenen Abschlagszahlung in Höhe von 500 Millionen US-Dollar für Zinsrückstände aus den Jahren 1992 und 1993 – werden in Floating Rate Notes mit einer Laufzeit von 20 Jahren umgewandelt, wobei auch hier sieben Freijahre vereinbart wurden. Die Zinszahlungen haben 13/16 Prozent über Libor zur Grundlage. Während der „Freijahres-Periode" hat die Zinszahlung nur zu 25 % in Cash zu erfolgen, die restlichen 75 % werden in Bonds umgewandelt. Insgesamt werden die kapitalisierten Zinszahlungen dann Bonds von knapp 9 Milliarden US-Dollar ergeben, die wiederum eine Gesamtlaufzeit von 20 Jahren haben.

Rußland hat in seiner Funktion als Rechtsnachfolgerin der ehemaligen UdSSR seinerseits als Entwicklungshilfe gewährte Kredite an die

Dritte Welt mit einem Gesamtvolumen von rund 140 Milliarden US-Dollar als Gläubiger offen. Diese Schulden können ebenfalls kaum bedient werden. Von Rußland wird daher versucht, diese Schulden, deren Wert im Durchschnitt auf etwa 30 % gesunken ist, auf dem Sekundärmarkt abzustoßen. Der Wunsch Rußlands, seine Schuldenguthaben in der Dritten Welt mit den Westschulden zu kompensieren, wurde von der Gruppe der sieben führenden westlichen Industrieländer abgelehnt.

Ausländische Direktinvestitionen noch gering

Ende 1994 waren in Rußland etwa 13.300 ausländische Direktinvestitionsfälle mit einem Investititonsvolumen von 2 Milliarden US-Dollar registriert. Davon entfielen 466 Projekte (4 %) und 182 Millionen US-Dollar (13 %) auf österreichische Unternehmen. Nach der Gesamtzahl ausländischer Unternehmen rangierten per Ende 1994 die USA (14,3 %) vor Deutschland (10,9 %), China (7,4 %) und Großbritannien (5 %).

Unternehmen mit ausländischer Beteiligung sind in einem weiten Spektrum von Wirtschaftszweigen vertreten. Investitionen werden jedoch vornehmlich im Rohstoffsektor, wo die internationale Marktfähigkeit der Produkte am größten ist, und in den Sektoren mit geringerem Investitionsbedarf und kürzeren Umlaufperioden, insbesondere im Dienstleistungssektor, getätigt. Von den 13.300 Unternehmen mit ausländischem Kapitalanteil waren Ende 1994 die meisten im Handel, im Maschinenbau, in der Metallverarbeitung, im Bauwesen und in der Holz- und Papierindustrie tätig.

Das angesichts der Größe des Marktes und des Reichtums an Rohstoffen äußerst geringe Engagement ausländischer Investoren ist im wesentlichen auf die unsichere politische und ökonomische Entwicklung des Landes, die fortdauernde Rechtsunsicherheit, die ungeklärten Eigentumsverhältnisse sowie auf die zunehmende Kriminalität zurückzuführen.

Da der Zustrom ausländischen Kapitals für den wirtschaftlichen Aufbauprozeß des Landes von großer Wichtigkeit ist, werden von Rußland in zunehmendem Maße Initiativen zur Anziehung von ausländischen Investoren gesetzt. Trotzdem blieben die Neuinvestitionen 1994 mit 1,2 Milliarden US-Dollar weit hinter den Erwartungen zurück. Viele ausländische Investoren haben sich aufgrund der vorgenannten Fakten sowie aufgrund des Krieges in Tschetschenien auch wieder aus dem russischen Markt zurückgezogen beziehungsweise ihr Engagement eingeschränkt. So belief sich der kumulierte Stand des investierten Auslandskapitals trotz der Neuinvestitionen in Höhe von 1,2 Milliarden US-Dollar zum Jahresende 1994 auf nur 2 Milliarden US-Dollar, also um fast 1 Milliarde US-Dollar weniger als 1993 und nur um rund 150 Millionen US-Dollar mehr als 1991. Dieser Trend entspricht zweifelsohne der Realität, auch wenn die Zahlenwerte aufgrund statistischer Unzulänglichkeiten nur bedingt aussagefähig sind.

Das Engagement ausländischer Unternehmen unterliegt mit Ausnahme gesetzlich verbotener Tätigkeiten und staatlicher Monopolbereiche nur wenigen Einschränkungen. Beteiligungen in den Bereichen Rohstoffgewinnung, Versicherungen und Banken sind konzessions- oder lizenzpflichtig. Unternehmen mit Auslandsbeteiligung, die formell mit anderen juristischen Personen russischen Rechts gleichgestellt sind, werden auch eine Reihe von steuerlichen Erleichterungen eingeräumt. Die Rückführung von Kapital und Gewinn nach Erfüllung der steuerlichen Abgabebestimmungen wird nicht beschränkt. Eigentum an Land, auf dem sich privatisierte Gebäude mit gewerblichem Zweck befinden, ist gesetzlich möglich. Allerdings weichen lokale Regelungen des öfteren von diesen Bestimmungen ab.

Ukraine

Fläche: 603.700 km², Einwohner: 51.700.00

Ausgewählte Wirtschaftsindikatoren

	1990	1991	1992	1993	1994	1995[1]	1996[1]	1997[1]
Veränderungen zum Vorjahr in %								
Reales BIP	–2,6	–11,6	–13,7	–14,2	–19,0	–11,0	–1,0	4,0
Reale Industrieproduktion	–0,1	–4,8	–6,4	–8,0	–27,7	–12,1	–10,0	–
Reale Bruttoanlageinvestitionen	1,9	–7,1	–36,9	–10,3	–25,0	–	–	–
Verbraucherpreise	4,8	91,2	1.210,0	5.371,0	891,0	360,0	90,0	45,0
Arbeitslosenrate (Jahresende)	–	0,0	0,3	0,4	0,3	0,4	2,0	9,0
in Millionen US-Dollar								
Exporte[2] (ohne FSU[3])	13.500	4.800	3.800	3.100	4.600	–	–	–
Importe[2] (ohne FSU[3])	16.600	6.600	2.200	2.400	2.600	–	–	–
Handelsbilanz[2] (ohne FSU[3])	–3.100	–1.800	1.600	700	2.000	–	–	–
Leistungsbilanz (ohne FSU[3])	–	–	–620	–849	–3.000	–5.500	–	–

	1990	1991	1992	1993	1994	1995[1]	1996[1]	1997[1]
in Millionen US-Dollar								
Ausländische Direktinvestitionen	–	–	150	250	292	–	–	–
Bruttoauslandsverschuldung[4]	–	–	3.484	4.120	7.100	–	–	–
Devisenreserven	–	–	96	115	385	–	–	–
in Tausend US-Dollar								
Reales BIP pro Kopf								
US-Dollar zur Kaufkraftparität	5.767	5.270	4.650	4.086	3.435	–	–	–
US-Dollar zum Wechselkurs	5.423	3.250	484	566	694	–	–	–
in Milliarden Karbowanez (URK)								
Budgetdefizit	–	–	630	9.274	113.967	–	–	–
Durchschnittlicher Wechselkurs URK/US-Dollar	0,59	1.746,0	200,5	4.796,0	31.699,0	150.000,0	–	–

Stand: Juli 1995; Prognosen: November 1995

[1] Prognose; [2] offizielle Angaben, Daten der Weltbank liegen weitaus höher; [3] Former Soviet Union; [4] ohne Anteil an den Schulden der ehemaligen Sowjetunion

Quellen: WIIW, Bundesministerium für wirtschaftliche Angelegenheiten

Anhaltende Wirtschaftskrise

Die Ukraine erklärte sich am 24. August 1991, unmittelbar nach dem gescheiterten Putsch in Moskau, unabhängig. Der Schritt in die Eigenstaatlichkeit wurde am 1. Dezember 1991 per Referendum bestätigt. Die Ukraine zählt gemeinsam mit Rußland und Weißrußland zu den Gründungsmitgliedern der Gemeinschaft Unabhängiger Staaten.

Im Rahmen der ehemaligen Sojetunion spielte die ukrainische Wirtschaft vor allem im Bereich der industriellen und landwirtschaftlichen Produktion eine bedeutende Rolle. Metallurgie, Maschinenbau und die Verarbeitung von Lebensmitteln stellten rund zwei Drittel des industriellen Outputs dar.

Das Land selbst ist reich an Rohstoffen. Die Ukraine besitzt etwa 20 % der Bodenschätze der ehemaligen Sowjetunion. Es sind dies vor allem Eisenerze, Buntmetalle, Kohle sowie in geringeren Mengen Erdöl und Erdgas. Die Exploration und Erschließung letzterer heimischen Energievorräte wurde während der Sowjetzeit aber eher vernachlässigt, da Energieträger zu sehr günstigen Bedingungen aus der Sowjetunion bezogen werden konnten. Die Ukraine ist nur bei Kohle und Strom Selbstversorgerin. Bei Erdöl und Erdgas ist das Land stark von den anderen ehemaligen Sowjetrepubliken, in erster Linie von Rußland und Turkmenistan, abhängig. 1993 konnten nur 8 % des Erdöl- und 24 % des Erdgasbedarfs aus der eigenen Produktion gedeckt werden. Innerhalb des Energiesektors stellt die Elektrizitätswirtschaft mit ihrem hohen Anteil an Atommeilern eine besondere Problematik dar. Die größte Bedrohung geht von der weiteren Nutzung der Blöcke in Tschernobyl aus, die nunmehr mit ausländischer Hilfe bis zur Jahrtausendwende stillgelegt werden sollen. Ohne die finanzielle Unterstützung durch das Ausland wird auch das langfristige Energiekonzept der Ukraine nicht realisiert werden können, das durch den Ausbau von Kohle- und Nuklearkraftwerken eine Steigerung von derzeit 10 % energetischer Selbstversorgung auf 50 % bis zum Jahr 2010 vorsieht.

Die Auflösung des Wirtschaftsgeflechtes der Sowjetunion bewirkte in der Ukraine in Verbindung mit dem Zusammenbruch der Handelsstrukturen und der Verteuerung der Energiepreise eine tiefe Wirtschaftskrise. Die Talfahrt der Wirtschaft wurde durch die Strukturkrise der Industrie verstärkt, die über einen hohen Anteil an Schwer- und Rüstungsbetrieben, veraltete Anlagen und im internationalen Vergleich nicht konkurrenzfähige Produktionsmethoden verfügt. Auch die Folgekosten des atomaren Unglücks im Kernkraftwerk Tschernobyl im Jahre 1986 sowie die hohen Ausgaben für die Wartung und den Abbau der im Land stationierten strategischen Atomwaffen trugen zur Belastung der ukrainischen Wirtschaft bei, die sich seit 1991 in einer schweren Krise befindet.

Zwischen 1991 und 1993 schrumpfte das BIP real um mehr als 40 %. Ein Ende der Krise ist nicht absehbar. 1994 sank das BIP in der Ukraine gegenüber dem Vorjahr erneut um 19 %. Dieser neuerliche Wirtschaftsrückgang ist vor allem darauf zurückzuführen, daß viele Betriebe mangels Energie oder Aufträgen ihre Produktion eingestellt oder auf ein Minimum reduziert haben. Von diesen Maßnahmen sind Schätzungen zufolge etwa 20 bis 25 % aller Betriebe betroffen. Infolge dieser Entwicklung ist auch der industrielle Output drastisch zurückgegangen. 1994 wurde um rund ein Viertel weniger produziert als im Vergleichszeitraum des Vorjahres. Die Rezession konnte auch 1995 nicht gestoppt werden. Für 1996 wird eine Stabilisierung der Wirtschaft auf einem Niveau, das weniger als der Hälfte der Wirtschaftsleistung des Jahres 1991 entsprechen dürfte, erwartet.

In der offiziellen Arbeitslosenstatistik fand die Wirtschaftskrise keinen Niederschlag. Zwischen 1992 und 1995 wurde in der Ukraine nur eine geringfügige Arbeitslosenrate von 0,3 % beziehungsweise 0,4 % ausgewiesen. Von der International Labor Organization (ILO) wird geschätzt, daß die Ukraine unter allen Reformstaaten die höchste versteckte Arbeitslosigkeit aufweist. Bis zu einem Drittel der erwerbstätigen Bevölkerung soll davon betroffen sein. Mehr als 10 % der Arbeitnehmer befanden sich 1994 auf unbezahltem Langzeiturlaub. Einer Schätzung des IWF zufolge erreichte die tatsächliche Arbeitslosigkeit in der Ukraine 1994 15 %. Die offiziell ausgewiesene Arbeitslosenrate lag bei 0,4 %. Für 1996 und 1997 wurde vom WIIW ein rapider Anstieg der ausgewiesenen Arbeitslosen – 1996: 2,0 %; 1997: 9,0 % – vorherberechnet.

Mehr Plan- als Marktwirtschaft

In der Ukraine wurde der krisenhaften Wirtschaftsentwicklung durch eine zögerliche und inkonsistente Reformpolitik Vorschub geleistet. Die marktwirtschaftliche Transformation der ukrainischen Wirtschaft ist nur geringfügig fortgeschritten. Die meisten der im Oktober 1992 gesetzten Maßnahmen, wie etwa die teilweise Liberalisierung der Preise, die

Erleichterung der Exportbeschränkungen und die Auflockerungen des staatlichen Valutenmonopols, wurden im Zuge der sich verschärfenden Wirtschaftskrise wieder zugunsten staatsdirigistischer Kontrollmaßnahmen eingeschränkt oder überhaupt rückgängig gemacht.

Die Wirtschaft der Ukraine wird seit Erlangung der Unabhängigkeit nach wie vor hauptsächlich über das Budget gesteuert, dessen rechnerische und legale Grundlagen unverändert aus der sowjetischen Ära übernommen wurden. Das weitgehende Festhalten an der Zentralverwaltungswirtschaft unterminierte auch die Entwicklung des Geld-, Kredit- und Kapitalmarktes. Die wirtschaftliche Instabilität erlaubte es bisher auch nicht, die seit Anfang 1992 in Umlauf befindliche Ersatzwährung Karbowanez durch die neue Nationalwährung mit der Bezeichnung Griwna zu ersetzen. Die Einführung der neuen Währung mußte schon mehrmals verschoben werden.

Hyperinflation

Der Anstieg der Einzelhandelspreise, die zu einem großen Teil administrativ festgesetzt worden waren, schwankte 1992 und 1993 zwischen weniger als 20 % und fast 90 % pro Monat und betrug zwischen Dezember 1992 und Dezember 1993 mehr als 10.000 %. Die Ukraine erreichte 1993 mit 5.371 % weltweit die höchste Inflationsrate unter allen nicht kriegführenden Ländern.

Die hohen Inflationsraten resultierten im wesentlichen aus der exorbitanten Verteuerung der Energie und dem Versuch des Staates, die Produktion von Industrie und Landwirtschaft mit subventionierten Krediten, die über die Notenpresse finanziert werden mußten, aufrechtzuerhalten.

Nach dem Zerfall der Sowjetunion stiegen die Preise für Energieträger drastisch an. Die Importpreise für russische Energie wurden zwischen 1991 und 1993 von ursprünglich 3 % auf etwa 60 % des Weltmarktniveaus angehoben. 1993 wurden von der Ukraine rund 40 % des BIP für Energieimporte ausgegeben. An die heimische Industrie und Landwirtschaft wurden die hohen Energiekosten aber nur zum Teil weitergegeben. Sie erhielten ebenso wie die privaten Haushalte die Energie zu stark subventionierten Preisen. Zur Finanzierung des Defizits im öffentlichen Sektor wurden 1992 rund 70 % aller Kreditemissionen aufgewendet. Dieser Anteil hat sich bis Ende 1993 auf rund 85 % erhöht.

Die Hyperinflation des Jahres 1993 konnte 1994 abgebremst werden. Die monatliche Inflationsrate, die im Januar 1994 noch 19 % betrug, wurde bis Juni desselben Jahres auf 5 % gedrückt. Die erzielte Stabilisierung baute allerdings auf einem fragilen Fundament auf, da sie das alleinige Ergebnis einer monetären Restriktionspolitik war. Diese bedingte auch eine Zunahme der Zahlungsunfähigkeit und der gegenseitigen Verschuldung der Unternehmen und führte in der Folge zu Rückständen bei der Auszahlung von Löhnen und Gehältern. Im Juli 1994 mußten landwirtschaftlichen Betrieben neue Kredite gewährt werden, da andernfalls die Einbringung der Ernte gefährdet gewesen wäre. In der Folge stieg die Inflation neuerlich an. Sie betrug im August 1994 7,6 % und erreichte im September 18 %. Eine inflationsverstärkende Wirkung ging im dritten Quartal 1994 auch vom Abbau der Subventionen für den Brotpreis aus. Die Inflation betrug 1994 im Jahresdurchschnitt fast 900 %. Eine radikale Eindämmung der Inflation war die Zielvorgabe eines mit dem IWF 1994 ausgearbeiteten makroökonomischen Stabilisierungspaketes, an dessen Erfüllung auch die Auszahlung von internationalen Finanzhilfen gekoppelt wurde. Die angepeilte Absenkung der Jahresinflation für 1995 belief sich auf 250 %. Vom WIIW wurde für 1995 ein Anstieg der Verbraucherpreise um rund 400 % vorherberechnet.

Schulden-, Energie- und Handelskrise

Die Verteuerung der Energiepreise hat trotz einer drastischen Senkung des Energieverbrauches zu enormen Zahlungsrückständen bei den Hauptlieferanten der Ukraine für Öl und Gas – Rußland und Turkmenistan – geführt. Die zunehmenden Zahlungsschwierigkeiten der Ukraine – 1994 wurde weniger als die Hälfte der Energieimporte bezahlt – führten zur Reduktion und vorübergehenden Aussetzung von Energielieferungen. Unbezahlte Energierechnungen ließen die Verschuldung der Ukraine stark ansteigen. Ende 1994 betrug die Verschuldung der Ukraine (ohne den Anteil an den Schulden der ehemaligen Sowjetunion) 7,1 Milliarden US-Dollar. Davon entfielen rund 5 Milliarden US-Dollar auf Rußland.

Aus den Exporteinnahmen kann von der Ukraine nur ein geringfügiger Teil der Ausgaben für die Energieimporte abgedeckt werden. Die Exporte haben sich, wie das Handelsvolumen der Ukraine insgesamt, seit 1991 stark rückläufig entwickelt. Der Großteil des Außenhandels, etwa zwei Drittel, findet weiterhin mit den ehemaligen SU-Staaten statt. Mit diesen Staaten weist die Ukraine ein Außenhandelsdefizit auf (1992: –1,1 Milliarden US-Dollar; 1993: –3 Milliarden US-Dollar; 1994: –2 Milliarden US-Dollar). Im Handel mit den Staaten außerhalb der ehemaligen UdSSR werden von der Ukraine seit 1992 regelmäßig Überschüsse erzielt (1992: 1,6 Milliarden US-Dollar; 1993: 0,7 Milliarden US-Dollar; 1994: 2 Milliarden US-Dollar).

Die Exporte der Ukraine bestehen mehrheitlich aus Rohstoffen wie Kohle, Metallerze und Halbfabrikate, die Importe vor allem aus Konsumgütern. 1994 betrug der gesamte Außenhandel 21 Milliarden US-Dollar, wobei die Exporte 10,4 Milliarden betrugen und die Importe mit 10,6 Milliarden etwa gleich hoch waren. Die offiziellen Statistiken spiegeln nicht die tatsächliche Höhe der Ein- und Ausfuhren wider. Vor allem bei den Exporten dürfte infolge Unterfakturierung der tatsächliche Wert wesentlich höher sein.

Infolge der rückläufigen Entwicklung des Außenhandels, der Wirtschaftskrise und der wachsenden Auslandsverschuldung hat sich das Defizit in der Leistungsbilanz zwischen 1992 (–620 Millionen US-Dollar) und 1994 (–3 Milliarden US-Dollar) fast verfünffacht. Die ukrainische Nationalbank verfügt nur über geringe Devisenreserven. Diese beliefen sich zum Jahresende 1994 auf weniger als 400 Millionen US-Dollar.

Schattenwirtschaft und Kapitalflucht

Die statistisch nicht erfaßte Schattenwirtschaft soll in der Ukraine laut Schätzungen ungefähr so groß sein wie die offizielle Wirtschaft. Die Bevölkerung in der Ukraine, die mit hohen Reallohnverlusten und oftmals auch mit Rückständen bei Gehalts- und Lohnzahlungen konfrontiert ist, reagiert auf die Wirtschaftskrise zunehmend mit Selbstversorgung, dem Austausch von gegenseitigen Dienstleistungen und Schwarzarbeit. Viele Unternehmen suchen wiederum den hohen Steuerdruck, mit dem der Staat auf den Entfall von Einnahmen reagiert hat, durch die Abwicklung illegaler Geschäfte zu umgehen. Die Einführung des Karbowanez Anfang 1992, verbunden mit einem Wechselkurssystem mit mehreren Kursen, hat ebenso wie die Verpflichtung der Exporteure, gewisse Teile ihrer Erlöse zu unterschiedlichen Kursen einzutauschen, zu einem Ausweiten der Kapitalflucht geführt. Einem in der Ukrain Business Review im Sommer 1994 veröffentlichen Artikel zufolge soll allein 1993 Kapital in Höhe von 1 Milliarde US-Dollar ins Ausland geflossen sein. Das Auslandsvermögen von ukrainischen Staatsbürgern wird im selben Bericht auf insgesamt 18 Milliarden US-Dollar geschätzt.

Neuer Anlauf für marktwirtschaftliche Reformen

Mit Unterstützung des IWF wurde von der Ukraine im Sommer 1994 mit der Ausarbeitung eines makroökonomischen Stabilisierungs- und Reformprogrammes begonnen. Dieses sieht die Liberalisierung der Wirtschaft, eine Beschleunigung der Privatisierung, strukturelle Reformen und eine restriktive Fiskal- und Geldpolitik vor. Die Eckpunkte der ersten makroökonomischen Reformphase sind die Freigabe der Großhandels- und Energiepreise, die Vereinheitlichung der unterschiedlichen Wechselkurse und die Beschränkung des Budgetdefizits im Jahr 1995 auf weniger als 10 % des BIP. Die politische Implementierung dieser Reformschritte war eine Vorbedingung des IWF für die am 26. Oktober 1994 erfolgte Bewilligung eines Kredites in Höhe von 249,33 Millionen Sonderziehungsrechten aus der Systemtransformations-Fazilität. Gleichzeitig schaffte die Ukraine den offiziellen Wechselkurs ab. Der Kurs des Karbowanez gegenüber dem US-Dollar wird in Hinkunft nur noch auf der Kiewer Devisenbörse festgelegt. Bei gutem Reformfortschritt wurde vom IWF für 1995 ein weiterer Kredit in derselben Höhe sowie ein Stand-by-Kredit in Aussicht gestellt.

Von seiten der Ukraine wurde an den IWF, die Weltbank und die G7-Staaten der Wunsch herangetragen, zur Unterstützung des marktwirtschaftlichen Reformprozesses insgesamt langfristige Kredite in Höhe von 5,5 Milliarden US-Dollar zu gewähren. Nach Verabschiedung des Budgets 1995 vom ukrainischen Parlament, das in Abstimmung mit dem IWF erstellt worden war, kam Anfang April 1995 die Zusage für IWF-Mittel in Höhe von 1,8 Milliarden US-Dollar. Damit wurde der Weg für weitere Finanzierungen von insgesamt 5,5 Milliarden US-Dollar geebnet.

Neuer Privatisierungsanlauf

Bis 1994 wurden in der Ukraine laut offiziellen Angaben weniger als 10 % der gesamten staatlichen Vermögenswerte privatisiert. Die staatlichen Monopolbetriebe, von denen 1994 noch rund 80 % aller Waren hergestellt wurden, dominieren nach wie vor den Unternehmenssektor.

Auch in der Landwirtschaft herrschen nach wie vor die großen Staatsbetriebe vor. Von rund 24.000 privaten bäuerlichen Landwirtschaftsbetrieben wurden 1993 nur rund 11 % der landwirtschaftlichen Fläche bestellt. Auf sie entfielen allerdings rund 40 % des Viehbestandes und der Ernte, was bedeutet, daß sie viermal so produktiv waren wie staatliche Landwirtschaftsbetriebe. Private Landwirte können laut einem im Juni 1993 verabschiedeten Gesetz höchstens 50 Hektar Ackerfläche besitzen. Nur in Gegenden mit Arbeitskräftemangel kann der private Landbesitz auf 100 Hektar ausgedehnt werden.

Mit Jahresbeginn 1995 wurde eine neue Privatisierungsoffensive eingeleitet. Der militärisch-industrielle Komplex sowie der Ölverarbeitungssektor wurden allerdings von der Privatisierung ausgenommen. Insgesamt ist die Privatisierung von 77.000 Unternehmen vorgesehen. In einem ersten Schritt wurden im Rahmen der kleinen Privatisierung Tausende Einzelhandels-, Klein- und Mittelbetriebe zum Verkauf ausgeschrieben. Im Rahmen der großen Privatisierung wurden 1995 auch 8.500 große und mittlere Unternehmen für die Kuponprivatisierung vorgesehen. Mit der Ausgabe der Kupons, die im Gegensatz zur russischen Kuponprivatisierung nicht handelbar sind, wurde am 2. Januar 1995 begonnen. Jeder Ukrainer bekommt dadurch Staatsvermögen von nominell 1,2 Millionen Karbowanez zugewiesen. Diese können bis Ende 1996, ähnlich wie in Rußland, in landesweiten Auktionen in Aktien der ausgeschriebenen Unternehmen eingelöst werden. Darüber hinaus gibt es die Möglichkeit, die Voucher bei Investmentfonds zu deponieren. Die Beteiligung ausländischer Mitbieter bei der Privatisierung wurde zunächst eher restriktiv gehandelt, wenngleich grundsätzlich in- und ausländische natürliche juristische Personen gleichermaßen an der Privatisierung teilnehmen können. Einige Unternehmen wurden in der ersten Phase der zweiten Privatisierungswelle sogar ausdrücklich für ausländische Interessenten reserviert. Den neuen ukrainischen Privateigentümern steht es auch frei, ausländische Partner aufzunehmen.

Geringe ausländische Direktinvestitionen

Die Ukraine ist aufgrund des Reichtums an natürlichen Bodenschätzen, der Größe des Marktes und des hohen Bildungs- und Ausbildungsstandes der Bevölkerung für viele westliche Unternehmen ein grundsätzlich interessanter Investitionsstandort.

Die ökonomische Krise, aber auch ungeklärte politische Probleme, wie etwa das Nationalitätenproblem oder der Streit mit Rußland um die Schwarzmeerflotte und die territoriale Zugehörigkeit der Halbinsel Krim, haben das Engagement ausländischer Investoren gering gehalten. Bis zum Jahresende 1994 waren in der Ukraine nur rund 1.775 Direktinvestitionsfälle mit einem Projektwert von etwa 300 Millionen US-Dollar registriert.

Basisindikatoren für den institutionellen Paradigmenwechsel

Der Grad der Ablösung eines planwirtschaftlichen Wirtschaftssystems durch ein marktwirtschaftliches kann grundsätzlich durch eine Reihe von Kennziffern empirisch erhoben werden. Auf einzelne wichtige Merkmale, wie die Liberalisierung der Preise und des Handels, die Privatisierung oder die Restrukturierung der Unternehmen wurde bereits bei der Beschreibung der wirtschaftlichen Entwicklung der einzelnen Reformstaaten im Transformationsverlauf näher eingegangen.

Zu den Grundvoraussetzungen für den Ablöseprozeß einer Planwirtschaft durch eine Marktwirtschaft zählen auch die Verankerung eines neuen Rechtssytems und der möglichst rasche Aufbau funktionsfähiger Geld- und Kapitalmärkte. Ohne ein leistungsfähiges Finanzsystem ist die Restrukturierung, Privatisierung und Modernisierung der Staatsbetriebe und der Landwirtschaft sowie der Ausbau des im planwirtschaftlichen System traditionell unterbewerteten und daher unterentwickelten Dienstleistungssektors letztlich undurchführbar.

Reform des Rechtssystems

In allen Reformstaaten wurde unmittelbar nach der Wende eine umfassende Reorganisation des Rechtssystems eingeleitet, wobei das bestehende Recht entweder an die neuen Erfordernisse angepaßt oder von Grund auf neu gestaltet wurde. Die Durchsetzbarkeit des Rechtes ist aber oft noch nicht gewährleistet, da die für den Vollzug notwendige institutionelle Infrastruktur nicht voll ausgebaut ist. Viele Gesetze sind zudem noch nicht ausjudiziert. Im folgenden soll in Form eines äußerst groben Kurzüberblickes auf die für ausländische Investoren vordergründig interessanten Bereiche des Eigentumsrechtes, des Gesellschafts-, Vertrags- und Handelsrechtes sowie des Besicherungsrechtes im allgemeinen eingegangen werden. In diesem Zusammenhang ist zu beachten, daß der legistische und judizielle Reform- und Anpassungsprozeß noch in keinem Land endgültig abgeschlossen ist. Die Zielrichtung ist dabei vor allem bei jenen Staaten, die eine EU-Mitgliedschaft anstreben, auf den gemeinsamen Rechtsbestand der Union ausgerichtet, da dessen Nachweis eine der erklärten Basisvoraussetzungen für einen EU-Beitritt darstellt.

In der kommunistischen Rechtsordnung wurde zwischen verschiedenen Typen von Eigentum unterschieden, wie Staats- oder Gemeinschaftseigentum, zumeist auf landwirtschaftliche Kooperativen bezogenes Genossenschaftseigentum, Eigentum von Gewerkschaften und von anderen Institutionen, wie etwa der Kommunistischen Partei, und persönliches Eigentum. Letzteres bezog sich in der Regel nur auf persönliche Dinge. Privateigentum, das zum Beispiel in Ungarn, Polen und der ehemaligen Deutschen Demokratischen Republik erlaubt war, umfaßte zumeist lediglich kleine Geschäfte und Betriebe, allenfalls – wie etwa in Bulgarien – auch Haus- und Wohnungsbesitz. Für die verschiedenen Eigentumsformen gab es eine Rangordnung, wobei dem Staatseigentum der Vorrang eingeräumt worden war. Von dieser Klassifizierung ist im Zuge der Reformierung des Rechtes abgegangen worden. In den meisten mittel- und südosteuropäischen Ländern wird nicht mehr zwischen verschiedenen Eigentumsformen unterschieden, sondern natürlichen und juristischen Personen gleichwertiges Recht auf privates Eigentum eingeräumt.

In Rußland hingegen, dessen Gesetzgebung in vielem Vorbildwirkung auf andere GUS-Staaten hat, werden durch den neuen Rechtskodex bestimmten juristischen Personen, darunter auch staatseigenen Unternehmen, keine umfassenden Eigentumsrechte zuerkannt. Diesen wird zwar das Recht auf den Besitz und den Gebrauch von Vermögenswerten eingeräumt, so als ob sie die Eigentümer wären, der Rechtsanspruch auf das Unternehmen verbleibt aber beim Staat. Solch eine Aufteilung der Eigentumsrechte, verbunden mit der Unsicherheit, welche Gesellschaftsorgane über welche Befugnisse bezüglich des Eigentums verfügen, ist ein grundlegender Hemmnisfaktor für die Gründung von Jointventures und erschwert auch deren Finanzierung. Das Recht, Vermögenswerte als Sicherstellung zu verwenden, setzt das Verfügungsrecht über diese voraus.

1995 wurde nur noch in wenigen GUS-Staaten inländischen natürlichen und juristischen Personen verwehrt, Land im Eigentum zu besitzen. Die Nutzung von Grund und Boden wurde in diesen Staaten aber durch Pachtverträge ermöglicht. In Rußland ist im Artikel 36 der Verfassung, die am 12. Dezember 1993 durch ein Volksreferendum verabschiedet wurde, verankert, daß inländische natürliche und juristische Personen berechtigt sind, Grund und Boden im Eigentum zu halten. Der dazugehörige rechtliche Rahmen wurde aber erst im Juli 1995 geschaffen. Der Verkauf von Land in Moskau wurde hingegen durch einen im Januar 1995 ergangenen Präsidentenerlaß weiterhin unterbunden.

Gegenüber ausländischen Investoren wird beim Erwerb von Grundstücken in zahlreichen Reformstaaten, vor allem aber im GUS-Raum, nach wie vor eine grundsätzlich restriktive Haltung eingenommen. In diesen Ländern kann von Unternehmen mit ausländischer Beteiligung Land nur auf mehrere Jahrzehnte – zumindest bis zu 99 Jahren – gepachtet werden. Unter den GUS-Staaten können dem Gesetz nach nur in Rußland ausländische Investoren Land für Geschäftszwecke erwerben. In der Praxis ist dieses Recht aber oftmals und vor allem mit zunehmender Entfernung vom Zentrum schwer durchsetzbar. In den fünf am meisten fortgeschrittenen Reformstaaten Polen, Ungarn, Tschechien, der Slowakei und Slowenien können zwar im Land registrierte Firmen mit ausländischer Beteiligung, nicht aber ausländische natürliche oder juristische Personen Liegenschaften erwerben.

Der Erwerb von Land wird in den meisten Reformstaaten noch durch eine ungenügende grundbücherliche Erfassung und oftmals noch ungeklärte Besitzverhältnisse erschwert. Mit dem Aufbau eines Grundbuches ist bereits in Weißrußland, Bulgarien, Tschechien, Ungarn, Kasachstan, Polen, Rumänien, Rußland, der Slowakei und der Ukraine begonnen worden. Dem Aufbau eines Grundbuches kommt auch in Zusammenhang mit der Bestellung von Sicherheiten im Rahmen von Finanzierungen große Dringlichkeit zu.

Im geltenden Recht der meisten Reformstaaten sind auch die bei Fremdfinanzierungen relevanten Möglichkeiten für Sicherstellungen noch ungenügend geregelt. Ähnliches gilt für die Sicherung der Ansprüche der Gläubiger. Hinreichende Rechtsvorschriften zur Besicherung von intellektuellem Eigentum oder Vermögenswerten in Form von Schuldscheinen, Wechsel oder Aktien existieren ebenfalls zumeist noch nicht. Damit stehen heimischen und ausländischen Investoren viele wichtige finanztechnische Instrumente noch nicht in ausreichendem Maße zur Verfügung.

Seit 1989 haben alle Reformstaaten in ihrem Handels- und Vertragsrecht die ehemalige Unterscheidung zwischen privaten Verträgen und Verträgen zwischen staatlichen Unternehmen aufgehoben. Einige Staaten, wie zum Beispiel Belarus, haben ein neues Zivilrecht eingeführt oder, wie etwa Tschechien und die Slowakei, das existierende Recht revidiert. In anderen Staaten wurde mit der Ausarbeitung neuer Kodizes begonnen. Alle das Vertrags- oder Handelsrecht betreffenden Transaktionen werden entweder durch Bestimmungen des Zivilrechts oder durch Gesetze, die ehemals nur für private Verträge gegolten haben, geregelt. Bestimmungen, die auf der Ideologie des Sozialismus fußten, wurden eliminiert. Wenn auch die einzelnen Paragraphen nicht immer detailliert ausgeführt und in einigen Fällen antiquiert sind, so enthalten sie dennoch die notwendigen Basisbedingungen zur Abwicklung von Handelsgeschäften. Das in der ehemaligen ČSFR 1991 eingeführte und in den beiden Nachfolgestaaten Tschechien und der Slowakei weiterhin gültige Handelsrecht ist das unter allen Reformstaaten am meisten entwickelte. Bulgarien und Rumänien verfügen ebenfalls über ein eigenes Handelsrecht, das allerdings nicht alle Möglichkeiten von Handelsgeschäften abdeckt.

Ein Kernproblem im Zusammenhang mit der Anwendung des Handels- und Vertragsrechtes ist der Mangel an adäquaten Rechtsmitteln. Die Gerichte verfügen in wirtschaftlichen Streitfragen, vor allem aber bei komplexen Transaktionen, oftmals über nur eingeschränkte Erfahrungswerte. Im Falle eines Vertragsbruches kann mit den bestehenden Rechtsmitteln oft nur schwerlich ein adäquater Schadenersatz durchgesetzt werden. Weiters herrscht häufig auch ein Mangel an einschlägig ausgebildeten Juristen und Richtern.

Gesellschaftsrechtliche Bestimmungen sind in den meisten Reformstaaten bereits in Kraft oder befinden sich unmittelbar vor der Einführung. Diese Regelungen entsprechen aber nicht immer marktwirtschaftlichen Prinzipen. So wurden in den meisten GUS-Staaten zunächst nur für Aktiengesellschaften detaillierte gesetzliche Regelungen erlassen.

Von der Mehrzahl der Reformstaaten wurden auch Konkursgesetze in Kraft gesetzt, die aber zumeist rudimentär sind. So wird oft nicht exakt definiert, unter welchen Bedingungen ein Konkursverfahren eingeleitet werden kann, oder in welcher Form Gläubigeransprüche unter Beweis gestellt werden müssen. Tschechien, Ungarn, Polen und die Slowakei verfügen über die detailliertesten Konkursgesetze. Die umfassendste Regelung ist im ungarischen Gesetz, das 1991 erlassen und 1993 abgeändert wurde, enthalten. Dieses zielt in erster Linie auf die Reorganisation eines verschuldeten Unternehmens ab. Die Liquidation ist nur dann durchzuführen, wenn zwischen dem Schuldner und der Mehrheit der Gläubiger keine Einigkeit über einen Plan zur Reorganisierung erzielt werden kann. Die Reorganisation selbst kann als Ergebnis des Konkursverfahrens oder als Bestandteil einer außergerichtlichen Einigung durchgeführt werden.

Bezüglich der Reihung der Gläubiger im Rahmen eines Konkursverfahrens gibt es zwischen den einzelnen Staaten ebenfalls sehr unterschiedliche Regelungen. In einigen Ländern, wie zum Beispiel in Ungarn oder Polen, werden besicherte Ansprüche erst nach der Befriedigung der Ansprüche der Arbeitnehmer, der Begleichung der Steuern und der offenen Beiträge für die Sozialversicherung sowie der Insolvenzkosten berücksichtigt. Einige Länder geben Banken als Gläubigern einen privilegierten Status im Insolvenzverfahren. In Polen etwa werden einheimischen Gläubigerbanken große Vollmachten für Vereinbarungen mit dem Schuldner eingeräumt, an die in der Folge alle anderen Gläubiger zwangsweise gebunden sind.

Im allgemeinen sind im bisherigen Transformationsverlauf die Konkursgesetze nicht voll zur Anwendung gelangt. In einigen Ländern können gegen staatliche Unternehmen keine Insolvenzverfahren eingeleitet werden. Dieser Schutz wurde in Tschechien für einen bestimmten Zeitraum auch zu privatisierenden Firmen gewährt, um den Entstaatlichungsprozeß nicht aufzuhalten. Aufgrund einer noch geringen Gerichtserfahrung sowie ungenügender gesetzlicher Fristsetzungen für bestimmte Verfahrensabschnitte sind Liquidationsverfahren in den Reformstaaten zudem meist äußerst aufwendig und mühselig. Die langwierige Prozedur der Entscheidungsfindung kann auch dazu führen, daß die Vermögenswerte des verschuldeten Unternehmens im Verlauf der Zeit sinken, wodurch wiederum die Gläubiger zusätzlich geschädigt werden.

Wenn auch im bisherigen Transformationsverlauf in den meisten Reformstaaten beachtliche Fortschritte bei der Implementierung von den marktwirtschaftlichen Erfordernissen entsprechenden Rechtsgrundlagen erzielt wurden, so zählt dennoch die Vervollständigung des Wirtschaftsrechtes zu einer der vordringlichen Hausaufgaben. Ein funktionsfähiges und effizientes Rechtssystem ist auch eine wichtige Voraussetzung für den Aufbau leistungsstarker Finanzmärkte, die einen weiteren Stützpfeiler einer marktwirtschaftlichen Ordnung darstellen.

Reform des Finanzsystems

In den ehemaligen kommunistischen Planwirtschaften herrschte ein staatliches „Monobanken-System“, das sich aus der Zentralbank und einigen Spezialinstituten zusammensetzte. Von diesen Banken wurden nach Planvorgaben und ohne Berücksichtigung von Risken und Gewinnchancen Geldströme umverteilt. Die Einführung eines leistungsfähigen Finanzsystems, das nach wirtschaftlichen statt politisch-administrativen Kriterien zwischen Sparern und Kreditnachfragern vermittelt, gilt deshalb als Meilenstein auf dem Weg zu einer effizienten marktwirtschaftlichen Wirtschaftsordnung.

Die erste Reformmaßnahme im Bankensystem bestand darin, die dominierenden übermächtigen Staatsbanken in Notenbanken umzuwandeln und die Notenbankfunktionen von den Geschäftsbankenfunktionen zu trennen. Die einzelnen Filialen der Staatsbanken wurden zu unabhängigen Banken. Diese verfügten zunächst über den bisher betreuten Kundenstock, der in der Regel nach Branchen – beispielsweise Industrie, Bauwirtschaft, Landwirtschaft – gegliedert war. Auch Außenhandelsbanken und Sparkassen beziehungsweise Postsparkassen wurden verselbständigt. In Ungarn, wo das planwirtschaftliche System bereits vor der Wende durch zahlreiche marktwirtschaftliche Elemente ergänzt worden war, erfolgte die Trennung von Zentralbank- und Geschäftsaktivitäten bereits 1986. In Rußland und in einigen GUS-Staaten, wie Armenien, Kasachstan, Kirgisistan und Turkmenistan, wurde dieser Schritt im Rahmen der von Gorbatschow eingeleiteten kommunistischen Systemreform schon im Jahr 1987 gesetzt. In Polen wurde das zweistufige Bankensystem 1989 und in der ehemaligen ČSFR 1990 eingeführt. Alle anderen Reformstaaten folgten nach.

Die Bankenlandschaft wurde durch die Vergabe der Bankenkonzession an inländische Privatpersonen erweitert. Darüber hinaus wurde auch ausländischen Geldinstituten in zunehmendem Maß die Möglichkeit eingeräumt, zunächst meist in Form von Joint-venture-Banken und später durch eigene Filialen oder Tochterbanken am Markt vertreten zu sein.

Während die Trennung in Notenbanken und Geschäftsbanken relativ rasch abgeschlossen werden konnte, stieß die weitere Sanierung der Kommerzbanken auf wachsende Schwierigkeiten, wobei die uneinbringlichen Kredite ein Hauptproblem darstellten. Auf diese entfielen einer OECD-Studie zufolge 1992 in Polen, Ungarn und der ehemaligen ČSFR zwischen 11 % und 26 % der Bilanzsumme des gesamten Geschäftsbankensystems.

Im System der zentralen Planwirtschaft waren die Finanzströme von Haushalten und Unternehmen getrennt. Mit der Ausgliederung aus der Zentralbank übernahmen die neuen Kommerzbanken auch alle Forderungen an Unternehmen, von denen viele zweifelhaft bis uneinbringlich waren. Zudem stellt die gründungsbedingte einseitige Kundenstruktur durch die Konzentration auf eine Branche ein sogenanntes „Klumpenrisiko" dar, das nach westlichen Bankkriterien tunlichst vermieden werden sollte.

Nach dem Einsetzen der Wirtschaftsreformen explodierte der Bestand an Problemkrediten förmlich, weil die Anpassungskrise immer mehr Unternehmen in Zahlungsschwierigkeiten stürzte und weil neue Gesetze, die die Adaptierung der Kreditklassifizierung, der Mindestreservevorschriften und der Buchhaltungspraxis an schärfere internationale Normen verlangten, auch erstmals das ganze Ausmaß der wirtschaftlichen Zerrüttung offenlegten.

Viele Großbanken haben zudem in den letzten Jahren die Kredite zahlungsunfähiger Unternehmen regelmäßig erneuert und den Schuldendienst kapitalisiert, da deren geringe Eigenkapitalbasis eine zwangsweise Eintreibung und die damit verbundenen Abschreibungen ausschloß. Diese Entwicklung wurde durch die traditionell enge Bindung zwischen den Staatsunternehmen und ihren Geldgebern, durch ungenügende Eintreibungsverfahren und oft sogar durch die Regierungen, welche die Umbruchphase nicht durch Konkurswellen zusätzlich belasten wollten, gefördert. Damit blieben die Geldinstitute zwar auf dem Papier solvent, erhöhten aber den Bestand der problematischen Kredite immer weiter. Volkswirtschaftlich hatte dieses babylonische Schuldengeflecht fatale Wirkungen, da lebensfähige Betriebe Kredite für zukunftsträchtige Investitionen nur zu weit überhöhten Zinsen erhielten. Die Banken banden nämlich nicht nur zuviel Kapital an schlechte Risken, sondern erhöhten zur Deckung des steigenden Rückstellungsbedarfes auch die Margen zwischen Soll- und Habenzins massiv. In Ungarn, beispielsweise, erreichte diese Spanne im Jahresdurchschnitt 1993 rund 10 %. Im Endeffekt wird – ähnlich wie in der Planwirtschaft – knappes Kapital ineffizient verteilt, während die Staatsunternehmen keiner ausreichenden finanziellen Disziplin unterliegen.

Die radikale marktwirtschaftliche Lösung würde die sofortige Durchsetzung der neuen Bank-, Buchhaltungs- und Konkursvorschriften bedeuten, was aber mit der Schließung unzähliger Unternehmen, dem Zusammenbruch vieler Großbanken und einem neuerlichen wirtschaftlichen Einbruch enden würde. In den vier Visegrád-Staaten, aber auch in Bulgarien, Kroatien, Rumänien und Slowenien sind mittlerweile – zumeist mit Unterstützung der Weltbank – Programme zur Entschuldung der Banken eingeleitet worden. Dabei kann zwischen einem zentralistischen und einem dezentralen Ansatz unterschieden werden.

Beim zentralistischen Modell werden die Bankbilanzen saniert, indem die nicht einbringlichen Kredite ganz oder teilweise an eine staatliche Institution abgegeben werden können. Dabei müssen die Geschäftsbanken in der Regel nur einen Teil ihrer Forderungen abschreiben, während sie für den Rest vom Staat entschädigt werden. Zu den Vorteilen dieses Lösungsansatzes zählt die schnelle, von der Unternehmenssanierung abgekoppelte Rekapitalisierung und Revitalisierung der Banken. Beim dezentralen Modell wird hingegen die Sanierung der Betriebe den Kreditinstituten überantwortet, die ihre Großkunden gut kennen und auch an deren wirtschaftlichen Gesundung interessiert sind. Bei diesem Vorgehen werden die Banken durch staatliche Kapitalspritzen gestärkt und gleichzeitig verpflichtet, mit ihren Hauptschuldnern Sanierungsprogramme auszuarbeiten. Auf beide Modelle wird im folgenden an den Länderbeispielen der ehemaligen ČSFR, Ungarns und Polens näher eingegangen.

In der ehemaligen ČSFR erfolgte die Entschuldung der Banken durch das zentralistische Modell. Bereits im März 1991 konnten die Banken alte Kredite in Höhe von 110 Milliarden tschechischen Kronen an eine spezialisierte staatliche Konsolidierungsbank abtreten. Die Rekapitalisierung der vier größten Landesbanken im Rahmen eines „debt-for-bond-swap" wurde im Oktober 1991 durchgeführt. Der „National Property Fund", von dem auch die Privatisierung der staatlichen Unternehmen durchgeführt wird, begab Anleihen im Ausmaß von 50 Milliarden tschechischen Kronen. Ein Teil davon – 12 Milliarden – wurde den Banken direkt zur Kapitalerhöhung zur Verfügung gestellt. 38 Milliarden Kronen wurden gegen „non-performing loans“ eingetauscht. Nach der Staatenteilung 1993 wurde in der tschechischen und in der slowakischen Republik je ein staatlich unterstütztes Ausgleichsprogramm für Zahlungsrückstände der Unternehmen untereinander durchgeführt. Die Probleme konnten jedoch nicht abschließend gelöst werden. In Tschechien wurde der Konsolidierungsbank in weiterer Folge die Aufgabe übertragen, den Kommerzbanken uneinbringliche Kredite abzukaufen, um deren Eigenkapitalerfordernis sicherzustellen. Schätzungen zufolge betrugen Anfang 1994 die uneinbringlichen Kredite 20 % der Aktiva der allesamt privatisierten tschechischen Kommerzbanken. Die Konsolidierungsbank versucht, die übernommenen Schulden nach Möglichkeit durch die Restrukturierung der insolventen Betriebe oder durch andere Maßnahmen langfristig abzubauen.

In Ungarn kam zunächst das zentrale Modell in Anwendung. In diesem Reformstaat konnten die Geldinstitute 1993 bestimmte Kategorien von Krediten je nach Einordnung zu 50 %, 80 % oder sogar zu 100 % ihres Nominalwertes gegen 20jährige Staatsanleihen eintauschen. 14 Banken und 69 Spargenossenschaften machten von diesem Angebot Gebrauch und tauschten im Frühjahr 1993 Schulden in Höhe von 102,5 Milliarden Forint gegen Obligationen im Wert von 79,4 Milliarden Forint. Unter Einrechnung einiger zusätzlicher „Feuerwehrmaßnahmen“ übernahm der Staat von 2.647 verschiedenen Schuldnern insgesamt Kredite im Buchwert von 120,5 Milliarden Forint, die gegen Staatspapiere im Wert von 98,8 Milliarden Forint getauscht wurden. In der Bankbilanz wurden damit die schlechten Ausstände durch gute Staatspapiere ersetzt. Der Staat wiederum überantwortete die übernommenen Schulden der Ungarischen Investitions- und Entwicklungsbank (HBFB), welche diese seither im Rahmen von Liquidations- oder Reorganisationsverfahren, durch Eintreibung oder Weiterverkauf zu verwerten sucht.

Der Sanierungserfolg währte allerdings nur kurz, da die Zahlungsrückstände der Unternehmen im Zuge des rauhen Wirtschaftsklimas erneut anstiegen. Ende September 1993 mußten von den insgesamt 750 Milliarden Forint, welche die Geschäftsbanken bei den Unternehmen ausstehen hatten, bereits 262 Milliarden als ungenügend klassifiziert werden. Hätte man zu diesem Zeitpunkt die Abschreibungs- und Reservevorschriften sowie die internationalen Buchhaltungsstandards buchstabengetreu angewendet, so hätte die Haftkapitalquote, also das Verhältnis des Eigenkapitals zu den risikogewichteten Aktiva, im

Durchschnitt einen negativen Wert von etwa –15 % statt der vom Bankgesetz in Anlehnung an die Basler-Empfehlungen verlangten +8 % erreicht. Die meisten Großbanken Ungarns waren also erneut insolvent.

Im Dezember 1993 wurde daher ein zweites Konsolidierungsprogramm beschlossen, bei dem allerdings zugunsten des dezentralen Lösungsansatzes vom zentralen Modell abgegangen wurde. Im Rahmen des neuerlichen Konsolidierungsanlaufs übernahm der ungarische Staat keine schlechten Kredite mehr, sondern erhöhte die Mittel der Banken durch die erneute Bereitstellung von Obligationen. Im Rahmen dieser Aktion wurde allein das Kapital der größten Bank, der Ungarischen Kreditbank, von 15 Milliarden Forint auf 70 Milliarden Forint aufgestockt. Im Gegenzug müssen die Geldinstitute die aufgestockten Eigenmittel dazu verwenden, ihrerseits die Sanierung der Betriebe voranzutreiben. Unternehmen, deren Außenstände in die beiden schlechtesten Bonitätskategorien fallen, können auf freiwilliger Basis an einem Konsolidierungsprogramm teilnehmen. Dazu muß von den Unternehmen zunächst ein mehrjähriger Sanierungsplan ausgearbeitet werden. Dieser bildet nach seiner Annahme durch die Gläubigerbanken die Basis für ein Umschuldungspaket, welches Teilschuldenerlässe, Zahlungsaufschübe und/oder „dept-equity swaps" enthalten kann und an dem sich neben den Gläubigerbanken auch Zoll- und Steuerbehörden beteiligen können.

Polen wählte bei der Sanierung der Banken ebenfalls das dezentrale Modell. Gemäß dem Gesetz von 1993 über die Restrukturierung von Banken und Unternehmen stärkte der Staat sieben Geschäftsbanken mit langfristigen Staatspapieren in der Höhe von insgesamt 11 Billionen Zloty. Die Banken mußten im Gegenzug bis Ende März 1994 mit ihren Hauptschuldnern Sanierungspläne ausarbeiten. Weitere 10 Billionen Zloty gingen an die Sparkassenorganisation PKO und die landwirtschaftliche Genossenschaftsbank BGZ, die sich beide bis Ende September 1994 mit ihren Schuldnern einigen mußten.

In allen Reformstaaten hängt der nachhaltige Erfolg der Sanierung des Bankensektors – und zwar unabhängig von dem gewählten Lösungsansatz – eng mit der Restrukturierung der Betriebe und der Konsolidierung ihrer Bilanzen zusammen. Die gemeinsame finanzielle Konsolidierung der Geldinstitute und Betriebe muß daher möglichst rasch und umfassend erledigt werden, da jedes Zuwarten den Bestand an notleidenden Krediten und die Kosten für deren Bereinigung erhöht. Wird diese Wechselwirkung nicht berücksichtigt, können Entschuldungsmaßnahmen kontraproduktiv wirken. In Rumänien, beispielsweise, hat der Staat zwischen 1990 und 1993 mehrmals „faule" Kredite von Banken und Unternehmen mehr oder weniger bedingungslos abgeschrieben oder im Tausch gegen Staatspapiere übernommen. Diese Strategie, die im Kontext von ungenügenden flankierenden Maßnahmen ausgeführt wurde, das Ausbleiben von Konkursen, die hohen Inflationsraten und die teilweise negativen Realzinsen führten zu einer erneuten Verschuldung der Unternehmen. Innerhalb kurzer Zeit entstanden so nicht nur bei den Banken, sondern auch beim Staat und zwischen den Unternehmen neue Zahlungsrückstände, die zu einer Knebelung der gesamten Volkswirtschaft führten.

Ungenügende Kreditallokation

Die noch in keinem Reformland ausreichend durchgeführte Entschuldung der Unternehmen ist auch ein Hemmschuh für die effiziente Allokation von Kapital. Trotz aller Bemühungen, das Problem der „non-performing loans" zu bewältigen, sieht sich das Bankmanagement weiterhin mit der Gefahr konfrontiert, daß staatliche Institutionen uneinbringliche Kredite nicht in ausreichendem Maße ablösen könnten. Zudem erweist sich die Besicherung der Kredite und die Durchsetzung der daraus resultierenden Ansprüche aufgrund einer oft komplizierten Gesetzeslage als verhältnismäßig aufwendig und langwierig. Darüber hinaus mangelt es auch an Erfahrungen zur Beurteilung der Kreditwürdigkeit von Unternehmen, und die Einschätzung des Kreditrisikos stößt aufgrund ungenügender buchhalterischer Unterlagen oftmals auf beträchtliche Schwierigkeiten. Schließlich bieten die relativ hoch verzinsten Staatspapiere, mit deren Hilfe die Regierungen der Reformländer Haushaltsdefizite abzudecken versuchen, eine attraktivere Veranlagungsvariante als die Kreditgewährung an Unternehmen.

Aufgrund der eben angeführten Argumente werden von den Banken Kreditarrangements nur vorsichtig und unter Einschluß einer entsprechenden Risikoprämie vergeben. Diese Vorgangsweise führt zu einer suboptimalen Kreditallokation, wobei gleichzeitig das Zinsniveau in die Höhe getrieben wird. Beides wirkt sich auf die allgemeine Wirtschaftsdynamik hinderlich aus. In dieser Hinsicht kommt auch dem ungenügenden Liquiditätsfluß zwischen den Sparkassen und Kommerzbanken bremsende Wirkung zu. Die Sparkassen, die in den Reformstaaten in der Regel über ein verhältnismäßig dichtes Netz von Zweigstellen verfügen, fungieren in den einzelnen Reformstaaten als Sammelstellen für die privaten Ersparnisse. Sie weisen allerdings zumeist ein vorerst noch geringes Aktivgeschäft auf, und der Liquiditätsausgleich zwischen ihnen und den Kommerzbanken findet aufgrund des erst in Entwicklung stehenden Interbanken-Marktes meistens nur eingeschränkt statt.

Von Joseph Schumpeter stammt der Ausspruch, daß das Geldwesen das Spiegelbild aller Verhältnisse eines Volkes sei. In diesem Sinn reflektiert die noch nicht bewältigte Problematik der Bankensanierung sowie die noch ungenügende Transformation monetärer Ersparnisse in reale Investitionen die schwierige ökonomische Situation in den Reformstaaten.

Problemfall Landwirtschaft

Die Entwicklung der Bruttoagrarproduktion in einzelnen Reformstaaten

	1990	1991	1992	1993	1994
	(Veränderungen gegenüber dem Vorjahr in %)				
Tschechien	–2,3	–8,9	–12,1	–0,8	5,6
Ungarn	–4,8	–6,2	–20,0	–9,7	1,5
Polen	–2,2	–1,6	–10,9	2,0	–10,0
Slowakei	–7,2	–7,4	–13,9	–8,1	9,1
Slowenien	3,5	0,4	–10,1	–2,6	2,0
Bulgarien	–6,0	–0,3	–12,0	–18,2	4,0
Rumänien	–2,9	1,0	–13,8	12,8	0,2
Kroatien	–11,7	–9,0	–12,5	–13,1	–0,5
Rußland	–3,6	–4,5	–9,4	–4,0	–9,0
Ukraine	–3,7	–13,2	–8,3	1,5	–17,0
GUS	–	–6,3	–10,0	–1,7	–9,4

Stand: August 1995 Quelle: WIIW

Anhaltende Agrarkrise

Der Zusammenbruch des kommunistischen Wirtschaftsregimes hat den agrarischen Sektor in den mittel- und osteuropäischen Ländern in eine tiefe Krise gestürzt. Zwischen 1989 und 1993 sank die Agrarproduktion in Ungarn und Bulgarien um rund ein Drittel, in der früheren ČSFR sowie in der früheren UdSSR um etwa ein Viertel und in Polen um rund ein Sechstel. Die Agrarkrise konnte auch 1994 nicht überwunden werden. Mit Ausnahme der Slowakei wies die agrarische Produktion 1994 in den meisten ost-mittel- und südosteuropäischen Reformstaaten eine stagnierende, allenfalls eine leicht positive Entwicklung auf. In Rußland und der Ukraine zeichnete sich hingegen erneut eine Verschärfung der Agrarkrise ab.

Die bestenfalls abgeschwächte, aber noch nicht nachhaltig gebannte Agrarkrise stellt ein ernsthaftes wirtschaftliches Stabilitätsproblem dar, da in den Reformstaaten mit Ausnahme Tschechiens dem agrarischen Sektor nicht zuletzt aufgrund der hohen Beschäftigungszahlen eine bedeutende Rolle zukommt. In Polen etwa, wo sich der Beitrag des Agrarsektors zum BIP 1994 auf 6 % belief, sind mehr als 25 % der Bevölkerung in der Landwirtschaft beschäftigt. In Bulgarien betrug der Anteil der Landwirtschaft am BIP rund 7 %, der Anteil der in diesem Sektor Beschäftigten erreichte aber über 20 %. In Rumänien war 1994 sogar rund ein Viertel aller Beschäftigten in der Landwirtschaft tätig. Allerdings war in Rumänien im Gegensatz zu anderen Ländern Ost- und Mitteleuropas der Anteil der Landwirtschaft am BIP mit rund 25 % sehr hoch. Der tschechische Agrarsektor wies 1994 mit einem BIP-Segment von nur 4,5 % den niedrigsten Anteil von allen Oststaaten auf.

In vielen Reformstaaten ist eine Fortsetzung der Agrarkrise unweigerlich mit einer mit hohen sozialen Kosten verbundenen gesamtwirtschaftlichen Belastung verbunden, die sich auf den weiteren Transformationsprozeß hemmend, wenn nicht sogar rückschrittlich auswirken könnte. Trotz spezifischer Unterschiede in den landwirtschaftlichen Strukturen und der damit verbundenen verschiedenen Ausprägung der Agrarkrise lassen sich als deren Ursache einige grundlegende transformationsinhärente Auslösungsfaktoren identifizieren.

Determinanten der agrarischen Krise

Die wirtschaftspolitischen Reformmaßnahmen zur Ablösung des planwirtschaftlichen Systems durch ein marktwirtschaftliches haben auch im Agrarsektor einen tiefgehenden Umbruch bewirkt. So hat die Liberalisierung der Preise und eine sehr vorsichtige beziehungsweise restriktive Geld- und Fiskalpolitik zu einer sinkenden Kaufkraft der Bevölkerung geführt. Diese Entwicklung war mit einer mitunter erheblichen Abnahme des Verbrauchs vor allem an hochwertigen Lebensmitteln, wie Fleisch- und Milchprodukten, verbunden, die durch billigere Nahrungsmittel, wie etwa Mehlprodukte, substituiert wurden. Fleisch ist vielfach zu einem Luxus geworden, den sich vor allem ärmere Bevölkerungsschichten nur noch schwerlich leisten können. Steigende reale Kreditzinsen führten wiederum zu einem erheblichen Rückgang der agrarischen Investitionen, die ebenso wie die Kürzung der Subventionen ein Sinken der landwirtschaftlichen Produktion zur Folge hatten.

In den zu den führenden Reformstaaten zählenden Ländern Polen, Slowakei, Tschechien und Ungarn wurden die Agrarsubventionen besonders stark gedrosselt. Die Stützungen, die – gemessen als „Producer Subsidy Equivalent“ (PSE) – in Ungarn 1993 8 %, in Polen rund 15 %, in Tschechien etwas über 20 % und in der Slowakei 12 % des Produktionswertes betrugen, beliefen sich insgesamt kaum auf ein Fünftel jener im Westen.

Auch 1994 und 1995 blieben die Agrarsubventionen tief unter dem westlichen Niveau. In anderen Reformstaaten, wie etwa in Rumänien, Rußland oder der Ukraine, blieben demgegenüber die Agrarsubventionen relativ hoch. In Bulgarien wurden die Subventionen zwar stark gedrosselt, die Landwirtschaft blieb im Gegenzug aber von vielen Steuerlasten befreit. Die trotz hoher Transferleistungen des Staates an die Landwirtschaft anhaltende Krise des Agrarsektors in den GUS-Staaten wird neben dem Rückgang der Kaufkraft der Bevölkerung durch das Problem verschärft, daß beim Transport und der Verarbeitung durch Logistikmängel, unzureichende Lagerungsmöglichkeiten und ungenügenden maschinellen Einsatz große Erntemengen verlorengehen. Dieser negative Effekt hat sich im Zuge der Auflösung der alten Organisationsstrukturen und aufgrund des Mangels an Treibstoff und Ersatzteilen noch verstärkt. Es wird geschätzt, daß auf dem Gebiet der ehemaligen

Sowjetunion bis zu 40 % der gesamten landwirtschaftlichen Erzeugung durch diese Mängel vernichtet werden.

Ungelöste Eigentums- und Rechtsverhältnisse sowie eine in ihren Konsequenzen zu wenig durchdachte Privatisierungspolitik als Kernpunkt der Agrarreform haben ebenfalls zu einem Rückgang der Produktion beigetragen. Die Privatisierung erfolgte durch Restitution, also die Rückgabe an die früheren Eigentümer, und/oder durch den Verkauf von Staatsgütern mittels eigens dafür eingerichteter Behördenstellen. Den Mitarbeitern der staatlichen Landwirtschaftsbetriebe wurden dabei oftmals große Vorrechte und Begünstigungen eingeräumt. Vielfach wurden aber auch Genossenschaften in private Gesellschaften umgewandelt, an deren Spitze häufig die alten Führungskräfte verblieben sind.

In Rußland und der Ukraine beschränkte sich der Privatisierungsprozeß weitgehend auf die Umstrukturierung der Kolchosen und Sowchosen. Diese wurden in neue gemeinschaftliche Agrarbetriebe umgewandelt, wobei jedem Beschäftigten je nach Qualifizierung und Beschäftigungsdauer formal ein Anteil am Betriebsvermögen zugesprochen wurde. Die Nutzflächen verblieben im gemeinschaftlichen Eigentum.

Polen ist der einzige Oststaat, in dem die Privatisierung der Landwirtschaft nur ein Randproblem darstellt, da dort auch während der kommunistischen Herrschaft die Privatbetriebe dominierten. Ein spezifisches Problem der polnischen Landwirtschaft sind die traditionellen, sehr kleinen Familienbetriebe mit einer durchschnittlichen Größe von rund 7 Hektar, die 80 % der gesamten landwirtschaftlichen Nutzfläche ausmachen. Viele Bauern, besonders solche mit sehr kleinen Parzellen, beziehen zusätzlich Einkommen aus nichtlandwirtschaftlicher Erwerbstätigkeit.

In Tschechien, Ungarn, Rumänien und Bulgarien erfolgte die Privatisierung der Landwirtschaft vorwiegend durch Restitution. In Bulgarien verstärkte allerdings die zögerliche und mit Rechtsunsicherheit behaftete Privatisierung der Landwirtschaft deren ohnehin duch eine hohe Verschuldung, sinkende Einkommen und niedrige Arbeitsproduktivität gekennzeichnete prekäre Lage. Von den 5 Millionen Hektar Boden, die zur Restitution freigegeben worden sind, wurde 1994 nur etwa ein Drittel privatisiert. Allerdings wurden den neuen Landbesitzern oftmals keine rechtskräftigen Urkunden ausgestellt. Zudem wurde mehr als ein Drittel des für die Restitution bestimmten Bodens privaten Landwirten nur für eine Übergangsperiode zur Verfügung gestellt.

In Rumänien brachte die Restitution, die bereits 1993 abgeschlossen worden war, eine extreme Zersplitterung der landwirtschaftlichen Nutzflächen mit sich. Die weitere, dringend notwendige Umstrukturierung des Agrarsektors wird insbesondere durch den langsamen Fortschritt bei der Aushändigung rechtskräftiger Zertifikate für die restituierten Böden, durch Mangel an Kapital sowie durch einen fehlenden Grundstücksmarkt gebremst. Aus letzterem Grund haben sich bereits viele Betriebszusammenlegungen auf Familienbasis herausgebildet, die im Prinzip eine Art von kleinen, informellen Kooperativen darstellen. Ohne grundsätzliche Lösung der bestehenden Bodenzersplitterung zeichnet sich in Rumänien die Gefahr des Scheiterns des landwirtschaftlichen Reformprozesses ab.

Im Gegensatz zu Rumänien konnte in Ungarn und der Tschechischen Republik, wo die Umstrukturierung der Landwirtschaft am weitesten fortgeschritten ist, nach der Rückgabe des landwirtschaftlichen Bodens an die ursprünglichen Eigentümer die Zersplitterung der Produktion erfolgreich verhindert werden. Die alten Produktionsgenossenschaften wurden in beiden Ländern in Kooperativen der tatsächlichen Eigentümer umgewandelt, wodurch die Vorteile steigender Skalenerträge beibehalten werden konnten. Nur eine kleine Minderheit der Restituenten hat sich dazu entschlossen, den zurückerhaltenen landwirtschaftlichen Boden selbst zu bewirtschaften.

In den Reformstaaten werden die landwirtschaftlichen Genossenschaften, so sie sich zu leistungsstarken Wirtschaftssubjekten entwickeln können, auch in Zukunft eine bedeutende Rolle spielen. Dazu wird es aber notwendig sein, ihre Tätigkeit, die im Gegensatz zu den Genossenschaften der westlichen Industrieländer mit Ausnahme von Polen nur auf die agrarische Produktion ausgerichtet ist, auch auf die der Landwirtschaft vor- und nachgelagerten Bereiche auszudehnen. Da in diesen Sektoren auch während der Transformation Gewinne erzielt worden sind, könnten auf diesem Weg bei der Agrarproduktion anfallende Verluste zumindest zum Teil kompensiert werden. Die landwirtschaftlichen Erzeugerpreise liegen in Osteuropa nahe den Weltmarktpreisen. Die landwirtschaftliche Erzeugung ist selbst für effiziente Betriebe unter den bestehenden Preis-Kosten-Verhältnissen meist nicht rentabel.

Der Rückgang der Nachfrage nach landwirtschaftlichen Gütern im Inland und der Zusammenbruch der ehemaligen Handelsbeziehungen im Comecon-Raum konnte nicht durch eine vermehrte Exporttätigkeit in die westlichen Industriestaaten ausgeglichen werden. Gerade bei landwirtschaftlichen Produkten führten die OECD-Länder nach dem Zusammenbruch des RGW eine Reihe von Zöllen und Handelshemmnissen ein. Auch die zwischen den Visegrád-Ländern und der EU abgeschlossenen Assoziierungsabkommen haben in dem sehr sensiblen Bereich der Landwirtschaft nur wenige Veränderungen mit sich gebracht.

Ein weiteres, nicht unterzubewertendes Problem ist, daß auf den Märkten der großen Städte der Transformationsstaaten die einheimischen Erzeugnisse zunehmend durch Produkte aus westlichen Ländern verdrängt werden. In Moskau kamen 1994 bereits mehr als 70 % der angebotenen Nahrungsmittel aus dem Ausland. Diese Entwicklung ist auch eine Folge des Zusammenbruchs der landwirtschaftlichen Binnenmärkte und der Auflösung der alten Versorgungssysteme. Diese Desorganisation hat etwa in den Visegrád-Staaten die Errichtung ausländischer Betriebsketten erleichtert, die gleichsam eine natürliche Schleuse für die Einfuhr von Erzeugnissen aus der EU darstellen.

Dem Rückgang der heimischen Erzeugung und des Nahrungsmittelverbrauchs jenes Teiles der Bevölkerung, dessen Einkünfte sinken, stehen auf der anderen Seite steigende Einfuhren von Erzeugnissen aus westlichen Industriestaaten zur Befriedigung der Nachfrage des bessergestellten Teils der Bevölkerung gegenüber. In diesem Zusammenhang weisen der ehemalige französische Landwirtschaftsminister Henri Nallet und der belgische Getreidegroßhändler Adrian van Stolk, die im Auftrag der Europäischen Kommission Lösungsvorschläge für die Verbesserung der Situation der Agrarwirtschaft in den Reformstaaten ausgearbeitet haben, auf die Gefahr einer weiteren Destabilisierung der osteuropäischen Agrarmärkte hin, die durch die Möglichkeit des zunehmenden Absatzes von Überschußerzeugnissen in dieser Region aus dem gemeinsamen Markt zu künstlich niedrigen Preisen gegeben ist.

Ansätze zur Problemlösung

Auf den internationalen Agrarmärkten haben sich die Wettbewerbsbedingungen für die Oststaaten gegenüber den westlichen Ländern, die hohe Agrarsubventionen, ein gut organisiertes Kreditsystem für Agrarexporte sowie erfolgreiche Marketingstrategien aufweisen können, zunehmend verschärft. Die im Dezember 1993 getroffenen Vereinbarungen über die Landwirtschaft und den Agrarhandel im Rahmen der Uruguay-Runde des GATT (nunmehr WTO) eröffneten eine mittelfristige Perspektive zur Verbesserung der außenwirtschaftlichen agrarischen Position der Oststaaten. Die Vereinbarungen sehen vor, daß die Subventionen im Bereich der Agrarproduktion und der Agrarexporte sowie der Agrarprotektionismus insgesamt schrittweise abgebaut werden sollen. Als Berechnungsgrundlage für den Abbau wurde in den meisten Fällen die zweite Hälfte der achtziger Jahre festgesetzt, da damals sowohl von den west- als auch von den osteuropäischen Ländern die Landwirtschaft stark subventioniert wurde. Die vereinbarten Reduktionen sollen von den einzelnen Ländern zwischen 1995 und dem Jahr 2000 verwirklicht werden. Von einzelnen Reformstaaten wurden die Agrarsubventionen bereits während der Transformation unter das Endlimit der Vereinbarung der Uruguay-Runde gedrosselt. Diese Länder verfügen im Anpassungszeitraum daher über einen Spielraum für eine Erhöhung der Agrarsubventionen.

Langfristig gesehen ist es durchaus möglich, daß es durch den schrittweisen Abbau der extrem hohen Agrarsubventionen in den westeuropäischen Staaten und durch die Stagnation oder zumindest nur geringfügige Zunahme der speziell in den Visegrád-Ländern extrem niedrigen Agrarsubventionen zu einem Annäherungsprozeß des Preisniveaus zwischen Ost und West kommen könnte. Kurzfristig ist aber in den meisten Reformstaaten mit der Fortsetzung der bescheidenen Subventionspolitik oder, wie im Falle Rußlands, aufgrund der anhaltenden Wirtschaftskrise mit Subventionskürzungen zu rechnen, was wiederum einen weiteren Rückgang der Agraraktivitäten zur Folge haben wird.

Die Agrarkrise ist auch ein Beweis dafür, daß das System der freien Preisbildung, wie sie vor allem in den Visegrád-Staaten forciert wurde, kein brauchbares Konzept für die Reformierung der Landwirtschaft darstellt. In einigen Staaten, wie etwa in Polen, der Slowakei oder in Rumänien, kam es zwischenzeitlich wieder zu Preisstützungen für die Getreide- und Milcherzeugung. Es kann angenommen werden, daß in Zukunft von weiteren Reformstaaten vermehrt Preisstützungsregelungen nach dem Beispiel westlicher Länder eingeführt werden. Nicht von ungefähr kommt mit Ausnahme Neuseelands weltweit kein entwickeltes Land ohne irgendeine Regelung der direkten oder indirekten Preisstützung aus.

Die Krise der Landwirtschaft in den Reformstaaten wird so lange nicht gestoppt werden können, solange die Input-Preise, also die Preise für Dünger- und Pflanzenschutzmittel, Kraftfutter und anderes mehr, stärker als die Output-Preise steigen und sich die internen „Terms of trade" der Agrarbetriebe nicht deutlich verbessern. Zur Weiterführung oder Wiederaufnahme der Produktion müßte den Landwirten die realistische Aussicht auf eine rentable Erzeugung geboten werden, die ihnen ein ausreichendes Arbeitseinkommen sichert und Investitionen zur Modernisierung ermöglicht. Dazu müßten die Preise für landwirtschaftliche Grunderzeugnisse auf einem Niveau oberhalb der nicht abbaufähigen Produktionskosten stabilisiert werden. Eine Regelung, die die Preise in allen mittel- und osteuropäischen Staaten auf demselben Niveau einpendeln ließe, hätte laut Nallet und van Stolk überdies den Vorteil, daß der Handel zwischen diesen Ländern gefördert würde und sie zur Durchführung einer vergleichbaren Agrarpolitik veranlaßt wären. Der langfristige Effekt wäre der gleiche wie in Westeuropa, wo früher die Unterschiede mindestens ebenso groß waren wie in den Reformstaaten heute. Längerfristig würde so auch in Osteuropa eine Annäherung der Märkte und eine Vereinheitlichung der Praktiken erreicht.

Die Wiedererstarkung der Landwirtschaft in Osteuropa erfordert neben dem System der Preisstabilisierung auch den Aufbau eines soliden Agrarkreditwesens sowie die Entschuldung der Landwirtschaftsbetriebe. Da zur Deckung der Agrarkredite nur Grundstückswerte in Betracht kommen, müssen zu deren Besicherung verschiedene grundlegende Voraussetzungen, wie klare Eigentumsverhältnisse, Rechtsmittel zur Pfändung von beliehenem Land im Falle der Zahlungsunfähigkeit und vor allem flüssiges Kapital auf dem Grundstücksmarkt, gegeben sein. Der Erfüllung letzterer Voraussetzung stehen allerdings sinkende Preise für landwirtschaftliche Nutzflächen als Folgeerscheinung eines Überangebotes an zu privatisierenden Böden und der verlustbringenden landwirtschaftlichen Tätigkeit entgegen. Im Zuge der Reorganisation der Landwirtschaft müßten daher vorübergehend auch Maßnahmen zur Regulierung der Bodenpreise gesetzt werden.

Die Erholung des landwirtschaftlichen Sektors ist auch für den Westen von Interesse, da von der anhaltenden Krise der Landwirtschaft, vor allem in den weniger fortgeschrittenen Reformstaaten, eine nicht zu unterschätzende Gefahr für eine weitere wirtschaftliche und in der Folge auch politische Destabilisierung ausgehen könnte. Daher wird auch von westlicher Seite zunehmend überlegt, den Wiederaufbau des Landwirtschaftsektors in den mittel- und osteuropäischen Staaten durch spezielle Förderungsmaßnahmen zu unterstützen, die neben der vermehrten Bereitstellung von Know-how auch die Modifikation der bestehenden Ein- und Ausfuhrbestimmungen in Form von Übergangsregelungen zum Inhalt haben. Im Rahmen dieser Hilfsmaßnahmen soll die Landwirtschaft der Reformstaaten auch für einen allfälligen Beitritt zur EU und für die Übernahme der GATT-Bestimmungen im Rahmen der nunmehrigen World Trade Organization vorbereitet werden.

In der vorausschauenden Perspektive könnte sich zwischen den westlichen Industriestaaten und den traditionellen Argrarländern im Osten eine Arbeitsteilung herausbilden, bei der die realen komparativen Vorteile der jeweiligen Länder zum Tragen kämen. Die westlichen Staaten, die über eine hohe Kapitalausstattung in der Landwirtschaft sowie in deren vor- und nachgelagerten Bereichen verfügen, könnten sich auf die kapitalintensive Produktion von hochwertigen Lebensmitteln mit hohem Verarbeitungsgrad konzentrieren. Die Oststaaten, die über relativ gut ausgebildete und billige Arbeitskräfte verfügen, wären wiederum für die Erzeugung arbeitsintensiver und hochwertiger Agrarprodukte, wie etwa Obst, Gemüse oder einige Spezialitäten der Tierproduktion, besonders geeignet. In unmittelbarer Zukunft wird die Entwicklung des agrarischen Sektors in den einzelnen Reformstaaten aber zum einen von der konjunkturellen Entwicklung im jeweiligen Land und zum anderen von den künftigen Bedingungen für den internationalen Agrarhandel bestimmt sein.

Westliche Hilfe und Unterstützung

Der Befund von Henry Kissinger, der in einem in der New York Post am 3. März 1992 erschienenen Artikel gemeint hat, „It is hardly to the credit of the West that after talking for a generation about freedom for Eastern Europe, so litte is done to vindicate it", ist ungebrochen aktuell. Der Westen ist den historischen Möglichkeiten und Herausforderungen, die die revolutionären Veränderungen in Osteuropa mit sich gebracht haben, bislang nicht gerecht geworden. Der Umbruch in Osteuropa hat den Kontinent und das globale Machtgefüge verändert. Daher ist es unverständlich, daß der Westen, der 1989 den Sturz der KP-Regime bejubelte, bislang kein umfassendes, interaktives Konzept entwickelt hat, um den Osteuropäern bei ihrer schwierigen Transformationsaufgabe zu helfen.

Es wurden zwar „theoretische Fahrpläne der Systemwechselökonomie“ (Klaus von Beyme) entwickelt, die jedoch zumeist auf einer linearen Stadienlehre des Überganges aufbauen, ohne die einzelnen Maßnahmen zu gewichten und zu verzahnen oder eine Phasenprojektion zu versuchen. In der Praxis wurde die Transformation zu einem Exerzierfeld für ökonomische Feldversuche. Die Politiker der Reformstaaten konnten nach Belieben Ökonomen finden, die ihnen zu der einen oder anderen Reformstrategie rieten. Die konkrete Umsetzung einzelner wirtschaftspolitischer Maßnahmen entsprang in der Regel zumeist nicht der Folgigkeit einer langfristig angelegten konzeptiven Vorgabe, sondern erfolgte entsprechend der jeweiligen Situation nach zumeist pragmatischen Gesichtspunkten. Auch die wirtschaftliche, soziale und mentale Vereinigung Deutschlands wurde nicht auf der Basis eines Generalplans eingeleitet. Die sich unmittelbar mit dem Fall der Berliner Mauer ergebenden Probleme wurden so angepackt, wie es die momentane Situtation anscheinend erforderte: „... man fuhr pragmatisch auf Sicht ...“ (Karl Schiller). Abgesehen von der DDR stand dabei in vielen osteuropäischen Reformstaaten die Erreichbarkeit der von der Weltbank und dem IWF vorgegebenen Standards im Mittelpunkt des polit-ökonomischen Kurzzeitinteresses. Der Ausarbeitung einer komplexen ökonomischen und sozialwissenschaftlichen Transformationstheorie kommt gerade in bezug auf die noch nicht vollzogene Transformation in Rußland und den übrigen GUS-Staaten sowie auf die zukünftige wirtschaftspolitische Umstrukturierung in China insoferne eine gewisse Dringlichkeit zu, als eine auf „trial and error“ bezogene Transformationspolitik die Gefahr weit überhöhter Folgekosten sowohl im ökonomischen als auch im sozialen und politischen Bereich mit sich bringt.

Die Unterstützung des Transformationsprozesses durch den Westen ist auch in bezug auf die Bereitstellung von Finanzmitteln bislang enttäuschend gering geblieben. Die öffentlichen und privaten Mittelzuflüsse aus den OECD-Staaten an sämtliche Reformstaaten, also einschließlich der Nachfolgestaaten der ehemaligen UdSSR, beliefen sich, bereinigt um Tilgungszahlungen, zwischen 1991 und 1993 auf insgesamt etwa 66 Milliarden US-Dollar. Davon entfielen rund zwei Drittel auf die GUS-Staaten, wovon wiederum der überwiegende Teil Rußland zugute gekommen ist.

Von den an die mittel- und südosteuropäischen Reformstaaten geflossenen Geldmitteln wurde der größte Teil, mehr als 7 Milliarden US-Dollar, an Ungarn transferiert. 4 Milliarden US-Dollar gingen an Polen, knapp 4 Milliarden US-Dollar an die beiden Staaten Tschechien und Slowakei und knapp 3 Milliarden US-Dollar an Rumänien. Bulgarien verzeichnete als einziges Reformland dieser Ländergruppe im Beobachtungszeitraum eine negative Transferbilanz. Hohe Zahlungsverpflichtungen, vor allem gegenüber Japan und Deutschland, bewirkten, daß in Bulgarien zwischen 1991 und 1993 die für Rückzahlungen aufgewendeten Geldmittel den Geldmittelzufluß zunehmend überstiegen (1991: –26 Millionen US-Dollar; 1992: –119 Millionen US-Dollar; 1993: –237 Millionen US-Dollar).

Öffentliche und private Mittelzuflüsse[1] auf bilateraler Basis[2] an die Transformationsländer 1991–1993

	1991	1992	1993
in Millionen US-Dollar			
Öffentliche Hilfe	**7.830**	**7.613**	**7.272**
Beihilfen	5.490	5.367	4.414
Projekte und Programme	*1.219*	*2.395*	*1.571*
Technische Kooperationen	*622*	*1.069*	*1.408*
Nahrungsmittel	*1.070*	*624*	*406*
Sonstige Leistungen	*470*	*449*	*396*
Schuldennachlaß	*2.109*	*830*	*660*
Beiträge an multilaterale Programme	2.170	1.754	1.884
Sonstiges	46	38	44
Mittelzuflüsse	**6.817**	**2.191**	**5.436**
Exportkredite	–2.250	1.360	386
Transaktionen	9.067	831	5.050
Private Mittelzuflüsse	**4.260**	**15.569**	**9.103**
Investitionen	1.657	2.429	3.183
Exportkredite	454	9.527	–847
Garantien	247	210	427
Transaktionen zu Marktkonditionen	1.903	3.403	6.340
Summe total	**18.907**	**25.304**	**21.811**
Summe OECD-Staaten	18.555	25.304	21.752

[1] Auszahlungen abzüglich Kapitaltilgung
[2] OECD- (G24-)Staaten, Korea, Kuwait, Saudi-Arabien, Taiwan

Quelle: OECD

Die Höhe der öffentlichen und privaten Hilfs- und Unterstützungsleistungen der OECD-Staaten gegenüber den Reformstaaten wies zwischen 1991 und 1993 beträchtliche Schwankungen auf. An privatem Kapital wurden in etwa 1991 4 Milliarden, 1992 16 Milliarden und 1993 9 Milliarden US-Dollar bereitgestellt. Während einem starken Anstieg der privaten Exportkredite im Jahr 1992 im darauffolgenden Jahr ein starker Einbruch folgte, konnte bei den Direktinvestitionen und der Bereitstellung von privatem Kapital zu Marktkonditionen eine starke Aufwärtsentwicklung beobachtet werden.

An öffentlichen Mitteln wurden für die Reformstaaten 1991 rund 14 Milliarden, 1992 etwa 10 Milliarden und 1993 zirka 13 Milliarden US-Dollar bereitgestellt. Die offizielle staatliche Hilfe betrug 1993 7,2 Milliarden US-Dollar, was real gegenüber 1992 (7,6 Milliarden US-Dollar) einem Rückgang von 2 % und gegenüber 1991 (7,8 Milliarden US-Dollar) einem Minus von 6 % gleichkam. Im Rahmen der bilateralen Hilfsleistungen hat sich der Verwendungszweck der eingesetzten Geldmittel, der zunächst auf Lebensmittelhilfe und andere Nothilfsprogramme konzentriert war, zugunsten von Projektfinanzierungen und technischen Kooperationen verschoben. Länderweise gesehen, wurden zwischen 1991 und 1993 die größten Hilfstranchen von der Bundesrepublik Deutschland (8,6 Milliarden US-Dollar), den USA (3,8 Milliarden US-Dollar), Italien und Frankreich (je 1,4 Milliarden US-Dollar) aufgebracht. In Relation zum BIP wurde 1993 von Österreich mit 0,22 % der größte prozentuelle Beitrag an Osthilfe geleistet, gefolgt von Dänemark (0,14 %), Deutschland (0,13 %) und der Türkei (0,12 %). In den USA entsprachen die geleisteten Hilfsgelder einem Prozentsatz von zwei Hundertstel des BIP.

Von multilateralen Organisationen wurden zwischen 1991 und 1993 Kreditzahlungen auf Nettobasis in Höhe von rund 11,5 Milliarden US-Dollar an die Reformstaaten überwiesen. Davon entfielen lediglich 195 Millionen US-Dollar auf begünstigte Kreditformen. Als größte Geldgeber unter den multilateralen Organisationen fungierten der IWF und die Weltbank.

Nettozahlungen multilateraler Organisationen an die Transformationsländer 1991–1993

	1991	1992	1993
in Millionen US-Dollar			
Kapital zu begünstigten Konditionen	30	40	125
Kapital zu nicht begünstigen Konditionen	4.465	3.017	3.830
IBRD	796	972	1.209
EBRD	–	165	417
IWF	3.640	1.835	2.087

Quelle: OECD

Bis Ende des Jahres 1995 lagen noch keine Daten bezüglich der 1994 getätigten Zahlungsflüsse der multilateralen Organisationen und OECD-Länder an die Reformländer vor. Die jährlichen Transferzahlungen dürften aber seit 1993 nicht wesentlich angestiegen sein und so wie in den vorangegangenen Jahren weit unter den zugesagten Hilfsmitteln liegen.

Von den G24-Staaten sowie den internationalen Finanzinstitutionen wurden zwischen 1990 und 1993 Hilfsgelder an die Transformationsländer mit Ausnahme der GUS-Staaten in Höhe von 61 Milliarden ECU (rund 80 Milliarden US-Dollar) zugesagt. Diese versprochene Dreijahressumme lag wesentlich unter jenem Betrag, der von den OECD-Staaten jährlich für die Länder der Dritten Welt als Entwicklungshilfe aufwendet wird.

Von den Mitgliedstaaten des Entwicklungshilfeausschusses DAC (Development Assistance Committee) der OECD – alle G24-Staaten mit Ausnahme von Griechenland, Island und der Türkei – wurden zwischen 1991 und 1993 im Durchschnitt 0,13 % ihres BIP – insgesamt 173,5 Milliarden US-Dollar – für die öffentliche Hilfe für Entwicklungsländer und durchschnittlich 0,04 % ihres BIP – insgesamt 21,2 Milliarden US-Dollar – für die öffentliche Hilfe für Reformstaaten aufgebracht. Letzterer Ländergruppe zählen die vier Visegrád-Staaten, die drei baltischen Staaten, Bulgarien, Rumänien, Rußland, Belarus und Moldawien zu.

Alle übrigen Staaten auf dem Gebiet der ehemaligen Sowjetunion sowie das Territorium des ehemaligen Jugoslawiens wurden in den DAC-Listen bis 1993 den „klassischen" Entwicklungsländern zugezählt.

Nettozahlungen der Mitglieder des Entwicklungshilfeausschusses (DAC)[1] der OECD an Entwicklungsländer und -territorien sowie an Transformationsländer und -territorien 1991–1993

	1991	1992	1993
in Millionen US-Dollar			
Öffentliche Entwicklungshilfe (Teil 1 der DAC-Liste)	56.678	60.850	55.963
Öffentliche Hilfe an Transformationsländer[2] (Teil 2 der DAC-Liste)	7.260	7.079	6.900

[1] Dem DAC (Development Assistance Committee) gehören alle G24-Staaten außer Griechenland, Island und die Türkei an;
[2] Belarus, Bulgarien, Estland, Lettland, Litauen, Moldawien, Polen, Rumänien, Rußland, Slowakei, Tschechien, Ukraine, Ungarn

Quelle: OECD

Die bisher als „Osthilfe" geflossenen öffentlichen Gelder westlicher Staaten sind in Relation zu dem gigantischen Finanzierungsbedarf der Reformstaaten – die Eingliederung der ehemaligen DDR in die Bundesrepublik Deutschland mag hier als beeindruckendes, wenn auch untypisches Kostenbeispiel dienen –, aber auch in Bezugsetzung zu den im Rahmen des Marshallplanes zum Wiederaufbau Europas bereitgestellten Mitteln nachgerade beschämend gering.

Die Integration der ehemaligen DDR, die im sowjetischen Wirtschaftssystem die leistungsstärkste Volkswirtschaft war, in das politische, ökonomische und soziale System Westdeutschlands „... is one of the most fascinating social experiments of our time. It can be seen as a gigantic political and economic investment, accompanied by the most remarkable social safety net" (William Keegan). Die Einbindung in das westdeutsche Wirtschafts- und Währungssystem war für die neuen deutschen Bundesländer, deren Produktivität zu Beginn des Vereinigungsprozesses weniger als 30 % des westdeutschen Niveaus betragen hatte und deren Währung durch die Anpassung an die D-Mark um 300 % aufgewertet worden war, ein schwerer Schock. Bis zur Einleitung des Aufschwungs im Jahr 1992 sank das BIP um rund ein Drittel. 1993 wuchs die Wirtschaft Ostdeutschlands um 6 %, 1994 um 9,2 %. Ostdeutschland, das zur „größten Baustelle Europas" geworden ist, weist inzwischen die höchste Wirtschaftsdynamik Westeuropas auf. Nach Angaben des deutschen Gewerkschaftsbundes ist in Ostdeutschland bis zum Jahr 2000 mit einem jährlichen Wirtschaftswachstum von rund 10 % zu rechnen. Das Durchschnittseinkommen, das zur Unterbindung einer Bevölkerungsflucht seit der Wende graduell an das westdeutsche Lohnniveau angepaßt wird, soll bis zur Jahrtausendwende rund 90 % des Westniveaus erreichen.

Der Aufholprozeß in der ostdeutschen Region, in der 20 % der Bevölkerung Gesamtdeutschlands beheimatet sind, wird auch zu einem Sinken der finanziellen Belastung Westdeutschlands beitragen. Bis Ende 1995 leistete Westdeutschland Nettotransferzahlungen in Höhe von 650 Milliarden D-Mark an Ostdeutschland. Seit dem Fall der Berliner Mauer ist von West- nach Ostdeutschland mehr als der Gegenwert der gesamten Marshallplan-Hilfe geflossen.

Zwischen 1948 und 1951 pumpten die USA im Jahresdurchschnitt 1,2 % ihres BIP in den Wiederaufbau Europas. Insgesamt wurden dafür rund 13 Milliarden US-Dollar bereitgestellt, was, bezogen auf das Preisniveau von 1994, einem Gegenwert von rund 250 Milliarden US-Dollar entspricht. Der Idee eines neuen Marshallplanes für Osteuropa, der nunmehr von der OECD getragen werden müßte, wird immer wieder das Wort geredet. Ein solcher Plan wäre als 1:1-Kopie des European Recovery Programs, das auf eine Gleichbehandlung aller Empfängerländer abzielte, aufgrund der verschiedenen Entwicklungen, die die osteuropäischen Staaten vor und nach 1989 genommen haben, wahrscheinlich zum Scheitern verurteilt (Jakob Juchler). Für ein neues Hilfsprogramm für Osteuropa nach dem Vorbild des Marshallplanes müßten zwar nicht so sehr hinsichtlich der Programmatik, wohl aber bezüglich der konkreten Umsetzung gänzlich neue Anforderungs- und Verteilungsprofile entwickelt werden, um einen optimalen Zweck-Mittel-Einsatz sicherstellen zu können. Mit den von der EU entwickelten Hilfsprogrammen für

Osteuropa wurde diesbezüglich bereits wertvolle Vorarbeit geleistet. Die bisher an die Reformstaaten geleiteten Transferzahlungen westlicher Industrieländer sind aber ein trauriger Beweis dafür, daß hehren Worten und lauteren Programmen viel zu wenig pekuniäre Taten gefolgt sind. Dieser Tatsachenbefund findet auch in der Entwicklung der Handelsbeziehungen zwischen den westlichen und den osteuropäischen Staaten eine ernüchternde Entsprechung.

Von der Öffnung der Ostmärkte haben die westlichen Staaten am meisten profitiert. Zwischen 1989 und 1994 wurden von allen OECD-Staaten Waren im Wert von 462 Milliarden US-Dollar in die Oststaaten exportiert und aus dieser Ländergruppe Waren im Wert von 449 Milliarden US-Dollar importiert. Die größten Aktiva im Handel mit den Oststaaten erzielte in dieser Zeitspanne Deutschland (24,7 Milliarden US-Dollar), gefolgt von den USA (12,7 Milliarden US-Dollar), Österreich (6,4 Milliarden US-Dollar) und der Schweiz (5,2 Milliarden US-Dollar).

Das Handelsbilanzaktivum vieler westlicher Staaten im Ost-Handel ist auch das Ergebnis protektionistischer Maßnahmen zum Schutz der heimischen Wirtschaft vor Billigimporten aus dem Osten. So wurden selbst bei den zwischen der EU und einzelnen Reformstaaten abgeschlossenen Assoziierungsverträgen, die grundsätzlich auf dem Prinzip der Asymmetrie basieren – die Reformstaaten öffnen ihre Märkte langsamer als die Union –, bei sensiblen Produktgruppen wie Textilien, EGKS-Produkten (Eisen, Stahl, Kohle) und landwirtschaftlichen Verarbeitungserzeugnissen Sonderregelungen mit gradueller Marktöffnung vorgesehen. Diese Abkehr vom Liberalismus hat verständlicherweise Bitterkeit bei den Vertragspartnern ausgelöst, da die eigenen Exportmöglichkeiten stark eingeschränkt wurden. Die langfristige Sinnhaftigkeit einer solchen Restriktionspolitik ist auch aus einem anderen Blickwinkel fraglich, da erfahrungsgemäß eine Schutzpolitik kaum zur Lösung von Strukturkrisen beiträgt, sondern Verwerfungen eher sogar noch vergrößert.

Für die wirtschaftliche Stabilisierung und Gesundung Osteuropas stellt die stärkere Öffnung der westlichen Märkte für deren Produkte und Dienstleistungen eine grundlegende und unverzichtbare Voraussetzung dar. Darüber hinaus ist auch eine massive Erhöhung der Westhilfe notwendig, die allerdings an konkrete Bedingungen geknüpft werden müßte. Im Gegenzug dazu würde eine erfolgreiche Wirtschaftsreform in den Oststaaten langfristig die westliche Wirtschaft stimulieren, so daß sich letztlich neue Prosperitätsperspektiven für Ost und West eröffnen würden.

Außenhandel der OECD-Länder[1], der EU-Länder[1], Österreichs und Deutschlands mit den Oststaaten 1989–1994 (in Millionen US-Dollar)

	OECD	EU[2]	Österreich	Deutschland
1989				
Exporte	73.210,0	50.348,6	3.186,9	32.867,2
Importe	70.578,4	53.036,7	2.632,6	28.426,3
Handelsbilanz	2.631,6	–2.688,1	554,3	4.440,9
1990				
Exporte	81.031,8	58.183,1	4.293,9	37.537,3
Importe	75.151,6	55.427,0	3.353,2	26.711,6
Handelsbilanz	5.880,2	2.756,1	940,7	10.825,7
1991				
Exporte	68.540,6	47.713,9	4.498,1	26.860,2
Importe	69.854,8	51.516,8	3.556,1	24.329,7
Handelsbilanz	–1.314,2	–3.802,9	942,0	2.530,7
1992				
Exporte	73.002,0	60.391,9	5.144,3	27.179,7
Importe	72.034,8	62.053,9	3.972,1	26.187,7
Handelsbilanz	967,2	–1.662,0	1.172,2	992,0
1993				
Exporte	77.486,9	64.038,7	5.090,7	27.100,0
Importe	72.680,1	59.050,5	3.694,6	22.947,5
Handelsbilanz	4.806,3	4.988,2	1.396,1	4.152,5
1994[3]				
Exporte	88.980,4	75.892,5	6.123,0	31.527,9
Importe	89.188,2	72.127,4	4.693,0	28.992,2
Handelsbilanz	–207,8	3.765,0	1.430,0	2.535,7
1995[4]				
Exporte	41.368,1	34.275,6	–	20.166,7
Importe	45.461,2	34.756,9	–	19.829,5
Handelsbilanz	–4.093,1	–481,3	–	337,2

1 Einschließlich früherer DDR; 2 1989–1991: EU12, 1992–1995: EU15;
3 22 Berichtsländer für OECD, 13 Berichtsländer für EU;
4 Januar–Juni; 14 Berichtsländer für OECD, 5 Berichtsländer für EU

Quelle: WIFO

OSTEUROPA ALS KATALYSATOR FÜR EINE EUROPÄISCHE UND GLOBALE NEUORDNUNG

Die Beseitigung des Eisernen Vorhanges, der Fall der Berliner Mauer, die Auflösung der Sowjetunion, des Warschauer Paktes und des Rates für gegenseitige Wirtschaftshilfe sind zu den Symbolen für das Ende eines alten und den Beginn eines neuen weltgeschichtlichen Abschnittes geworden, die gleichzeitig einen geopolitischen Wendepunkt für Europa markieren.

Eine neue multipolare Weltordnung

Die bis noch vor wenigen Jahren geltende politische Weltordnung, die wesentlich durch den Ost-West-Gegensatz geprägt war und durch das Kräftemessen der beiden Supermächte UdSSR und USA mehr oder weniger in Balance gehalten wurde, hat gleichsam über Nacht zu existieren aufgehört.

Nach Strukturen für eine Neuverteilung der weltpolitischen Machtverhältnisse wird immer noch gesucht. Dieser Such- und Auslotprozeß birgt enorme Sicherheitsrisken, wofür Jugoslawien nur als ein Beispiel steht. Verknüpfte man zur Zeit der englischen Vormachtstellung die Beherrschung der See mit jener der Welt, so ist nach dem Ende des Zweiten Weltkrieges der Luftraum an die Stelle der Meere getreten. Seither beherrscht der, der die Luft beherrscht, auch die Welt. Dieser Grundsatz trifft in der Gegenwart auf die einzig verbliebene Supermacht, die USA, zu, deren militärstrategisches Ziel jedoch darauf ausgerichtet ist, jede Bedrohung gegen das eigene Land abwehren zu können und gleichzeitig zwei Regionalkonflikte militärisch beherrschen zu können.

Wendezeiten der Geschichte – und in einer solchen befinden wir uns zweifelsohne – sind mit den Worten des Historikers Karl Lamprecht auch immer „Perioden der Reizsamkeit". Die gegenwärtig zu beobachtende „Reizsamkeit" ist auch Ergebnis des Verlustes des Feindbildes, das sich der Osten vom Westen und der Westen vom Osten aufgebaut hatte. So hat US-Präsident Ronald Reagan seine schon unter Carter begonnene Aufrüstungspolitik offiziell mit der politischen Formel der notwendigen Bekämpfung des Reiches des Bösen („empire of the evil") legitimiert. Mit Gorbatschow wurde ein Wechsel in der Politik des kalten Krieges eingeleitet. Damals soll der ehemalige außenpolitische Berater Gorbatschows, Georgi Arbatow, der auch als Autor des 1993 erschienenen Buches „Das System" bekannt ist, einmal seinem amerikanischen Gesprächspartner gegenüber folgende verbale Drohung ausgesprochen haben: „Wir werden Euch etwas Fürchterliches antun, wir werden Euch den Feind nehmen." Diese Prophezeihung hat sich mit dem Einsturz der „Moskauer Pyramide" – einem Gebilde, in dem sich zwei Betrunkene gegenseitig stützen, um sich so am Umfallen zu hindern – erfüllt. Der eine fiel, und der andere sieht sich in Orientierungslosigkeit und Ratlosigkeit schwankend des stützenden Feindbildes beraubt. An diesem Beispiel zeigt sich einmal mehr, daß es leichter ist, einen Feind zu bekämpfen, als eigene Probleme zu lösen. Dieses Beispiel ist aber auch gleichzeitig eine drastische bildliche Darstellung der gegenwärtigen weltpolitischen Instabilität.

Das durch den Zusammenbruch der Sowjetunion ausgelöste Machtvakuum kann weder von den USA ersetzt noch von einer anderen Macht ausgefüllt werden. Die USA sind immer weniger bereit, die Rolle eines Weltpolizisten zu übernehmen und die an sie gestellten Erwartungen, die immer höher werden, zu erfüllen. Die allein verbliebene Supermacht USA läuft darüber hinaus auch Gefahr, sich in einem globalen Überengagement zu verlieren. Die Vereinigten Staaten sind daher im Begriff, ihre weltpolitische Rolle neu zu definieren, etwa durch das Sicherheitsprogramm „Partnerschaft für den Frieden".

Rußland wird in seiner Funktion als Nachfolgestaat der UdSSR auch weiterhin eine Weltmacht bleiben. Das Land ist allerdings ausgelaugter und schwächer, als man zunächst angenommen hat. Die einstige Supermacht befindet sich in einer schweren Krise, deren Ende noch nicht abzusehen ist. Es herrscht eine „Zeit der Wirren", die die Russen als „smuta" bezeichnen. Die anhaltende schwere wirtschaftliche Depression trägt auch zu einer Verstärkung der sozialen Spannungen und der politischen Instabilität bei. Rußland befindet sich gegenwärtig in einem Spannungsfeld zwischen Reaktion und Reform, zwischen Demokratie und Diktatur. Obwohl die Zukunftsperspektiven schwer vorhersehbar sind, wird Rußland aufgrund seiner geographischen Größe, der Zahl seiner Einwohner, dem hohen Bildungsstand der Bevölkerung und seines unermeßlichen Reichtums an Energie und Bodenschätzen eine Großmacht bleiben. In diesem Zusammenhang stellt sich natürlich die Frage der künftigen Interessenabgrenzung gegenüber dem Westen, die durch einen Rückgriff auf historische Gegebenheiten weitgehend konfliktfrei gelöst werden könnte. Die vom britischen Außenminister George Curzon 1920 entworfene Demarkationslinie, die später von Stalin mit allerdings anderem Verständnis verwirklicht wurde, verlief entlang der Bahnlinie Dünaburg–Wilna über Grodno nach Brest und von dort längs der Bug über Krylow quer durch Galizien über Rawa Ruskaja nach Przemysl und weiter nach Süden. Künftig mag die Trennlinie entlang der Dnjestr verlaufen. In der Doktrin der russischen Außenpolitik in bezug auf das nahe Ausland kommt diese Abgrenzung der Interessensphären bereits zum Ausdruck.

Ohne die Berücksichtigung Rußlands wird aber weder eine neue stabile Weltordnung noch ein neues gefestigtes Gesamteuropa entstehen können. Ebenso ist aus weltpolitischen Stabilitätsgründen im Rahmen der zukünftigen Entwicklung der NATO und des Europäischen Verteidigungsbündnisses WEU das berechtigte Sicherheitsinteresse Rußlands zu berücksichtigen.

Die Neuordnung Europas

An der Schwelle zum 21. Jahrhundert steht Europa nach der Revolution als Implosion und deren Sogwirkung vor zwei grundlegenden Entscheidungen: Zum einen muß die politische Architektur für ein gesamteuropäisches Haus geplant und umgesetzt werden, und zum anderen muß Europa im Rahmen einer im Umbruch befindlichen Weltordnung seinen Stellenwert neu definieren. Die Erfüllung dieser Vorgaben ist keine leichte Aufgabe. Das europäische Schisma der Nachkriegszeit als Folge von Jalta, das lange Zeit als unverrückbare Realität akzeptiert wurde, hatte die Ausarbeitung eines strategischen ordnungspolitischen Konzeptes für Gesamteuropa aus realpolitischer Sicht müßig erscheinen lassen.

Der nach dem Zweiten Weltkrieg eingeleitete europäische Integrationsprozeß war nur auf Westeuropa ausgerichtet. Der Erweiterungsprozeß selbst verlief über weite Strecken nicht dynamisch, sondern bedächtig, vorsichtig abwägend und vom Bemühen geprägt, einen friedlichen Ausgleich zwischen Frankreich und Deutschland zu erreichen. Die ehemalige EG entwarf keine gesamteuropäischen Perspektiven, und daher wurde auch nicht das institutionelle und organisatorische Rüstzeug für einen solchen Erweiterungsprozeß vorausschauend mitberücksichtigt, auch nicht für die überraschende Wiedervereinigung der beiden deutschen Staaten durch Gorbatschow, Kohl und Bush. Die EU ist zudem selbst in einem Richtungsstreit über die zukünftigen Organisationsstrukturen verhaftet, der zwischen den gegensätzlichen Polen Zentralismus kontra Föderalismus und Regionalismus als in die Praxis umgesetzte Subsidiarität verläuft. Ein Beispiel dafür ist die heftige Diskussion über den im Sommer 1994 in die öffentliche Diskussion eingebrachten Vorschlag des Fraktionschefs der CDU/CSU im deutschen Bundestag, Wolfgang Schäuble, über ein Kerneuropa.

Otto von Bismarck hat einmal gemeint, daß man den Mantel der Geschichte dann fassen muß, wenn er durch den Raum fliegt. Die Möglichkeit einer Neuordnung Europas nach der Zäsur und dem Epochenschnitt des Jahres 1989 ohne die Hypothek eines unmittelbar vorangegangenen Krieges ist eine einmalige, unwiederbringliche Chance. Nach 1918 und 1945 eröffnete sich in diesem Jahrhundert nun zum dritten Mal die Gelegenheit zur Schaffung einer gesamteuropäischen Neuordnung. Als die russischen Truppen, die vor knapp 50 Jahren am 21. April 1945 Berlin erobert hatten, am 31. August 1994 diese Stadt wieder verließen, konnte man nach den Worten des Schriftstellers Lew Kopelew die „Schritte der Geschichte hören".

Die Neugestaltung Europas erfordert den Mut zu perspektivischem Handeln und die Courage, aus traditionellen und verfestigten Denkschemata auszubrechen. Letzteres bedeutet aber nicht, daß man mit der Geschichte bricht und auf einer Tabula rasa ein neues Ordnungsmodell nach vorformulierten hehren Idealen entwirft. Die zukunftsorientierte Aufgabe „Gesamteuropa" kann nur dann dauerhaft gelöst werden, wenn den historischen Gegebenheiten Rechnung getragen wird, die weltpolitischen Machtverhältnisse realistisch kalkuliert werden und den betroffenen Menschen – und um die geht es ja letztlich – die Möglichkeit einer insgesamt vorteilhaften Partizipation an einer gesamteuropäischen Institution bei gleichzeitiger Wahrung ihrer Identität und der Überschaubarkeit ihres persönlichen Lebensumfeldes geboten wird.

Die Zeit für einen so verstandenen gesamteuropäischen Einigungsprozeß drängt. Das Fenster der Gelegenheit, das sich mit dem 1989 eingeleiteten Zerfall des sowjetischen, von der Elbe bis zum japanischen Meer reichenden Hegemonialverbandes geöffnet hat, könnte sich schneller schließen, als viele glauben wollen.

Nach dem Wegfall der Blöcke ist die politische Verantwortung für die zukünftige Gestaltung Gesamteuropas weitgehend der EU zugefallen. Dieser gehören seit dem 1. Januar 1995 15 Mitgliedstaaten an. Mit der Erweiterung der Gemeinschaft der Zwölf um Österreich, Finnland und Schweden hat sich auch die Geographie der Union entscheidend verändert. Deren Fläche ist um etwa 50 % gewachsen und erstreckt sich nunmehr bis hinter den Polarkreis. Die EU hat erstmals in ihrer Geschichte eine gemeinsame Grenze mit Rußland.

Die nächste Erweiterungsrunde der EUwurde bereits eingeleitet. Mit Malta und Zypern wird der Rat in absehbarer Zeit Verhandlungen über den EU-Beitritt aufnehmen. Weitere Beitrittsanträge lagen bis zum Jahresende 1995 auch von der Schweiz, der Türkei, Ungarn, Polen, Rumänien, der Slowakei, Estland und Lettland vor. Die Schweiz hat trotz des negativen Votums zum EWR-Abkommen im Dezember 1992 den Beitrittsantrag aufrechterhalten, wünscht jedoch vorerst keine Verhandlungen. Der Beitrittsantrag der Türkei wurde zunächst mit einer negativen Stellungnahme seitens der EU beschieden. Die Ablehnung erfolgte nicht allein wegen Verletzungen der Menschenrechte, sondern auch deshalb, weil die Türkei den gestellten Bedingungen zur Vollendung des Assoziierungsabkommens von 1964 bis dahin noch nicht zur Gänze nachgekommen ist. Verhandlungen über die Schaffung einer Zollunion als Vorstufe zu einem späten EU-Beitritt wurden im März 1995 aufgenommen und im Dezember 1995 mit der Zustimmung des Europa-Parlaments abgeschlossen. Das Abkommen trat am 1. Januar 1996 in Kraft.

Der wirtschaftliche Kooperationsprozeß mit den osteuropäischen Staaten wurde bereits knapp vor dem Zusammenbruch des Ostblockregimes eingeleitet. Schon in den Jahren 1988 bis 1991 schloß die vormalige EG Handels- und Kooperationsabkommen mit Ungarn, Polen, der ehemaligen ČSFR, Rumänien und Bulgarien ab. Diese wurden mittlerweile durch eine „zweite Generation" von Abkommen, den sogenannten Europaabkommen, abgelöst. Die Unterzeichnung dieser Abkommen erfolgte mit Polen, Ungarn und der früheren ČSFR am 16. Dezember 1991, mit Rumänien am 1. Februar 1993 und mit Bulgarien am 8. März 1993. Da Tschechien und die Slowakei seit dem 1. Januar 1993 selbständige Republiken sind, wurde das ursprünglich mit der ČSFR abgeschlossene Abkommen durch zwei neue, eigenständige Vertragswerke ersetzt. Diese wurden am 4. Oktober 1993 unterzeichnet.

Die Europaabkommen zeichnen sich gegenüber den Kooperations- und Handelsabkommen durch einen höheren Integrationsgrad aus und schließen auch die Zusammenarbeit auf politischem, finanziellem und kulturellem Gebiet mit ein. Somit gehen die Europaverträge weit über traditionelle Freihandelsabkommen hinaus. Um nicht zu lange auf die Ratifizierung der Europaabkommen warten zu müssen, sind über deren handelsrelevante Teile, die in die Alleinkompetenz der EU fallen und somit nicht von den Parlamenten aller EU-Mitgliedstaaten genehmigt werden müssen, Interimsabkommen geschlossen worden. Diese traten in Polen, Ungarn, Tschechien und der Slowakei am 1. März 1993, in Rumänien am 1. Mai 1993 und in Bulgarien am 31. Dezember 1993 in Kraft. Die Handelsabkommen sehen die schrittweise Einführung des freien Warenverkehrs und die Errichtung einer Freihandelszone zwischen der EU und den Assoziationspartnern innerhalb von zehn Jahren ab Vertragsabschluß vor.

Die Europaabkommen mit Ungarn und Polen, die als erste ratifiziert wurden, traten am 1. Februar 1994 in Kraft. Die mit Tschechien, der Slowakei, Bulgarien und Rumänien abgeschlossenen Assoziierungsverträge wurden ein Jahr später, mit 1. Februar 1995, wirksam.

Mit dem slowenischen Staat, mit dem am 5. April 1993 entsprechend dem Abkommen mit dem ehemaligen Jugoslawien ein Handels- und wirtschaftliches Kooperationsabkommen geschlossen wurde, hätten bereits im Dezember 1993 Verhandlungen über ein Assoziierungsabkommen stattfinden sollen. Diese Vorgangsweise wurde aber von Italien blockiert, das die Klärung von Eigentums- und Entschädigungsfragen für italienische Staatsbürger, die nach dem Zweiten Weltkrieg von Jugoslawien enteignet worden waren, forderte. Nachdem Slowenien im Zuge der wiederaufgenommenen Verhandlungen zugesagt hatte, die Gesetzesbestimmungen über den Erwerb von Eigentum durch Ausländer abzuändern, wurde das Abkommen am 15. Juni paraphiert. Die Ratifizierung wurde allerdings weiterhin von Italien blockiert.

Mit den drei baltischen Republiken schloß die EU 1992 Handels- und Wirtschaftsabkommen, die am 1. Januar 1995 durch das Inkrafttreten von Freihandelsverträgen abgelöst wurden. Zum Jahreswechsel 1994/1995 wurden mit diesen drei Staaten ebenfalls Verhandlungen über Europaabkommen aufgenommen. Diese wurden nach nur zwei Verhandlungsrunden am 12. April 1995 paraphiert und am 12. Juni 1995 unterzeichnet. Die Interimsverträge über den handelspolitischen Teil traten am 12. Juli 1995 in Kraft. Mit Rußland, der Ukraine, Kasachstan, Kirgisistan und Moldawien wurden 1994 sogenannte „Partnerschafts- und Kooperationsabkommen" unterzeichnet, die noch ratifiziert werden müssen. Gleichzeitig wurden Verhandlungen zu Interimsabkommen über den Handel und handelspolitische Fragen eingeleitet.

Die zuerst abgeschlossenen Europaabkommen beinhalten in der Präambel die Option auf einen späteren EU-Beitritt. Am 7. März 1994 sandte die EU an die bis dahin assoziierten Partnerstaaten ein Schreiben, in dem expressis verbis festgehalten wird, daß sie bereits im Jahr 2000 der EU angehören können. Ein formeller Antrag auf EU-Mitgliedschaft wurde von Ungarn am 1. April und von Polen am 9. April 1994, von Rumänien am 22. Juni, der Slowakei am 27. Juni 1995, von Lettland am 27. Oktober 1995, von Estland am 24. November 1995, von Litauen am 8. Dezember 1995, von Bulgarien am 15. Dezember 1995 und von Tschechien am 23. Januar 1996 gestellt.

Die grundsätzliche Bereitschaft zur Ostöffnung wurde von seiten der EU bereits bei einem Gipfeltreffen in Edinburgh im Dezember 1992 erklärt. In der Folge wurden auch die Beitrittserklärungen für die mittel- und osteuropäischen Reformstaaten spezifiziert. Vorbedingungen sind unter anderem die institutionelle Stabilität und die Garantie einer demokratischen und rechtsstaatlichen Ordnung unter Wahrung der Menschen- und Minderheitenrechte, die Anpassung der rechtlichen Vorschriften an den Rechtsbestand der EU („aquis communautaire") sowie gefestigte, in der EU überlebensfähige marktwirtschaftliche Strukturen.

Bei dem im Dezember 1994 in Essen abgehaltenen EU-Gipfeltreffen, zu dem auch erstmals die Regierungschefs der assoziierten Reformstaaten eingeladen waren, wurde beschlossen, die Beziehungen mit diesen Staaten im Rahmen eines „strukturierten Dialogs" zur Vorbereitung auf einen späteren EU-Beitritt auszubauen. Als Teil dieser Heranführungsstrategie wurde auch ein Weißbuch ausgearbeitet, das im Mai 1995 von der EU-Kommission vorgestellt wurde. Dieses Weißbuch soll den assoziierten Ländern als Richtschnur bei der Vorbereitung auf Wirtschaftsabläufe unter den Anforderungen des Binnenmarktes der EU dienen.

Mit der Aufnahme von Beitrittsverhandlungen für assoziierte Reformstaaten wird nach der für 1996 anberaumten Regierungskonferenz gerechnet. Bei dieser Tagung sollen die Voraussetzungen für die Aufnahme neuer Mitglieder und die Anpassung der Institutionen der EU an die Erfordernisse einer erweiterten Union geregelt werden.

Ihrer bisherigen Struktur und Funktion nach ist die EU noch kein geeignetes Instrument für eine gesamteuropäische Integrations- und Kooperationspolitik. Die Gründe dafür sind vielgestaltig. So sind manche Mitgliedstaaten dieser überraschend Realität gewordenen Zielvorgabe gegenüber wenig aufgeschlossen. Dies nicht zuletzt deshalb, weil sie sich schon zu sehr an die „geschlossene Gesellschaft" der EU und deren offenbar zu verlockende Struktur- und Kohäsionshilfe gewöhnt haben.

Die jährlichen Gesamtausgaben des EU-Haushaltes betragen rund 81 Milliarden ECU (1995). Davon entfallen auf die Landwirtschaft etwa 38 Milliarden und auf die Strukturfonds zur Verminderung der wirtschaftlichen und sozialen Ungleichgewichte zirka 26 Milliarden. Wendet man die gleichen Vergabekriterien für diese Hilfen beziehungsweise Fonds auf die sechs assoziierten mittel- und osteuropäischen Reformstaaten an, so dürften sich die zusätzlichen Nettokosten laut WIFO-Berechnung auf etwa 20 Milliarden ECU belaufen, wovon rund 7 Milliarden auf das Agrarbudget entfielen. Die mittlerweile zahlreich vorliegenden Schätzungen über die Kosten der EU-Osterweiterung differieren insbesondere im Hinblick auf die Erhöhung der Agrarausgaben. Die Spannweite der entsprechenden Schätzungen für die sechs assoziierten Länder reicht von 5 bis 32 Milliarden ECU. Die Schätzung der Beitrittskosten ist zum Teil zu einem „Politikinstrument" (Jan Stankovsky) geworden. Mit hohen Kosten wird die Schwierigkeit, mit niedrigen die Einfachheit einer Osterweiterung argumentiert. Die mit der EU-Erweiterung verbundenen monetären Belastungen würden von den Mitgliedstaaten aber in jedem Fall kaum unstrittig akzeptiert werden. Die unterschiedliche Interessenlage der 15 Mitgliedstaaten in den wirtschaftspolitischen Bereichen, aber auch in den Außenbeziehungen könnte sich ebenfalls als ein Hindernis für einen baldigen EU-Beitritt der assoziierten Reformstaaten erweisen. So legen die südlichen EU-Staaten Wert darauf, daß die EU in der Mittelmeerregion die wirtschaftliche und politische Stabilität – Eindämmung des islamischen Fundamentalismus, Vermeidung von Migrationswellen – in vergleichbarer Weise fördert wie in den mittel- und osteuropäischen Reformstaaten.

Neben budgettechnischen Fragen muß im Rahmen einer Erweiterungspolitik der EU auch den geänderten Erfordernissen an die gemeinsamen Institutionen Rechnung getragen werden. Um die zukünftige Entscheidungs- und Organisationsstruktur der EU ist zwischen den Mitgliedern bereits ein Richtungsstreit ausgebrochen. Dabei geht es zum einen um die verstärkte Demokratisierung der Entscheidungsorgane sowie deren Transparentmachung und zum anderen um die Ausrichtung der organisatorischen Struktur selbst. Die zentralistische Variante würde auf die Ausformung der EU zu einem starken europäischen Bundesstaat hinauslaufen, dem dann eine Überkompetenz zukäme. Dies würde bedeuten, daß nicht mehr die Mitgliedstaaten, sondern die EU die Zuständigkeitsverteilung zwischen der Union und den Mitgliedstaaten festlegen würde. Eine solche Problemlösung sieht beispielsweise der Verfassungsentwurf des institutionellen Ausschusses des Europäischen Parlaments vor. Diese Form der Integration würde unweigerlich die Desintegration der Nationalstaaten nach sich ziehen. Neues Konfliktpotential wäre damit vorprogrammiert.

Der zweite, dezentrale Ansatz baut auf der Stärkung der Regionen und dem Prinzip der Subsidiarität auf. Ein „föderales Europa der Nationen und Regionen“, wie es vor allem von der BRD forciert wird, würde drei Ebenen umfassen: die Ebene der EU, die Ebene der Mitgliedstaaten und die Ebene der Länder, Regionen und autonomen Gemeinschaften. Von diesen drei Ebenen sollte auf der Grundlage klarer Kompetenzen die Europapolitik partnerschaftlich gestaltet werden.

Zwischen den EU-Mitgliedstaaten ist nicht nur ein Zielkonflikt um die Erweiterung der Union, sondern auch um den Grad der zukünftigen integratorischen Vertiefung ausgebrochen. Als Kompromißformel zur Neutralisierung dieses Konfliktes wurde ein Europa der verschiedenen Geschwindigkeiten, der variablen Geometrie oder der konzentrischen Kreise entworfen. Ein in dieser Form strukturierter Integrationsprozeß birgt aber die Gefahr des Verlustes gemeinschaftlicher Solidarität und einer Verstärkung des Nord-Süd-Gefälles innerhalb Europas, das ohnedies von einem gravierenden Ost-West-Gefälle gekennzeichnet ist.

Dem Richtungsstreit über die zukünftigen Organisationsstrukturen der EU liegt auch die Frage der Relativierung des Nationalstaates nach oben durch die Bereitschaft zur Abgabe von Souveränität an eine supranationale Organisationsform zugrunde. Einer solchen Vorgangsweise gegenüber sind kleine Staaten eher aufgeschlossen als die europäischen „Großmächte“.

Einheit aus der Vielfalt als gesamteuropäisches Leitmotiv

Ein zukünftiges Gesamteuropa wird nur dann die Chance auf Realisierung und Bestand haben, wenn die Vielfalt die Grundlage der Einheit ist. In diesem Sinne werden, wie Hermann Lübbe in seinem Buch „Abschied vom Superstaat" festgehalten hat, die Regionen Europas auch künftig die eigentlichen Identifikationsbilder sein, aus denen der Kontinent Europa stets seine Kraft bezogen hat.

In diesem Kontext sollte auch kurz auf den ungewöhnlichen Vorschlag von Alfred H. Heineken eingegangen werden, den dieser 1992 in einer kleinen Broschüre mit dem Titel „The United States of Europe (A Eurotopia?)" veröffentlicht hat. Heineken bezieht sich darin auf wissenschaftliche Arbeiten von Cyril Northcote Parkinson und Leopold Kohr. Der 1994 verstorbene österreichische Wissenschaftler Kohr hat bekanntlich als erster eine Trendumkehr von immer größer werdenden Organisationen zu kleinen, überschaubaren Einheiten gefordert. Er gilt als der eigentliche Vater des zum geflügelten Wort gewordenen Slogans „Small is beautiful". Der britische Historiker und Publizist Parkinson wiederum wurde vor allem durch seine ironisierenden „Regeln" (die sogenannten Parkinsonschen Gesetze) über die eigendynamische Entwicklung bürokratischer Verwaltungen zu aufgeblähten Apparaten, die sich zunehmend mit sich selbst beschäftigen und denen die Gefahr droht, an ihrer eigenen Kompliziertheit zusammenzubrechen, bekannt. Parkinson, der sich in empirischen Studien auch mit der Frage der idealen Größe staatlicher Organisationseinheiten auseinandersetzte, kam zu dem Schluß, daß diese, so sie die Grenze von 10 Millionen Menschen überschreiten, die inhärente Tendenz zu besonders ausgeprägtem Bürokratismus und damit zu Inkompetenz und Ineffizienz haben.

Auf Grundlage dieser Erkenntnisse schlägt Heineken die Umformung der bestehenden Grenzen innerhalb Europas in 75 neue Staaten vor. In diese neuen Staaten mit jeweils einer Einwohnerzahl von idealerweise nicht mehr als zehn Millionen Menschen sollten historisch gewachsene Regionen zusammengefaßt werden, deren Grenzverlauf nicht immer mit den im Verlauf des letzten Jahrhunderts gesetzten Nationalgrenzen ident sein muß. Diese 75 neuen Staaten sollten zusammen einen europäischen Bundesstaat bilden, für den die amerikanische Verfassung als Vorbild dienen sollte. Von der Institution Bundesstaat sollten die Außen- und Verteidigungspolitik, das Währungssystem und andere überregionale Aufgaben wahrgenommen werden, während alle anderen Agenden bei den einzelnen Staaten verblieben. Bei der Umsetzung dieser neuen staatlichen Ordnungspolitik könnte, so Heineken, auf bestehende administrative Strukturen zurückgegriffen werden, die aber nunmehr effizienter und sparsamer genützt werden könnten. So sollten auch die Bundesbehörden ihren Sitz in jenen Städten haben, die dafür die notwendigen infrastrukturellen Voraussetzungen mitbringen.

Der Impetus des „Heineken-Planes" zielt insbesondere darauf ab, dem Chauvinismus als Keimzelle kriegerischer und terroristischer Zerstörung den Boden zu entziehen und im Rahmen kleiner, für den einzelnen überschaubaren Einheiten ein Europa der Prosperität und des Friedens zu schaffen. Heineken schlägt auch den GUS-Staaten vor, ihre nationalstaatlichen Konflikte auf diese Weise zu lösen.

So utopisch und bizarr der Vorschlag von Heineken in seiner Konsequenz auch klingen mag, so beinhaltet er dennoch wesentliche Elemente, die die Basisbedingungen für die Architektur einer gesamteuropäischen Ordnung darstellen, wenn diese Bestand haben soll. So wird in Ergänzung zur verstärkten gesamteuropäischen Kooperation in vielen Bereichen eine vermehrte regionale Kooperation über nationalstaatliche Grenzen hinaus ebenso unerläßlich sein wie die Errichtung von öffentlichen und privaten, lokalen und regionalen Netzwerkverbänden. Aufgabenbereiche gemeinsamen Interesses können nicht durch Ausgrenzung, sondern nur durch Zusammenarbeit verwirklicht werden. Dafür können die Montanunion als historisch relevantes Entwicklungsbeispiel und die Transeuropäischen Netze (TEN), die den Ausbau der gesamteuropäischen Verkehrs- und Telekommunikationsverbindungen vorsehen, als zukunftsorientierter Problemlösungsansatz gelten.

Nicht nur Osteuropa, sondern der gesamte europäische Kontinent steht vor einem historischen Neubeginn. Das zukünftige geo- und soziopolitische Profil Europas darf nicht als Resultat von Krieg und Terror gezeichnet werden, sondern muß auf der Prägung einer zunehmenden politischen und ökonomischen Verflechtung bei gleichzeitiger möglichst gerechter Berücksichtigung der sozialen Anliegen beruhen. Zur Erreichung dieser Zielsetzung besteht auf allen Ebenen menschlichen Zusammenwirkens und Gestaltens ein enormer Handlungsbedarf. Die damit verbundenen Chancen zu erkennen, umzusetzen und zu nutzen, ist aber nicht nur eine politische, sondern auch eine unternehmerische Aufgabe.

INVESTIEREN IN OSTEUROPA – EIN INFORMATIONSLEITFADEN

Die mittel- und osteuropäischen Märkte eröffnen schier unerschöpfliche Möglichkeiten für unternehmerische Initiativen. Der Unterschied im Lebensstandard zwischen Osteuropa und Westeuropa, der Modernisierungsbedarf im Bereich der Industrie, die Verbesserung und der Ausbau der Infrastruktur, der Aufbau von Fremdenverkehrseinrichtungen sowie Maßnahmen zur Verringerung der Umweltbelastung zählen in den „countries in transition" zu den vordringlichen Aufgabenstellungen. Daraus resultiert ein gigantischer Bedarf an allen Arten von Investitions- und Konsumgütern sowie wirtschaftsnahen Dienstleistungen, der gegenwärtig mangels harter Währung und fehlender Kaufkraft nicht befriedigt werden kann. Angesichts solcher Bedingungen ist einzelwirtschaftlich – von Ausnahmen abgesehen – das schnelle Geld sicher nicht zu machen. Vor einer „Goldrausch-Mentalität" ist daher ebenso zu warnen wie vor der Vorstellung einer „wirtschaftlichen Kolonialisierung". Vielmehr geht es darum, Geschäftsverbindungen anzuknüpfen, tragfähige Partnerschaften aufzubauen und daraus Geschäftsmöglichkeiten und letztlich Marktanteile zu realisieren. Ungeachtet der bestehenden Risken, die dazu zwingen, Investitionsentscheidungen nur mit großer Vorsicht und Sorgfalt zu treffen, muß die Zielsetzung unternehmerischen Engagements auch darin bestehen, sich frühzeitig auf einem strategisch gewählten Markt zu positionieren. Wer zu spät kommt, der wird auch vom Markt bestraft.

Die unternehmerischen Grundregeln

Für die konkrete Vorgangsweise bei einer Unternehmensbeteiligung oder einer Unternehmensgründung gibt es keine Patentrezepte. Jeder Fall ist unterschiedlich und erfordert eine maßgeschneiderte Lösung. Dennoch lassen sich einige allgemeingültige Feststellungen treffen.

Grundlage für jedes unternehmerische Engagement ist die präzise Abklärung der „terms of reference", also der Aufgabenstellung. Diese muß die Prüfung der rechtlichen und administrativen Voraussetzungen ebenso einschließen wie eine gründliche Analyse der jeweiligen Marktsituation und die sorgfältige Auswahl der heimischen Partner. Trotz vieler Gemeinsamkeiten weisen die jeweiligen Märkte in den mittel- und osteuropäischen Ländern beträchtliche Unterschiede hinsichtlich wesentlicher Entscheidungskriterien auf. Daher sind umfassende Feasibility-Studien für die einzelnen Projekte unerläßlich. Die sorgfältige Vorbereitung eines Investitionsprojektes ist auch eine wesentliche Voraussetzung für dessen Finanzierbarkeit. Die Bereitstellung der notwendigen finanziellen Mittel allein ist aber keine hinreichende Bedingung für den wirtschaftlichen Erfolg. Für diesen spielen auch die Steigerung der Produktivität und die Verbesserung der Qualitätsstandards bei der Produktion und den Produkten selbst eine wesentliche Rolle. Die Erreichung letzterer Ziele erfordert ein umfassendes Maßnahmenbündel, das unter anderem den Transfer von Technologie und Know-how, die Ermöglichung von Aus- und Weiterbildungsmöglichkeiten, die Bereitstellung der entsprechenden technischen Ausstattung und die Beseitigung von vielfältigen Engpässen, wie beispielsweise bei Vorleistungen für die Produktion, inkludiert.

In zahlreichen osteuropäischen Staaten bestehen noch immer beträchtliche Unsicherheiten bei den gesetzlichen und institutionellen Rahmenbedingungen, wie etwa beim Eigentumsrecht, dem Schutz ausländischer Direktinvestitionen, beim Transfer von Gewinnen sowie generell hinsichtlich gesellschafts-, gewerbe- und steuerrechtlicher Belange. Es liegt daher auf der Hand, daß in dieser Situation viele Selbstverständlichkeiten wie Buchhaltung, Bilanzierung und Kostenrechnung, aber auch die Anwendung von Bewertungsregeln zum Problem werden können. Ähnliches gilt auch für die Gestaltung von Verträgen und ganz allgemein für die Abwicklung von Geschäften. Daher sind für jedes Engagement professionelle Unterstützung und Consulting unverzichtbar.

Aufgrund bisheriger Erfahrungen empfiehlt es sich, bei jeder Investitionsüberlegung zehn Regeln zu beachten:

1) Versuche nicht, das schnelle Geld zu machen; nur eine gut durchdachte und gut geplante Langzeitinvestition ist die Mühe wert und kann Gewinne bringen.

2) Versuche die Position des gegenwärtigen Managements vorsichtig einzuschätzen, bevor du dazu Stellung beziehst; wenn das Management uneins ist oder möglicherweise nicht lange genug durchhält, um die Privatisierung zu überdauern und sich im neuen wirtschaftspolitischen Umfeld zurechtzufinden, kannst du sehr leicht auf der falschen Seite enden.
3) Versuche nicht bereits am ersten Tag unbedingt die magischen 51 % oder mehr zu bekommen, außer wenn es absolut notwendig ist; du kannst die Mehrheit später erreichen, indem du deine Investitionen kapitalisierst.
4) Wenn du mit dem vorhandenen Management zufrieden und davon überzeugt bist, daß diese Mitarbeiter auch nach Abschluß der Privatisierung und Unternehmensrestrukturierung für die Firma von Nutzen sein können, dann solltest du ihnen diesbezüglich einige Garantien geben; dies wird ihre Loyalität dir gegenüber erhöhen und ihre volle Kooperation sicherstellen.
5) Hohe Arbeitslosenraten stellen – abgesehen von der Härte für die direkt Betroffenen und deren Familien – für ganze Regionen und Volkswirtschaften ein schwerwiegendes Problem dar; wenn du dein Unternehmenskonzept vorstellst, solltest du daher versuchen, die bei steigender Produktivität für den Beschäftigungsgrad zunächst unvermeidbaren Konsequenzen durch die Aussicht auf neue Arbeitsplatzmöglichkeiten innerhalb der „Mehrwertsproduktion“ auszugleichen.
6) Wenn du an einem Projekt ernsthaft interessiert bist, solltest du dir einen guten Consultant suchen, der deine Sprache spricht, die richtigen Entscheidungsträger kennt und Kenntnisse darüber besitzt, wie man deine unternehmerische Angelegenheit in einer Umgebung, von der du wenig weißt, anpackt und umsetzt.
7) Bereite dich mental darauf vor, daß psychologische Barrieren und ein gewisser Widerstand gegen ausländisches Kapital in der einheimischen Bevölkerung existieren können, die nur langsam abgebaut werden können.
8) Verabsäume nicht, in eine ordentliche Rechnungsprüfung und Bewertung des Unternehmens, das du erwerben willst, zu investieren; achte auch sehr darauf, einen gut durchdachten Geschäftsplan zu entwickeln, und versuche die Unterstützung der Belegschaft und der Gewerkschaften dafür zu gewinnen.

9) Von Schlüsselministerien kannst du sehr wohl vielfältige Informationen erhalten, aber es ist unwahrscheinlich, daß sie zu deinem Vorteil einschreiten; sei dir der Tatsache bewußt, daß sie nicht autorisiert sind, sich über die jeweilige Amtsperiode hinaus festzulegen.
10) Laß dich nicht von deinen Gefühlen leiten, wie gerechtfertigt sie dir auch erscheinen mögen. Die wirtschaftliche Rationalität wird sich zwar schlußendlich durchsetzen, aber darüber können noch viele Tage und Nächte vergehen.

Finanzierungsmöglichkeiten

Für Unternehmen, die auf den neuen Hoffnungsmärkten im Osten unternehmerisch tätig werden wollen, stellt sich natürlich die Frage nach Finanzierungsmöglichkeiten einerseits sowie nach der Möglichkeit der Absicherung von politischen und wirtschaftlichen Risken andererseits.

Am freien Kapitalmarkt des Westens sind Finanzierungen für ausländische Direktinvestitionen in den Reformländern aufgrund der vielfältigen politischen und wirtschaftlichen Unsicherheitsfaktoren oft nur schwer erhältlich. Ein Ausweichen auf die Kapitalmärkte in den Reformländern ist aufgrund des zumeist sehr hohen heimischen Zinsenniveaus nur beschränkt möglich. Der sich erst in Ansätzen entwickelnde Kapitalmarkt schließt auch Finanzierungen von Joint-ventures über die Börse weitgehend aus. Die wenigen, bisher existierenden Börsen, an denen oft nur eine Handvoll Titel im Handel sind, werden zudem des öfteren auch als eine Art „Casino" mißverstanden.

Deutsche und österreichische Großbanken, die aus Tradition eine überaus starke Ost-Orientierung in ihrer Geschäftstätigkeit aufweisen, können ihren Kunden zwar eine Vielzahl von Finanzierungsformen mit relativ hohen Limits anbieten, die aber aufgrund des hohen Ost-Engagements der eigenen Firmenkunden in der Regel stark beansprucht sind. Dieses Problem versuchen die Banken einerseits durch die Erarbeitung strukturierter Einzellösungen und andererseits über Co-Finanzierungen mit ihren osteuropäischen Beteiligungsbanken oder mit internationalen, auf den Ostmarkt ausgerichteten Finanzierungsinstitutionen, wie beispielsweise der EBRD, zu lösen.

Für die Finanzierung von Projekten in Osteuropa über den freien Kapitalmarkt sind die Wirtschaftlichkeit eines Projektes, das einen hohen

Cash-flow und die Erwirtschaftung ausreichender Devisen für die Bedienung der Kredite erwarten läßt, sowie eine ausreichende Eigenkapitalausstattung allgemeine grundlegende Bedingungen. Darüber hinaus sind auch die einbringbaren Sicherstellungen von kreditentscheidender Bedeutung.

Aufgrund der oftmals noch fehlenden oder nur beschränkten Konvertierbarkeit der Währungen und des Mangels an einheimischem Kapital für Investitionen kommt in den Transformationsländern bei Projekten dem „financial engineering“ besonderes Augenmerk zu. Dieses muß gewährleisten, daß die Projektaufwendungen in harter Währung durch erzielbare Hartwährungseinnahmen gedeckt sind.

Eine Finanzierung baut üblicherweise auf einer Feasibility Studie auf, in der die Wirtschaftlichkeit eines Projektes nachgewiesen wird. Eine solche Studie wird in der Regel vom Projektentwickler bei einem unbeteiligten Dritten in Auftrag gegeben. Bei der Wirtschaftlichkeitsberechnung spielen beispielsweise bei einem Hotelprojekt Faktoren wie Kosten pro Zimmer, Auslastung, Erlöse pro Bett und das wirtschaftliche Umfeld neben weiteren Indikatoren eine bedeutende Rolle. Die Höhe der geplanten Deviseneinnahmen bestimmt zu einem großen Teil die Höhe des erreichbaren Anteils der Fremdfinanzierung. Die weiteren Finanzierungsmittel werden in Form von Eigenkapital oder nachrangigem Kapital durch den Projektentwickler bereitgestellt.

Für das Ausmaß der Fremdfinanzierung stellt die Möglichkeit der Besicherung ein wichtiges Kriterium dar. Bei Projekten, bei denen von einem regelmäßigen Eingang von Devisen ausgegangen werden kann, wie etwa Hotels, Büros oder Wohnungen für ausländische Firmen und deren Manager, erfolgt die Besicherung üblicherweise in der Form, daß die Deviseneinnahmen auf ein „escrow account“, also eine Art Sperrkonto, fließen. Die auf diesem Konto eingegangenen Gelder dienen zunächst dazu, den in Devisen gewährten Kredit zu bedienen. Über die restlichen Beträge können in der Folge die Betreiber des jeweiligen Projektes uneingeschränkt verfügen.

Des weiteren werden auch hypothekarische Besicherungen in Anspruch genommen. Bei dieser Sicherstellungsvariante ist allerdings die Judikatur und deren Spruchpraxis in dem jeweiligen Investitionsland eingehend zu hinterfragen. Die unzulänglichen Rechtssysteme in einzelnen osteuropäischen Staaten sind neben den politischen Unsicherheitsfaktoren mit ein Hauptgrund für die vorsichtige Haltung westlicher Banken bei der Vergabe von Krediten für dortige Projekte.

Eine dritte Form der Besicherung stellen schließlich Garantien, Patronatserklärungen und ähnliches dar, die von lokalen oder ausländischen, von privaten, öffentlichen oder multilateralen Institutionen in voller Höhe oder zum Teil gegeben werden können. Diese Garantien decken wirtschaftliche und politische Risken ab und sind um so wertvoller, je kreditwürdiger der Garantiegeber ist. In diesem Kontext spielen auch nationale Exportkreditversicherer eine bedeutende Rolle. Im Fall Österreichs verfügt die Kontrollbank über eine langjährige Erfahrung in den Reformländern. Der Bau des Forum-Hotels und anderer Hotels in Budapest durch österreichische Entwickler mit Hilfe der Kontrollbank vor mehr als zehn Jahren war in diesem Zusammenhang ein Meilenstein. Allerdings muß erwähnt werden, daß heute das Hauptaugenmerk von Institutionen wie der Oesterreichischen Kontrollbank mehr denn je auf die Wirtschaftlichkeit eines Projektes gerichtet ist. Während früher die Garantie einer Staatsbank eines osteuropäischen Landes ausreichte, um eine Deckung zu erhalten, müssen heutzutage handfeste Wirtschaftlichkeitsberechnungen vorgelegt werden.

Im Baubereich sind je nach Projekt noch weitere Finanzierungsmethoden üblich, wie etwa bei der Errichtung von Mautstraßen. Allerdings spielen auch im Westen bemautete Straßen die Investitionskosten und die laufenden Kosten fast nie ein. Berechungen zufolge kann eine Mautstraße nur dann wirtschaftlich betrieben werden, wenn Pkw und Lkw mindestens 0,5 beziehungsweise 1 Schilling pro Kilometer zahlen und die Frequenz 20.000 bis 25.000 Einheiten pro Tag beträgt. Bei der Berechnung der Auslastung ist allerdings zu beachten, daß Erfahrungen zufolge 20 % bis 25 % aller Fahrzeuge die langsamere, aber mautfreie Parallelstraße benützen, wenn dies möglich ist. Aufgrund der wirtschaftlichen Situation ist die Erzielung dieser Mindesterlöse in den meisten Reformländern nicht realistisch. Daher sind öffentliche Zuschüsse notwendig, auch wenn die Straße auf BOT(Build Operate Transfer)-Basis betrieben wird. Dies bedeutet, daß die privaten Investoren für einen bestimmten Zeitraum alle Einkünfte aus der Straßenbewirtschaftung erhalten und zusätzlich auch Hotels, Restaurants und Tankstellen an der Straße betreiben können, um damit ihre Investitionskosten und einen Gewinn erwirtschaften zu können. Nach Ablauf der vereinbarten Frist fallen diese Rechte an den Staat zurück.

Im Energiesektor sind hingegen sogenannte Buy-back-Vereinbarungen als Sicherstellung für Fremdfinanzierungen üblich. Bei dieser Finanzierungskonstruktion werden die Erlöse aus möglichst langfristigen Energieabnahmeverträgen primär dazu benützt, die Kreditrückzahlungsraten abzudecken. Durch das Ansparen zusätzlicher Sockelraten kann man weiters auch versuchen, das Performance-Risiko abzudecken, also jenes Risiko, daß aus irgendeinem Grund keine oder zuwenig Energie geliefert wird.

Im allgemeinen ist bei Bauprojekten oft eine Unterstützung der Finanzierung durch Garantien, Hilfskredite („soft loans"), Zuschüsse, Risikoabsicherungen und anderes mehr notwendig. Diese Art von Unterstützung wird unter anderem von inter- und supranationalen Finanzinstitutionen wie der Weltbank, der International Finance Corporation (IFC), der International Development Association (IDA), der Multilateral Investment Guarantee Agency (MIGA), der European Bank for Reconstruction and Development (EBRD) oder der European Investment Bank (EIB) gewährt. Auch nationale Exportversicherungsgesellschaften, wie die Oesterreichische Kontrollbank oder Hermes in der Bundesrepublik Deutschland, können dabei eine bedeutende Rolle spielen.

Für private Investoren gewinnen im Ostgeschäft zusätzlich zu den herkömmlichen Finanzierungsformen auch Leasingmodelle im Mobilienbereich, aber auch auf dem Gebiet der Projektfinanzierung an Bedeutung, da Leasingzahlungen in vielen Ländern Osteuropas steuermindernde Betriebsausgaben darstellen.

Die Rückzahlung der Leasingraten an den westlichen Leasinggeber kann im Idealfall durch eine lokale Bankgarantie abgesichert werden. Werden mit den verleasten Anlagen Produkte für den Export erzeugt, dann ist die Absicherung der Rückzahlung der Leasingraten in der Form üblich, daß die westlichen Abnehmer nicht direkt an den Produzenten zahlen, sondern ihre Zahlung auf ein Treuhandkonto („escrow account") leisten, von dem die Rückzahlungsraten abgeschöpft werden. Über die verbleibenden Erlöse kann der Leasingnehmer frei verfügen. Bei der Vermarktung der produzierten Güter bieten die Leasinggesellschaften auch die Unterstützung von internationalen Handelshäusern an. Auch auf dem Gebiet der internationalen Projektfinanzierung wird von einzelnen Bankinstituten eine Finanzierung auf Leasingbasis angeboten. Der für die Bedienung der Leasingverpflichtungen erforderliche Cash-flow wird durch spezielle Finanzierungskonstruktionen unter Einbindung der Exporterlöse des östlichen Leasingnehmers und mittels Unterstützung des westlichen Lieferanten bei Produktion und Vertrieb abgesichert.

Besonders bei größeren Investitionsvorhaben empfiehlt es sich, die verschiedenen auf dem Geldmarkt angebotenen Finanzierungsformen zu kombinieren, um die jeweiligen Vorteile zugunsten des Projektes optimal ausnutzen zu können. Ein umfassendes Finanzierungspaket hat schließlich auch eine möglichst weitgehende Absicherung des politischen und wirtschaftlichen Risikos zu beinhalten.

In diesem Zusammenhang sind für potentielle Investoren natürlich auch all jene von westlichen Staaten und Institutionen getragenen Hilfsprogramme für Osteuropa von Interesse, die günstige Finanzierungs- und/oder Garantiemöglichkeiten beinhalten. Eine komplette Zusammenschau dieser Programme ist aufgrund von deren Vielfältigkeit kaum möglich. Im folgenden wird daher ohne Anspruch auf Vollständigkeit auf jene nationalen und internationalen Unterstützungsprogramme und Förderungsmöglichkeiten[5] eingegangen, die für deutsche und österreichische Unternehmen grundsätzlich von Bedeutung sein können. Deutsche und österreichische Förderungsprogramme wurden nur dann berücksichtigt, wenn sie jeweils landesweit in Anspruch genommen werden können. Die Förderungsinitiativen einzelner Bundesländer beziehungsweise jene von wirtschaftlichen Verbänden und Organisationen sowie Stiftungen werden in der nachstehenden Übersicht nicht aufgelistet.

---

[5] Die Übersicht über die einzelnen Osthilfeprogramme wurde mit größtmöglicher Sorgfalt erstellt. Trotzdem können Daten falsch sein, insbesondere weil sie nicht mehr aktuell oder überholt sind. Daher wird vom Autor keine Gewähr für die Richtigkeit übernommen.

Osthilfeprogramme internationaler und supranationaler Finanzinstitute

Auf internationaler Ebene spielen vor allem die Weltbank, die International Finance Corporation sowie die Europäische Investitionsbank und die Europäische Bank für Wiederaufbau und Entwicklung für die Finanzierung der marktwirtschaftlichen Umstrukturierung und die damit verbundenen Investitionen in den Ländern des ehemaligen kommunistischen Ostblocks eine wichtige Rolle.

International Bank for Reconstruction and Development

Die International Bank for Reconstruction and Development (Weltbank) zählt wie die Vereinten Nationen, der Internationale Währungsfonds, das General Agreement on Tariffs and Trade (GATT) – nunmehr World Trade Organization (WTO) – und die Organization for European Economic Cooperation (OEEC) – die heutige Organization für Economic Cooperation and Development (OECD) – zu jenen Einrichtungen, die geschaffen wurden, um die Nachkriegsordnung nach dem Ende des Zweiten Weltkrieges zu gestalten und zu tragen. Dabei ging es vor allem auch darum, aus den Fehlern der Zwischenkriegsjahre und ihren schwerwiegenden Konsequenzen vernünftige Lehren zu ziehen. Die Weltbank wurde ebenso wie der Internationale Währungsfonds (IWF) anläßlich der Währungs- und Finanzkonferenz in Bretton Woods im Juli 1944 geschaffen. Beide Institutionen haben ihren Sitz in Washington. Am 25. Juni 1946 nahm die Weltbank mit 45 Ländern als Mitglieder beziehungsweise Eigentümer und einer Kapitalausstattung in Höhe von 9,1 Milliarden US-Dollar ihre Tätigkeit auf. Österreich trat im Jahr 1948 bei, die Bundesrepublik im Jahr 1952. Bis zum Jahr 1995 ist die Zahl der Eigentümer auf 178 Mitgliedstaaten angewachsen, die Kapitalanteile in Höhe von 176 Milliarden US-Dollar gezeichnet haben, von denen aber nur zirka 11 Milliarden US-Dollar effektiv eingezahlt sind. Ähnliche Einrichtungen wie die Weltbank wurden in späterer Folge auf regionaler Ebene mit der Interamerikanischen Entwicklungsbank, der Afrikanischen Entwicklungsbank, der Asiatischen Entwicklungsbank und jüngst mit der Europäischen Bank für Wiederaufbau und Entwicklung mit dem Schwerpunkt für Osteuropa installiert.

Zur Gruppe der Weltbank zählen auch die 1956 gegründete International Finance Corporation (IFC), die 1960 gegründete International Development Association (IDA) sowie die Multilateral Investment Guarantee Agency (MIGA). Die MIGA, die 1988 errichtet wurde, fördert Privatinvestitionen in Entwicklungsländern durch Gewährung von Garantien, um Investoren vor nicht-wirtschaftlichen, also politischen Risken, wie zum Beispiel Krieg oder Nationalisierung, zu schützen. Die IDA wurde 1960 gegründet und hat 158 Mitglieder. Organisation und Funktionsmechanismen dieser Institution sind mit denen der Weltbank ident. Die IDA ist quasi ein Teilelement der Weltbank. Sie wird von der Weltbank geleitet und bedient sich ihrer administrativen und finanziellen Dienste sowie ihrer Räumlichkeiten und ihres Mitarbeiterstabes. Es ist unmöglich, die beiden Institutionen rein äußerlich zu trennen. Der wesentliche Unterschied zwischen ihnen ist lediglich finanzieller Natur, und zwar bezüglich der Herkunft und der Verwendung der Geldmittel.

Die IDA bezieht ihre Mittel aus Spenden, die ihr von den Mitgliedsländern alle drei Jahre überwiesen werden. Die IDA gewährt ausschließlich Regierungen Kredite, wobei sich die Hilfe auf die sehr armen Länder konzentriert. Die Kredite sind zinsenfrei und haben eine Laufzeit von drei bis vier Jahrzehnten. Im Geschäftsjahr 1994/95 (Juli 1994 bis Juni 1995) wurden von der IDA an 47 Länder 104 Kredite in der Gesamthöhe von 5,6 Milliarden US-Dollar bewilligt. Auf die IFC, die auch an einzelne Unternehmen Kredite vergibt, wird nachstehend in einem eigenen Abschnitt eingegangen.

Die Weltbank wird vom Gouverneursrat geführt, in dem jedes Mitgliedsland mit einem Gouverneur, der zumeist der jeweilige Finanzminister ist, vertreten ist. Die allgemeine Geschäftsführung wird vom Exekutivdirektorium wahrgenommen, dem 24 Mitglieder angehören. Diese wählen den Präsidenten, der die Bank leitet. Der Präsident wird traditionellerweise von den Vereinigten Staaten gestellt. Von der Weltbank werden rund 6.000 zumeist hochqualifizierte Mitarbeiter beschäftigt.

In ihrer ersten Tätigkeitsphase hat die Weltbank dazu beigetragen, den Wiederaufbau des zerstörten Westeuropas zu unterstützen. Nachdem diese Aufgabe überwiegend vom Marshallplan und der OEEC übernommen worden war, hat sich der Schwerpunkt ihrer Tätigkeit auf die Unterstützung der Entwicklungsländer verlagert, die sich im Zuge der Entkolonialisierung in großer Zahl als selbständige Staaten herausgebildet hatten. Das Tätigkeitsfeld der Weltbank umfaßt in der Zwischenzeit auch die weltweite Unterstützung bei ökologischen Aufgaben sowie die Förderung der Umwandlung der ehemaligen zentralistischen Planwirtschaften im Bereich des früheren kommunistischen Blocks in Marktwirtschaften.

Ebenso wie der Internationale Währungsfonds hat auch die Weltbank im Laufe der Zeit verstärkt langfristige Entwicklungsaufgaben übernehmen müssen. Beide Institutionen ergänzen einander. Die Mitgliedstaaten des Internationalen Währungsfonds müssen in der Folge auch der Weltbank beitreten. In der Praxis erfolgt die Aufnahme meist gleichzeitig. Aufgabe des Internationalen Währungsfonds, von dem nur Regierungen und keine Unternehmen unterstützt werden, war es ursprünglich, die internationale Währungszusammenarbeit, stabile Devisenmarktverhältnisse und ein offenes Zahlungssystem zu fördern, um so zur Steigerung der Produktion und zur gedeihlichen Entwicklung des Welthandels beizutragen. Darüber hinaus sollte er Mitgliedern mit Zahlungsbilanzschwierigkeiten kurzfristig finanziell zur Seite stehen. Zentrales Element war das System der festen Wechselkurse unter den wichtigsten Industrienationen, das vom IWF kontrolliert und gesteuert werden sollte. Mit dem Übergang von festen zu flexiblen Wechselkursen im Jahr 1973 hat der IWF jedoch seine ursprüngliche Funktion verloren und daher in den siebziger und achtziger Jahren neue Betätigungsfelder gesucht. Die Hauptaufgabe des IWF besteht nunmehr in der Planung und Überwachung von wirtschaftlichen Umstrukturierungsprogrammen in Dritte-Welt-Staaten und zunehmend auch in jenen Staaten, die sich im Übergang von der Plan- zur Marktwirtschaft befinden. Zu letzterem Zweck wurde im April 1993 die Systemtransformations-Fazilität geschaffen. Darüber hinaus werden vom IWF unter anderem in Form von Stand-by-Arrangements weiterhin Zahlungsbilanzhilfen gewährt.

Im Gegensatz zum IWF, der eine makroökonomische Zielsetzung hat, agiert die Weltbank im mikroökonomischen Bereich der Struktur- und Entwicklungspolitik. Die Zusammenarbeit zwischen beiden Institutionen erfolgt auch in der Form, daß Projekte, die aus den Wirtschafts- und Strukturanpassungsprogrammen des IWF erwachsen, in die Bearbeitungsliste der Weltbank aufgenommen und auf diesem Weg finanziert werden.

Die vorrangige Aufgabe der Weltbank besteht darin, den von ihr unterstützten Ländern, also den Ländern in der sogenannten Zweiten Welt (ehemalige RGW-Staaten) und der Dritten Welt, langfristige Kredite zu bestmöglichen Bedingungen zur Verfügung zu stellen, um dadurch zu helfen, die Armut zu verringern und Investitionen zu finanzieren, die zu einem Wirtschaftswachstum beitragen sollen. Den überwiegenden Teil der Mittel, die die Weltbank an die kreditnehmenden Staaten auszahlt, nimmt sie selbst auf den internationalen Kapitalmärkten auf, die ihr aufgrund ihrer Bonität zu günstigen Bedingungen eingeräumt werden. Im Fiskaljahr 1994 (1. Juli 1993 bis 30. Juni 1994) hat die Weltbank Darlehen in der Höhe von 14,2 Milliarden US-Dollar für 124 Projekte in 52 Ländern zugesagt. Davon entfielen auf die Reformstaaten einschließlich der Nachfolgestaaten der ehemaligen Sowjetunion 34 Projekte mit einem Gesamtvolumen von 3,5 Milliarden US-Dollar.

Die große Bandbreite der Aktivitäten der Weltbank bietet sowohl auf dem Gebiet der Warenlieferungen als auch auf dem Dienstleistungssektor vielfältige Möglichkeiten zur Zusammenarbeit mit westlichen Unternehmen. Wenngleich die Kreditnehmer für die Konzipierung und Durchführung der Projekte verantwortlich sind, so wirkt dennoch die Weltbank in allen Phasen der Projektabwicklung entscheidend mit. Von der Weltbank wird konsequent die Politik der internationalen Ausschreibungen und eine aktive Projektinformationspolitik betrieben. Bekanntmachungen der Weltbank werden im „International Business Opportunities Service" (IBOS) publiziert. IBOS informiert regelmäßig über Weltbankprojekte und Geschäftsmöglichkeiten, und zwar wöchentlich über Kreditgenehmigungen und Beschaffungsanzeigen und monatlich über geplante Projekte. Konsulenten, die mit der Weltbank zusammenarbeiten möchten, können sich im DACON (Data on Consultants) registrieren lassen.

International Finance Corporation

Die International Finance Corporation (IFC) ist eine Gesellschaft der Weltbank, die 1956 gegründet wurde. Ende 1995 gehörten ihr 155 Staaten als Mitglieder an. Die IFC hat die Aufgabe, das Wachstum des privaten Sektors weniger entwickelter Länder zu fördern und dabei zu helfen, Inlands- und Auslandskapital zu mobilisieren. Sie hat ihr eigenes Fachpersonal und ihre eigenen Rechtsberater. Die Dienste der Weltbank nimmt sie lediglich für administrative und sonstige Arbeiten in Anspruch. Die Finanzierung erfolgt durch Mittelaufnahme auf den internationalen Kapitalmärkten, bei der Weltbank und durch das von den Mitgliedsländern gezeichnete Kapital. Die IFC zählt zu den größten Investoren in Mittelosteuropa. Sie hat allein im Fiskaljahr 1994 Projekte für rund 428 Millionen US-Dollar genehmigt. Im Unterschied zur Weltbank übernimmt die IFC auch Engagements ohne staatliche Garantien. Ein Schwerpunkt der Tätigkeit der IFC liegt im Aufbau effizienter Kapitalmärkte und der gezielten Hilfe für kleinere und mittlere Unternehmen.

Darlehen werden sowohl zu fixen als auch zu variablen Zinssätzen vergeben, wobei deren Festsetzung nach kommerziellen Gesichtspunkten und je nach Bonität der Kunden erfolgt. Die Dauer der Rückzahlung und die Einräumung tilgungsfreier Zeiträume ist an das jeweilige Projekt angepaßt. Die Gesamtlaufzeit beträgt in der Regel sieben bis zwölf Jahre, der tilgungsfreie Zeitraum durchschnittlich drei Jahre.

Von der IFC werden meist nicht mehr als 25 % der Projektkosten finanziert. Neben der Darlehensvergabe geht sie auch Beteiligungen am Eigenkapital ein. Bei Kapitalbeteiligungen versucht die IFC das Engagement auf wenige Jahre zu beschränken, wobei prinzipiell keine Entsendungen in das Management des Beteiligungsunternehmens vorgenommen werden. Nach Ablauf der Beteiligungsfrist wird der IFC-Anteil vorzugsweise an inländische Interessenten verkauft.

Die IFC steht zur neugegründeten Europäischen Bank für Wiederaufbau und Entwicklung, die sich im Gegensatz zur IFC auch im Development Banking engagiert, in konstruktiver Konkurrenz. Beide Banken agieren nach kommerziellen Kriterien.

European Bank for Reconstruction and Development

Die European Bank for Reconstruction and Development (EBRD) – Europäische Bank für Wiederaufbau und Entwicklung –, deren Gründung auf die Initiative Frankreichs zurückzuführen ist, nahm am 15. April 1991 ihre Geschäftstätigkeit auf. Der Sitz der Bank ist in London. Aktionäre der Bank, die über ein Eigenkapital von 10 Milliarden ECU verfügt, sind 57 Staaten, die Europäische Union und die Europäische Investitionsbank. Größter Alleinaktionär sind die USA mit 10 %. Österreich ist an der EBRD mit 2,28 %, Deutschland mit 8,52 % beteiligt. Von den Mitgliedsländern wurden Kapitalanteile von 10 Milliarden ECU gezeichnet, wovon 30 % in fünf Jahresraten einzuzahlen sind.

Die Zielsetzung dieser jüngsten unter den internationalen Finanzinstitutionen ist die Förderung der unternehmerischen Initiative zur Beschleunigung des Übergangsprozesses der mittel- und osteuropäischen Länder zu offenen Marktwirtschaften sowie deren Integration in die Weltwirtschaft. Allerdings erfolgt diese Förderung infolge der Profitorientierung der Bank nach strikt kommerziellen Kriterien nur für rentable Projekte. Zur Erreichung dieses Förderungszieles wurde ergänzend auf freiwilliger Basis das aus Steuergeldern westlicher Mitgliedsländer finanzierte „Technical Cooperations Funds Programme" etabliert, welches projektvorbereitende Konsulentenleistungen finanziert. Österreichische Konsulenten profitieren vom „Austrian Consultants Trust Fund".

Gemäß den Statuten der Bank sollen pro Empfängerland mindestens 60 % der aufgebrachten Bankmittel in privatwirtschaftliche Projekte investiert werden, während dem staatlichen Sektor nach Möglichkeit nur maximal 40 % der Mitte zukommen sollen.

Die inhaltlichen Prioritäten der Geschäftspolitik der EBRD decken sich weitgehend mit dem PHARE-Programm, einer von der EU getragenen Unterstützungsinitiative zugunsten der Reformstaaten. Die Finanzierungsschwerpunkte der EBRD umfassen vor allem Joint-ventures mit westlichen Investoren, Umstrukturierungs- und Privatisierungsprojekte sowie die Finanzierung der hierfür notwendigen Infrastrukturprojekte – insbesondere im Transport- und Telekommunikationsbereich –, aber auch von Klein- und Mittelbetrieben sowie den Auf- und Ausbau von Kapitalmärkten in den Empfängerländern.

Grundlage jeder Finanzierung durch die Bank sind länderweise und nach Sektoren erarbeitete strategische Programme. Die Kreditentscheidungen erfolgen auf Basis von Wirtschaftlichkeits- und Risikoüberlegungen, wobei auch auf die Umweltverträglichkeit besonderes Augenmerk gelegt wird. Die Finanzierung erfolgt in Form von Darlehen, Garantien oder Beteiligungen.

Projekte, die den öffentlichen Sektor betreffen, werden üblicherweise von der Regierung des Empfängerlandes bei der Bank zur Finanzierung eingereicht. Für Darlehen an ein staatseigenes Unternehmen ist, wenn dies wünschenswert erscheint, die Garantie der Regierung oder einer staatlichen Institution notwendig. Die dem öffentlichen Sektor zuzurechnenden Projekte sind zwecks Minimierung der Projektkosten international auszuschreiben. Diese Ausschreibungen werden von der Bank in deren monatlich erscheinender Broschüre „Procurement Opportunities“ veröffentlicht. In dieser Publikation wird auch bekanntgegeben, an wen die Auftragsvergabe erfolgt ist, was speziell für Zulieferanten von Interesse sein kann.

Der Vorteil der EBRD gegenüber anderen kommerziell orientierten Geschäftsbanken liegt darin, daß sich die EBRD in Empfängerländern engagiert, in denen westliche Kreditinstitute aufgrund des Risikos nicht oder nur eingeschränkt tätig sind. Da die Bank als internationale Finanzinstitution erstrangige Kreditwürdigkeit genießt, kann sie – im Gegensatz zu den Regierungen der Empfängerländer und den dortigen lokalen Banken – auf den internationalen Finanzmärkten die benötigten Finanzierungsmittel zu besten Konditionen aufnehmen.

Als Großbank übernimmt die EBRD aus Rentabilitätsgründen normalerweise nur die Finanzierung von Projekten mit einem Darlehensvolumen ab 5 Millionen ECU, jedoch kann dieser Wert bei Vorliegen bestimmter Kriterien, wie der besonderen Bedeutung eines Projektes für ein Land, sowie im Hinblick auf die gezielte Förderung von Klein- und Mittelbetrieben flexibel gehandhabt werden. Die EBRD finanziert bis zu 35 % der gesamten Projektkosten für ein neues Projekt oder bis zu 35 % der langfristigen Kapitalausstattung eines bestehenden Projektes. Als Sicherheiten sind die bei Projektfinanzierungen üblichen Bedingungen zu erbringen. Die Finanzierung von Projekten erfolgt üblicherweise in Hartwährung. Die Zinssätze basieren im allgemeinen auf LIBOR plus einem risikoabhängigen Aufschlag, wobei bei der Bewertung des Kreditrisikos sowohl der Ruf der EBRD als internationale Institution als auch der ihr zugesprochene bevorrechtete Gläubigerstatus vorteilhaft wirken. Die Darlehenslaufzeit beträgt im allgemeinen zwischen fünf und zehn Jahren, wobei in Ausnahmefällen, wie etwa bei Infrastrukturprojekten des öffentlichen Sektors, eine Maximallaufzeit von 15 Jahren möglich ist. Falls nötig, kann ein tilgungsfreier Zeitraum vereinbart werden. Die Darlehensrückzahlung erfolgt im Normalfall in gleich hohen Halbjahresraten.

Eine Liste der vom „Board“ der EBRD genehmigten Projekte wird ebenfalls allmonatlich in dem zu abonnierenden Bank-Bulletin „Procurement Opportunities“ veröffentlicht. Seit ihrer Gründung im Jahre 1991 bis zum 31. August 1995 hat der „Board“ der Bank 313 Projekte mit einem Volumen von rund 6,6 Milliarden ECU genehmigt.

European Investment Bank

Die European Investment Bank (EIB) – Europäische Investitionsbank – wurde im Jahre 1958 durch den Vertrag zur Gründung der Europäischen Wirtschaftsgemeinschaft errichtet. Die Bank hat ihren Sitz in Luxemburg. Eigentümer der EIB sind die Mitgliedstaaten der Union. Die EIB ist finanziell unabhängig und erhält keine Mittel aus dem Unionshaushalt. Ihr erstklassiges Kreditstanding ermöglicht ihr die Aufnahme umfangreicher Anleihemittel zu besten Bedingungen. Da die EIB keinen Erwerbszweck verfolgt, leitet sie die Anleihemittel für die Finanzierung von Vorhaben zu ihren Beschaffungskosten weiter und berechnet lediglich eine Spanne von maximal 0,25 % zur Deckung ihrer Verwaltungskosten.

Die Tätigkeit der EIB konzentriert sich im wesentlichen auf die Europäische Union. Der Bank werden allerdings auch Aufgaben im Bereich der Zusammenarbeit der EU mit Drittländern übertragen. Auch Österreich kam bereits vor dem EU-Beitritt in den Genuß von EIB-Geldern. Finanziert wurden hier unter anderem die TAG-Austria Gaslinie, ein Wasserkraftwerk im Tiroler Zillertal sowie eine 13 Kilometer lange Autobahnstrecke zur Umfahrung von Klagenfurt. Die EIB ist gegenwärtig noch vor der Weltbank die größte, auf multilateraler Basis arbeitende Finanzinstitution der Welt. 1994 betrug das Darlehensvolumen der EIB rund 20 Milliarden ECU. Beide Banken sind inzwischen auch zu den größten Kreditgebern für die Staaten des ehemaligen Ostblocks geworden. Die EIB hat ihre Finanzierungstätigkeit in Mittel- und Osteuropa im Jahre 1990 aufgenommen. Zwischen 1990 und 1994 stellte die Bank in der Region fast 3 Milliarden ECU bereit. Zwischen 1995 und 1996 will die EIB zehn mittel- und osteuropäischen Ländern – Albanien, Bulgarien, Estland, Lettland, Litauen, Polen, Rumänien, der Slowakischen Republik, der Tschechischen Republik und Ungarn – weitere 2 Milliarden ECU zur Verfügung stellen.

In Mittel- und Osteuropa unterstützt die Bank vor allem Infrastrukturprojekte, die es den Staaten in der Region erleichtern sollen, mittelfristig der EU beizutreten. Außerdem sollen diese Investitionen den Export fördern und die Umstrukturierung des Industriesektors unterstützen. Finanziert werden vorzugsweise Vorhaben in den Bereichen Energie, Telekommunikation, Verkehr und Umweltschutz. Vorrang wird dabei jenen Projekten eingeräumt, die im Zusammenhang mit den

Transeuropäischen Netzen (TEN) stehen. Bei den von der EIB finanzierten Industrieprojekten handelt es sich häufig um Joint-ventures mit Partnern aus der EU oder um Investitionen von Unternehmen aus dem EU-Raum. Vorhaben im Bereich der sozialen Infrastruktur, wie zum Beispiel für das Gesundheitswesen oder für Wohlfahrtseinrichtungen, kommen für Finanzierungen der EIB nicht in Betracht.

Für größere Projekte mit einem Wert von mehr als 25 Milliarden ECU stellt die EIB Einzeldarlehen entweder einem Projektträger direkt oder indirekt unter Einschaltung einer staatlichen Stelle oder einer Bank zur Verfügung. Zugang zu den Finanzierungsmitteln der EIB hat ein Unternehmen aber nur dann, wenn es im Empfängerland registriert ist. Kontakte mit der EIB bezüglich Finanzierungen können formlos aufgenommen werden. Die Finanzierungsanträge müssen sich jedoch stets auf spezifische Projekte beziehen und in einem späteren Stadium die Zustimmung der Behörden des jeweiligen Landes erhalten.

Kleinere und mittlere Projekte, deren Investitionskosten einen Gesamtbetrag von 25 Milliarden ECU nicht übersteigen, werden unter Zwischenschaltung von Finanzinstituten im Rahmen von Globaldarlehen der EIB finanziert. Dabei stellt die EIB einem vor Ort tätigen Finanzinstitut Mittel zur Verfügung, die dieses in Form von Krediten geringerer Höhe für kleine und mittlere Investitionsvorhaben weiterleitet. Diese Vorhaben können nur mit Zustimmung der EIB ausgewählt werden.

Die bei der EIB eingereichten Projekte müssen wirtschaftlich und technisch tragfähig und umweltverträglich sein. Über die Gewährung der Darlehen entscheidet der Verwaltungsrat der Bank.

Die EIB vergibt mittel- und langfristige Darlehen, deren Laufzeit von der Art des jeweiligen Projektes und der Nutzungsdauer der finanzierten Anlagen abhängt. Im allgemeinen beträgt die Laufzeit bei Industrievorhaben maximal zehn bis zwölf Jahre und bei Infrastrukturvorhaben zwölf bis 15, in Ausnahmefällen sogar bis zu 20 Jahre. Zinssätze, meist Fixsätze, richten sich nach den Bedingungen auf den Kapitalmärkten, auf denen sich die EIB den größten Teil ihrer Mittel beschafft.

Die Rückzahlung erfolgt nach Ablauf einer angemessenen tilgungsfreien Zeit normalerweise in gleichhohen Halbjahresraten. Als Sicherheit dienen in Mittel- und Osteuropa derzeit noch staatliche Garantien des Kreditnehmerlandes.

Die EIB finanziert Projekte nur zum Teil, und zwar bis zu maximal 50 % der Kosten. Die Darlehen der Bank werden somit stets in Verbindung mit Eigenmitteln des Projektträgers und anderen langfristigen Finanzierungsmitteln eingesetzt. In der Praxis arbeitet die EIB daher häufig mit Banken und anderen Finanzierungsinstitutionen zusammen. Bei Vorhaben in Mittel- und Osteuropa ist auch eine Kofinanzierung mit der EBRD, der Weltbank und dem PHARE-Programm üblich.

Im allgemeinen verlangt die EIB, daß für Lieferungen und Leistungen, die zur Durchführung der von ihr finanzierten Projekte erforderlich sind, internationale Wettbewerbsverfahren durchgeführt werden. Die Modalitäten der Ausschreibung werden zwischen dem Projektträger und der EIB direkt vereinbart. Ihre Durchführung wird von der EIB überwacht. In der Regel findet aber kein direkter Kontakt zwischen der Bank und dem Lieferanten statt. Die Hauptverantwortung für die Projektdurchführung liegt beim Projektträger.

Osthilfeprogramme der Europäischen Union

Im Rahmen der vielfältigen Maßnahmen, mit denen von der EU der demokratiepolitische und marktwirtschaftliche Reformprozeß in Zentral- und Osteuropa unterstützt wird, bilden das PHARE-Programm und das Programm TACIS, das speziell für die neu entstandenen Demokratien auf dem Boden der ehemaligen Sowjetunion entwickelt wurde, wichtige Kernpunkte. Die Teilnahme an PHARE und TACIS ist natürlichen und juristischen Personen aus der EU oder aus den Empfängerländern vorbehalten.

Neben PHARE und TACIS gibt es noch zahlreiche weitere, kleinere EU-Programme, die schrittweise auch für die Staaten Mittel- und Osteuropas geöffnet wurden. Diese sind meistens auf eine Zusammenarbeit auf dem Gebiet der wissenschaftlichen und technischen Forschung sowie auf den Austausch von Hochschullehrern und Studenten ausgerichtet. Zu diesen Programmen zählen unter anderem COPERNICUS (Community of Pan-European Research Networks of Interdisciplinary Centres and Universities in Science), COST (European Cooperation on Scientific and Technical Research), EAST (European Assistance for Science and Technology), GREEN (General Research in Environment for Eastern European Nations) oder TEMPUS (Trans-European Mobility Scheme for University Students). Da diese Programme für Wirtschaftstreibende nicht unmittelbar von Interesse sind, wird auf sie in der Folge nicht näher eingegangen.

PHARE

Das PHARE-Programm wurde 1989 ursprünglich nur für Polen und Ungarn entwickelt. Aus diesem Umstand leitet sich auch der Name PHARE (Poland and Hungary Action for Restructuring of the Economy) ab. In der Zwischenzeit wurde dieses Programm auf 13 Reformstaaten – sämtliche Visegrád-Länder, die drei baltischen Republiken sowie Albanien, Bulgarien, Mazedonien, Rumänien, Slowenien und Kroatien – ausgedehnt.

Die von PHARE vergebenen Gelder werden projektgebunden und im allgemeinen in Form von nichtrückzahlbaren Zuschüssen („grants") vergeben. Zwischen 1990 und 1995 wurden im Rahmen des PHARE-Programms rund 5,5 Milliarden ECU zur Verfügung gestellt.

In der ersten Phase wurden von PHARE vor allem Beratungsleistungen und Know-how angeboten. Mittlerweile erfuhr das Programm eine inhaltliche Neuorientierung. Neben dem Transfer von Know-how und länderspezifischen Aufbauprogrammen für die Wirtschaft werden zunehmend Mittel zur Förderung der Investitionstätigkeit und von Jointventures sowie für Infrastrukturverbesserungen eingesetzt.

PHARE-Mittel werden in erster Linie nicht für Einzelprojekte, sondern für breit angelegte Projekte zur Entwicklung eines Sektors oder einer Region bereitgestellt, und zwar nur auf Antrag des betreffenden Empfängerlandes. Einzelprojekte können allerdings indirekt als Teil solcher öffentlicher Programme durch PHARE gefördert werden. Projektideen sind den Koordinierungsbüros in den Empfängerländern zu unterbreiten. Unternehmen mit selbsterarbeiteten Projekten wird in der Regel empfohlen, sich direkt an Banken und Finanzinstitute (wie etwa die European Bank for Reconstruction and Development) zu wenden.

Die einzelnen PHARE-Programme werden von der Europäischen Kommission gemeinsam mit den Empfängerländern ausgearbeitet. Die Verwaltung der Programme und die Auftragsvergabe wird in wachsendem Ausmaß an die Empfängerländer übertragen.

In den Empfängerländern wurden PHARE-Programme-Management-Stellen – „PMUs" (PHARE Programme Management Units) –

aufgebaut, die mit der Durchführung eines Programms betraut sind. Die PMUs sind jeweils für bestimmte Sektoren zuständig, daher sind in jedem Land zahlreiche PMU-Stellen vertreten. Das Personal besteht meistens aus Beamten der jeweiligen nationalen Ministerien, die regelmäßig von externen, von PHARE finanzierten Fachleuten unterstützt werden. Bei der Durchführung von Programmen übernehmen die PMUs immer mehr Verantwortung bei der Ausschreibung von Projekten und der Vergabe von Liefer- und Dienstleistungsaufträgen. Die Auftragsvergabe orientiert sich an der Qualität des Angebotes und dem Preis-Leistungsverhältnis, wobei das Kriterium der Qualität Priorität besitzt. Die Entscheidung erfolgt einvernehmlich durch EU-Kommission und Empfängerland.

Da es im Rahmen des PHARE-Programms hauptsächlich um den Transfer von westlichem Know-how geht, überwiegen Dienstleistungsaufträge, wobei der Anteil der Lieferaufträge in Zukunft zunehmen wird. Im Falle von Warenlieferungen erfolgt eine offene Ausschreibung, die in den Empfängerländern und im EU-Amtsblatt der Reihe „C" oder in der Ergänzung „S" veröffentlicht wird. Lieferaufträge mit geringem Auftragswert werden meist gleich im Empfängerland vergeben.

Dienstleistungen können bis zu 50.000 ECU freihändig vergeben werden. Über diese Grenze hinaus erfolgt ein beschränktes Ausschreibungsverfahren. Dabei wird eine sogenannte „short list" von maximal drei bis höchstens acht Firmen oder Personen zusammengestellt, die eingeladen werden, ein konkretes Angebot zu legen. Üblicherweise wird nur ein Anbieter pro Land zugelassen. Die Kommission bevorzugt multinationale Teams. Die „short list" wird in erster Linie von der zuständigen „Programme Management Unit" in dem jeweiligen Empfängerland in Zusammenarbeit mit der Europäischen Kommission erstellt.

Antragsteller müssen aus einem EU-Mitgliedsland oder einem Empfängerland stammen beziehungsweise dort ihre hauptsächliche Geschäftstätigkeit ausüben. Weiters können nur Waren mit EU-Ursprung geliefert werden, wobei die Übereinstimmung mit der allgemeinen Definition des EU-Ursprungsbegriffes gegeben sein muß. Dabei ist wichtig, daß es sich diesbezüglich um die autonomen EU-Ursprungsregeln handelt und nicht um Ursprungsregeln aus den diversen EU-Assoziierungsabkommen. Angebote müssen in ECU-Währung vorgelegt werden. Zahlungen können entweder in ECU oder in einer Währung der Mitglieds- beziehungsweise der Empfängerstaaten geleistet werden.

Im Rahmen von PHARE werden weiters viele Beratungsdienstleistungen erbracht. Auch für die Auftragsvergabe an Konsulenten sind in der Regel die Behörden der Empfängerländer verantwortlich. Von der Kommission werden Beratungsverträge üblicherweise nur dann abgeschlossen, wenn die entsprechenden Verwaltungsstrukturen für eine Programmdurchführung im Empfängerland noch fehlen. Beratungsverträge werden von der Kommission auch dann abgeschlossen, wenn es sich um einen besonders sensiblen Bereich – etwa Konkurrenz für die Gemeinschaftsindustrie – handelt. Im Hinblick auf die erforderlichen Fachkenntnisse werden bei Beratungsaufträgen Ausschreibungen nur begrenzt durchgeführt. Im sogenannten „Central Consultancy Register" (CCR) werden alle in Betracht kommenden Unternehmen erfaßt. In dieses können sich Firmen auf Wunsch eintragen lassen. Die entsprechenden Listen werden unverbindlich den Behörden der Empfängerländer als Referenz zur Verfügung gestellt. Im Bedarfsfall werden aus dieser Aufstellung im Rahmen eines beschränkten Auswahlverfahrens Firmen ausgewählt und zur Anbotserstellung eingeladen.

JOPP

Für Unternehmen, die an der Gründung neuer oder an der Erweiterung bestehender Gemeinschaftsunternehmen in den Reformstaaten interessiert sind, ist im Rahmen von PHARE das Joint-venture-Programm mit der Kurzbezeichnung JOPP (Joint venture PHARE Programme) von Bedeutung. Mit diesem Sonderprogramm sollen vor allem kleine und mittlere Unternehmen gefördert werden. Im Rahmen von JOPP werden Gemeinschaftsunternehmen in allen osteuropäischen Ländern, jedoch noch nicht in den Ländern der Gemeinschaft Unabhängiger Staaten gefördert. Die westlichen Partner müssen ihren Sitz in den Mitgliedstaaten der EU haben. Im Rahmen von JOPP werden Zuschüsse für Feasibility-Studien und Pilotprojekte bis zu 150.000 ECU pro Projekt gewährt und Kredite bis zu einer Million ECU zu einem günstigen Zinssatz mit einer Laufzeit von zehn Jahren vergeben. Diese Kredite werden allerdings nur unter der Voraussetzung der Mitwirkung anderer Investoren in Form von Krediten oder Beteiligungen eingeräumt. Weiters kann für bis zu 50 % der Ausbildungskosten ein zinsenloser Kredit bis zu maximal 150.000 ECU beantragt werden, der in fünf Jahren zurückzuzahlen ist.

Das Programm stützt sich auf ein Netz von Finanzinstituten aus den Ländern der EU, die die Projektanträge annehmen, bewerten, an die Europäische Kommission zur Genehmigung weiterleiten und die Abwicklung der gesamten Finanzierung und aller Verfahren durchführen. In Österreich können ebenfalls bei einer Reihe von Banken Projektanträge eingebracht werden.

Das JOPP-Programm wurde 1991 mit einem Jahresbudget von 20 Millionen ECU gestartet. 1995 standen dem Programm 25 Millionen ECU zur Verfügung. In den ersten vier Jahren des Bestehens wurden durch JOPP vor allem Projekte im Landwirtschafts-, Ernährungs- und Gebrauchsgütersektor gefördert.

TACIS

Von der Europäischen Kommission wurde 1991 für die GUS-Staaten das TACIS-Programm (Technical Assistance to the Commonwealth of Independent States) ins Leben gerufen. Dieses Programm schließt inzwischen sämtliche unabhängigen Staaten der ehemaligen Sowietunion und seit 1994 auch die Mongolei ein.

Hauptaufgabe des TACIS-Programmes ist es, die Umstellung zur Marktwirtschaft und den Übergang zu einer demokratischen Gesellschaft zu unterstützen und die dafür notwendigen Rahmenbedingungen zu schaffen. Schwerpunktmäßig ist das Programm auf die Förderung des Unternehmenssektors, den Aufbau und die Verbesserung der Finanzdienstleistungen, die Steigerung der Effizienz bei Produktion und Vertrieb von Nahrungsmitteln, die Aus- und Weiterbildung sowie den Ausbau der Infrastruktur und die Verbesserung des Umweltschutzes ausgerichtet. Kleine Einzelprojekte werden durch TACIS im allgemeinen nicht finanziert. Die Programmittel werden für integrierte Maßnahmen zur Entwicklung spezifischer Bereiche oder Gebiete zur Verfügung gestellt.

Welche Projekte im Rahmen von TACIS finanziert werden, wird letztlich von der Kommission der EU bestimmt. Dieser Entscheidung gehen verschiedene Vorbereitungs- und Koordinierungstätigkeiten voraus. Die Richtprogramme und die auf diesen aufbauenden Aktionsprogramme werden von der Kommission in Zusammenarbeit mit den Empfängerstaaten ausgearbeitet. Da wie bei PHARE auch bei TACIS die dezentrale Verwaltung ein Hauptziel ist, wurden in den einzelnen Empfängerländern Koordinierungsbehörden (Ministerien oder Verwaltungsbehörden) eingerichtet, die die ordnungsgemäße Durchführung des Programmes überwachen und gleichzeitig verhindern sollen, daß von den gemeinsam festgelegten Zielen abgewichen wird. Jede Republik hat ihren eigenständigen nationalen Koordinator.

Vorschläge für die Finanzierung von Vorhaben können von Unternehmen und Institutionen der Empfängerländer oder der EU bei den jeweiligen Koordinierungsbüros oder der EU-Kommission unterbreitet werden. Die Entscheidung über die Auftragsvergabe liegt bei den Projektleitern in Brüssel. In den Koordinierungsstellen in den Empfängerstaaten werden zwar Programme erstellt, aber weder Projekte ausgeschrieben noch Verträge vergeben.

Bei der Vergabe von Aufträgen ist zwischen Lieferaufträgen und Dienstleistungsaufträgen zu unterscheiden. Da es in erster Linie um den Transfer von westlichem Know-how geht, überwiegen Dienstleistungsaufträge.

Bei Dienstleistungsaufträgen werden Aufträge bis zu einem Wert von 300.000 ECU von der Kommission direkt vergeben. Aufträge, die über diesen Betrag hinausgehen, werden in beschränkten Verfahren ausgeschrieben. Dabei wird eine sogenannte „short list" von mindestens drei bis höchstens zehn Firmen oder Personen zusammengestellt, die eingeladen werden, ein konkretes Angebot zu legen. Die Kommission bevorzugt multinationale Teams. Die „short list" wird in erster Linie von der Kommission mit dem jeweiligen Empfängerland erstellt. Bei Bedarf greift die Kommission auf ihr Konsulentenregister zurück.

Lieferaufträge werden in Form von offenen Ausschreibungen vergeben. An diesen können sich alle Interessenten aus der EU und aus den Empfängerstaaten zu gleichen Bedingungen beteiligen. Ausschreibungen werden im EU-Amtsblatt der Reihe „C" oder in der Ergänzung „S" veröffentlicht.

Die Teilnahme von Unternehmen als Lieferanten oder Konsulenten am TACIS-Programm erfolgt unter ähnlichen Bedingungen wie beim PHARE-Programm. Grundvoraussetzung für die Beteiligung von Unternehmen an Aufträgen zur Durchführung des TACIS-Programmes ist zum einen, daß diese ihren Sitz in einem Mitgliedstaat der EU oder in einem Empfängerland haben und dort auch eine tatsächliche und dauerhafte wirtschaftliche Tätigkeit nachweisen können. Zum anderen müssen die zu beschaffenden Lieferungen und Leistungen ihren Ursprung entweder in einem Empfängerstaat oder in der EU haben, wobei die Übereinstimmung mit der allgemeinen Definition des EU-Ursprungsbegriffes gegeben sein muß. Dabei ist wichtig, daß es sich diesbezüglich um die autonomen EU-Ursprungsregeln handelt und nicht um Ursprungsregeln aus den diversen EU-Assoziierungsabkommen.

Von 1991 bis 1995 wurden für das Programm TACIS insgesamt 2.383 Millionen ECU aufgewendet.

In die zahlreichen Hilfsprogramme, die von der EU zur Unterstützung Osteuropas ausgearbeitet wurden, fließt auch die Hilfe der „Gruppe der 24", kurz G24 genannt, ein. Diese Ländergruppe, der alle 15 EU-Staaten sowie Australien, Island, Japan, Kanada, Neuseeland, Norwegen, die Schweiz, die Türkei und die USA angehören, initiierte 1989 eine Hilfsaktion zugunsten der Staaten Mittel- und Osteuropas.

Diese G24-Hilfe schließt die Bereiche Landwirtschaft, Ausbildung, Umwelt, Infrastruktur und Energie ein und steht in engem Konnex zu den Osthilfeprogrammen der European Bank for Reconstruction and Development, der European Investment Bank, der Weltbank und dem Internationalen Währungsfonds.

Mit der Koordinierung der Hilfe wurde von der G24 die EU-Kommission beauftragt. Die Abwicklung selbst wird von der sogenannten „G24-Koordinierungseinheit" wahrgenommen. Diese ist bei der EU-Kommission in Brüssel angesiedelt. Die G24-Einheit übt nur eine Koordinierungsfunktion aus und ist daher für die Wirtschaft kein direkter Ansprechpartner.

Osthilfeprogramme in Deutschland

Direktinvestitionen und Beratungsmaßnahmen in Osteuropa werden in der Bundesrepublik Deutschland durch die Kreditanstalt für Wiederaufbau und die Deutsche Ausgleichsbank, Exportgeschäfte durch die Ausfuhrkredit-Gesellschaft m.b.H. gefördert.

Garantien zur Absicherung von Auslandsinvestitionen gegen politische Risken können bei der C&L Deutsche Revision Aktiengesellschaft Wirtschaftsprüfungsgesellschaft beantragt werden. Politische und wirtschaftliche Risken bei Exportgeschäften können im Rahmen der Ausfuhrgewährleistungen des Bundes bei der Hermes Kreditversicherungs-AG in Deckung gebracht werden.

Ausfuhrgewährleistung des Bundes (Hermes-Deckung)

Im Rahmen der staatlichen Exportförderung besteht in Deutschland die Möglichkeit, nicht nur mit wirtschaftlichen, sondern auch mit politischen Risken verbundene Exporte, für die weder der Exporteur noch eine private Assekuranz ausreichend Vorsorge treffen kann, bei einer staatlichen Exportkreditversicherung in Deckung zu bringen. Die Bearbeitung der Ausfuhrgewährleistungen wird im Auftrag der Bundesregierung von einem Mandatarkonsortium wahrgenommen, das aus der Hermes Kreditversicherungs-AG und der C&L Deutsche Revision AG besteht. Federführend für beide Gesellschaften ist die Hermes Kreditversicherungs-AG. Aus diesem Grund wird diese Ausfuhrgewährleistung häufig auch als „Hermes-Deckung" bezeichnet.

Zuständig für Grundsatzentscheidungen und Deckungszusagen ist ein Interministerieller Ausschuß (IMA), der in dreiwöchigem Rhythmus an jeweils zwei Tagen zusammentritt. Im IMA sind unter Federführung des Bundesministeriums für Wirtschaft auch das Bundesministerium der Finanzen, das Auswärtige Amt und das Bundesministerium für wirtschaftliche Zusammenarbeit und Entwicklung beteiligt. Aufgaben des Ausschusses sind die Behandlung grundsätzlicher Fragen der Deckungspolitik und des Instrumentariums sowie die Entscheidung über konkrete Deckungsanträge.

Formen der Ausfuhrgewährleistung sind die Ausfuhrgarantie und die Ausfuhrbürgschaft. Ausfuhrgarantien können dann in Anspruch genommen werden, wenn der ausländische Vertragspartner des deutschen Exporteurs eine insolvenzfähige, privatrechtlich organisierte Firma ist. Ausfuhrbürgschaften kommen dann zum Tragen, wenn der ausländische Vertragspartner des deutschen Exporteurs oder ein für das Forderungsrisiko voll haftender Garant ein Staat, eine Gebietskörperschaft oder eine vergleichbare Institution ist.

Die Ausfuhrdeckungen des Bundes erfassen grundsätzlich die wirtschaftlichen und politischen Risken. Entsprechend dem zeitlichen Ablauf eines Ausfuhrgeschäftes wird eine Unterscheidung zwischen Fabrikationsrisken (Risken vor Versand) und Ausfuhrrisken (Risken nach Versand) getroffen.

Bei der Fabrikationsrisikodeckung bezieht sich die Absicherung auf die Selbstkosten, die dem Exporteur dadurch entstehen, daß die Fertigstellung oder der Versand der Ware aufgrund politischer oder wirtschaftlicher Umstände unmöglich oder unzumutbar wird. Die Ausfuhrdeckung schützt den Exporteur ab Versand der Ware gegen die Uneinbringlichkeit der Exportforderung aufgrund politischer oder wirtschaftlicher Risken.

Ausfuhrgewährleistungen können als Einzeldeckung für die Förderung aus einem Ausfuhrvertrag mit einem ausländischen Besteller gewährt werden. Wird wiederholt derselbe ausländische Besteller zu kurzfristigen Zahlungsbedingungen beliefert, kann auch eine revolvierende Ausfuhrdeckung beantragt werden. Wird laufend eine Mehrzahl von ausländischen Kunden in verschiedenen Ländern zu kurzfristigen Zahlungsbedingungen beliefert, steht ein vereinfachtes Verfahren mit günstigen Entgeltsätzen als Ausfuhrpauschalgewährleistung zur Verfügung.

Für die Bearbeitung von Anträgen auf Übernahme von Ausfuhrgewährleistungen werden Bearbeitungsentgelte in Form einer Antragsgebühr, einer Verlängerungsgebühr und einer Ausfertigungsgebühr berechnet. Für übernommene Ausfuhrgewährleistungen werden Entgelte erhoben. Diese sind abhängig vom Länderrisiko und der Bonität des Schuldners. Dabei wird insbesondere nach dem Status des Schuldners als „privater“ oder „öffentlicher“ Käufer unterschieden. Die Entgeltsätze für Geschäfte mit öffentlichen Käufern sind insgesamt geringer. Im übrigen hängt die Höhe des Entgelts von der Deckungsform, der Höhe der gedeckten Forderungen und den Zahlungsbedingungen (insbesondere der Kreditlaufzeit) ab.

Im Schadensfall ist der Deckungsnehmer mit einer bestimmten Quote (Selbstbeteiligung) am Ausfall beteiligt. Die Selbstbeteiligung des Exporteurs beträgt im Regelfall 15 % für die wirtschaftlichen Risken und das Nichtzahlungsrisiko sowie 10 % für die politischen Risken. Eine Reduzierung der Selbstbeteiligung auf 5 % ist für Finanzkreditdeckungen möglich. Erhöhte Selbstbeteiligungssätze werden bei risikoreichen Märkten und in Abhängigkeit von der Bonität des ausländischen Käufers eingehoben.

Zur Zeit stehen für die meisten mittel- und osteuropäischen Länder Deckungsmöglichkeiten zur Verfügung. Da sich die Bonität der Käufer in diesen Ländern noch nicht immer zuverlässig beurteilen läßt, werden in der Regel zusätzlich Banksicherheiten verlangt. Bei einigen osteuropäischen Ländern (Polen, Ungarn, Slowakei, Tschechien, Slowenien) kann neuerdings bei Geschäften mit Laufzeiten von bis zu zwölf Monaten auf eine Bankbesicherung verzichtet werden, wenn die Bonität des Bestellers dies gestattet. Die Länderbeschlüsse sowie andere aktuelle Fragen (beispielsweise, welche Banken als Garanten anerkannt werden)

werden im „AGA-Report“, einer periodisch erscheinenden Publikation, die kostenlos über die Hermes Kreditversicherungs-AG bezogen werden kann, veröffentlicht.

Garantien des Bundes für Kapitalanlagen im Ausland (C&L Deutsche Revision Aktiengesellschaft Wirtschaftsprüfungsgesellschaft)

Die Bundesrepublik Deutschland ist durch das Haushaltsgesetz ermächtigt, zugunsten deutscher Unternehmer für förderungswürdige Kapitalanlagen im Ausland Garantien zur Absicherung des politischen Risikos zu übernehmen. Die Kapitalanlagen sollten vorzugsweise zur Vertiefung der Beziehungen der Bundesrepublik Deutschland zu den Anlageländern beitragen. Das Garantieinstrument besteht seit 1960. Mit der Bearbeitung der Garantien sind die C&L Deutsche Revision Aktiengesellschaft Wirtschaftsprüfungsgesellschaft und die Hermes Kreditversicherungs-AG beauftragt. Federführend ist die C&L Deutsche Revision Aktiengesellschaft Wirtschaftsprüfungsgesellschaft.

Voraussetzung für die Gewährung dieser Bundesgarantie ist, daß die Kapitalanlagen in den betreffenden Ländern einen ausreichenden Rechtsschutz genießen. Dieser wird grundsätzlich dann angenommen, wenn zwischen der Bundesrepublik und dem Anlageland ein Investitionsförderungsvertrag besteht.

Zu den gedeckten Risken zählen:

- Verstaatlichung, Enteignung oder sonstige Eingriffe von hoher Hand, die in ihren Auswirkungen einer Enteignung gleichzusetzen sind;
- Bruch von rechtsbeständigen Zusagen staatlicher oder staatlich gelenkter oder kontrollierter Stellen, soweit diese Zusagen das Anlageunternehmen berechtigen und in der Garantieerklärung angeführt sind;
- Krieg, sonstige bewaffnete Auseinandersetzungen, Revolution oder Aufruhr;
- Zahlungsverbote, Moratorien;
- Unmöglichkeit der Konvertierung oder des Transfers.

Garantiefähig sind:

- Beteiligungen an ausländischen Unternehmen;
- ausländischen Unternehmen gewährte, beteiligungsähnliche Darlehen;
- Kapitalausstattungen von ausländischen Niederlassungen oder Betriebsstätten deutscher Unternehmen.

Betragsmäßige Begrenzungen bestehen nicht. Auf Antrag können auch Erträge aus Beteiligungen und beteiligungsähnlichen Darlehen in die Deckung einbezogen werden. Die Ertragsdeckung ist auf 10 % pro Garantiejahr, höchstens auf 50 % bei Beteiligungen beziehungsweise 100 % bei Darlehen für die gesamte Garantielaufzeit begrenzt.

Die Garantien können von Unternehmen beziehungsweise Unternehmern mit Sitz/Wohnsitz in der Bundesrepublik Deutschland beantragt werden. Die Garantienehmer haben alle für die Kapitalanlagen notwendigen Genehmigungen einzuholen und die bestehenden Vorschriften zu beachten. Ein Anspruch auf Erteilung einer Garantie besteht nicht. Garantiefähig sind nur künftige Investitionen. Zum Zeitpunkt des Antrags bereits bestehende Kapitalanlagen können nicht garantiert werden. Es ist daher erforderlich, den Garantieantrag vor Leistung auf die Kapitalanlage zu stellen, und zwar auch dann, wenn Einzelheiten der geplanten Kapitalanlage noch offen sind.

Über die Anträge entscheidet das Bundesministerium für Wirtschaft mit Zustimmung des Bundesministeriums der Finanzen im Einvernehmen mit dem Auswärtigen Amt und dem Bundesministerium für wirtschaftliche Zusammenarbeit und Entwicklung in einem Interministeriellen Ausschuß. Diesem Ausschuß gehören als beratende Mitglieder auch Sachverständige der Wirtschaft an.

Die Garantie wird wirksam mit der Aushändigung der von der Bundesschuldenverwaltung unterzeichneten Garantieerklärung. Diese enthält alle für die Garantie maßgebenden Bestimmungen.

Für die Bearbeitung des Garantieantrages wird eine einmalige Gebühr erhoben. Diese beläuft sich bei einem Garantiebetrag (Kapital- und Ertragsdeckung) von bis zu 10 Millionen D-Mark auf ein Promille, von dem 10 Millionen D-Mark übersteigenden Betrag auf 0,5 Promille, jedoch höchstens auf 20.000 D-Mark für einen Antrag.

Für die Kapital- und Ertragsdeckung wird von dem zu Beginn des jeweiligen Garantiejahres garantierten Betrag ein laufendes Entgelt von 0,5 % p.a. berechnet. Auf die während der schon laufenden Garantie noch nicht erbrachten und damit noch nicht gedeckten Leistungen wird an Stelle des normalen Entgelts ein auf ein Sechstel ermäßigtes Entgelt erhoben.

Die Selbstbeteiligungsklausel sieht vor, daß der Garantienehmer am Verlust mit mindestens 5 % selbst beteiligt ist.

Die Laufzeit der Garantie beträgt bis zu 15 Jahre, in begründeten Ausnahmefällen bis zu 20 Jahre. Bei Ablauf kann die Laufzeit jeweils um bis zu fünf Jahre verlängert werden.

Kreditanstalt für Wiederaufbau

Die Kreditanstalt für Wiederaufbau (KfW) wurde 1948 gegründet, um Mittel aus der Marshallplan-Hilfe zum Wiederaufbau der deutschen Wirtschaft einzusetzen. Die KfW zählt mittlerweile zu den zehn größten Banken Deutschlands. Ihr Grundkapital in Höhe von 1 Milliarde D-Mark wird zu 80 % vom Bund und zu 20 % von den Ländern gehalten. Zu den Aufgaben des heute national und international tätigen Spezialkreditinstitutes zählen neben der Förderung der deutschen Wirtschaft unter besonderer Berücksichtigung der neuen Bundesländer und der Förderung der Entwicklungsländer auch die Unterstützung von Ländern in Mittel- und Osteuropa beim Übergang zur Marktwirtschaft.

Die KfW ist bei der Unterstützung der Staaten Mittel- und Osteuropas und der GUS teilweise im Auftrag der Bundesregierung mit folgenden Finanzierungs- und Beratungsleistungen aktiv:

- Vergabe von langfristigen Krediten im Rahmen des KfW-Mittelstandsprogrammes-Ausland für Investitionen deutscher Unternehmen (und deren Tochtergesellschaften im Ausland) in mittel- und osteuropäischen Staaten;
- Gewährung langfristiger Kredite für den Export langlebiger Investitionsgüter deutscher Unternehmen in mittel- und osteuropäische Staaten, in der Regel, sofern eine Deckung durch Hermes erreicht werden kann;
- Gewährung von Beistands- und Sonderkrediten an mittel- und osteuropäische Staaten, teilweise im Rahmen internationaler oder nationaler Finanzierungskonsortien;
- Koordinierung aller Beratungsaktivitäten der deutschen Bundesregierung; dazu wurden in zwölf Ländern Koordinierungsstellen bei den deutschen Botschaften eingerichtet;
- Aufbau von Förderbanken nach dem Vorbild der KfW in derzeit zwölf Ländern Mittel- und Osteuropas;
- Abwicklung konkreter Beratungsmaßnahmen im Auftrag verschiedener Bundesministerien:

- BMWi/KfW-Beratungsprogramm zur Verbesserung der Leistungsfähigkeit der gewerblichen Wirtschaft in den mittel- und osteuropäischen Ländern und den NUS (Neue Unabhängige Staaten auf dem Gebiet der ehemaligen Sowjetunion)
- BMWi-Beratungsmaßnahmen zur Schaffung marktwirtschaftlicher Rahmenbedingungen
- BMWi-Unterstützung für die polnisch-deutsche Wirtschaftsfördergesellschaft AG
- BMF-Unterstützung des Bundesministeriums für Finanzen bei der Förderung des Aufbaues eines marktwirtschaftlichen Banken-, Börsen- und Versicherungswesens.

Neben den Finanzierungen werden von der KfW auch umfangreiche Beratungsleistungen im Zusammenhang mit der marktwirtschaftlichen Transformation insbesondere im Bereich des Unternehmens- und Bankensektors sowie der Weiterqualifizierung von Fachkräften im Bereich der Wirtschaftsverwaltung erbracht.

Ein weiterer Tätigkeitsschwerpunkt ist das „KfW-Mittelstandsprogramm-Ausland". Ziel dieser Finanzierungshilfe ist es, Investitionsvorhaben mittelständischer Betriebe bei der Erschließung neuer Märkte mitzufinanzieren und zur Stärkung ihrer Wettbewerbsfähigkeit – insbesondere im internationalen Integrationsprozeß – wirkungsvoll beizutragen.

Das Mittelstandsprogramm-Ausland richtet sich an kleine und mittlere deutsche Unternehmen der gewerblichen Wirtschaft sowie an freiberuflich Tätige, deren Jahresumsatz (inklusive umsatzverbundener Unternehmen) 1 Milliarde D-Mark nicht übersteigt. Mit einem Darlehen der KfW können bis zu zwei Drittel, bei Vorhaben von Unternehmen mit weniger als 100 Millionen D-Mark Jahresumsatz bis zu drei Viertel des Investitionsvolumens finanziert werden. Der Kredithöchstbetrag liegt bei 10 Millionen D-Mark. Der Investor kann den Kredit auch in einer gängigen Fremdwährung beantragen, wobei aber – je nach Währung und Zinsgestaltung – Mindestkreditbeträge einzuhalten sind.

Die Kreditlaufzeit beträgt vier bis zehn Jahre bei höchstens zwei tilgungsfreien Anlaufjahren, die Auszahlung erfolgt zu 100 %. Bis auf weiteres beläuft sich der Festzinssatz für D-Mark-Darlehen auf 6,55 % p.a. Der Investor kann an Stelle der Zinsfestschreibung jedoch auch eine variable Zinsgestaltung vereinbaren. Verschiedene Kreditoptionen ermöglichen darüber hinaus die Verlagerung der Entscheidung über Zinssatz und -gestaltung sowie über die Währung auf einen nach der Kreditzusage liegenden Zeitpunkt.

Darlehen zur Finanzierung von Umweltschutzinvestitionen im grenznahen Bereich zur Bundesrepublik Deutschland, die dazu beitragen, die Umweltsituation in Deutschland erheblich zu verbessern, werden zu besonders günstigen Konditionen gewährt.

Kreditanträge können bei allen in der Bundesrepublik Deutschland vertretenen Kreditinstituten und deren Auslandsniederlassungen sowie bei verschiedenen westeuropäischen Banken eingereicht werden.

Im Regelfall übernehmen die Banken für die Darlehen die volle Haftung. Eine Ausnahme betrifft Investitionsvorhaben deutscher Unternehmen in Mittel- und Osteuropa: Um Engagements von Investoren und Banken in diesen Ländern zu erleichtern, ist die KfW bei einwandfreier Bonität des Kreditnehmers beziehungsweise bei angemessenen Sicherheiten gegebenenfalls bereit, der durchleitenden Bank auf deren Antrag hin eine 50prozentige Haftungsfreistellung einzuräumen. Von dieser Möglichkeit kann bei Krediten zur Gründung von Niederlassungen sowie zum Erwerb von Unternehmen oder Unternehmensbeteiligungen in Osteuropa Gebrauch gemacht werden. Den deutschen Investoren wird empfohlen, zur Absicherung des politischen Risikos aus der Beteiligung eine Bundesgarantie für Kapitalanlagen im Ausland zu beantragen, die der durchleitenden Bank als zusätzliche Sicherheit angeboten wird.

Die KfW ist seit den fünfziger Jahren auch in der langfristigen Exportfinanzierung tätig, und zwar traditionell in Hinblick auf die sogenannten Entwicklungsländer. Anfang der achtziger Jahre folgte sie den deutschen Exporteuren verstärkt nach Mittel- und Osteuropa einschließlich der ehemaligen Sowjetunion und baute kontinuierlich Finanzierungsmöglichkeiten für deutsche Ausfuhrgeschäfte in dieser Region aus. Zur Vereinfachung und Beschleunigung von liefergebundenen Finanzkrediten hat die KfW mit einer Reihe von Kreditnehmern in den Ländern Mittel- und Osteuropas und der ehemaligen Sowjetunion Rahmenverträge abgeschlossen. Nach den Umwälzungen zu Beginn der neunziger Jahre setzte die KfW – soweit wie möglich – die bestehenden Geschäftsverbindungen fort beziehungsweise paßte sie an die neuen Gegebenheiten an und ist bemüht, mit neuen Finanzierungspartnern ins Geschäft zu kommen.

Ende 1995 bestanden in der Region folgende Rahmenverträge zur Finanzierung deutscher Exporte:

● Bulgarien	Bulgarische Außenhandelsbank, Sofia
● Kroatien	Zagrebacka Banka, Zagreb Privredna Banka, Zagreb Rijeka-Banka, Rijeka
● Polen	Bank Handlowy, Warschau Polnische Entwicklungsbank (PBR), Warschau
● Rumänien	Rumänische Außenhandelsbank, Bukarest
● Rußland	Außenwirtschaftsbank, Moskau
● Slowenien	Ljubljanska Banka, Ljubljana
● Slowakische Republik	Vseobecna Uverova Banka, Bratislava
● Tschechische Republik	Ceskoslovensky Obchodni Banka (Cekobanka), Prag Komercni Banka, Prag
● Ukraine	Export Import Bank der Ukraine, Kiew
● Ungarn	Ungarische Nationalbank, Budapest Ungarische Außenhandelsbank, Budapest
● Weißrußland	Belvnesheconombank (Außenwirtschaftsbank), Minsk

Informationen über Einzelheiten der bestehenden Rahmenabkommen können bei der KfW eingeholt werden.

Finanziert wird der Export von Investitionsgütern und damit verbundene Leistungen durch liefergebundene Finanzkredite. Aufgrund ihres gesetzlichen Auftrages stellt die KfW nur langfristige Exportkredite mit einer Laufzeit von mindestens vier Jahren zur Verfügung, die je nach Lage des Falles dem Besteller direkt (Bestellerkredit) oder einer Bank im Lande des Bestellers (Bank-zu-Bank-Kredit) gewährt werden.

Bei der Projektfinanzierung handelt es sich um die Kreditgewährung für ein Investitionsvorhaben (Projekt), das als sich selbst tragende Wirtschaftseinheit konzipiert ist und in der Regel von einer rechtlich selbständigen und eigens zu diesem Zweck gegründeten Projektgesellschaft realisiert und betrieben wird. Die Kreditvergabe basiert entscheidend auf der Erwartung, daß das Projekt einen Cash-flow realisiert, der mindestens zur Deckung der Betriebskosten und des Schuldendienstes ausreicht. Insgesamt sind Projektfinanzierungen für große Investitionsvorhaben auch in mittel- und osteuropäischen Ländern geeignet. In der Regel ist auch für diese Finanzierung eine Deckung durch die Hermes-Kreditversicherungs-AG erforderlich.

Einer Kreditentscheidung geht eine sorgfältige und intensive Prüfung der technischen und wirtschaftlichen Durchführbarkeit des Projekts, der Tragfähigkeit der Besicherungskonstruktion und der Genehmigungen der zuständigen Verwaltungen voraus. Nur Vorhaben, deren technische Durchführbarkeit und Rentabilität nach einer umfassenden Projektprüfung nicht im Zweifel stehen, haben Realisierungschancen. Projektfinanzierungen können wegen der hohen Anforderungen an die involvierten Parteien und die technische und ökonomische Qualität des Projektes nur selektiv zur Realisierung von Investitionsvorhaben eingesetzt werden. Auf keinen Fall stellen sie eine Patentlösung dar, um Vorhaben auch bei schwacher Bonität der ausländischen Besteller gangbar zu machen.

Im Bereich der Entwicklung der Verkehrsinfrastruktur werden Projektfinanzierungsmodelle auf privater Basis zunehmend von staatlichen Entscheidungsträgern gefördert, um die Belastung der öffentlichen Haushalte zu reduzieren. Besonders beim Ausbau von internationalen Verkehrsflughäfen finden diese Modelle Anwendung, da hier Fremdwährungseinnahmen an die internationalen Kreditgeber abgetreten werden können. Diskutiert wird zur Zeit ferner der Bau von Fernstraßen auf Basis von Projektfinanzierungen. Wegen der häufig recht geringen Wirtschaftlichkeit dieser Vorhaben werden in erster Linie Kombinationen von privater und öffentlicher Finanzierung („private and public partnerships") verfolgt. Besonders im Bereich der Transeuropäischen Netzwerke (TEN) oder der Unterstützung von Konsortien mit deutscher Beteiligung ist die KfW bereit, aktiv an der Konzeption und Finanzierung mitzuwirken.

Die KfW setzt das Konzept der Projektfinanzierung bereits seit etlichen Jahren auf verschiedenen Gebieten erfolgreich ein. Mit ihrer Expertise auf dem Gebiet der wirtschaftlichen Projektprüfungsverfahren und im Bereich der Entwicklung und Realisierung von projektadäquaten Finanzierungs- und Besicherungskonzepten verfügt sie über das Know-how, um solche anspruchsvollen Finanzierungsaufgaben zu lösen. Zusätzlich hat sich der Einsatz von hauseigenem Ingenieur-Know-how bei Projektfinanzierungen für alle Partner bewährt.

Für die Vergabe von liefergebundenen Finanzkrediten an Besteller oder Banken in den Ländern Mittel- und Osteuropas ist regelmäßig eine

Deckung des Kredites durch die Hermes Kreditversicherungs-AG, Hamburg, (Hermes-Deckung) erforderlich. Soll ein Exportgeschäft durch einen liefergebundenen Finanzkredit der KfW unter Hermes-Deckung finanziert werden, ist zu beachten, daß die Zahlungsbedingungen des Ausfuhrvertrages den internationalen Usancen entsprechen, das heißt mindestens 15 % des Auftragswertes als An- und Zwischenzahlungen und den Restbetrag (maximal 85 % des Auftragswertes) als liefergebundenen Finanzkredit vorsehen. Die KfW beantragt bei Hermes für ihren liefergebundenen Finanzkredit grundsätzlich die für den Exporteur günstige Alternative eines 5 %igen, nicht abwälzbaren Selbstbehalts. Für diesen von ihr zu tragenden Selbstbehalt berechnet die KfW keine gesonderte Risikoprämie.

Die Auszahlung liefergebundener Finanzkredite wird in der Regel direkt an den Exporteur geleistet, und zwar üblicherweise pro rata Lieferung und Leistung.

Die Tilgung liefergebundener Finanzkredite mit Hermes-Deckung erfolgt in gleichhohen aufeinanderfolgenden Halbjahresraten. Die erste Tilgungsrate ist dabei sechs Monate nach dem von Hermes festgelegten Beginn der Kreditlaufzeit fällig. Als Beginn der Kreditlaufzeit kommt je nach Art des Exportgeschäftes die mittlere gewogene Lieferung, die letzte wesentliche Lieferung oder Betriebsbereitschaft der Anlage in Frage. Die Kreditlaufzeit beträgt bei Investitionsgüterexporten in der Regel fünf Jahre, gerechnet ab dem Beginn der Kreditlaufzeit. Hermes kann auch längere Kreditlaufzeiten in Deckung nehmen.

Als Zinssatz kann ein Festzinssatz für die gesamte Laufzeit vereinbart werden, der bei der (jeweiligen) Auszahlung fixiert wird. Alternativ kann auch ein variabler Zinssatz gewählt werden mit der Möglichkeit, zu einem späteren Zeitpunkt (in der Regel nach Vollauszahlung) auf einen Festzinssatz umzusteigen.

Deutsche Ausgleichsbank

Die Deutsche Ausgleichsbank ist ein Kreditinstitut des Bundes für Mittelstand, Umweltschutz und soziale Aufgaben mit Sitz in Bonn. Sie führt Förderprogramme des Bundes im Verhältnis zu Geschäftsbanken und privaten Institutionen wettbewerbsneutral durch. In der Bundesrepublik liegen ihre Schwerpunkte in der Existenzgründungsförderung im Bereich des gewerblichen Mittelstandes und der freien Berufe sowie in der Finanzierung von Umweltschutzinvestitionen durch zinsgünstige langfristige Kredite.

In Osteuropa finanziert die Deutsche Ausgleichsbank als Mandatar des Bundesministeriums für Wirtschaft Maßnahmen, die geeignet sind, zum Aufbau und zur Stärkung mittelständischer Wirtschaftsstrukturen in Polen, Ungarn, der Slowakischen Republik, der Tschechischen Republik, in Bulgarien, Estland, Lettland, Litauen, Rußland, der Ukraine und in Weißrußland beizutragen.

Gefördert werden:

- Qualifizierungsmaßnahmen für Existenzgründer;
- Existenzgründungsberatung;
- Beratung bei der Umwandlung von kleinen und mittleren Staatsbetrieben, zum Beispiel durch „Management-Buyout", „Management-Buyin";
- Beratung im Management- und Produktionsbereich;
- Beratung im Absatz- und Marketingbereich;
- Beratung im betrieblichen Finanzierungs- und Rechnungswesen;
- Beratung in besonderen Bereichen (zum Beispiel Messebeteiligung, Verbraucherschutz und anderes mehr).

Außerdem sollen folgende, für kleine und mittlere Unternehmen und freie Berufe notwendige Rahmenbedingungen geschaffen beziehungsweise verbessert werden:

- Fördermaßnahmen zum Auf- und Ausbau eines regionalen Systems zur Wirtschaftsförderung;
- Fördermaßnahmen zur Verbesserung der Informationsversorgung, zum Technologietransfer und zum Aufbau beziehungsweise Ausbau von Selbsthilfeeinrichtungen auf dem Gebiet der Forschung und Entwicklung;
- Fördermaßnahmen zum Aufbau beziehungsweise Ausbau von Selbsthilfesystemen für kleine und mittlere Unternehmen;
- Ausbau und Stärkung sowie Qualifizierung von Beratungseinrichtungen für mittelständische Unternehmen (Normung, Qualitätssicherung, Prüfwesen, Meßwesen).

Die Aus- und Weiterbildung von Fach- und Führungskräften ist nicht Inhalt dieses Programms.

Grundsätzliche Voraussetzung für die Förderung einer Maßnahme ist zum einen, daß die Förderung inhaltlich und regional in den zwischen der Bundesregierung und der Regierung des jeweiligen Landes für das Haushaltsjahr vereinbarten Katalog mit Förderschwerpunkten fällt, und zum anderen, daß die zuständige Auslandsvertretung der Bundesrepublik Deutschland keine Einwände dagegen erhebt.

Darüber hinaus prüft die Deutsche Ausgleichsbank, ob die vorgesehene Maßnahme

- geeignet ist, das Förderziel zu erreichen,
- als Hilfe zur Selbsthilfe konzipiert ist,
- einen nachhaltigen Effekt erzielt,
- praxisorientiert ist und
- eine angemessene Eigenbeteiligung des Begünstigten beinhaltet.

Außerdem müssen Zeit und Kostenplan der Maßnahme im Hinblick auf das zu erwartende Ergebnis den Grundsätzen einer sparsamen Haushaltsführung angemessen sein.

Es werden grundsätzlich nur Maßnahmen gefördert, die von Institutionen (öffentlichen Organisationen, Kammern, Verbänden usw.), von Unternehmen und Einzelpersonen aus den jeweiligen Fördergebieten ausdrücklich gewünscht werden (Förderansuchen). Zum Zeitpunkt des Ersuchens darf mit der zu fördernden Maßnahme noch nicht begonnen worden sein.

Deutsche Unternehmen, Einzelpersonen und Institutionen können jedoch Vorschläge für zu fördernde Projekte formlos direkt an die Deutsche Ausgleichsbank richten. In den Vorschlägen muß der Partner im Fördergebiet benannt sein, mit dem das Projekt durchgeführt werden soll.

AKA Ausfuhrkredit-Gesellschaft m.b.H.

Die AKA Ausfuhrkredit-Gesellschaft m.b.H. mit Sitz in Frankfurt am Main ist ein Institut, das seit 1952 Finanzierungen für deutsche Exportgeschäfte bereitstellt und zum heutigen Zeitpunkt (November 1995) von 42 deutschen Banken getragen wird.

Finanziert werden mittel- und langfristige Exportgeschäfte deutscher Exporteure. Das Finanzierungsangebot erstreckt sich auf Lieferantenkredite an deutsche Exporteure und/oder Bestellerkredite an ausländische Besteller oder deren Banken. Außerdem kauft die AKA bundesgedeckte Exportforderungen deutscher Exporteure an. Die Abtretung der Forderungen kann still oder offen erfolgen.

Die zur Finanzierung benötigten Mittel werden durch die Gesellschafterbanken der AKA zur Verfügung gestellt. Zusätzlich kann für Plafond B zur Zeit noch auf eine Sonderrediskontlinie der Deutschen Bundesbank zurückgegriffen werden. Da diese Kreditlinie zum 30. Mai 1996 aufgehoben wird, läuft Plafond B zu diesem Zeitpunkt aus.

Kreditanträge für die Plafonds A, C und D können über die Gesellschafterbanken der AKA gestellt werden, Anträge für Kredite aus Plafond B von jedem in der Bundesrepublik Deutschland zugelassenen Kreditinstitut.

Lieferantenkredite

Lieferantenkredite werden an deutsche Exporteure für die Refinanzierung der Aufwendungen während der Produktionszeit und zur Refinanzierung des Zahlungsziels ab Lieferung vergeben. Zur Verfügung stehen in dieser Kategorie die Plafonds A und B.

Die Kredithöhe und Laufzeit von Krediten aus Plafond A hängt vom zeitlichen Anfall der Aufwendungen während der Produktionszeit und/oder den liefervertraglich vereinbarten Zahlungsbedingungen ab. Eine Selbstfinanzierungsquote von 10 beziehungsweise 15 % wird vom Exporteur übernommen; bei unzweifelhafter Bonität kann darauf verzichtet werden.

Übersteigt die Kreditlaufzeit 24 Monate, sollten die finanzierten Geschäfte durch eine Ausfuhr-Gewährleistung der Bundesrepublik Deutschland (Hermes) abgesichert sein. Von dieser Regelung kann bei guter Bonität des Exporteurs abgesehen werden.

Der Kreditnehmer kann wählen zwischen einem variablen Zinssatz und festen Sätzen, die sich an den allgemeinen Entwicklungen am Geld- und Kapitalmarkt orientieren.

Es besteht die Möglichkeit, auch kleinere, kurz- und mittelfristige Exportgeschäfte, deren Finanzierung durch Einzelkredite unwirtschaftlich wäre, mit sogenannten Globalkrediten zu finanzieren, deren Laufzeit zwischen zwei und maximal fünf Jahren liegen kann. Vom Exporteur sind dann in dreimonatigen Abständen Sammelaufstellungen seiner nach Ländern oder Kunden getrennten Exportforderungen einzureichen.

Der Kreditbetrag sollte über die gesamte Kreditlaufzeit zu etwa 130 % mit Exportforderungen besichert sein.

Die Höhe und Laufzeit eines Kredites aus Plafond B ergeben sich ebenfalls aus dem zeitlichen Anfall der Aufwendungen während der Produktionszeit und/oder den liefervertraglich vereinbarten Zahlungsbedingungen. Der Exporteur übernimmt hier eine Selbstfinanzierungsquote von 30 % des Auftragswertes. Die Laufzeit beträgt mindestens zwölf und höchstens 48 Monate ab Inkrafttreten des Exportvertrages.

Der Zinssatz für diese Kredite ist variabel und setzt sich aus dem jeweiligen Diskontsatz der Deutschen Bundesbank und einer konstanten Marge von zur Zeit 0,75 % p.a. (November 1995) zusammen.

Plafond B läuft am 30. Mai 1996 aus. Bis dahin ist eine Kombinationsfinanzierung aus Plafond A und B zu empfehlen. Hierbei kann neben dem Plafond-B-Kredit, der eine höhere Selbstfinanzierung und eine niedrigere Maximallaufzeit aufweist, ein Plafond-A-Kredit als Ergänzungsfinanzierung eingesetzt werden.

Bestellerkredite

Zu den Bestellerkrediten gehören Kredite aus den Plafonds C und D, welche an ausländische Besteller oder ihre Banken vergeben, aber direkt an den Exporteur ausgezahlt werden. Eine wachsende Bedeutung haben dabei Bestellerkredite mit vereinfachter Dokumentation auf der Basis sogenannter Grundverträge oder Rahmenverträge, die unter anderem mit Banken aus fast allen ehemaligen Ostblockstaaten bereits abgeschlossen wurden. Da die Bedingungen bei diesen Verträgen weitestgehend ausgehandelt sind, können Exporteure und Kreditnehmer mit einem beschleunigten Abschluß des Einzelkreditvertrags und einer schnelleren Erfüllung der Auszahlungsvoraussetzungen rechnen.

Kredite aus Plafond C und D sollen in der Regel durch eine Finanzkredit-Gewährleistung des Bundes (Hermes) abgesichert werden. Die Haftung für nicht gedeckte Risken hat gegebenenfalls der Exporteur zu übernehmen.

Der Höchstbetrag des Kredites entspricht dem um die An- und Zwischenzahlungen verminderten Auftragswert. Die Laufzeit ist von den Fristen abhängig, die der Bund für die Finanzkredit-Deckung akzeptiert.

Plafond C und D unterscheiden sich in folgenden Merkmalen:

Die Mittel aus Plafond C stehen – wie bei den Lieferantenkrediten – in D-Mark zur Verfügung. Der Kreditnehmer kann zwischen festen

Zinssätzen und einem variablen Satz wählen. Die Sätze orientieren sich an den Entwicklungen am Geld- und Kapitalmarkt.

Bei Margenkrediten aus Plafond D kann gewählt werden zwischen Kreditvergabe in D-Mark oder Fremdwährung.

Die Zinssätze sind variabel und basieren für jede Teilauszahlung auf dem jeweils bei Auszahlung gültigen FIBOR beziehungsweise LIBOR, zu dem eine vereinbarte Marge hinzugerechnet wird. Zu festgesetzten Zinsterminen wird für eine weitere Zinsperiode von in der Regel sechs Monaten für alle bereits ausgezahlten Beträge der Zinssatz auf Basis FIBOR oder LIBOR neu ermittelt. Dies verleiht dem Einsatz von Plafond-D-Krediten den Charakter extremer Marktnähe und Flexibilität.

Osthilfeprogramme in Österreich

Direktinvestitionen in Osteuropa werden in Österreich vom ERP-Fonds und von der Oesterreichischen Kontrollbank AG im Rahmen der Beteiligungsfinanzierung gefördert. Garantien zur Absicherung von Exporten und Auslandsinvestitionen gegen wirtschaftliche und politische Risken können bei der Oesterreichischen Kontrollbank AG, der Finanzierungsgarantie GmbH und der Bürges Förderungsbank beantragt werden.

Oesterreichische Kontrollbank AG

Wie alle anderen Industriestaaten verfügt auch Österreich zur Unterstützung der heimischen Exportwirtschaft auf den internationalen Märkten über ein Förderungssystem, das von der Oesterreichischen Kontrollbank AG (OeKB) als vom Bund bevollmächtigte Institution abgewickelt wird. Grundsätzlich können bei der OeKB Exporte – Lieferungen und Leistungen – gegen wirtschaftliche Risken, wie zum Beispiel das Zahlungsausfall- oder Abnahmerisiko, und/oder politische Risken, wie zum Beispiel Krieg, Revolutionen oder das Devisentransferrisiko, versichert werden.

Der Selbstbehalt bei unter Garantie genommenen Exporten in Nicht-OECD-Länder und die Türkei liegt in der Regel bei wirtschaftlichen Risken bei 10 %. Als Garantieentgelt werden bei wirtschaftlichen Risken zwischen 0,5 und 2 % und bei politischen Risken mindestens 0,5 % vom Höchstbetrag pro Jahr eingehoben, wobei das Entgelt für das politische Risiko je nach Einzelfall unter Berücksichtigung des Abnahmelandes, der vertraglichen Zahlungskonditionen und des gedeckten Risikoumfanges festgelegt wird.

Bei den in Deckung genommenen Exporten wird eine Ware oder Leistung als 100 %ige österreichische Wertschöpfung anerkannt, wenn sie sich bei Zugrundelegung des Ursprungsbegriffes der Europäischen Gemeinschaft für ein österreichisches Ursprungszeugnis grundsätzlich qualifiziert. Bei der Mitversicherung von „echten" Auslandsanteilen wird – abhängig von Laufzeit und Gehalt des Risikos – folgende Unterscheidung vorgenommen:

- Im kurzfristigen Geschäft wird für bonitätsmäßig gut beurteilte Abnehmerländer überhaupt keine Höchstgrenze für den Auslandsanteil festgelegt, bei anderen akzeptablen Ländern werden Auslandskäufe bis 50 % mitversichert.
- Im mittel- und langfristigen Geschäft werden 40 % Auslandsanteil bei Verträgen bis 100 Millionen Schilling beziehungsweise bei Verträgen über 100 Millionen Schilling 30 % Auslandsanteil mitversichert (davon lokale Kosten höchstens im Ausmaß der vertraglichen An- und Zwischenzahlung).

Bei der OeKB können auch Beteiligungen von Exportunternehmen an Firmen, die ihren Sitz im Ausland haben, im Rahmen der Beteiligungsgarantie G4 gegen politische Risken versichert werden. Unter dieser Garantie können Sachinvestitionen, Bareinlagen, aber auch beteiligungsähnliche (erfolgsabhängig verzinste „partiarische") Darlehen sowie Kombinationen daraus gedeckt werden.

Kriterium für die Haftungsübernahme ist die direkte oder indirekte Verbesserung der österreichischen Leistungsbilanz, etwa durch den Auf- und Ausbau von Absatzmärkten für österreichische Waren oder die Produktionsverlagerung ins Ausland zur Sicherung der Konkurrenzfähigkeit österreichischer Unternehmen auf Drittmärkten.

Durch die Beteiligungsgarantie G4 wird das Risiko der Enteignung oder Zerstörung der Vermögenswerte des ausländischen Unternehmens aus politischen Gründen gedeckt. Die Garantielaufzeit kann bis zu 25 Jahren betragen. Unter dieser Garantie kann auch das Risiko der Nicht-Transferierbarkeit von Dividenden, Zinsen, Kapitalrückzahlungen oder der Verkaufserlöse aus Beteiligungen abgesichert werden. Die Deckung für derartige Risken erstreckt sich in der Regel nur über einen gewissen

Zeitraum (zwei bis drei Jahre). Bei klaglosem Verlauf ist jedoch eine Erstreckung dieser Frist möglich. Wirtschaftliche Risken, die im Zusammenhang mit Auslandsinvestitionen auftreten können, wie zum Beispiel das Ausbleiben des erwarteten Markterfolges bei gleichzeitig aufrechtem Bestand der Beteiligung, werden unter der Garantie G4 nicht gedeckt. Die Kosten dieser Garantie betragen mindestens 0,5 % der abgedeckten Summe. Das konkret zu zahlende Entgelt wird im Einzelfall, insbesondere unter Berücksichtigung des Abnehmerlandes, festgelegt. Der vom Garantienehmer zu übernehmende Selbstbehalt beträgt in der Regel 5 bis 10 %.

Soferne eine Garantie nach dem Ausfuhrförderungsgesetz (AFG), eine FGG/Ost-West-Fonds-Garantie oder eine Polizze eines Kreditversicherers, die den Voraussetzungen des AFG entspricht, erteilt wurde, kann das Exportfinanzierungsverfahren der OeKB in Anspruch genommen werden. Kreditlaufzeit und Kredithöhe jeder Refinanzierungstransaktion sind von den jeweiligen Garantiebedingungen abhängig. Der Kredit wird in zwei Tranchen eingeräumt, wovon eine variabel und eine fest verzinst ist; die relative Höhe jeder Tranche hängt von der Länge des Rückzahlungszeitraumes ab. Die Zinsen lagen im 2. Quartal 1995 zwischen 4,805 % und 5,745 %.

Eine globale Aussage darüber, für welche osteuropäischen Länder von der OeKB Garantien vergeben werden, ist nicht möglich, da die OeKB, die generell eine sehr vorsichtige Geschäftspolitik betreibt, äußerst sensibel auf jede Änderung der Rahmenbedingungen reagiert. Daher ist eine Projektprüfung von Fall zu Fall notwendig.

Sollte die OeKB ein Zielland nicht unter Deckung nehmen, dann haben österreichische Exporteure unter Umständen auch die Möglichkeit, sich das Risiko mittels Zwischenschaltung von Tochtergesellschaften im Ausland durch andere staatliche Exportversicherungsgesellschaften, wie Hermes (Deutschland), ECGD (Großbritannien), COFACE (Frankreich) oder SACE (Italien) abdecken zu lassen. Diese dürften allerdings in ihrer Politik nicht wesentlich von der OeKB abweichen. Zwischen den einzelnen Gesellschaften kann es auch zu Kooperationen auf dem Sektor für Exportgarantien kommen. Beim Verkauf des Flugzeugtyps Airbus an die drei osteuropäischen Fluglinien CSA (Tschechien), TAROM (Rumänien) und an die Usbekistan Airways wurden die Risken in Höhe von 85 % des Exportvolumens beispielsweise anteilig von COFACE, Hermes und ECGD getragen.

Eine weitere Ausweichmöglichkeit besteht darin, das Risiko bei privaten Versicherungsgesellschaften unter Deckung zu bringen. Diese weisen bezüglich der zu versichernden Risken und der Gestaltung der Konditionen häufig eine größere Flexibilität auf als staatliche Exportversicherungsgesellschaften. Aufgrund wesentlich kürzerer Versicherungslaufzeiten kommt der private Versicherungsmarkt allerdings eher für Handelsfinanzierungen und weniger für Investitionsfinanzierungen in Frage.

Finanzierungsgarantie GmbH/Ost-West-Fonds

Zur Erleichtung der Internationalisierung österreichischer Unternehmen und zur Förderung der Restrukturierung der Wirtschaft in den Reformländern Mittel- und Osteuropas wurde 1990 bei der Finanzierungsgarantie GmbH (FGG), die dem Finanzministerium untersteht, der Ost-West-Fonds (OWF) eingerichtet. Im Rahmen des Ost-West-Fonds, dessen Haftungsrahmen 10 Milliarden Schilling beträgt, wurden bis Juni 1995 101 Projekte mit einem Garantievolumen von 4,7 Milliarden Schilling unterstützt. Die dabei involvierten österreichischen Projektkosten betrugen 8,7 Milliarden Schilling. In Osteuropa hat der Ost-West-Fonds bis zu diesem Zeitpunkt 73 Projekte unterstützt, wobei Ungarn mit 34 geförderten Projekten mit Abstand an der Spitze lag.

Durch diesen Fonds können die wirtschaftlichen Risken von Beteiligungsinvestitionen in den Reformländern Ost- und Mitteleuropas mit einem Projektvolumen von mindestens 10 Millionen Schilling zum Teil abgesichert werden. Dafür stehen zwei Garantieinstrumente zur Verfügung, die Direktgarantie und die Finanzierungsgarantie mit Risk-Sharing.

Bei der Direktgarantie, deren Laufzeit maximal mit zwölf Jahren festgelegt ist, kann das wirtschaftliche Risiko bis zu 50 % der Projektkosten abgesichert werden. Der Garantiefall tritt bei Projektmißerfolg ein, der im vorhinein im Detail definiert wird.

Bei der Finanzierungsgarantie mit Risk-Sharing werden sowohl Finanzierungsrisken des Kreditgebers als auch Projektrisken des antragstellenden Unternehmens abgedeckt. Eine Bank gewährt einem inländischen Unternehmen einen langfristigen Kredit zum Erwerb einer ausländischen Beteiligung. Die FGG/OWF gibt für diesen Kredit eine Garantie ab und deckt so das Ausfallsrisiko der Bank. Im Fall eines Projektmißerfolges verzichtet die FGG/OWF nach Inanspruchnahme entweder auf einen Teil der Regreßforderung oder wandelt die Forderung in eine für das betroffene Unternehmen günstige Finanzierung um. Diese Garantie entspricht im Ergebnis einer Kombination von Direktgarantie und konventioneller Finanzierungsgarantie.

Von zentraler Bedeutung ist die Festlegung der Voraussetzung für die Inanspruchnahme der Garantie. Laut FGG/OWF wäre es nicht zielführend, ausschließlich den Zusammenbruch und die Insolvenz des Beteiligungsunternehmens für die Inanspruchnahme der Garantie zugrunde zu legen. Risken aus einem Projekt können bereits früher nachhaltigen Schaden bewirken. Dies ist zum Beispiel der Fall, wenn Bewertungsregeln zu einer maßgeblichen Abwertung der Beteiligungsaktiva zwingen oder der Fortbestand des Beteiligungsunternehmens nur durch Kapitaleinzahlungen gesichert werden kann.

In Zusammenarbeit mit dem antragstellenden Unternehmen werden daher möglichst klare und einfach zu definierende Kriterien ausgearbeitet, deren Eintreten als maßgeblicher Projektfehlschlag anzusehen ist und den Haftungstatbestand erfüllt.

Folgende Anknüpfungspunkte haben sich bisher hierbei als sachgerecht erwiesen: der Beteiligungswert, das Unterschreiten kumulierter Cash-flow-Werte oder kumulierter Umsatzwerte beziehungsweise eines bestimmten Betriebserfolges.

Welche Art der Garantie im Einzelfall gewählt wird, hängt vor allem von der Finanzierung der Beteiligungsinvestition ab. Das Garantieentgelt beträgt halbjährlich 0,5 % des aushaftenden garantierten Betrages. Bei besonders hohen Risken können in Einzelfällen auch höhere Entgeltsätze festgelegt werden. Die Finanzierungsgarantien können sowohl für die Besicherung von ERP-Krediten als auch von Refinanzierungskrediten der OeKB herangezogen werden.

Die Garantien der FGG/OWF bieten den antragstellenden Unternehmen nur einen Schutz vor den wirtschaftlichen Risken eines Beteiligungsprojektes im Ausland. Das politische Risiko kann bei der OeKB durch eine Beteiligungsgarantie G4 abgesichert werden. Durch die FGG/OWF abgesicherte Auslandsforderungen sind auch dann über die Kontrollbank refinanzierbar, wenn das politische Risiko nicht bei der OeKB unter Deckung genommen worden ist.

Die FGG/OWF mußte feststellen, daß das bisherige Instrumentarium der Direktgarantien und Finanzierungsgarantien zwar in hohem Maße dem Bedürfnis österreichischer Unternehmen nach Risikoabsicherung bei der strategisch orientierten Beteiligungsübernahme entgegenkommt, daß aber Finanziers, die sich entweder am Kapital der Gesellschaft beteiligen oder Kreditmittel zur Verfügung stellen, solchen Garantien häufig keinen echten Finanzierungsbeitrag beimessen. Dies resultiert aus der Einordnung dieser Garantien als versicherungsartige Abdeckung einzelner kommerzieller Risken zugunsten des österreichischen Beteiligungsgebers.

Kofinanzierungen mit Mitteln internationaler Finanzinstitutionen, wie etwa der EBRD oder der IFC, oder aus Mitteln der EU, wie etwa im Rahmen von JOPP, werden eine immer wichtigere Rolle bei der Finanzierung von Unternehmensprojekten im Ausland spielen. Um den Beteiligungscharakter einer OWF-Direktgarantie zu verstärken, ist in diesen neuen Richtlinien vorgesehen, daß die FGG/OWF dem österreichischen Investor gegenüber eine Put-Option einräumen kann, die diesen berechtigt, der FGG/OWF einen Teil der von ihr übernommenen Beteiligung zu einem vorweg fixierten Preis (der sich an den Anschaffungskosten orientiert) übertragen zu können.

Darüber hinaus kann sich die FGG/OWF das Recht ausbedingen, erfolgsabhängige Garantieprovisionsvereinbarungen zu treffen, insbesondere indem sie sich eine Call-Option einräumen läßt. Die FGG/OWF trägt dann über die Put-Option die Beteiligungsrisken und hat zugleich die Chancen aus einer günstigen wirtschaftlichen Entwicklung, insbesondere einer Wertsteigerung der garantierten Beteiligung. Eine Kombination aus Put-Option und Call-Option kann so eingesetzt werden, daß damit die Funktion zusätzlicher Eigenmittel substituiert wird, ohne daß seitens der FGG/OWF das dementsprechende Kapital tatsächlich vorweg aufgebracht werden müßte.

Die Kofinanzierungsrichtlinien wurden von der European Surveillance Authority (ESA) genehmigt und bilden nunmehr die Grundlage für Bemühungen der FGG/OWF, gegenüber JOPP als Financial Intermediary, also als Finanzpartner, in Österreich anerkannt zu werden.

Bürges Förderungsbank GmbH/ Internationalisierungsprogramm

Von der Bürges Förderungsbank GmbH, die im Bundesministerium für wirtschaftliche Angelegenheiten angesiedelt ist, werden im Rahmen des Internationalisierungsprogrammes die mit langfristigen Auslandsinvestitionen verbundenen Risken für österreichische Klein- und Mittelbetriebe aller Branchen mit maximal 500 Mitarbeitern abgesichert. Für diese Förderungsaktion bestehen weltweit keine Länderbeschränkungen.

Die Auslandsinvestitionen werden von der Bürges im weitesten Sinn unter Einschluß aller Kosten, die im Zuge eines Internationalisierungsprogrammes anfallen, gefördert. Um die Förderung in Anspruch nehmen zu können, muß zum einen das Kriterium der Rentabilität gegeben sein und zum anderen eine positive Auswirkung auf die österreichische Leistungsbilanz nachgewiesen werden können. Die Laufzeit der Garantien beträgt maximal zehn Jahre. Die Projektkosten sind mit zehn Millionen Schilling pro Internationalisierungsprojekt begrenzt. Angeboten werden zwei Arten von Garantien, und zwar die Projektgarantie und die Finanzierungsgarantie.

Die Projektgarantie deckt das wirtschaftliche Risiko und wahlweise – durch eine Garantie gemäß Ausfuhrförderungsgesetz – auch das politische Risiko aus dem Internationalisierungsprojekt des österreichischen Betriebes im Ausmaß der Garantiequote ab. Diese Quote kann für das wirtschaftliche Risiko bis zu 50 % und für das politische Risiko bis zu 90 % der Projektkosten betragen. Der Haftungsfall tritt bei Insolvenz des Internationalisierungsprojektes ein.

Das Entgelt für die Absicherung des wirtschaftlichen Risikos beträgt in der Regel 0,25 % pro Quartal, berechnet von der Garantiequote (von maximal 50 %) der Projektkosten. Für die Abdeckung des politischen Risikos beträgt das Garantieentgelt mindestens 0,125 % pro Quartal, berechnet von 100 % der Projektkosten.

Die Finanzierungsgarantie deckt das Finanzierungsrisiko des inländischen Kapitalgebers im Ausmaß der Garantiequote ab. Die Garantiequote der Finanzierungsgarantie kann bis 80 % der Kredithöhe betragen. Der Haftungsfall tritt bei Insolvenz des österreichischen Betriebes ein.

Das Entgelt für die Finanzierungsgarantie beträgt 0,125 % pro Quartal und wird beim Garantieentgelt für die Projektgarantie zur Abdeckung des wirtschaftlichen Risikos angerechnet.

Österreichische Kommunalkredit AG/ Umweltförderung

Von der Österreichischen Kommunalkredit AG wird im Auftrag des Bundes eine Aktion zur Umweltförderung in den östlichen Nachbarstaaten abgewickelt. Zielsetzung dabei sind umweltrelevante Verbesserungen für die Reinhaltung der Luft und der Gewässer, die allerdings positive Auswirkungen auf Österreich haben müssen.

Konkret werden Leistungen wie Planungen, Optimierungsmaßnahmen, Schulungen, Beratungen, Messungen und Analysen, aber auch die Vergabe von Lizenzen durch einen verlorenen Zuschuß bis zu 100 % gefördert. Die Förderung kann nur von ausländischen Unternehmen oder ausländischen Gebietskörperschaften beantragt werden. Ein verbindliches Finanzierungskonzept für die anschließende materielle Investition muß vorgelegt werden. Für 1995 standen 48 Millionen Schilling an Förderungen zur Verfügung, für 1996 wird voraussichtlich ein Betrag von 50 Millionen Schilling zur Verfügung stehen.

ERP-Fonds/Osteuropaprogramm

Im Rahmen des Osteuropaprogrammes des ERP-Fonds, das seit dem Geschäftsjahr 1990/91 besteht, werden Kredite für die Gründung oder den Erwerb eines Produktionsunternehmens in Osteuropa sowie für Beteiligungen an dortigen Produktionsunternehmen gewährt.

Es bestehen keine Länderbeschränkungen. Antragsteller können Produktionsunternehmen oder industrienahe Dienstleistungsunternehmen sein. Als förderungswürdig werden unter anderem jene Projekte erachtet, die positive Synergieeffekte auf die vorhandene Produktpalette beim heimischen Unternehmen aufweisen und zur Verbesserung von dessen internationaler Wettbewerbsfähigkeit beitragen. Das ERP-Osteuropaprogramm wird seit Februar 1995 von der EU-Kommission umfassend geprüft. Mit der Genehmigung des Programmes, einschließlich allfälliger Änderungen, ist nicht vor Juni 1996 zu rechnen.

Als förderbare Osteuropaprojekte gelten:

- die Errichtung von Produktionsniederlassungen beziehungsweise -tochterfirmen;
- die Errichtung von Produktions-Joint-ventures;

- die Übernahme einer qualifizierten Beteiligung (mindestens 25%);
- der Kauf eines Unternehmens;
- die Errichtung, dauerhafte und qualifizierte Beteiligung sowie Betreibung (auf eigene Rechnung) von kommerziell orientierten Umweltprojekten zur Verbesserung des ökologischen Standards und zur Vermeidung grenzüberschreitender negativer Einflüsse (zum Beispiel Recyclinganlagen, Abwasserreinigungsprojekte für den kommunalen Bedarf). Solche Projekte können nur in den an Österreich grenzenden Reformstaaten unterstützt werden.

Nicht gefördert werden können:

- Projekte, welche die Auslagerung von umweltschädigenden, in Österreich nicht mehr zulässigen Technologien zum Inhalt haben;
- die Verlagerung von Betriebsstätten;
- Tochterunternehmen von multinationalen Konzernen mit Betriebsstandort in Österreich, wenn sich der Konzernschwerpunkt hinsichtlich des dem eingereichten Projekt zugeordneten Unternehmensbereiches nicht in Österreich befindet;
- Holdingkonstruktionen, sofern kein unmittelbarer Zusammenhang mit Unternehmen mit Betriebsstandort in Österreich gegeben ist;
- die Aufstockung einer Beteiligung, wenn dadurch für das antragstellende Unternehmen keine entscheidende Einflußnahme auf die Geschäftsführung ermöglicht wird und/oder das Projekt bereits mittels eines ERP-Kredites gefördert wurde.

Als förderbare Kosten gelten:

- Beteiligungskapital (nur, wenn dieses zu mindestens zwei Drittel für investive Maßnahmen im Ausland verwendet wird);
- Gesellschafterdarlehen (nur, wenn dieses zu mindestens zwei Drittel für investive Maßnahmen im Ausland verwendet wird);
- der Kaufpreis der ausländischen Beteiligung (nur, wenn dieser zu mindestens zwei Drittel für investive Maßnahmen im Ausland verwendet wird);
- sonstige, mit diesen Maßnahmen in direktem Zusammenhang stehende Kosten.

Die Kredithöhe beträgt ab 1 Million bis zu 100 Millionen Schilling pro Projekt. Der Barwert der Förderung kann, bezogen auf die förderbaren Projektkosten, maximal 7,5 % (brutto) betragen. Besichert werden können die Kredite durch Wertpapiere, die Hausbank oder durch die Finanzierungsgarantie GmbH. Die Laufzeit der Kredite beträgt bis zu acht Jahre. Bei einem – bei Vertragsabschluß definierten – Projektscheitern kann eine Tilgungsaussetzung und damit einhergehend eine Ausdehnung der Laufzeit bis um weitere fünf Jahre festgelegt werden. Der Termin für die vorzeitige Rückzahlung wird in diesen Fällen analog verschoben. Bezüglich der Kreditkonditionen gilt die Regelung, daß für die ersten beiden Jahre, die tilgungsfrei sind, ein fixer Zinssatz von 3,5 % p.a. berechnet wird. In den ersten drei Tilgungsjahren wird ein sprungfixer Zinssatz verrechnet, der sich zwischen 4 und 7 % p. a. (1995/96 5 % p.a.) bewegen kann. In den letzten drei Jahren kommt ein variabler Zinssatz (zirka Sekundärmarktrendite – sonstige inländische Nichtbanken plus 0,5 %) zur Anwendung.

Das Anliegen des ERP-Fonds besteht darin, mit dem Osteuropaprogramm nicht nur die heimische Wirtschaft bei der Internationalisierung zu unterstützen, sondern auch einen Beitrag zur Umstrukturierung und Belebung der Wirtschaft in Osteuropa sowie in den grenznahen strukturschwachen Gebieten Österreichs (Niederösterreich, Oberösterreich, Burgenland, Steiermark, Kärnten) zu leisten. Im Rahmen des Geschäftsjahres 1994/95 (Juli 1994 bis Juni 1995) wurden im Rahmen des ERP-Osteuropaprogrammes 25 Projekte in Höhe von 858,7 Millionen Schilling kreditiert.

Unternehmensbewertung, Rechnungslegung und Steuern

Theoretisches Konzept der Unternehmensbewertung

Im Gegensatz zur Kauf- oder Verkaufsentscheidung betreffend eine (Massen-) Ware beziehungsweise Dienstleistung, ist man bei der Wertfestsetzung für ein Unternehmen mit dem Problem konfrontiert, daß es für Unternehmen keinen Markt gibt, der einen Anhaltspunkt für Preise gleichartiger Unternehmen liefert. Daraus folgt, daß die Bewertung eines Unternehmens immer von den individuellen Bedingungen und den Zukunftsaspekten der jeweiligen Unternehmung ausgehen muß, damit der „wahre" Wert des Unternehmens bestimmt werden kann.

Die Bewertung einzelner Wirtschaftsgüter gehört zu den schwierigsten Problemen der Wirtschaftspraxis. Damit Probleme tatsächlich gelöst werden können, haben sich eine Reihe von Bewertungsregeln herausgebildet, die für Österreich und Deutschland im Handelsrecht kodifiziert und in den Grundsätzen ordnungsgemäßer Buchführung (innerhalb dieser kann man von einem Teilbereich Bewertungsregeln sprechen) zusammengefaßt sind. Diese Regeln sind in Wechselwirkung zwischen Lehre und Rechtsprechung einerseits und der Entwicklung des Wirtschaftslebens andererseits ständigen Weiterentwicklungen unterworfen. In Deutschland hat das Institut der Wirtschaftsprüfer mit der Stellungnahme HFA/2/1983 Grundsätze zur Durchführung von Unternehmensbewertungen veröffentlicht. In Österreich beschloß der Fachsenat für Betriebswirtschaft und Organisation des Instituts für Betriebswirtschaft, Steuerrecht und Organisation der Kammer der Wirtschaftstreuhänder am 20. Dezember 1989 das Fachgutachten Nr. 74, das Richtliniencharakter hat. Dieses Gutachten enthält keine detaillierten Anweisungen zur Unternehmensbewertung, sondern gibt die derzeit sowohl in der Praxis als auch in Forschung und Lehre anerkannten Grundsätze zur Unternehmensbewertung wieder. Die Verantwortung für die Auswahl und Anwendung einer bestimmten Methode liegt beim Gutachter.

Der Beitrag „Unternehmensbewertung, Rechnungswesen und Steuern" wurde von der Consultatio Revisions- und Treuhandgesellschaft m.b.H. Nfg. KG Steuerberatungsgesellschaft und der Consultatio Wirtschaftsprüfungsgesellschaft m.b.H., Wien, ausgearbeitet.

Das Unternehmen ist der Inbegriff einer Gesamtheit von Wirtschaftsgütern, die bestimmten Zielen – den Unternehmenszielen – gewidmet sind. Die Problematik der Bewertung einzelner Wirtschaftsgüter kumuliert in der Problemstellung der Unternehmensbewertung, innerhalb der so gut wie alle nur denkbaren theoretischen und praktischen Probleme und Schwierigkeiten der Bewertung bewältigt werden müssen.

Die Bewertung eines Unternehmens steht und fällt mit dem Fachwissen des Gutachters über die Unternehmensstruktur an sich sowie der Kenntnis über das zu bewertende Unternehmen und aller Wertkomponenten, die dieses Unternehmen bestimmen, ab.

Funktionen des Gutachters

Bei der Bewertung von Unternehmen kann ein Gutachter in verschiedenen Funktionen tätig werden, und zwar

- als neutraler Gutachter;
- als Berater des Käufers oder Verkäufers bei subjektiven Bewertungsüberlegungen oder
- als Schiedsgutachter in der Vermittlerfunktion.

Der neutrale Gutachter fungiert als unparteiischer Sachverständiger.

Als Berater des Käufers oder Verkäufers verbindet der Gutachter seine Feststellungen mit subjektiven Vorstellungen und Gegebenheiten seines Auftraggebers und ermittelt so einen subjektiven Entscheidungswert; er hat in einem solchen Fall seine Beraterfunktion und die der Bewertung zugrunde gelegten Prämissen im Gutachten eindeutig offenzulegen.

In besonderen Fällen, vor allem in Konfliktsituationen zwischen den Parteien, kann der Gutachter als Schiedsrichter tätig sein, der in angemessenem Umfang subjektive Wertvorstellungen der Parteien gewichtet und diese in das Gutachten einfließen läßt, um daraus einen Einigungswert zu gewinnen.

Gegenstand der Bewertung

Gegenstand der Unternehmensbewertung können Unternehmen als Ganzes, abteilbare Unternehmensbereiche oder auch ein Unternehmensverbund sein. Abteilbare Unternehmensbereiche (Teilbetriebe, eingegliederte Betriebe) müssen selbständig geführt werden können.

Auch ruhende Betriebe können Gegenstand der Unternehmensbewertung sein. In diesem Falle sind neben den üblichen laufenden Kosten auch die Kosten der Wiederingangsetzung zu berücksichtigen.

Erfolgt die Bewertung eines Unternehmens zum Zweck der Erstellung des Jahresabschlusses, so sind die handels- und steuerrechtlichen Bewertungsbestimmungen zur Anwendung zu bringen.

Erfolgt die Bewertung des Unternehmens als Grundlage für die Vermögensbesteuerung beziehungsweise für die Besteuerung des unentgeltlichen Vermögensüberganges (Erbschaft, Schenkung, Pflichtteil), so kommen die Bestimmungen des Bewertungsgesetzes zum Zuge. Diese Bestimmungen enthalten zum Teil bereits zukünftige Ertragsbewertungen. In Österreich ist bei dieser Bewertung der „Gemeine Wert" zugrunde zu legen, soweit nichts anderes vorgeschrieben ist.

Der „Gemeine Wert" wird durch den Preis bestimmt, der im gewöhnlichen Geschäftsverkehr nach der Beschaffenheit des Wirtschaftsgutes bei einer Veräußerung zu erzielen wäre. Bei Aktien, Anteilen an GmbHs und Genußscheinen, die im Inland keinen Kurswert haben und bei denen sich der Wert nicht aus Verkäufen ableiten läßt, ist der „Gemeine Wert" unter Berücksichtigung des Gesamtvermögens und der Ertragsaussichten der Gesellschaft zu schätzen.

Erfolgt die Bewertung eines Unternehmens oder von Unternehmensanteilen zum Zweck der Bestimmung von Preisgrundlagen, ist diese grundsätzlich auf die künftigen Erträge bezogen, das heißt, ertragsorientiert durchzuführen.

Quantifizierbare und nicht-quantifizierbare Wertkomponenten

Die den Unternehmenswert bestimmenden Komponenten sind vielschichtig. Wesentlich für die Unternehmensbewertung ist deren Quantifizierbarkeit. Nur solche wertbestimmenden Komponenten können unmittelbar in die Ermittlung des Unternehmenswertes Eingang finden, die sich direkt in den Zahlen des Rechnungswesens niederschlagen. Nur das, was zu Einnahmen führt, was Ausgaben verursacht, was Einfluß auf den Gewinn hat, geht danach in den Unternehmenswert ein.

Dem Gutachter obliegt es allerdings, im Einzelfall seine Kenntnisse über darüber hinausgehende, nicht-quantifizierbare Fakten außerhalb und zusätzlich zu seiner Wertermittlung zu dokumentieren.

Vorhandene Werte und deren zukünftige Entwicklung

Neben der Problematik der Quantifizierbarkeit besteht ein weiteres Bewertungsproblem darin, daß sich der Wert eines Unternehmens nicht nur aus den zum Zeitpunkt der Bewertung vorhandenen Werten bestimmt, sondern vor allem auch aus dem in der Zukunft realisierbaren Wert. Eben dieser auf die künftige Entwicklung bezogene Aspekt ist neben der Wertung an sich die eigentliche Schwierigkeit, aber auch bei deren Bewältigung der Schlüssel zum Gelingen einer Unternehmensbewertung.

In der Regel sind die im Unternehmen zum Stichtag der Bewertung vorhandenen Werte durch Inventarisierung festgestellt und nachweisbar. Die Aufzeichnungen im betrieblichen Rechnungswesen stellen dabei nur den Kern dar, während andere Fakten, wie zum Beispiel unausgenützte Marktchancen, die künftige Marktentwicklung, die Qualität der Mitarbeiter und das Ausmaß der Kreditreserven, ebenfalls von großer Bedeutung sind.

Die Ermittlung des Unternehmenswertes setzt voraus, daß das Unternehmen Bestand hat („going concern"), woraus sich die Zukunftsbezogenheit zwangsläufig ergibt. Die Bestandsdauer, unter der Annahme reiner Fortführungsmaßnahmen ohne neue Aktivitäten des Nachfolgeunternehmers, stellt aber auch die Nachhaltigkeitsdauer des Zukunftserfolges dar.

Anlässe für Unternehmensbewertungen

Nach dem vorher zitierten Fachgutachten stellen folgende Faktoren Anlässe für Unternehmensbewertungen dar:

- Ermittlung von Entscheidungswerten;
- Kauf oder Verkauf von Unternehmen oder von Unternehmensanteilen;
- Ein- und Austritt von Gesellschaftern in ein (aus einem) Unternehmen;
- Einbringung eines Unternehmens in eine Kapitalgesellschaft;
- Verschmelzung zweier oder mehrerer Unternehmen;
- Betriebsaufspaltungen oder Ausgliederungen;

- Findung eines angemessenen Preises ohne vorhandene Entscheidungsfreiheit, zum Beispiel Enteignung, gerichtliche Überprüfung der Frage, ob das Abfindungsangebot bei einer Verschmelzung angemessen ist, gerichtliche Erbteilung, Pflichtteilsabfindungen;
- sonstige Anlässe, die die Beurteilung der wirtschaftlichen Lage eines Unternehmens erfordern, zum Beispiel Beurteilung der Kreditfähigkeit oder Sanierungsfähigkeit, Beurteilung bilanzieller Beteiligungsansätze.

Die Bewertung verlustbringender Unternehmen wurde nicht ins Fachgutachten aufgenommen, das heißt, grundsätzlich werden nur Unternehmen betroffen sein, die Gewinne abwerfen. Verlustbringende Unternehmen werden mit der Untergrenze des Liquidationswertes zu bewerten sein.

Unternehmensstruktur

Die Bewertung von Unternehmen setzt die Erfassung aller den Gesamtwert eines Unternehmens bestimmenden Faktoren voraus. Somit müssen nicht nur die in der Vergangenheit wirksamen Komponenten, sondern vor allem jene, die auch in die Zukunft wirken, erfaßt werden. Daraus folgt die Notwendigkeit, die innerbetriebliche Struktur und die Möglichkeiten ihrer Weiterentwicklung festzustellen.

Die Grundlage jeder erfolgreichen Unternehmensbewertung ist daher für jeden Gutachter eine umfassende Kenntnis der Leistungsstrukturen von Unternehmungen und die Fähigkeit, diese realistisch in die Zukunft zu projizieren. Nur dann, wenn alle Wertkomponenten erfaßt sind, kann die Wertermittlung mit hohem Richtigkeitsgrad vorgenommen werden, soweit das die Ungewißheit der zukünftigen Entwicklung ermöglicht.

Zu den wertbestimmenden Faktoren sind folgende zu zählen:
- Branche, Gegenstand der Unternehmung;
- Betriebsgröße;
- Standort;
- Qualität der Führungskräfte;
- Motivation, Firmentreue, Ausbildungsstand der Mitarbeiter, Altersstruktur der Belegschaft, Betriebsklima;

- Betriebsorganisation;
- Forschungs-, Entwicklungs-, Know-how-Stand;
- Patente und Lizenzen;
- Struktur und Entwicklung der Rohstoff- und Bezugsmärkte;
- Beschaffungsverträge und deren Fristigkeit (schlechte und günstige Verträge);
- Entwicklung des Arbeitsmarktes;
- Entwicklung der Absatzmärkte im In- und Ausland (Marktanteile);
- Kreditmärkte;
- Verbrauchergewohnheiten;
- Produktchancen;
- Absatzorganisation;
- Konkurrenzdaten;
- Absatzverträge;
- drohende Substitutionsprodukte;
- Kostenstruktur im Vergleich mit Wettbewerbern;
- Währungsrisiko;
- Finanzierungsstruktur;
- Kreditvolumen;
- Konjunkturlage;
- zu erwartende Veränderungen;
- drohende (verdeckte) Belastungen.

Zur Analyse eines Unternehmens werden folgende Schritte notwendig sein:

1. Prüfung der wirtschaftlichen Situation des Unternehmens (auf der Basis der Jahresabschlüsse samt Details) während der letzten drei Jahre sowie der vom Unternehmen selbst angestellten Vorschauen für das laufende und die kommenden Jahre.

2. Folgendes wird dabei eingesehen:
   a) Die Kostenstrukturierung – Personalkosten im Verhältnis zum Umsatz, Materialeinsatz im Verhältnis zum Umsatz, Sach- und Finanzaufwand (im wesentlichen Zinsen) im Verhältnis zum Umsatz. Mit den so gewonnenen Kennziffern werden Branchen- und Jahresvergleiche vorgenommen und Abweichungen analysiert.
   b) Das Verhältnis der variablen Kosten zu den Gemeinkosten, Rationalisierungs- und Optimierungsmöglichkeiten.

c) Die Sortiment- und die Margenstruktur (Deckungsbeitrag bei den einzelnen Produkten).
d) Der Markt insgesamt (Wachstum, Rückgang), Inland, Export, Marktanteil; große Kunden (das heißt Kundenstruktur, Abhängigkeiten des Unternehmens von einem oder wenigen Großkunden).
e) Die Eigenmittelsituation und die Liquiditätslage.

3) Weitere Schritte:
a) Checklisten sind zu erstellen und vom Wirtschaftsprüfer zu beantworten, um insbesondere Risken und Gewährleistungen deutlich zu machen.
b) Verwendete Anlagen und Technologien sind durch externe Berater, Techniker und Sachverständige zu prüfen; die jeweilige Umweltschutzsituation und die Erfüllung der jeweiligen gesetzlichen und behördlichen Auflagen ist zu beurteilen.
c) Mögliche Synergieeffekte in Verbindung zum eigenen Unternehmen sind auszumachen.
d) Eine Chancen- und Riskenanalyse ist zu erstellen.
e) Die Wertsteigerungsmöglichkeiten des Unternehmens durch Umsatzausweitung, Kostensparen, Synergieeffekte usw. sind zu erhellen.

Grundsätze der Wertermittlung

Der Unternehmenswert als zukunftsbezogene Größe

Nicht die Einnahmen und Ausgaben der Vergangenheit bis zur Gegenwart sind maßgeblich für den Wert eines Unternehmens, sondern jene, die in Zukunft erzielt werden, in denen sich der Preis, der aufgrund von Bewertungen ausgehandelt wird, amortisiert und dadurch rechtfertigt. Der Unternehmenswert stellt sich dabei als Barwert der aus dem Unternehmen entnehmbaren Zukunftserfolge dar. Die Bewertung eines Unternehmens ist daher mit der Fragestellung, welchen Ertrag das Unternehmen in der Zukunft bringt, verknüpft. Bei der Ermittlung der Zukunftserfolge ist das Imparitätsprinzip nicht anzuwenden, das heißt, es sind nicht nur Risken, sondern auch Chancen zu berücksichtigen.

Die Zukunftserfolge sind grundsätzlich unter der Annahme der Aufrechterhaltung der Leistungsfähigkeit des Unternehmens zu ermitteln. Werden Änderungen der Unternehmenstätigkeit, der Rechtsform oder des Unternehmensverbundes berücksichtigt, so sind neben deren Auswirkungen auf die künftigen laufenden Erfolge auch die einmaligen Aufwendungen für diese Änderungen zu erfassen.

Die Zulässigkeit der Berücksichtigung von Synergieeffekten, die anläßlich des Überganges eines Unternehmens entstehen oder untergehen, hängt von der Aufgabenstellung und Funktion des Gutachters ab. Liegen den Zukunftserfolgen subjektive Erwartungen zugrunde, die der Gutachter nicht zumindest auf deren Plausibilität hin überprüfen kann, ist er verpflichtet, diesen Umstand ausführlich darzustellen.

Bei Einzelunternehmen und Personengesellschaften ist ein Unternehmerlohn anzusetzen, sofern nicht für den geschäftsführenden Gesellschafter ein Gehalt in der Aufwandsrechnung berücksichtigt ist. Außergewöhnliche Aufwendungen und Erträge, die einmaligen Charakter tragen, sind auszuscheiden. Außerordentliche Aufwendungen und Erträge, die einzelne Jahre in unterschiedlicher Höhe belasten, sind zu normalisieren (zum Beispiel vorzeitige Abschreibungen). Sind die Ergebnisse der vergangenen Jahre durch die Preisentwicklung beeinflußt, sind sie durch eine Indexrechnung vergleichbar zu machen.

Aufwendungen und Erträge aus nicht-betriebsnotwendigen Vermögensteilen, die anläßlich der Unternehmensbewertung ausgeschieden beziehungsweise gesondert behandelt werden, sind ebenfalls auszuscheiden.

Zur Ermittlung der in Zukunft entziehbaren Gewinne wird sowohl die Perioden-Erfolgsmethode als auch die zahlungsstromorientierte, mehr theoretische Methode angewandt. Bei dieser sind nicht die Abschreibungen, dafür aber die Investitionen als Ausgaben anzusetzen.

Können die künftigen Erfolge aus den Ergebnissen der Unternehmensplanung abgeleitet werden, dienen die Erfolgsdaten der jüngeren Vergangenheit dem Gutachter als Mittel zur Kontrolle der Verläßlichkeit und Brauchbarkeit der Plandaten. Liegen keine geeigneten Plandaten vor, müssen die Zukunftserfolge unmittelbar aus den Ergebnissen der jüngeren Vergangenheit abgeleitet werden. Dabei müssen die zum Zeitpunkt der Unternehmensbewertung bereits eingetretenen oder erkennbaren Veränderungen der in der Vergangenheit wirksam gewesenen Erfolgsfaktoren berichtigt werden.

Das gilt insbesondere bei Änderungen im Leistungsprogramm oder in der Kapazität des Unternehmens, bei Änderungen der strukturellen Gegebenheiten, Änderungen der Konjunkturlage, wesentlichen Veränderungen der Wettbewerbsverhältnisse auf den Beschaffungs- oder Absatzmärkten, wesentlichen Änderungen in den Führungskräften, wesentlichen Veränderungen der Belastung mit Fremdkapitalzinsen oder intensiver Ausweitung (Vernachlässigung) der Innovationstätigkeit.

Die Ermittlung der Zukunftsergebnisse sollte durch die Aufstellung von Planungsrechnungen auf der Grundlage erarbeiteter Ziele und Vorgaben unterstützt werden. In manchen Fällen steht eine Feasibility-Studie zur Verfügung.

Trotz Vorhandenseins aller die Zukunft betreffenden externen und internen Daten aus der Vergangenheit und Gegenwart kann jedoch das Risiko einer anderen als der erwarteten Entwicklung nicht ausgeschaltet werden. Neben dem allgemeinen Risiko, dem alle Betriebe einer bestimmten Branche unterliegen und das seine Ursache in der Entwicklung der gesamtwirtschaftlichen Lage hat, gibt es spezielle, das zu bewertende Unternehmen betreffende Risken. Diese resultieren aus möglichen Änderungen der Produktnachfrage, aus sich ändernden Konkurrenzverhältnissen, aus der Qualifikation des Managements, der Art der Unternehmensorganisation, der Flexibilität des Unternehmens und des Verschuldungsgrades. Die Ungewißheit, ob und in welchem Umfang derartige Risken schlagend werden, wächst mit der Entfernung beziehungsweise Planung des Bewertungshorizontes.

Zu den Methoden, die dieser Ungewißheit Rechnung tragen sollen, zählen folgende:

- Verminderung der ermittelten Zukunftserträge durch Risikoabschläge;
- Gliederung der Zukunftserfolge in Relation zu deren mehr oder weniger genauen Ermittelbarkeit (Mehrphasen-Schema);
- Beschränkung der Nachhaltigkeit eines über den normalen Gewinn hinausgehenden Mehrgewinnes auf einen bestimmten Zeitraum (drei bis zehn Jahre);
- Ermittlung mehrerer Ertragsreihen und Gewichtung nach der Wahrscheinlichkeit ihres Eintreffens;
- Annahme einer beschränkten Lebensdauer des Unternehmens.

Herstellung der Äquivalenz mit einer Vergleichsanlage

Ein möglicher Erwerber eines Unternehmens wird sich fragen, was er für eine alternative Anlage bezahlen würde, die den gleichen oder einen ähnlichen Ertrag bringt. Eine ideale Vergleichsanlage wäre ein Unternehmen der gleichen Branche, mit gleicher Größe und gleichen Gewinnverhältnissen, für das in unmittelbarer Nähe zum Bewertungsstichtag ein bestimmter Preis bezahlt wurde. Allerdings ist es selbst dann sehr schwer, diesen Preis als Vergleichsgrundlage heranzuziehen, da nicht ausgeschlossen werden kann, daß der Preisbildung noch andere Motive als reine Ertragserwartungen zugrunde gelegt wurden.

Aus diesem Grund ist der Unternehmensbewerter gezwungen, das Vergleichsobjekt in einem funktionierenden Markt, als der sich der Anleihenmarkt (Kapitalmarkt) anbietet, zu suchen.

Der durchschnittliche Anleihenertrag, auch als der landesübliche Zinsfuß bezeichnet, wird als Sekundärmarktrendite veröffentlicht. Diese spiegelt die eine Volkswirtschaft kennzeichnenden Kapitalmarktverhältnisse wider.

Die Ableitung vom Anleihenertrag auf den Wert eines Unternehmens ergibt sich aus der Diskontierung des zukünftigen Jahresertrages mit dem durchschnittlichen Anleihenzinssatz (Barwert einer unendlichen Rente). Diese Rechnung kann jedoch nicht so einfach übernommen werden, da sich der Anleihenertrag vom Unternehmensertrag durch drei Punkte wesentlich unterscheidet:

- Anleihen sind in der Regel nominell gebunden und bieten keinen Inflationsschutz. Deswegen ist der Zinsfuß durch eine sogenannte Geldentwertungsprämie, die die Inflation abgelten soll, erhöht. Soweit ein Unternehmen in der Lage ist, der Inflation durch Preisanpassungen Rechnung zu tragen, ist bei der Aufstellung der Vergleichsrechnung der Kapitalisierungszinsfuß um die Geldentwertungsprämie niedriger anzusetzen.
- Im Gegensatz zu den Anleihen unterliegt ein Unternehmen – abgesehen von den sich aus seiner unmittelbaren Situation ergebenden speziellen Risken, welche bei der Ermittlung der Zukunftserträge berücksichtigt werden – einem allgemeinen Risiko, welches auf Konjunktur-schwankungen, Brancheneinflüsse und sonstige Umwelteinflüsse zurückzuführen ist.

- Anleihen sind mobiler. Im Gegensatz zu den Unternehmen gibt es einen Kapitalmarkt, der es erlaubt, erworbene Stücke in der Regel jederzeit zu veräußern und die nunmehr freigewordenen Beträge anderswo anzulegen.

Diesen zuletzt genannten beiden negativen Komponenten wird Rechnung getragen, indem der zur Kapitalisierung herangezogene Zinsfuß angehoben wird.

Kapitalisierungszinssatz

Die Problematik der Unternehmensbewertung liegt in der Überleitung vom Anleihenzinssatz auf den Kapitalisierungszinssatz, da bereits geringe Differenzen (Zu- beziehungsweise Abschläge) zu einem sehr unterschiedlichen Unternehmenswert führen. Die Überleitung vom Anleihenzinssatz auf den Kapitalisierungszinssatz zur Ermittlung des Unternehmenswertes hat somit so zu erfolgen:

Überleitung: Anleihenzinssatz
– im Anleihenzinssatz enthaltene Geldentwertungsprämie
+ Zuschlag für das allgemeine Unternehmensrisiko und die geringere Mobilität
= **Kapitalisierungszinssatz**

Rolle des Substanzwerts für die Ermittlung des Unternehmenswertes

Je nach dem Ausmaß und der Notwendigkeit des vorhandenen Vermögens (Substanz) für die betriebliche Leistungserstellung, welche in hohem Maße von der Art der Leistung abhängen, schwankt auch die Bedeutung der Substanz für die Ermittlung des Unternehmenswertes.

Während das Gesamtvermögen als Bruttosubstanzwert bezeichnet wird, ergibt sich der Nettosubstanzwert (Substanzwert des Eigenkapitals) aus dem Saldo von Vermögen und Schulden. Letzterer wird als Teilreproduktionswert aus der Summe der Wiederbeschaffungswerte der einzelnen Aktiva unter Berücksichtigung von deren Eignung für den Leistungsprozeß, deren Alter, Zustand und Restnutzungsdauer abzüglich der vorhandenen Passiva ermittelt.

1. Übliche Bewertungsansätze:

Aktiva/Passiva	Bewertungsansatz
Unbebaute Grundstücke	Verkehrswert
Bebaute Grundstücke	Fiktiver Verkehrswert abzüglich eines Wertabschlages
Gebäude	Wiederherstellungkosten abzüglich angemessener Abschreibungen
Sonstiges Sachanlagevermögen	Wiederbeschaffungskosten abzüglich angemessener Abschreibungen (Untergrenze für die Sachanlagen: Einzelveräußerungswerte)
Immaterielles Anlagevermögen	Wert, der gegebenenfalls nach der Verkehrsauffassung vorliegt
Börsengängige Wertpapiere des Finanzanlagevermögens	Börsenkurs am Bewertungsstichtag
Finanzanlagevermögen	Vorteile, die bei betriebsnotwendigen Beteiligungen aus dem Wertpapierbesitz resultieren, und die Einschränkung der selbständigen Verwendbarkeit der Anteile sind zu berücksichtigen
Roh-, Hilfs- und Betriebsstoffe, selbsthergestellte Teile und halbfertige Erzeugnisse	Wiederbeschaffungswert beziehungsweise Wiederherstellungskosten (Abschläge für Überbestand, technische Entwertung, Qualitätsmängel, Unverkäuflichkeit)
Fertigerzeugnisse	Wiederherstellungskosten beziehungsweise um die voraussichtlich noch anfallenden Kosten verminderte Verkaufserlöse
Handelswaren	Wiederbeschaffungskosten; für nicht oder schlechtgehende Artikel die erzielbaren Verkaufserlöse abzüglich eines Abschlages für Verkaufskosten und Verkaufsrisiko

Wertpapiere des Umlaufvermögens	Entsprechend den Wertpapieren des Anlagevermögens
Aktive Rechnungsabgrenzungsposten	Gemäß den für die Aufstellung der Jahresbilanz geltenden Grundsätzen
Rückstellungen	In der zu erwartenden Höhe; Verpflichtungen und Aufwendungen mit späterer Fälligkeit sind auf den Barwert abzuzinsen; mögliche Steuernachforderungen sind zu berücksichtigen
Verbindlichkeiten	Sind abzuzinsen
Fremdwährungsverbindlichkeiten	Warenkurs des Bewertungsstichtags; Wertsicherungen von Verbindlichkeiten sind zu berücksichtigen
Passive Rechnungsabgrenzungsposten	Gemäß den für die Bilanzerstellung geltenden Grundsätzen

Da der Sachwert (Substanzwert) des Eigenkapitals als Saldo zwischen den Vermögenswerten und Schulden definiert ist, muß folgende Kontrollrechnung zum gleichem Ergebnis führen:

  Buchwerte der Eigenkapitalkonten
\+ offene Rücklagen
\+ Erhöhungen der Wertansätze von Aktiva und Verminderungen der Wertansätze von Passiva (gegenüber den Buchwerten)
– Verminderungen der Wertansätze von Aktiva und Erhöhungen der Wertansätze von Passiva (gegenüber den Buchwerten)
= Substanzwert des Eigenkapitals

2. Gründe für die Notwendigkeit des Substanzwerts für die Unternehmenswertermittlung:

● Die durch das Vermögen verursachten Aufwendungen, wie Abschreibungen, Wagnisse, Versicherungsprämien und vermögensabhängige Steuern, beeinflussen (zum Teil) sehr erheblich die zukünftigen Erfolge, wobei allerdings nur die Höhe der Abschreibung und Zinsen durch die Substanzwertfeststellung beeinflußt wird, während die anderen vermögensabhängigen Aufwendungen auf anderen (von der

Substanzbewertung unabhängigen) Werten basieren (Versicherungswerte, Einheitswerte usw.).

- Die zukünftigen Erfolge des zu bewertenden Unternehmens basieren auf dem Stand des Substanzwertes zum Bewertungsstichtag. Jede im Zusammenhang mit der Erzielung der zukünftigen Ergebnisse notwendige Veränderung des Substanzwertes führt zu einer Änderung der Abschreibungen und der Zinskosten und damit zu einer Beeinflussung der zukünftigen Erfolge.
- In jenen Fällen der Unternehmenswertermittlung, in denen der Wertermittlung nicht die zukünftigen Erträge und Aufwendungen, sondern die Einnahmen und Ausgaben zugrunde gelegt werden, treten an die Stelle der Abschreibung die tatsächlichen Reinvestitionen. In diesem Fall ist auf Grundlage des Alters, der Eignung, des Zustandes und der Restnutzungsdauer der Anlagen deren Reinvestitionszeitpunkt festzulegen.
- Bei Anwendung des Übergewinnverfahrens bedarf es des Substanzwertes zur Feststellung des zukünftigen „Normalgewinnes".

3. Steuern bei der Ermittlung des Substanzwertes

Sind bei der Berechnung des Substanzwertes die Ansätze von Vermögenswerten höher und jene von Schulden niedriger als die Wertansätze in der Steuerbilanz, ist der Barwert der für diese Unterschiede künftig anfallenden Ertragsteuern als Schuldposten anzusetzen. Das gilt auch für unversteuerte Rücklagen, welche künftig steuerpflichtig aufzulösen sein werden.

Bei der Ermittlung des Barwertes der künftig anfallenden Steuern sind die Zeitpunkte, in denen die Steuern voraussichtlich fällig werden, sowie allfällige steuerliche Verlustvorträge zu berücksichtigen.

4. Nicht-betriebsnotwendiges Vermögen

Betrieblich nicht genutzte Grundstücke oder Überbestände an liquiden Mitteln und andere Vermögensteile, die für die der Bewertung zugrunde gelegte Leistungserstellung nicht notwendig und somit vom Unternehmen abspaltbar sind, müssen gesondert erfaßt und bewertet werden. Diese Vermögensteile sind in der Regel mit ihrem Nettoveräußerungserlös anzusetzen. Die sich bei einer Veräußerung ergebenden steuerlichen Konsequenzen sind zu berücksichtigen.

Steuern bei der Ertragsermittlung

1. Allgemeines

Bei der Unternehmensbewertung ist die Äquivalenz zwischen der steuerlichen Belastung der Zukunftserfolge des zu bewertenden Unternehmens und der Vergleichsinvestition herzustellen.

Unterschiede in der Belastung können in den Steuern, in den steuerlichen Bemessungsgrundlagen und in den Steuersätzen liegen. Die Steuerbelastung für die entnommenen beziehungsweise ausgeschütteten Erfolge eines Unternehmens hängt davon ab, ob der jeweilige Eigentümer des Unternehmens beziehungsweise der Geschäftsanteile eine natürliche oder juristische Person ist, und ob der Eigentümer seinen Wohnsitz beziehungsweise seinen Sitz im In- oder Ausland hat.

Eine genaue Berücksichtigung der Steuerbelastung ist nur bei der Ermittlung eines subjektiven Unternehmenswertes möglich; dabei sind die individuellen steuerlichen Verhältnisse des jeweiligen Veräußerers beziehungsweise Erwerbers zu berücksichtigen. Für die Ermittlung eines objektivierten Unternehmenswertes sind die steuerlichen Verhältnisse, die für eine Mehrzahl potentieller Erwerber als repräsentativ gelten können, maßgebend.

2. Unterschiedliche Belastung des Unternehmenserfolges und des Ertrages der Vergleichsinvestition

Sind die steuerlichen Belastungen des Unternehmenserfolges und des Ertrages der Vergleichsinvestition dem Grunde und der Höhe nach unterschiedlich, sind der Berechnung die Erfolge beziehungsweise die Erträge nach Steuern zugrunde zu legen. Der Kapitalisierungszinssatz wird in diesem Fall aus dem Ertrag der Vergleichsinvestition nach Steuern abgeleitet. Die Berechnung auf Basis der Erfolge beziehungsweise Erträge vor Steuern ist zulässig, wenn die steuerlichen Belastungen der zu erwartenden Zukunftserfolge und der Erträge der Vergleichsinvestition gleich hoch sind.

3. Unterschiede zwischen Zukunftserfolgen und den Bemessungsgrundlagen der Ertragsteuern

Steuermehr- oder -minderaufwendungen, die sich aufgrund der Abweichung der Zukunftserfolge vor Steuern von den Bemessungsgrundlagen für deren Besteuerung ergeben, sind entsprechend zu berücksichtigen.

Diese Unterschiede können folgende Ursache haben:

- Verminderung beziehungsweise Verlagerung der Steuerbelastung durch Investitionsbegünstigungen und sonstige Steuerbegünstigungen;
- steuerliche Verlustvorträge;
- Nachversteuerung von unversteuerten Rücklagen und Bewertungsreserven;
- steuerlich nicht anerkannte Betriebsausgaben (Spenden, steuerfreie Erträge).

Auch wenn der Ertragswert aus den zukünftigen Zahlungsströmen abgeleitet wird, ist die Steuerbelastung in den einzelnen Rechnungsperioden vom jeweiligen steuerlichen Ergebnis zu berechnen.

Methoden der Unternehmensbewertung

In der Folge sollen die wichtigsten Methoden der Unternehmensbewertung dargestellt werden:

Ableitung des Unternehmenswertes aus dem Substanzwert

In der Praxis wurde und wird der Unternehmenswert noch häufig dem Substanzwert gleichgesetzt, der als Teilreproduktionswert aus der Summe der Wiederbeschaffungswerte der einzelnen Aktiva abzüglich der vorhandenen Passiva ermittelt wird. Der Ansatz des Substanzwertes als Grundlage für die Feststellung des Unternehmenswertes ist allerdings abzulehnen, es sei denn, es bestehen entsprechende vertragliche Bestimmungen.

Ableitung des Unternehmenswertes aus durchschnittlichen Zukunftserträgen (Ertragswert-Methode) bei unendlicher Lebensdauer

Der Unternehmenswert (Ertragswert) ergibt sich als Barwert aus der Formel einer ewigen Rente. Diese Methode setzt allerdings gleichmäßig verlaufende Zukunftserträge voraus.

Ableitung des Unternehmenswertes aus durchschnittlichen Zukunftserträgen bei endlicher Lebensdauer

Geht man davon aus, daß das Unternehmen nach n Jahren liquidiert oder veräußert werden soll, errechnet man den Zukunftsertrag für n Jahre und diskontiert den Liquidationserlös in gleicher Weise wie den durchschnittlichen Zukunftsertrag als Barwert auf den Bewertungsstichtag. Die Schwierigkeit dieser Formel besteht allerdings darin, den am Ende des Planungszeitraumes sich ergebenden Liquidationswert zu bestimmen, da dieser seinerseits die weiteren Zukunftserträge repräsentiert.

Mittelwertverfahren

Dieses auf die Wirtschaftswissenschaftler Karl Mellerowicz und Eugen Schmalenbach zurückgehende Unternehmensbewertungsverfahren hat sich in der Bewertungspraxis als Mittelwertmethode sehr lange als die wichtigste verwendete Methode gehalten. Auch die steuerlichen Unternehmenswertverfahren werden in Theorie und Praxis heftig abgelehnt beziehungsweise kritisiert, weil zwei unterschiedliche Größen willkürlich kombiniert werden.

Übergewinnverfahren

Die Übergewinnmethode stellt eine Sonderform der Mehrphasen-Methode dar, bei der die Erfolge, welche die Normalverzinsung übersteigen, nur für einen begrenzten Zeitraum (Übergewinndauer) angesetzt werden. Dieser Methode liegt insbesondere die Überlegung zugrunde, daß Erfolge, die über eine normale Verzinsung des eingesetzten Kapitals hinausgehen, vielfach das Ergebnis überdurchschnittlicher Unternehmerleistung, einer guten Konjunkturlage oder einer Monopolstellung sind und daß diese Einflußfaktoren nur zeitlich begrenzt wirksam sind.

Ertragswert bei begrenzter Unternehmensdauer

Ist eine begrenzte Dauer des Unternehmens zu unterstellen (das Unternehmen wird nur über einen bestimmten Zeitraum, an dessen Ende die Liquidation erfolgt, fortgeführt beziehungsweise die weitere Fortführung des Unternehmens ist ungewiß), ergibt sich der Ertragswert als Summe der Barwerte der Zukunftserfolge zuzüglich des Barwertes des Liquidationsüberschusses.

Ertragswert bei unbegrenzter Unternehmensdauer (Mehrphasen-Methode)

Eine genaue Erfolgsplanung ist in der Regel nur für einen beschränkten Zeitraum (etwa drei bis fünf Jahre) möglich. Liegt eine derartige Erfolgsplanung vor beziehungsweise ist sie erstellbar, werden für diesen Zeitraum die individuellen Periodenerfolge kapitalisiert; für die nachfolgenden Perioden werden gleichbleibende Erfolge angesetzt, die als ewige Rente kapitalisiert und auf den Bewertungsstichtag abgezinst werden.

Das Verhältnis Ertragswert – Substanzwert in den Reformstaaten

Noch immer ist ein Ertragswert als Barwert der künftig zu erwartenden Ertragsüberschüsse des Unternehmens in den östlichen Reformländern teilweise schwierig abzuschätzen. Vielfach sind die künftigen Entwicklungen nicht oder nicht klar genug dargestellt oder darstellbar. Das gegenwärtige Szenario ist dabei teilweise noch von wirtschaftlicher Instabilität geprägt. Noch stehen auch bei manchen für die Unternehmensveräußerung zuständigen Betriebsdirektionen Substanzwertkriterien den zukunftsbezogenen Ertragswertüberlegungen potentieller Käufer im Weg. Meist geht das Substanzwertdenken mit den niedrigen beziehungsweise nicht vorhandenen oder sogar negativen Ertragswerten konform, während die Substanzwerte (auf Wiederbeschaffungskostenbasis) erheblich über den Liquidationswerten liegen. Diese Diskrepanz kann bei Privatisierungsbemühungen empfindlich störend wirken. Für (westliche) Investoren wird hier das Auffinden und Ausnützen der Rationalisierungs- und Optimierungsmöglichkeiten von wesentlicher Bedeutung sein.

Erfahrungen mit Unternehmensbewertungen in Ungarn, Tschechien, Slowenien und der Slowakei

Nachstehend werden in einer Übersicht die grundlegenden Informationen, die für Unternehmensbewertungen in den wichtigsten Industrie- und Dienstleistungsbranchen in Ungarn, Tschechien, Slowenien und der Slowakei relevant sind, dargestellt.

1. Zu berücksichtigende ökonomische Rahmenbedingungen

Ungarn leidet unter einer anhaltenden Wirtschaftskrise mit großen Strukturproblemen in der Industrie und einer hohen Arbeitslosigkeit. In Problemgebieten fehlen auch touristische Entwicklungsmöglichkeiten mit entsprechender Infrastruktur.

Unklar erscheint zudem die Vorgangsweise hinsichtlich der Harmonisierung von Investitionsvorhaben, dies gilt vor allem auch für Umweltschutzinvestitionen. Das Management zu privatisierender Unternehmen ist zum Teil noch geprägt durch Unsicherheiten, die aus dem Fortbestand alter Führungsstrukturen resultieren.

Eine weitere Problematik für Unternehmensbewertungen in Osteuropa besteht in der Beurteilung zukünftiger Inflationsentwicklungen und der Wechselkurse.

Die Liquiditätssituation stellt in Ungarn ein weiteres Problemfeld dar. Der IWF hat dem Land eine strenge Sparpolitik verordnet, die auf eine wesentliche Verminderung der Budgetdefizite abzielt. Diese Vorgangsweise bedingt eine radikale Einschränkung des Kreditspielraumes der Banken. Dadurch ist die Zahlungsfähigkeit der ungarischen Wirtschaft wesentlich gehemmt. Dieses Faktum gilt etwas eingeschränkt wohl auch für Slowenien und Tschechien. Diese Unsicherheiten, wie auch das Konjunkturrisiko, das politische Risiko und anderes mehr müssen beim Risikoabschlag ihre Entsprechung finden. Dieser ist bei der Ertragswertermittlung im Kapitalisierungszinsfluß zu berücksichtigen, dem bei der Barwertermittlung die künftigen Erträge unterworfen werden.

2. Besonderheiten bei der Bewertung

Aufgrund verschiedener Faktoren können bei Unternehmensbewertungen in den früher zentralistisch geführten Planwirtschaften nur in seltenen Fällen Branchenmethoden, die in westlichen Wirtschaften üblich sind, angewendet werden. Eine besondere Erschwernis für die Erstellung einer Unternehmensbewertung nach westlichem Muster liegt in den diversen Bilanzrichtlinien, die mit westlichen Pendants nur bedingt vergleichbar sind. Dabei sind insbesondere der Mangel an Bilanzkontinuität beziehungsweise der Vergleichbarkeit und das Nichtgelten des Niederstwertprinzips zu erwähnen. Die Verprobung mit Werten aus der Vergangenheit läßt sich wirtschaftlich nur sehr schwer bewerkstelligen.

Unbebaute und bebaute Grundstücke

Wichtig ist hier die Klärung der Eigentumsfrage mit dem Aspekt etwaiger Restitutionsansprüche. Auch muß die Frage von Altlasten und damit im Zusammenhang stehenden Haftungen geprüft werden. Die zu niedrigen Abschreibungssätze im Vergleich zu westlichen Rechnungswesen-Systemen sind – sicherlich zusammen mit dem schlechten Wartungszustand – eine der Ursachen des schlechten Zustandes von Teilen der Anlagen in den Reformländern.

Was die Bewertung auch erschwert, ist die Tatsache, daß bei der Übernahme von Grundstücken und Gebäuden in das Betriebsvermögen anläßlich der Verstaatlichung in der Vergangenheit im allgemeinen keine Aktivierungen stattgefunden haben und diese erst in später erfolgten Zu- und Umbauten in den Büchern erscheinen. Damit ergeben sich beim Vergleich der Anschaffungswerte und der Buchwerte mit jenen der ermittelten Zeitwerte auch unter Berücksichtigung der Inflation häufig große Differenzen.

Dafür regeln staatliche Verordnungen (in Tschechien und der Slowakei) die Bewertungen von Grundstücken in der Art, daß Preise auf Basis westlicher Marktverhältnisse – also oftmals überhöht – angesetzt werden sollen. Bei Gebäuden hat sich die Verwendung westlicher Baukostenindizes jeweils mit entsprechender Umrechnung (anderes Lohnniveau usw.) bewährt.

Eine weitere Rolle spielen die Devisenwechselkurse einerseits und die Verrechnungsparitäten auf Rubelbasis andererseits. Durch die willkürlich und einseitig festgelegten Paritäten zwischen ungarischen Forint oder tschechischen Kronen und den konvertiblen Währungen (etwa über den Außenhandel, der für Devisen importierte und sodann mit einem nicht mehr nachvollziehbaren internen Schlüssel die Gegenstände weiterverrechnete) können sich nicht mehr nachvollziehbare Auswirkungen auf die aktivierten Werte in Forint oder Kronen ergeben haben.

Bei Maschinen und maschinellen Anlagen ist in Ungarn, Slowenien und der Slowakei auch das Problem der Überkapazität und der Überalterung festzustellen. Trotzdem wurden diese Positionen aufgrund von Preissteigerungen und Wechselkursänderungen zum Teil beträchtlich buchmäßig (bilanziell) aufgewertet.

Unfertige Investitionen

Traditionell wurden in den Planwirtschaften auch Investitionsanlagen wie Fabrikshallen „laut Plan“ errichtet beziehungsweise in Angriff genommen, ohne wirklich gebraucht zu werden. Teilweise entstanden daraus nicht-betriebsnotwendige Investitionsruinen, deren Wertansatz sehr vorsichtig überlegt werden muß.

Vorräte

Hohe Produktionsstückzahlen waren in den Planwirtschaften oftmals ein wichtiges Planziel, so daß sich teilweise viel zu hohe Vorratslager an unfertigen und fertigen Erzeugnissen – oft noch für die Ostmärkte – bildeten. Auch Rohstoffe wurden gehortet, um für mögliche Lieferausfälle der Lieferanten gewappnet zu sein. Wertabschläge bei den Vorräten aufgrund eines zu hohen Bestandes, einer zu hohen Reichweite, wegen zu geringer Umschlagshäufigkeit oder wegen Unverkäuflichkeit sind auch heute aufgrund des Herstellungskostenprinzips (Fehlen des Niederstwertprinzips) in den Reformländern noch nicht bilanzierbar.

Nach bisherigen Erfahrungen wurden über die Position unfertige (halbfertige) Erzeugnisse des öfteren Produktionsplanziele insofern erreicht, als Zuschreibungen vorgenommen wurden, denen nicht wirklich bewertbare Betriebsleistungen (Erzeugnis oder ähnliches) gegenüberstanden. Bei nicht-betriebsnotwendigen Vorratsmengen (Überlager) sind im Rahmen der Substanzwertermittlung Abschläge für Wertminderungen (Unverkäuflichkeit, Alter usw.) von den Anschaffungs- oder Herstellungskosten vorzunehmen.

Kundenforderungen

Aufgrund des Fehlens des Niederstwertprinzips darf gemäß den geltenden Vorschriften eine Kundenforderung nicht im Moment der Erkenntnis der teilweisen oder ganzen Uneinbringlichkeit wertberichtigt werden. Nicht zuletzt deshalb verzögerte sich das Eintreten einer Strukturbereinigung mittels verstärkter Insolvenzverfahrenseröffnungen gegen zahlungsunfähige Unternehmen.

Im alten politischen System war die Zahlungsfähigkeit der Staatsbetriebe gesichert, hohe offene Forderungen – oftmals in der Reihe mehrerer Firmen im Kreis herum – waren somit kein Problem. Die Zahlungsdisziplin war oftmals schlecht. Im Widerspruch zur westlichen Bilanzierungspraxis waren Wertberichtigungen oft erst vorgesehen, wenn Forderungen fast nicht mehr eingetrieben werden konnten. Im

Zuge der Unternehmensbewertung muß in diesem Bereich viel Untersuchungsarbeit geleistet werden, um den Ansatz der Forderungen auf deren werthaltiges Ausmaß einzugrenzen.

Rückstellungen

Auch ist die Bildung von Rückstellungen, etwa für unterlassene Instandhaltungen, für Umschulungskosten, für zukünftige Verluste aus dem Auftragsstand, für Garantien und Gewährleistungen, für Altlasten und Umweltschutzauflagen betreffend Abgase oder Grundstückskontaminierungen, nicht üblich. Ebenso gibt es keine beziehungsweise zu geringe Vorsorgen für Personalabfindungen im Fall von Kündigungen.

Bei einer Unternehmensbewertung sind gemäß westlichen Standards entsprechende Vorsorgen zu treffen, wie etwa für unterlassene Instandhaltungen, für die Herstellung der Betriebsbereitschaft (Anlagen, Auflagenerfüllung) oder für drohende Verluste aus schwebenden Geschäften, und es ist für Gewährleistungen, Haftungen, Altlastenbeseitigung, Sozialpläne und Abfertigungen zu sorgen.

Verbindlichkeiten

Aufgrund einer Überprüfung wird die Vollständigkeit des Ausweises zu verifizieren sein. Ein (wahrscheinlich) zu erstellender Finanzplan in Abwägung mit den zur Verfügung stehenden Mitteln muß die Frage der Aufrechterhaltung der Zahlungsfähigkeit klären.

Periodengerechte Abgrenzung von Kosten oder Ausgaben

Die Erfahrung der Consultatio ist, daß diese Abgrenzung normalerweise wohl durchgeführt wird; da – zumindest für Banken gilt das – der Jahresabschluß am 15. Februar des darauffolgenden Jahres fertiggestellt und bei der zuständigen Behörde eingereicht sein muß, stellt es aber offensichtlich ein Zeitproblem dar, eine genaue Kontenabstimmung durchzuführen und Verbindlichkeiten für noch nicht verrechnete, aber durchgeführte Leistungen einzustellen.

Weiters ist es noch keineswegs Praxis, die Salden der Verbindlichkeiten und Forderungen mit den jeweiligen Geschäftspartnern abzustimmen. Nicht zuletzt auch daraus resultieren große Probleme bezüglich der Bewertung längst fälliger Forderungen.

Abstimmung von Darlehen und Zinsaufwenden beziehungsweise Zinserträgen

Im Zuge der Durchführung einer Unternehmensbewertung einer Bank haben wir stichprobenmäßig die verliehenen Darlehen und die darauf verrechneten Zinsen sowie die errechneten Zinssätze geprüft und sind dabei auf doppelt verrechnete Zinserträge gestoßen. Im Zuge einer Selbstrevision berichtigte die zuständige Buchhalterin die Fehler, was zu einer wesentlichen Verschlechterung des Jahresergebnisses führte. Der Jahresabschluß wurde nicht mehr geändert, die Berichtigung erfolgte erst im darauffolgenden Jahr, da der Jahresabschluß bereits bei der zuständigen Behörde, der Ungarischen Nationalbank, eingereicht worden war.

3. Technische Abwicklung einer Unternehmensbewertung

Aufbereitung

Anhand der vorliegenden Jahresabschlüsse auf landesgesetzlicher Basis ist eine Adaptierung (Umwertung) gemäß westlichem (beziehungsweise deutschem/österreichischem) Standard vorzunehmen, wobei vor allem die obengenannten Punkte zu beachten sind. Auf Basis eines Jahresabschlusses nach westlichem Standard kann die eigentliche Substanzwertermittlung beginnen.

Die dafür notwendigen Kenntnisse sind einmal das Beherrschen der Landessprache, Kenntnisse hinsichtlich der jeweiligen Landes-Bilanzregeln und -kriterien sowie des Bilanzstandards.

Bewertung spezieller Vermögensteile im Rahmen des Substanzwertes

Die Werte von Grundstücken, Gebäuden, Patenten, Maschinen usw. sollen ebenso wie die Höhe von Risken (Altlasten usw.) mit Hilfe entsprechender Fachleute beziehungsweise Sachverständiger festgelegt werden.

Feststellung des zukünftigen Ertragspotentials

- Zukunftswerte sollten aus Vergangenheitsdaten plausibel – unter Berücksichtigung von begründeten Veränderungen – ableitbar sein.
- Vorschau- und Prognoserechnungen müssen nachvollziehbar beziehungsweise im Rahmen einer „due diligence“ verifizierbar sein.
- Branchen- und Marktkenntnisse sind dazu vonnöten.
- Produktions- beziehungsweise Leistungsabläufe müssen nachvollzogen werden; Kapazitäts- und Rationalisierungsreserven müssen entdeckt, Qualitätsmängel, Engpässe und sonstige Schwächen deutlich

gemacht und quantifiziert werden; künftige Markteinschätzungen müssen getroffen werden.

Steuer- und devisenrechtliche Bestimmungen in Ungarn, Tschechien und Slowenien

Im folgenden wird auf die für ausländische Investoren relevanten steuer- und devisenrechtlichen Bestimmungen in den drei Ländern Ungarn, Tschechien und Slowenien näher eingegangen.

Ungarn

STEUERPOLITIK

1995 erfuhr das Steuersystem im Zuge der Konsolidierung der Marktwirtschaft wesentliche Änderungen.

1. Bemessungsgrundlage

Abschreibungen

Seit 1995 sind Mindestsätze für die Abschreibung von Wirtschaftsgütern festgelegt (in Verordnungen geregelt). Bisher konnte das Unternehmen den Abschreibungssatz – bis auf eine gesetzlich bestimmte Höchstgrenze – selbst bestimmen.

Zum Teil bestehen laut Gesetz für einzelne Vermögensgegenstände mehrere Abschreibungsvorschriften nebeneinander. In diesem Fall kann sich der Steuerpflichtige die angewandte Methode selbst aussuchen. Zum Beispiel kann der Vermieter von Fahrzeugen den für Fahrzeuge geltenden Abschreibungssatz von 20 % oder den für vermietete Vermögensgegenstände geltenden Satz von 30 % anwenden.

Bei noch nicht in Betrieb genommenen beziehungsweise im Bau befindlichen Anlagen hat der Steuerpflichtige die Möglichkeit, 50 % der Anschaffungs- oder Herstellungskosten mit den oben angeführten Sätzen abzuschreiben.

Die Abschreibungssätze für Wirtschaftsgüter im Bereich Umwelt, Landwirtschaft und Medizin wurden erhöht. Zum Beispiel können Grundstücke, die zur Abfallagerung benutzt werden, ab 1. Januar 1995 mit 20 % abgeschrieben werden.

Rückstellungen/Wertberichtigungen

Gewährleistungs-, Pensions- und Abfertigungsrückstellungen sind steuerlich weiterhin nicht anerkannt. Für die in Gesetzen betreffend bestimmte Branchen (zum Beispiel Bergbau) festgelegten Umweltverbindlichkeiten können steuerlich anerkannte Rückstellungen gebildet werden.

Für die gesamten per 31. Dezember überfälligen Forderungen kann eine steuerlich anerkannte Wertberichtigung gebildet werden. Der Prozentsatz der Wertberichtigung ist gesetzlich geregelt:

90 bis 180 Tage überfällig	2 %
181 bis 360 Tage überfällig	5 %
mehr als 360 Tage überfällig	25 %

Sonstige Änderungen ab 1995

Die für vormals arbeitslose Arbeitnehmer bezahlten Sozialversicherungsbeiträge können gegenüber den bisherigen 70 % in voller Höhe von der Steuerbemessungsgrundlage abgezogen werden. Im Falle der Facharbeiterausbildung kann die Steuerbemessungsgrundlage pro Lehrling und Monat um 2.000 Forint pro Monat gekürzt werden.

2. Steuertarif

Ab 1995 ist der Körperschaftsteuertarif zweigeteilt:

- 18 % Körperschaftsteuer von den der Bemessung zugrunde zu legenden Einkünften
- Ergänzungssteuer von 23 % der im Steuerjahr bewilligten Dividende. Sind in der ausgeschütteten Dividende erhaltene Dividenden oder Beteiligungserträge enthalten, die bereits mit der Ergänzungssteuer belastet sind, ist nur die Differenz zwischen bewilligter und erhaltener Dividende steuerpflichtig. Keine Ergänzungssteuer fällt unter anderem für Dividenden im Rahmen von Arbeitnehmerbeteiligungen an.

Die Ergänzungssteuer entspricht einer Quellensteuer und reduziert sich bei Ausschüttungen an ausländische Gesellschafter auf das im jeweiligen Doppelbesteuerungsabkommen festgelegte Höchstausmaß (zum Beispiel Österreich 10 %, Deutschland 5 %).

Verluste können fünf Jahre vorgetragen werden. Verluste, die im Gründungsjahr und den darauffolgenden beiden Jahren entstehen, sind unbeschränkt vortragsfähig.

3. Steuerbegünstigungen

Begünstigungen für Offshore-Gesellschaften belaufen sich auf 85 % der errechneten Steuer und Ergänzungssteuer.

Begünstigungen für Zinsen der Export- und Investitionskredite können maximal 70 % der errechneten Steuer betragen.

Unternehmer, die in bestimmten Gebieten (in denen die Arbeitslosenrate über 15 % liegt) über einen Firmensitz verfügen, können 6 % des Wertes der am Firmensitz in Betrieb genommenen Maschinen im Jahr der Inbetriebnahme von der Steuer abziehen. Diese Begünstigung ist zurückzuzahlen, wenn die Maschinen binnen drei Jahren aus dem Gebiet abgezogen werden.

Bestimmte Begünstigungen für in der Vergangenheit gegründete Joint-ventures bestehen für diese weiter.

4. Besteuerung ausländischer Unternehmer und ausländischer Organisationen

Der in Ungarn über eine Niederlassung verfügende ausländische Unternehmer ist verpflichtet, von seinem in der Niederlassung entstandenen Einkommen 18 % errechnete Steuer und von 65 % des Einkommens 23 % Ergänzungssteuer zu zahlen.

Für jenes Einkommen des ausländischen Unternehmers, das er von einer inländischen Person für seine Unternehmertätigkeit (Managementgebühren, Lizenzen, Zinsen) erhält, das jedoch der Niederlassung nicht zugeordnet werden kann, sind 18 % Steuer zu zahlen, die vom Auszahler einzubezahlen und an die Steuerbehörde abzuführen sind. Änderungen durch Doppelbesteuerungsabkommen sind dabei zu beachten.

Unter ausländischen Organisationen sind Unternehmen zu verstehen, die in Ungarn tätig sind, aber über keinen Firmensitz in Ungarn verfügen. Das Einkommen, das von diesen Unternehmen in Ungarn erzielt wird, ist mit 18 % Steuer belastet. Die Steuer ist vom ungarischen Leistungsempfänger einzubehalten und an die ungarische Steuerbehörde abzuführen (Abzugsteuer). Nunmehr bildet die gesamte Summe des von der inländischen Person erhaltenen Gegenwertes die Steuergrundlage (in den vorigen Jahren bildeten nur 50 % davon die Steuergrundlage).

5. Steuervorauszahlung

Unabhängig von der Herabsetzung des allgemeinen Steuersatzes von 36% auf 18% ist eine Steuervorauszahlung für 1995 unter Berücksichtigung des allgemeinen Steuersatzes von 36% festzusetzen.

6. Umsatzsteuer

Derzeit ist ein begünstigter Steuersatz von 12% und ein Normalsteuersatz von 25% in Kraft. Ab 1995 sind einige Leistungen, die dem begünstigten Steuersatz unterlagen, mit dem Normalsteuersatz steuerpflichtig (zum Beispiel Telefon).

Bezüglich Rückerstattung der Umsatzsteuerguthaben wurden Einschränkungen vorgenommen. Eine Rückerstattung ist nur möglich, wenn die der Umsatzsteuerpflicht unterliegenden Erlöse 1 Million Forint übersteigen. Wird diese Grenze nicht überschritten, ist nur eine Verrechnung der Vorsteuerguthaben mit Umsatzsteuer möglich, aber keine Rückerstattung des Vorsteuerguthabens. Das Guthaben kann jedoch innerhalb von fünf Jahren verrechnet werden. Vorsteuerguthaben, die aus Anlagenkäufen resultieren und die Summe der zur gleichen Zeit zu zahlenden Umsatzsteuer um mindestens 100.000 Forint übersteigen, können rückerstattet werden.

RECHNUNGSLEGUNG

Das Führen von Büchern ist in Ungarn seit 1. Januar 1992 verpflichtend. Das Gesetz sieht Rechnungslegungsvorschriften, die sich nach der 4. EG-Richtlinie orientieren, vor. Es gibt jedoch einige Besonderheiten, die von den Grundsätzen in westeuropäischen Staaten abweichen.

Das ungarische Gesetz sieht folgende Grundsätze ordnungsgemäßer Buchführung vor:

Grundsatz der Unternehmensfortführung
Grundsatz der Vollständigkeit
Grundsatz der Bilanzwahrheit
Grundsatz der Bilanzklarheit
Grundsatz der Bilanzstetigkeit
Grundsatz der Bilanzkontinuität
Grundsatz der Vergleichbarkeit
Grundsatz der Vorsicht

Grundsatz des Bruttoausweises
Grundsatz der Einzelbewertung
Grundsatz des periodengerechten Ausweises

Bewertungsgrundsätze

Für *Anlage- und Umlaufvermögen* gilt das Niederstwertprinzip. Die Abschreibungsmethode ist gesetzlich geregelt. Die steuerlich anerkannten Abschreibungssätze sind:

- Gebäude: zwischen 2 und 6 %
- Maschinen und Ausstattung: allgemein 14,5 %
- Ausstattung für Informationstechnologie: 33 %
- Büroausstattung: 33 %
- Umweltschutzinvestitionen: 33 %
- Fahrzeuge: 20 %

Fremdwährungsverbindlichkeiten sind mit dem Entstehungskurs oder dem höheren Kurs am Bilanzstichtag zu bewerten. Wird die Verbindlichkeit in dem Zeitraum bis zur Bilanzerstellung beglichen, ist die Verbindlichkeit mit dem bei Zahlung anfallenden Kurs zu bewerten. Dies gilt sinngemäß auch für Fremdwährungsforderungen. Kursgewinne beziehungsweise -verluste, die nach dem Bilanzstichtag zum Zeitpunkt der Bilanzerstellung erzielt werden, werden bereits erfolgswirksam berücksichtigt.

Es können keine *Rückstellungen* für Aufwendungen, die zwar im Bilanzjahr entstanden sind, deren Höhe und Fälligkeit aber noch nicht feststeht, gebildet werden.

In bezug auf besondere Bewertungsgrundsätze ist zu erwähnen, daß in bestimmten Fällen Vermögen mit dem Wiederbeschaffungswert bewertet werden kann, zum Beispiel bei gesetzlich geregelten organisatorischen Veränderungen (Gründung, Umwandlung usw.) und bei den im Buchhaltungsgesetz geregelten Neubewertungen.

Die Neubewertung ist durch zweistellige Inflationszahlen und wiederholte Abwertungen des Forint gerechtfertigt. Sie konnte erstmals in der Bilanz 1994 angewendet werden. Die Bewertung kann zu Wiederbeschaffungskosten am 31. Dezember erfolgen und muß für jedes Wirtschaftsgut gesondert vorgenommen und von einem Wirtschaftsprüfer geprüft werden. Die Bewertungsdifferenz ist in der Bilanz gesondert auszuweisen und erhöht direkt das Eigenkapital. Die Neubewertung hat keinen Einfluß auf die Steuerbemessungsgrundlage. Die Abschreibung ist von den historischen Anschaffungskosten vorzunehmen.

In bestimmten Fällen besteht Veröffentlichungspflicht für die Bilanz. Diese Veröffentlichungspflicht wird stufenweise eingeführt und wird ab 1. Januar 1998 für alle Unternehmen mit doppelter Buchführung verpflichtend sein. Bilanzen, die veröffentlicht werden, müssen auch von einem Wirtschaftsprüfer geprüft werden.

BESCHÄFTIGUNG VON DIENSTNEHMERN

Beiträge, die vom Dienstgeber zu tragen sind:

Sozialversicherungsbeiträge	44,0 %
Dienstgeberbeitrag	4,5 %
Schulungsbeitrag	1,5 %
Gesamt	**50,0 %**

Sozialversicherungsbeiträge müssen auch für nicht angestellte Vorstandsmitglieder bezahlt werden.

Abzüge, die vom Dienstnehmer zu tragen sind:

Kranken- und Pensionsversicherung	10,0 %
Dienstnehmerbeitrag	1,5 %
Lohnsteuer (höchste Einkommensstufe)	44,0 %
Gesamt	**55,5 %**

Die gesetzliche Normalarbeitszeit beträgt 40 Stunden. Je nach Alter des Dienstnehmers beträgt der gesetzliche Urlaub 20 bis 30 Tage.

GESELLSCHAFTSFORMEN

Möglich sind Gesellschaften mit unbeschränkter Haftung und mit beschränkter Haftung (Gesm.b.H. – Kft. oder AG – Rt.). Das Mindestkapital einer Ges.m.b.H. beträgt 1 Million Forint, das einer AG 10 Millionen Forint. Mindestens 30 % des Kapitals müssen einbezahlt werden. Sacheinlagen müssen durch Wirtschaftsprüfer geprüft werden.

Die Eintragungsgebühr beträgt 2 % des Eigenkapitals, für eine Ges.m.b.H. jedoch mindestens 20.000 und höchstens 300.000 Forint.

DEVISENBESTIMMUNGEN/ZOLLRECHT

Für Auslandsanleihen und ausländische Investitionen müssen Genehmigungen eingeholt werden. Seit März 1995 müssen Gesellschaften ihre Exporterlöse oder genehmigten Auslandsanleihen nicht in Forint umtauschen.

Die meisten Güter können frei im- und exportiert werden. Für bestimmte Waren (rund 10 %) ist eine Importgenehmigung erforderlich. Die Genehmigungsgebühr beträgt 1 % des Produktwertes. In ganz bestimmten Fällen bedürfen auch Exporte einer Genehmigung. Zur Unterstützung der Exporte wurde eine staatliche Exportbank und Garantiegesellschaft gegründet.

Der allgemeine Zolltarif ist 17 %, die Zollabfertigungsgebühr ist 2 % und die statistische Gebühr 3 %.

Ab März 1995 wird ein zeitlich begrenzter Importzuschlag von 8 % berechnet.

Tschechien

STEUERPOLITIK

Mit 1. Januar 1993 trat in Tschechien ein komplett neues Steuersystem in Kraft. Seitdem wurden zahlreiche Novellierungen beschlossen.

Das tschechische Steuersystem kennt kein eigenes Körperschaftsteuergesetz. Die Besteuerung der juristischen Person ist im Rahmen des Einkommensteuergesetzes geregelt.

Steuergrundlage sind die im Gesetz aufgezählten fünf Einkunftsarten nach Ausgleich mit Verlusten und Abzug von allfälligen Verlustvorträgen (fünf Jahre).

Bemessungsgrundlage im Bereich der unternehmerischen Einkünfte ist der Gewinn, das heißt die steuerpflichtigen Erlöse (Einnahmen) abzüglich der steuerlich anerkannten Aufwendungen (Ausgaben) zu deren Erzielung, Sicherung und Erhaltung, soweit sie in sachlichem Zusammenhang mit der Tätigkeit und in zeitlichem Zusammenhang mit dem Steuerzeitraum stehen.

Nunmehr ist auch vom Gesetz her eine Trennung zwischen Jahresabschluß (handelsrechtlicher Gewinn) und steuerlicher Bemessungsgrundlage vorgesehen.

Steuerlich nicht abzugsfähig sind unter anderem:
- Vergütungen an statutarische Organe (zum Beispiel Aufsichtsrat);
- Pönale und Strafen;
- Erbschafts-, Schenkungs- und auch die Grunderwerbsteuer sowie die Einkommensteuer;
- Repräsentationsaufwendungen;
- Zinsen an direkt oder indirekt wesentlich Beteiligte (über 25 %), soweit Kredite das vierfache Eigenkapital (bei Banken das sechsfache) übersteigen. Für Kredite von anderen Personen gilt das zehnfache als Obergrenze. Diese Regelung gilt nicht für physische Personen, und sie wird nicht im Gründungsjahr und den darauf folgenden drei Jahren angewandt. Damit soll die Aushöhlung der steuerlichen Bemessungsgrundlage durch Kreditzinsen des Gesellschafters hintangehalten werden;
- Reisekostenvergütungen, die über die amtlichen (sehr niedrigen) Reisekostensätze hinausgehen;
- Stundungszinsen für Steuern;
- Unterkunftskosten für Gesellschafter.

Abschreibungen auf das Anlagevermögen

Alle Anlagegüter sind nach der Beilage zum Einkommensteuergesetz in fünf steuerliche Abschreibungsgruppen einzuteilen:

Gruppe 1 (4 Jahre), zum Beispiel Pkw, EDV-Hard- und -Software
Gruppe 2 (8 Jahre), zum Beispiel Lkw, Einrichtungen, Maschinen
Gruppe 3 (15 Jahre), zum Beispiel Fördergeräte, Grab- und Bohrgeräte
Gruppe 4 (30 Jahre), zum Beispiel Antriebsmaschinen
Gruppe 5 (45 Jahre), zum Beispiel Gebäude, Hallen

Investitionen in gemietete Gegenstände dürfen ab dem 1. Januar 1993 nur auf die Nutzungsdauer des betreffenden Wirtschaftsgutes abgeschrieben werden (zum Beispiel bei Adaptierung gemieteter Räumlichkeiten nur auf 45 Jahre).

Der Steuerpflichtige kann zwischen linearer und degressiver Abschreibung wählen, und zwar für jedes einzelne Wirtschaftsgut. Die am 1. Januar 1993 vorhandenen Anlagegüter müssen allerdings linear abgeschrieben werden.

Der Katalog der nicht abschreibbaren Wirtschaftsgüter wurde um eine für die ausländischen Investoren sehr wichtige Position erweitert:

Immaterielle Wirtschaftsgüter aus einer Sacheinlage, wie beispielsweise Markenrechte, Know-how usw., können, soweit ihre Anschaffung unentgeltlich war, nicht abgeschrieben werden.

Für im Wirtschaftsjahr verkaufte Anlagegüter, deren Abschreibung bisher nicht geregelt war, ist nunmehr eine halbe Jahresabschreibung zulässig.

Für verleaste Wirtschaftsgüter sieht das Einkommensteuergesetz eine lineare monatliche aliquote Abschreibung von 90 % der Anschaffungskosten über die Leasingdauer vor. Zusätzlich ist eine beschleunigte Abschreibung möglich. Dies gilt nicht für Immobilien.

Steuerbegünstigungen

Das tschechische Einkommensteuergesetz sieht einen Investitionsfreibetrag vor, der in der Steuererklärung geltend zu machen ist, und zwar bis zur Höhe des steuerlichen Jahresgewinnes; ein allfälliger Mehrbetrag wird im nächstfolgenden Gewinnjahr berücksichtigt.

Der Investitionsfreibetrag beträgt 10 %, für bestimmte Umweltinvestitionen 15 % der Anschaffungs- oder Herstellungskosten von Maschinen, Geräten und technischen Anlagen und Verkehrsmitteln (Behaltedauer: drei Jahre). Für gebrauchte Wirtschaftsgüter sowie für Pkw ist kein Investitionsfreibetrag zulässig.

Im tschechischen Einkommensteuergesetz wurden ab dem 1. Januar 1994 zwei Instrumente in Kraft gesetzt, die versuchen, die Doppel- oder Mehrfachbesteuerung von innerstaatlichen Holdingkonstruktionen zu mildern:

Leistungsbegünstigung für Dividenen

Die Dividende einer Tochtergesellschaft (kapitalertragsteuerpflichtig) wurde schon bisher aus der Bemessungsgrundlage der Muttergesellschaft ausgeschieden. Allerdings unterlag die Ausschüttung der Muttergesellschaft wieder voll der Kapitalertragsteuer. Ab 1. Januar 1994 wird die Ausschüttung der Muttergesellschaft für Zwecke der Kapitalertragsteuer um die Dividende aus einer mindestens 20 %igen Beteiligung gekürzt.

Ermäßigung der Steuerbelastung für Ausschüttungen

Auf die Körperschaftsteuerbelastung einer Kapitalgesellschaft wird die Hälfte der im selben Jahr für eine Ausschüttung abgeführten Kapitalertragsteuer angerechnet. Damit wird die Steuerbelastung der ausschüttenden Gesellschaft mit einem Jahr Verzögerung ermäßigt.

Steuertarif

Änderungen der Steuergesetze ab dem 1. Januar 1996:

- Der Spitzensteuersatz der Einkommensteuer wird von 43 % auf 40 % gesenkt, wobei die Progressionsgrenze von 1.080.000 tschechischen Kronen auf 564.000 Kronen gesenkt wird.
- Der Körperschaftsteuersatz wird von 41 % auf 39 % gesenkt.
- Die Besteuerung von Investment-, Anteils- und Pensionsfonds wird insofern geändert, als der Körperschaftsteuersatz nunmehr 25 % beträgt.
- Die Wertgrenze für geringwertige Wirtschaftsgüter wird für den materiellen Bereich von 10.000 auf 20.000 Kronen angehoben und für immaterielle Wirtschaftsgüter von 20.000 auf 40.000 Kronen.

Änderungen im Umsatzsteuergesetz mit Wirkung 1. Januar 1996:

- Im § 2 Abs. 3 wird durch eine Klarstellung deutlich, daß sowohl materielle als auch immaterielle Sacheinlagen, die durch Personen, die keiner Mehrwertsteuer unterliegen, erbracht wurden, eine steuerbare Leistung darstellen.
- Unter dem Begriff „Ware" werden nun auch übertragbare Wertpapiere definiert.
- Für die Geltendmachung eines Vorsteuererstattungsanspruches wurde ein zeitlicher Horizont gesetzt, wobei der Vorsteueranspruch nur noch bis zum Ende des Kalenderjahres, das dem Kalenderjahr der (empfangenden) steuerbaren Leistung folgt, geltend gemacht werden kann.
- Es wurde konkretisiert, daß der Abzug von Vorsteuer für Treibstoffkosten bei Privatfahrzeugen jeder Art, das heißt nicht nur bei Pkw, unzulässig ist.

Neuregelung bezüglich der Bildung von Rückstellungen (Gesetz vom 21. Juni 1995)

Dieses Gesetz regelt für Zwecke der Festlegung der Bemessungsgrundlage der Einkommensteuer die Art der Bildung und der Höhe von Rückstellungen und Berichtigungsposten, die Ausgaben (Aufwand) zur Erzielung, Sicherung und Erhaltung von Einkünften bei Steuerpflichtigen darstellen.

Die Art und Weise der Bildung von Rückstellungen und Berichtigungsposten im Besteuerungszeitraum und ihre Höhe muß nachvollziehbar und beweisbar sein.

Unter den sogenannten „Berichtigungsposten“ sind im wesentlichen Forderungswertberichtigungen zu verstehen.

Für Reparaturen des materiellen Anlagevermögens, dessen im Gesetz über die Einkommensteuer festgelegte Abschreibungsdauer acht und mehr Jahre beträgt, können Rückstellungen gebildet werden. Voraussetzung dafür ist, daß die Ausgaben (Aufwendungen) zur Erzielung, Sicherung und Erhaltung von Einkünften dienen. Rückstellungen können nicht gebildet werden, wenn es sich um Reparaturen handelt, die sich regelmäßig jedes Jahr wiederholen.

Berichtigungsposten zu Forderungen gegenüber Schuldnern, die sich im Konkurs- und Vergleichsverfahren befinden, können Steuerpflichtige, die im System der doppelten Buchführung buchen, ab dem Zeitpunkt bilden, an dem sie aufgefordert werden, auf der Grundlage eines Gerichtsbeschlusses über eine Konkursanmeldung oder einer Erlaubnis zum Vergleich ihre Forderungen anzumelden. Die Berichtigung kann nur bis zur Höhe der angemeldeten Forderungen gebildet werden.

Für nichtverjährte Forderungen können je nach Überfälligkeit Wertberichtigungen vorgenommen werden:

– mehr als 6 Monate abgelaufen:	bis zu 20 % des Buchwertes der Forderung oder des Anschaffungspreises der Forderung,
– mehr als 12 Monate abgelaufen:	bis zu 33 % des Wertes der Forderung.

Wertberichtigungen betreffend Forderungen, die

- gegen Gesellschafter
- zwischen wirtschaftlich verbundenen juristischen Personen bestehen, bei denen der Durchschnittsanteil am Grundkapital der zweiten Person oder Anteile an den Stimmrechten im Besteuerungszeitraum höher als 25 % sind,

können nicht gebildet werden.

RECHNUNGSLEGUNG

Das Rechnungswesengesetz trat am 1. Januar 1992 in Kraft.

Kapitalgesellschaften sind unabhängig von ihrer Größe zur doppelten Buchführung verpflichtet. Die Bücher sind, vorbehaltlich der Rechte nationaler Minderheiten, in Tschechisch zu führen. Es kann vorgesehen werden, daß eine zweite Buchhaltung in einer anderen Sprache geführt wird, die nur im Verhältnis zwischen den Gesellschaftern maßgeblich ist. Rechnungsperiode ist das Kalenderjahr. Ein abweichendes Geschäftsjahr bedarf der Zustimmung des Finanzamtes. Die Buchung hat grundsätzlich in Kronen zu erfolgen.

Das Rechnungswesengesetz übernimmt die wesentlichen Grundsätze der ordnungsgemäßen Buchführung:
- Periodenbezogenheit (die Buchungen sind grundsätzlich in der Rechnungsperiode vorzunehmen, mit der sie sachlich zusammenhängen);
- Vollständigkeit;
- Wahrheit;
- Stetigkeit (eine Änderung der Bewertungsmethode und der Abschreibungsmethode ist nur möglich, wenn dies der Grundsatz der Bilanzwahrheit erfordert).

Die wesentlichsten Bewertungsgrundsätze sind:
- Grundsätzliche Bewertung mit Anschaffungs- oder Herstellungskosten (dies gilt für Anlagevermögen und für Vorräte);
- angeschaffte immaterielle Wirtschaftsgüter werden mit Anschaffungskosten, selbstgeschaffene mit den Herstellungs- oder den Wiederbeschaffungskosten angesetzt, je nachdem, welche niedriger sind;
- Bewertung der Forderungen und Verbindlichkeiten mit dem Nominalwert;
- Bewertung des Finanzanlagevermögens mit dem Anschaffungspreis ohne Berücksichtigung von Nebenkosten der Anschaffung.

Für die Bewertung gleichartiger Vorräte oder Wertpapierbestände gilt wahlweise die Bewertung nach dem arithmetischen Mittel oder die FIFO („First-in-First-out“)-Methode.

Das Rechnungswesengesetz sieht zwar grundsätzlich Wertberichtigungen vor, außer für Verbindlichkeiten und Vorräte gibt es dazu jedoch keine genauen Bestimmungen. Verbindlichkeiten sind aufzuwerten, wenn ihr tatsächlicher Wert höher ist als der buchmäßige. Vorräte sind abzuwerten, wenn der Verkaufspreis abzüglich der Verkaufskosten niedriger ist als der Buchwert.

Die Wirtschaftsgüter mit Ausnahme der Vorräte werden entsprechend ihrer Abnutzung abgeschrieben. Immaterielle Wirtschaftsgüter sind grundsätzlich längstens innerhalb von fünf Jahren ab Anschaffung abzuschreiben, Patente innerhalb von 15 Jahren.

Die Buchführung hat nach dem offiziellen Kontenrahmen zu erfolgen. Abweichungen sind mit Zustimmung des Finanzamtes möglich.

Der Jahresabschluß besteht aus der Bilanz, der Gewinn- und Verlustrechnung und den Beilagen, aus denen sich insbesondere die Abschreibungs- und Bewertungsmethoden sowie alle Informationen ergeben sollen, die für eine Beurteilung der wirtschaftlichen Lage der Kapitalgesellschaft wesentlich sind.

Aktiengesellschaften sind verpflichtet, ihren Jahresabschluß durch einen inländischen Wirtschaftstreuhänder (Auditor) prüfen zu lassen. Diese sind in einer Liste des Finanzministeriums eingetragen. Für Gesellschaften mit beschränkter Haftung gilt dies nur, wenn im vorhergehenden Jahr

- der Umsatz nach Mehrwertsteuer 40.000.000 Kronen überschritt oder
- das Reinvermögen mehr als 20.000.000 Kronen betrug.

Für prüfungspflichtige Kapitalgesellschaften besteht Veröffentlichungspflicht.

Sofern eine Kapitalgesellschaft an einer anderen Handelsgesellschaft zu mindestens 20 % beteiligt ist oder deren Vertretungsorgan ist (etwa bei der Ges.m.b.H & Co.KG), hat sie einen konsolidierten Abschluß zu erstellen.

Slowenien

STEUERPOLITIK

Mit 1. Januar 1994 trat das Gesetz über die Gewinnsteuer juristischer Personen in Kraft, das zu einer wesentlichen Umgestaltung des slowenischen Steuerrechts geführt hat. Dem Gesetz unterliegen sämtliche Gesellschaften, die nach dem Gesetz über Wirtschaftsgesellschaften

(GWG) als juristische Personen gelten. Darunter fallen auch die Kommanditgesellschaft und die Gesellschaft mit unbeschränkter Haftung, die der offenen Handelsgesellschaft nach deutschem und österreichischem Recht entspricht.

Bemessungsgrundlage für die Ertragsteuer ist der nach den slowenischen Rechnungslegungsvorschriften ermittelte Gewinn, von dem eine Reihe von Kürzungen und Hinzurechnungen vorzunehmen sind.

Als wesentlichste Kürzungen der Steuerbemessungsgrundlage sind anzuführen:
- Beteiligungserträge (eine dem österreichischen Körperschaftsteuergesetz entsprechende Schachtelbegünstigung, nicht aber für internationale Beteiligungen);
- Subventionen aus öffentlichen Mitteln;
- aus dem Ausland ins Inland transferierte Gewinne, für die im Ausland Steuer bezahlt wurde;
- Zinsen und Wertpapiererträge aus Wertpapieren der Republik Slowenien;
- 30 % der Rückstellungsauflösungen.

Wesentliche, nicht abzugsfähige Aufwendungen:
- Lohn- und Gehaltsbestandteile und Kostenersätze, die über dem Kollektivvertrag liegen (da qualifizierte Mitarbeiter nicht zum kollektivvertraglichen Gehalt am Arbeitsmarkt erhältlich sind, führt dies dazu, daß der Differenzbetrag zum kollektivvertraglichen Lohnniveau aus dem versteuerten Ergebnis bezahlt werden muß);
- Geldstrafen;
- Verzugszinsen für nicht termingerecht abgeführte Steuern und Abgaben;
- Aufwendungen zur Deckung von Verlusten aus vorangegangenen Jahren;
- Rückstellungsdotierungen für die Abdeckung von Verlusten;
- abgeschriebene Forderungen gegenüber Arbeitnehmern, Eigentümern oder verbundenen Personen;
- überhöhte Abschreibungen von Anlagevermögen;
- überhöhte Teile von Aufwendungen an verbundene Personen beziehungsweise zu niedrige Erträge von verbundenen Personen (insbesondere Zinsen);
- 30 % der Rückstellungsdotierungen;
- 30 % der Repräsentationsaufwendungen, Vergütungen an Aufsichtsrat und Verwaltungsrat.

Steuerbegünstigungen

- Investitionsfreibetrag 20 % der Anschaffungskosten von Sachanlagen, ausgenommen Pkw (drei Jahre Behaltefrist);
- Investitionsrücklage bis zu 10 % der Bemessungsgrundlage der Gewinnsteuer;
- Freibetrag für die Einstellung von Arbeitslosen oder Dienstnehmern (Mindestbeschäftigungsdauer: zwei Jahre), die zum ersten Mal ein Beschäftigungsverhältnis eingehen oder sechs Monate lang arbeitslos waren; 30 % der für diese Arbeitnehmer ausbezahlten Löhne und Gehälter, jedoch höchstens für die ersten zwölf Monate ihrer Beschäftigung.

Steuertarif

Der lineare Steuersatz der Gewinnsteuer beträgt 25 %. Für neu gegründete Körperschaften, die bis 31. Dezember 1993 ihre Tätigkeit aufgenommen haben, gelten noch gewisse Steuererleichterungen.

Die Verlustvortragsmöglichkeit besteht für fünf Jahre.

Abschreibungen

Abschreibungen von Sachanlagen und immateriellen Vermögensgegenständen sind steuerlich nur in Form der linearen Abschreibung möglich, wobei Abschreibungshöchstsätze für bestimmte Anlagevermögensgruppen vorgeschrieben sind. Diese liegen deutlich über jenen Sätzen, die üblicherweise aufgrund der betriebsgewöhnlichen Nutzungsdauer angesetzt werden:

Gebäude	5,0 %
Fahrzeuge, Betriebs- und Geschäftsausstattung, Maschinen	33,3 %
Hard- und Software	50,0 %
Firmenwert	20,0 %

Umsatzsteuer

Das slowenische Steuersystem sieht noch kein Mehrwertsteuersystem mit Vorsteuerabzug vor. In derzeitiger Ermangelung eines Bruttoallphasen-Umsatzsteuersystems kommt die Umsatzsteuer in der Regel nur beim Verkauf an den Endabnehmer zu tragen. Die Einführung eines Mehrwertsteuersystems ist für 1997 geplant.

Zur Vermeidung einer endlosen Kumulation von Umsatzsteuerpflichten sind eine Reihe von Lieferungen und Leistungen als nicht steuerbare Umsätze zu betrachten.

RECHNUNGSLEGUNG

Die Rechnungslegungsvorschriften in Slowenien unterscheiden sich von jenen in Deutschland und Österreich insbesondere durch die inflationsbedingte Durchbrechung des Anschaffungskostenprinzips. Nach den slowenischen Standards der Rechnungslegung (SRS) erfolgt die Berücksichtigung der Inflation zweistufig. Die erste Stufe, die bei einer Inflation von 40 % p.a. anzuwenden ist, verlangt eine Umrechnung sämtlicher Bilanzpositionen des nichtmonetären Vermögens auf das Kaufpreisniveau des Bilanzstichtages. Die Finanzerträge und -aufwendungen sowie die Kursdifferenzen sind in inflationsbedingte und reelle Beträge aufzuteilen. Das Revalorisierungsergebnis ist nach Abschluß der Inflationsanpassungen als Finanzaufwand oder -ertrag auszuweisen. Ist die Inflation höher als 40 % (zweite Stufe), sind alle Positionen der Gewinn- und Verlustrechnung ebenfalls auf das Niveau des Bilanzstichtages zu bringen; dies erfolgt außerhalb der Buchhaltung.

Jene Unternehmen, die im Jahresabschluß gesellschaftliches Kapital ausweisen, mußten gemäß der auf das Privatisierungsgesetz gestützten „Verordnung über die Methodologie zur Erstellung der Eröffnungsbilanz" per 1. Januar 1993 eine Eröffnungsbilanz erstellen. Dies führte in der Regel zu einer Erhöhung des ausgewiesenen Eigenkapitals der Unternehmen, und zwar aus folgenden Gründen:

- Aufwendungen für Entwicklungs- und Forschungstätigkeiten sowie Patente und Lizenzen, deren technische und wirtschaftliche Verwendbarkeit nachgewiesen werden konnte, wurden aktiviert.
- Bei Maschinen und sonstigen Vermögensgegenständen der Betriebs- und Geschäftsausstattung, deren Buchwert 60.000 Tolar überschritt, wurde die Bewertung insofern geändert, als durch eine Umrechnung in D-Mark der quasi-inflationsbereinigte Anschaffungswert ermittelt und abgeschrieben wurde. Das Ergebnis der Umrechnung war mit 60 (= in etwa das Kursverhältnis D-Mark:Tolar) zu vervielfachen. Mindestansatz sind 10 % der errechneten historischen Anschaffungskosten.

- Das Grundvermögen ist einheitlich nach vorgegebenen (hohen) Quadratmeterpreisen zu bewerten. (Die Bewertung von bebauten Grundstücken sowie von Gebäuden und sonstigen Baulichkeiten hatte zwingend durch von der Slowenischen Privatisierungsagentur bevollmächtigte Gutachter zu erfolgen.)
- Bei der Bewertung der Vorräte sind die vollen Herstellungskosten zu berücksichtigen (bisher überwiegend nur Materialkosten).
- Die Roh-, Hilfs- und Betriebsstoffe sind mit den durchschnittlichen Anschaffungspreisen vom Dezember 1992 anzusetzen.

Der buchmäßig ausgewiesene Verlust zum 31. Dezember 1992 war zu Lasten des gesellschaftlichen Kapitals aus der Bilanz auszuscheiden.

Alle umschriebenen Auf- und Abwertungen bewirkten eine Erhöhung beziehungsweise Verminderung des Kapitals. Neben dem dargelegten Verfahren konnte das Unternehmen einen von der Privatisierungsagentur bevollmächtigten Sachverständigen bestellen, der eine Unternehmensbewertung durchführte. Ergab diese einen niedrigeren oder höheren Wert, so mußte die Differenz als „bad will" beziehungsweise „good will" ausgewiesen werden.

Bis einschließlich 1993 war die gesetzliche Grundlage für die Rechnungslegung in Slowenien das Rechnungslegungsgesetz aus 1989. Dieses wurde durch die §§ 50–71 GWG ersetzt. Die Rechnungslegung wird durch die Standards der Rechnungslegung (SRS), beschlossen vom Institut der Wirtschaftsprüfer, erläutert und im Detail geregelt. In Anpassung an die Grundsätze der SRS mußten alle Unternehmen per 31. Dezember 1993 den sogenannten Jahresabschluß II erstellen.

Die SRS wurden in Anlehnung an die International Accounting Standards (IAS) ausgearbeitet und stimmen mit diesen grundsätzlich überein.

Ab dem Geschäftsjahr 1994 sind die Jahresabschlüsse folgender Gesellschaften prüfungspflichtig:
- große und mittlere Aktiengesellschaften;
- große Gesellschaften mit beschränkter Haftung;
- verbundene Unternehmen;
- Gesellschaften, deren Wertpapiere (auch Anleihen) an der Börse notieren.

Als mittlere Gesellschaften gelten Unternehmen, die zumindest zwei der folgenden Voraussetzungen erfüllen:

- durchschnittlicher Beschäftigtenstand zwischen 50 und 250 Dienstnehmern;
- Jahresumsatz zwischen 200.000.000 und 800.000.000 Tolar;
- durchschnittliche Bilanzsumme zwischen 100.000.000 und 400.000.000 Tolar.

Große Gesellschaften sind jene, die die oben angeführten Höchstgrenzen überschreiten.

BESCHÄFTIGUNG VON DIENSTNEHMERN

Bei den Lohn- und Sozialabgaben beträgt der Dienstnehmeranteil 22,1 %, der Dienstgeberanteil 22,6 %. Eine Höchstbemessungsgrundlage für Sozialversicherungsbeiträge ist nicht vorgesehen.

Die gesetzliche Normalarbeitszeit beträgt maximal 42 Stunden pro Woche, muß jedoch mindestens 36 Stunden umfassen. Der Mindesturlaubsanspruch beträgt 18 Tage pro Jahr. Kollektivvertraglich (unterschiedlich) sind zusätzliche Urlaubstage vorgesehen (zum Beispiel für Jugendliche unter 18 Jahren sieben Tage mehr).

In Slowenien gibt es einen gesetzlich festgelegten Mindestlohn, der im Verordnungswege alle drei Monate angepaßt wird. Das Urlaubsgeld bemißt sich nach dem letzten amtlichen Durchschnittsgehalt der Republik Slowenien und beträgt für Dienstnehmer, deren Gehalt über dem Durchschnittsgehalt liegt, 70 % des durchschnittlichen Gehaltes, ansonsten 100 % des Durchschnittsgehaltes.

Abfertigungen sind vom Dienstgeber bei
- Pensionierung,
- Arbeitsunfähigkeit und
- Kündigung des Dienstgebers aus betriebswirtschaftlichen Gründen

zu bezahlen.

DEVISENBESTIMMUNGEN

Die grundsätzliche Regelung des Zahlungsverkehrs mit dem Ausland obliegt der slowenischen Regierung; die technische Ausgestaltung wird von der Bank von Slowenien geregelt. Sie kann Bewilligungen erteilen, die sich mit dem Empfang von und der Zahlung in fremder Währung durch inländische Personen befassen.

Es herrscht das System der internen Konvertibilität. Devisenerlöse inländischer Unternehmen werden grundsätzlich in Tolar umgetauscht (Angebotspflicht), da inländische Unternehmen (auch bei einer bis zu 100 %igen ausländischen Beteiligung) grundsätzlich kein Devisenkonto im Inland führen dürfen.

Es gilt die sogenannte Leistungsbilanzkonvertibilität, das heißt, laufende Zahlungen für Importe aus dem Waren- und Dienstleistungsverkehr werden auf Basis vorhandener SIT-Guthaben grundsätzlich jederzeit zur Bezahlung in Devisen konvertiert. Das gleiche gilt für die Konvertierung von bilanziellen Tolar-Gewinnen am Jahresende (nach Steuern) in Devisen für den Gewinntransfer durch ausländische Beteiligte bei inländischen Unternehmen ins Ausland.

Tolar dürfen (außer zu touristischen Zwecken von Privatpersonen in Höhe von 5.000 Tolar für In- und Ausländer) nicht außer Landes gebracht werden (weder als Gewinne noch als Spareinlagen oder aus laufender Geschäftstätigkeit).

In Slowenien gilt die sogenannte „48-Stunden-Regelung“. Das heißt, daß slowenische Unternehmen eingehende Devisen nach 48 Stunden zum offiziellen Wechselkurs an die Bank von Slowenien verkaufen müssen. Innerhalb dieser 48 Stunden steht es dem Unternehmen frei, die ausländischen Devisen entweder für ausgehende Zahlungen für importierte Waren zu verwenden oder an eine andere Firma zum Marktkurs zu verkaufen.

Abkürzungen und Akronyme

AFG	Ausfuhrförderungsgesetz
Akzise	Indirekte Verbrauchs- und Verkehrssteuer
BIP	Bruttoinlandsprodukt
Brady-Bonds	Diese Wertpapiere bezeichnen eine Schuldenreduktion gegenüber Geschäftsbankgläubigern, wobei es – bei beträchtlichen Abschlägen – zu Schuldenrückkäufen und zur Umwandlung von Schulden in spezielle Bonds (Discount Bonds, Par Bonds usw.) kommt.
CEFTA	Central European Free Trade Agreement (Freihandelsabkommen zwischen Polen, Ungarn, Tschechien, der Slowakei und Slowenien)
CIA	Central Intelligence Agency (Geheimdienst der USA)
Comecon	Council for Mutual Economic Assistance (RGW)
DAC	Development Assistance Comittee
EBRD	European Bank for Reconstruction and Development (Europäische Bank für Wiederaufbau und Entwicklung)
ECU	European Currency Unit (Europäische Währungseinheit; seit 1979 die gemeinsame Währungseinheit des Europäischen Währungssystems. Der ECU ist eine künstliche Währung, die zur Berechnung des EU-Budgets oder der Dotierung der EU-Fonds verwendet wird. Auf dem Geld- und Kapitalmarkt ist der ECU inzwischen eine der wichtigsten Währungen nach dem US-Dollar. Der Wert des ECU wird aufgrund eines Währungskorbes bestimmt, in dem jede Währung der EU-Mitgliedstaaten entsprechend ihrer Wirtschaftskraft mit einem festen Anteil vertreten ist.)

EFTA	European Free Trade Association (Europäisches Freihandelsabkommen)
EG	Europäische Gemeinschaft (seit 1. Januar 1994 Europäische Union)
EIB	European Investment Bank (Europäische Investitionsbank)
ERP	European Recovery Program (Europäisches Wiederaufbauprogramm)
EU	Europäische Union; Mitgliedstaaten der EU seit 1. Januar 1995 sind: Deutschland, Belgien, Dänemark, Frankreich, Griechenland, Großbritannien, Finnland, Irland, Italien, Luxemburg, Niederlande, Österreich, Portugal, Schweden und Spanien
FIBOR	Frankfurt Interbank Offered Rate (am Frankfurter Bankplatz ermittelter Interbanken-Zinssatz für Termingelder in D-Mark)
G7-Länder	Gruppe der sieben führenden Industrienationen: Deutschland, Frankreich, Großbritannien, Italien, Japan, Kanada, USA
G24	Aufgrund eines Beschlusses der G7 wurde 1989 die G24, die „Gruppe der 24 OECD-Mitgliedstaaten", zum Zweck der Koordinierung der Ostwirtschaftshilfen gegründet.
GATT	General Agreement on Tariffs and Trade (Allgemeines Zoll- und Handelsabkommen, seit 1. Januar 1995 WTO, World Trade Organization)
GUS	Gemeinschaft Unabhängiger Staaten (gegründet am 21. Dezember 1991; seit Juni 1994 gehören der GUS alle Nachfolgestaaten der UdSSR mit Ausnahme der drei baltischen Staaten an)
IBCA	International Bank and Credit Agency (Rating-Agentur)
IBOS	International Business Opportunities Service (Publikation der Weltbank)
IBRD	International Bank for Reconstruction and Development (Weltbank)

IDA	International Development Association
IFC	International Finance Corporation
ILO	International Labour Organization (Internationale Arbeitsorganisation; 1919 mit dem Völkerbund entstandene Organisation, seit 1946 Spezialorganisation der UN mit Sitz in Genf)
Kolchose	Genossenschaftlich organisierter landwirtschaftlicher Betrieb in der ehemaligen Sowjetunion
KPdSU	Kommunistische Partei der Sowjetunion
KSZE	Konferenz für Sicherheit und Zusammenarbeit in Europa; mit 1. Januar 1995 in OSZE umbenannt
LIBOR	London Interbank Offered Rate (Referenzzinssatz, zu dem international tätige Großbanken Geldmarktgeschäfte in London abschließen. Der LIBOR wird berechnet, indem am zweiten Werktag einer Zinsperiode – drei oder sechs Monate – aus den Angebotszinsscheinen der Banken an diesem Tag das arithmetische Mittel gebildet wird, das, soweit erforderlich, auf das nächsthöhere 1/16-Prozent aufgerundet wird.)
Moody's	Rating-Agentur
NATO	North Atlantic Treaty Organization (Nordatlantisches Verteidigungsbündnis)
NEP	Nowaja ekonomitscheskaja politika (Neue Ökonomische Politik; unter Lenin im März 1921 eingeführtes Wirtschaftsprogramm, das zur Ankurbelung der Produktion nach dem Kriegskommunismus auch privatwirtschaftliche Aktivitäten zuließ. Beendigung durch den XV. Parteikongreß 1927)
NÖP	Neue Ökonomische Politik (siehe NEP)
OECD	Organization for Economic Cooperation and Development; OECD-Staaten sind: USA, Japan, Deutschland, Frankreich, Großbritan-

	nien, Italien, Kanada, Australien, Belgien, Dänemark, Finnland, Griechenland, Irland, Island, Luxemburg, Mexiko, Neuseeland, Niederlande, Norwegen, Österreich, Portugal, Schweden, Schweiz, Spanien, Tschechische Republik, Türkei.
OEEC	Organization for European Economic Cooperation (Organisation für Europäische wirtschaftliche Zusammenarbeit)
OSZE	Organisation für Sicherheit und Zusammenarbeit in Europa (ehemals KSZE)
p.a.	per annum (jährlich)
PHARE	Poland and Hungary Action for Restructuring of the Economy; das PHARE-Programm der EU erstreckt sich inzwischen auf zahlreiche weitere mittel- und osteuropäische Reformstaaten.
PSE	Producer Subsidy Equivalent (Summe von direkten und indirekten Stützungen minus Steuern für Agrarproduzenten)
RFE/RL	Radio Free Europe, Radio Liberty, Inc.
RGW	Rat für gegenseitige Wirtschaftshilfe
SED	Sicherheitsdienst (Geheimpolizei der ehemaligen DDR)
SP	Standard & Poor, Rating-Agentur
Sonderziehungsrechte	Vom IWF 1969 geschaffenes künstliches Zahlungsmittel, dessen Wert sich nach dem gewogenen Durchschnitt des Dollarkurses von fünf Währungen bestimmt. Das Sonderziehungsrecht (SZR) ist seit 1972 auch die Buchführungseinheit des IWF. Es wird in zunehmendem Maß auch außerhalb des IWF als internationale Rechnungseinheit verwendet, vor allem an Stelle der seit 1968 unbrauchbar gewordenen Goldeinheiten.
Sowchose	Landwirtschaftlicher Großbetrieb in der ehemaligen Sowjetunion. Im Gegensatz zur genossenschaftlichen Kolchose waren Boden

	und Inventar der Sowchose Staatseigentum und die dort Beschäftigten Lohnarbeiter.
Stand-by-Kredite	Beistandskredite, die vom IWF bei kurzfristigen Zahlungsschwierigkeiten vergeben werden. Die Auszahlung in vierteljährlichen Kredittranchen erfolgt nur bei Erfüllung der vorgeschriebenen Auflagen.
Systemtransformations-Fazilität	Diese IWF-Fazilität wurde im April 1993 geschaffen. Sie bietet den ehemaligen Ostblockstaaten finanzielle Hilfe beim Übergang von der Plan- zur Marktwirtschaft.
TACIS	Technical Assistance to the Commonwealth of Independent States; Förderprogramm zur technischen Unterstützung der GUS-Staaten und der Mongolei (seit 1994) bei der Reform und Neubelebung ihrer Wirtschaft.
UdSSR	Union der Sozialistischen Sowjetrepubliken
UNO	United Nations Organization (Vereinte Nationen)
UNRRA	UN Relief and Rehabilitation Administration; im November 1943 von 44 Staaten in Atlantic City gegründete und 1945 von den Vereinten Nationen übernommene Hilfsorganisation zur Unterstützung der Flüchtlinge und Verschleppten in den von den Alliierten besetzten Gebieten. Wurde 1947 aufgelöst.
USD	US-Dollar
Visegrád-Staaten	Polen, Ungarn, Tschechische Republik und Slowakische Republik
WEU	Westeuropäische Union
WIFO	Österreichisches Institut für Wirtschaftsforschung
WIIW	Wiener Institut für Internationale Wirtschaftsvergleiche
WTO	World Trade Organization (vormals GATT)

Literatur

ADAMS, Walter und James W. BROCK. Adam Smith goes to Moscow: A Dialogue on Radical Reform. Princeton 1993
AICHINGER, Wilfried. Vom russischen Imperium zur Reformpolitik Gorbatschows. In: Österreichische Militärische Zeitschrift, 1991/1, S. 7–14
AMERONGEN, Otto Wolff von. Der Weg nach Osten: Vierzig Jahre Brückenbau für die deutsche Wirtschaft. München 1992
ANDERSEN, Esben Sloth. Evolutionary Economics. Post-Schumpeterian Contributions. London/New York 1994
ANDROSCH, Hannes. Die politische Ökonomie der österreichischen Währung: Ein Überblick über die österreichische Währungspolitik von 1760–1984 vor dem Hintergrund der internationalen Entwicklung. Wien 1985
ANDROSCH, Hannes. Ökonomische Sicherheitspolitik in Europa. In: Forum, 1989/10, S. 1–4
ANDROSCH, Hannes (Hg.). Die weltwirtschaftliche Herausforderung. Wiesbaden 1990
ANDROSCH, Hannes. Die weltwirtschaftliche Herausforderung. In: Forum, 1990/7, S. 1–4
ANDROSCH, Hannes. Der steinige Weg von Marx zum Markt. In: Gewinn, 1991/6, S. 24–25
ANDROSCH, Hannes. Die Dämonen der Geschichte und unserer Zukunft ... In: Gewinn, 1992/10, S. 26–27
ANDROSCH, Hannes. One Jacques Deserves Another: How the New EBRD Chief Can Turn Things Around. In: The International Economy, 1993/9–10, S. 52–53
ANDROSCH, Hannes. Transformation in Central and Eastern Europe. In: The World Today, 1994/10, S. 194–197
ANDROSCH, Natascha. Die Tranformation von Planwirtschaften zu Marktwirtschaften am Vergleich der Unternehmen „Tungsram" in Ungarn, „CKD Praha" in der ČSFR und der „Interhotels" der ehemaligen DDR. Diplomarbeit an der Wirtschaftsuniversität Wien, 1992
ANGELOVA, Ekaterina. Privatisierung in Rußland. In: Osteuropa Perspektiven, Juni 1995, S. 12–24
ARBATOW, Georgi, Mario R. DEDERICHS und Sergej KLEMENTJEW. Das neue Rußland. Hamburg 1992
ASH, Timothy Gaston. Ein Jahrhundert wird abgewählt. München 1990
ASH, Timothy Gaston. Mitteleuropa? In: Daedalus, Journal of the American Academy of Arts and Sciences, Cambridge (MA), Winter 1990, S. 1–21
ASLUND, Anders. Gorbachev's Struggle for Economic Reform: The Soviet Reform Process, 1985–88. London 1989
ASLUND, Anders (Hg.). Economic Transformation in Russia. London 1994
BATT, Judy. East Central Europe from Reform to Transformation. London 1991
BEHAR, Pierre. Zentraleuropa im Brennpunkt. Graz/Wien/Köln 1994
BERTELSMANN STIFTUNG (Hg.). Mittel- und Osteuropa auf dem Weg in die Europäische Union: Bericht zum Stand der Integrationsfähigkeit. Gütersloh 1995
BESTERS, Hans (Hg.). Marktwirtschaft in Osteuropa: Eine Zwischenbilanz. Baden-Baden 1993
BEYME, Klaus von. Systemwechsel in Osteuropa. Frankfurt am Main 1994
BLACKER, Coit D. Hostage to Revolution, Gorbachev and Soviet Security Policy, 1985–1991. New York 1993

BLANCHARD, Olivier Jean, Rudiger DORNBUSCH, Paul KRUGMAN, Richard LAYARD und Lawrence SUMMERS. Reform in Eastern Europa. London 1992
BLANCHARD, Olivier Jean, Kenneth A. FROOT und Jeffrey SACHS (Hg.). The Transition in Eastern Europe. Band 1: Country Studies. Chicago/London 1994
BLANCHARD, Olivier Jean, Kenneth A. FROOT und Jeffrey SACHS (Hg.). The Transition in Eastern Europe. Band 2: Restructuring. Chicago/London 1994
BLEJER, Mario J., Guillermo A. CALVO, Fabrizio CORICELLI und Alan H. GELB (Hg.). Eastern Europe in Transition: From Recession to Growth? World Bank Discussion Papers Nr. 196, Washington D.C. 1993
BLUM, Douglas W. Russia's Future: Consolidation or Disintegration. San Francisco/ Oxford 1994
BOSS, Helen und Vladimier VERTLIB. The Baltic States: Determined to rejoin Europe. In: The Vienna Institute Monthly Report 1994/7, S. 3–14
BREUSS, Fritz. Cost and Benefits of EU's Eastern European Enlargement. WIFO Working Papers, 1995
O'BRIEN, Richard (Hg.). The Amex Bank Review Prize Essays. New York 1992
BRUS, Wlodzimierz und Kazimierz LASKI. Von Marx zum Markt: Der Sozialismus auf der Suche nach einem neuen Wirtschaftssystem. Marburg 1990
BRZEZINSKI, Zbigniew. The Grand Failure: The Birth and Death of Communism in the Twentieth Century. New York 1989
CAMPBELL, Robert W. The Socialist Economies in Transition: A Primer on Semi-Reformed Systems. Indianapolis 1991
CLAGUE, Christoper und Gordon C. RAUSSER. The Emergence of Market Economies in Eastern Europe. Oxford 1992
CLEMENT, Hermann. Die Neugestaltung der wirtschaftlichen Beziehungen zwischen den Republiken der GUS. München 1992
CRAWFORD, Beverly. Economic Vulnerability in International Relations: The Case of East-West Trade, Investment and Finance. New York 1993
CSABA, László. The Capitalist Revolution in Eastern Europe: A Contribution to the Economic Theory of Systemic Change. Brookfield 1995
DAHRENDORF, Ralf. Betrachtungen über Revolutionen in Europa. Stuttgart 1991
DIETRICH, Verena. Bankensysteme in Osteuropa. In: Report, Januar 1995, S. 16–20
DIETZ, Raimund. Transformation in Mittel- und Osteuropa: Eine Synopsis. In: Europäische Rundschau, 1993/2, S. 61–75
DORNBUSCH, Rudiger, Wilhelm NÖLLING und Richard LAYARD (Hg.). Postwar Economic Reconstruction and Lessons for the East Today. London 1993
DOSTOJEWSKI, Fjodor. Aufzeichnungen aus einem Totenhaus. München 1992
DYBA, Karel. Auf dem Wege zum Wohlstand: 4 Jahre der Wirtschaftsreform in der Tschechischen Republik. Prag 1995
EBINAL, Matthäus und Valery MITJUSCHKIN. Das Rußland-Geschäft: Betriebswirtschaftliche und rechtliche Grundlagen für Investoren. Wiesbaden 1992
EBRD Transition Report 1994. London, Oktober 1994
EBRD Transition Report 1995. London, Oktober 1995
ELLMAN, Michael, Egor T. GAIDAR und Grzegorz W. KOLODKO. Economic Transition in Eastern Europe. Oxford/Cambridge 1993
EMMERICH, Klaus. Ein Hauch von Habsburg: Fünf Staaten zwischen Ost und West. Düsseldorf/Wien/New York/Moskau 1994
FASSMANN, Heinz und Elisabeth LICHTENBERGER (Hg.). Märkte in Bewegung: Metropolen und Regionen in Ostmitteleuropa. Wien/Köln/Weimar 1995

FEINSTEIN, Charles. Historical Precedents for Economic Change in Central Europe and the USSR. Studie, hg. von Credit Suisse, First Boston and Oxford Analytica 1990

FISCHER, Stanley und Alan GELB. Issues in Socialist Economy Reform. Working Papers of the World Bank. Dezember 1990

FRAUENDORFER, Paul und Franz LANSCHÜTZER. Erfolgreich im Neuen Osten: Der strategische Leitfaden für Ihr Ost-Venture. Wien 1992

FRYDMAN, Roman und Andrzej RAPACZYNSKI. Privatization in Eastern Europe: Is the State withering away? Budapest/London/New York 1994

FUKUYAMA, Francis. Das Ende der Geschichte: Wo stehen wir? München 1992

GALBRAITH, John Kenneth. Ein Rezept namens Kapitalismus. In: Die Zeit, 26. Oktober 1990

GATI, Charles. The Bloc that Failed: Soviet-East European Relations in Transition. Indianapolis 1990

GIRNIUS, Saulius. The Economies of the Baltic States in 1993. In: RFE/RL Research Report, 1994/5, S. 1–14

HANKEL, Wilhelm. Vorsicht unser Geld: Jeder sein eigener Bankier. München 1989

HAVLIK, Peter. Osteuropa zwischen Plan und Markt: Die Wirtschaftsentwicklung in der Region von 1989 bis Anfang 1993. WIIW Reprint-Serie Nr. 149, Oktober 1993

HAVLIK, Peter u. a. More solid recovery in Central and Eastern Europe continuing decline elsewhere. WIIW Research Reports Nr. 207, Juli 1994

HAVLIK, Peter u. a. Growth in Central and Eastern Europe Contrasts with Recession in the CIS. WIIW Research Reports Nr. 213, Februar 1995

HAUSMANN, Guido und Andreas KAPPELER (Hg.). Ukraine: Gegenwart und Geschichte eines neuen Staates. Baden-Baden 1993

HAYEK, Friedrich A. Der Weg zur Knechtschaft. München 1991

HEILBRONER, Robert. Kapitalismus im 21. Jahrhundert. München/Wien 1994

HEIN, Manfred (Hg.). Bankensysteme in Ostmitteleuropa. Wien 1995

HEINEKEN, Alfred H. The United States of Europe (A Eurotopia?). Amsterdam 1992

HEINRICH, Hans-Georg. Der zerbrechliche Riese – Rußland heute. Wien 1994

HENZLER, Herbert und Lothar SPÄTH. Sind die Deutschen noch zu retten? Von der Krise in den Aufbruch. München 1993

HINTEREGGER, Gerald. Kritik und Verantwortung. In: Die Presse. 25. Februar 1994

HOBSBAWM, Eric. The New Threat to History. In: The New York Review, 16. Dezember 1993

HOLZHACKER, Hans. Polen – Take-off der Massenprivatisierung. In: Osteuropa Perspektiven. Juli 1995, S. 5–19,

HOWELL, John M. Understanding Eastern Europe: The Context of Change. London 1994

ISLAM, Shafiqul und Michael MANDELBAUM (Hg.). Making Markets: Economic Transformation in Eastern Europe and the Post-Soviet States. New York 1993

ISP Eduard Pestel Institut für Systemforschung e.V. Entwicklungspfade für die osteuropäischen Länder und die Sowjetunion bis zum Jahr 2006. Hannover 1991

JUCHLER, Jakob. Osteuropa im Umbruch: Politische, wirtschaftliche und gesellschaftliche Entwicklungen 1989–1993. Gesamtüberblick und Fallstudien. Zürich 1994

KAISER, Karl-August und Axel TAMM. Osteuropa auf dem Weg zur Marktwirtschaft. Zehn Fallstudien mit Lösungsansätzen. Wiesbaden 1992

KANT, Immanuel. Zum ewigen Frieden: Ein philosophischer Entwurf. Stuttgart 1993

KARTTE, Wolfgang. Aufbruch zum Markt: Als Wirtschaftsberater in Rußland. Hamburg 1995

KATZ, S. Stanley. East Europe should learn form Asia: From central planning to a market economy. In: Financial Times, 24. April 1991

KEEGAN, William. The Spectre of Capitalism: The Future of the World Economy after the Fall of Communism. London 1992

KEEGAN, William. Great experiment of the rich man's perestroika. In: The Observer, 10. Juli 1994

KEREN, Michael und Gur OFER. Trials of Transition: Economic Reform in the Former Communist Bloc. San Francisco/Oxford 1992

KLAUS, Václav. Signale aus dem Herzen Europas. Wiesbaden/Prag 1991

KLAUS, Václav, Ivan KOCARNIK, Josef LUX u. a. Prospects for the Czech Republic. Prag 1994

KNELL, Mark und Christine RIDER (Hg.). Socialist Economies in Transition: Appraisals of the Market Mechanism. Brookfield 1992

KONRAD, György. Antipolitik: Mitteleuropäische Meditationen. Frankfurt am Main 1985.

KORNAI, János. Contradictions and Dilemmas: Studies on the Socialist Economy and Society. Budapest 1985

KOREN, Stefan. Sozialisierungsideologie und Verstaatlichungsrealität in Österreich. In: Wilhelm Weber (Hg.), Die Verstaatlichte in Österreich. Berlin 1964. S. 9–339

KOREN, Stefan. Die Industrie Österreichs – vom Protektionismus zur Integration. Entwicklung und Stand von Industrie, Gewerbe, Handel und Verkehr. In: Wilhelm Weber (Hg.), Österreichs Wirtschaftsstruktur: Gestern, heute, morgen, Bd. I. Berlin 1961. S. 223–549

KORNAI, János. The Road to a Free Economy. Shifting from a Socialist System: The Example of Hungary. New York/London 1990

KORNAI, János. The Socialist System: The Political Economy of Communism. Princeton 1992

KORNAI, János. Vision and Reality, Market and State. New York/London/Toronto/Sydney/Tokio 1990

KÖVES, András. Central and East European Economies in Transition: The International Dimension. San Francisco/Oxford 1992

KRAUS, Wolfgang. Zukunft Europa: Aufbruch durch Vereinigung. Frankfurt am Main 1993

LANIER, Günther. Albanien: Fernöstliches Wachstum gestützt auf Transfers aus dem Ausland. In: Osteuropa Perspektiven, August 1994, S. 5–11

LASKI, Kazimierz. Der aktuelle Stand der Diskussion über die Transformationsprobleme. WIIW Reprint-Serie Nr. 142, November 1992

LEITNER, Gregor und Elke HARTL. *Phare:* Förderprogramme der Europäischen Union für Mittel- und Osteuropa. Publikation der Wirtschaftskammer Österreich, Wien 1995

LEITNER, Gregor und Elke HARTL. *Tacis:* Förderprogramme der Europäischen Union für die NUS und die Mongolei. Publikation der Wirtschaftskammer Österreich, Wien 1955

LEVCIC, Friedrich. Zentral- und Osteuropa auf dem Weg zur Marktwirtschaft: Bisherige Ergebnisse und kritische Bemerkungen zur eingeschlagenen Strategie. Vortrag beim Internationalen Symposium des Österreichisch-Französischen Zentrums am 21. und 22. Mai 1991 in Paris

LEVCIK, Friedrich. Die Transformation der Wirtschaft im Osten. WIIW Reprint-Serie Nr. 151, Januar 1994

LUDWIG-ERHART-STIFTUNG E.V. Bonn (Hg.). Marktwirtschaft als Aufgabe: Wirtschaft und Gesellschaft im Übergang vom Plan zum Markt. Grundtexte zur sozialen Marktwirtschaft, Band 3. Stuttgart/Jena/New York 1994

LÜBBE, Hermann. Abschied vom Superstaat. Berlin 1994

LUKAS, Zdenek. Landwirtschaft 1993 in den Oststaaten. WIIW Reprint-Serie Nr. 153, Juli 1994

LUKAS, Zdenek. Die Landwirtschaft der Oststaaten im Jahr 1994. WIIW Reprint-Serie Nr. 160, August 1995

MAASS, Winfried (Hg.). Der Eiserne Vorhang bricht. Hamburg 1990

MASON, David S. Revolution in East-Central Europe: The Rise and Fall of Communism and the Cold War. San Fancisco/Oxford 1992

MATIS, Herbert und Dieter STIEFEL. Die Weltwirtschaft: Struktur und Entwicklung im 20. Jahrhundert. Wien 1991.

MEISTER, Petra Ines. Förderungsprogramme und Finanzierungsinstrumente für Osteuropa: Ein praxisorientierter Leitfaden. Frankfurt am Main 1994

MEYER-LANDRUT, Andreas. Es hat sich schon viel bewegt. In: Die Zeit, 28. Januar 1994.

MISES, Ludwig. Die Gemeinwirtschaft: Untersuchungen über den Sozialismus. Jena 1932

MIZSEI Kálmán (Hg.). Developing Public Finance in Emerging Market Economies. San Francisco/Oxford 1994

MOTYL, Alexander J. Dilemmas of Independence: Ukraine after Totalitarism. New York 1993

MÜLLER, Helmut. Die unvollendete Revolution in Osteuropa: Charakter und Ziele des politischen Umbruchs von 1989. In: Aus Politik und Zeitgeschichte, 1993/10, S. 14–21

NALLET, Henri und Adrian VAN STOLK. Die Beziehungen der Europäischen Union zu den mittel- und osteuropäischen Ländern im Bereich Landwirtschaft und Ernährung. Bericht an die Europäische Kommission vom 15. Juni 1994

NEUHOLD, Hanspeter, Peter HAVLIK und Arnold SUPPAN (Hg.). Political and Economic Transformation in East Central Europe. San Francisco/Oxford 1995

OECD Wirtschaftsausblick Nr. 56, Paris 1994

OKEY, Robin. Eastern Europe 1740–1985: Feudalism to Communism. London/New York 1992

ÖSTERREICHISCH-FRANZÖSISCHES Zentrum für wirtschaftliche Annäherung in Europa (Hg.). Die Transformation zur Marktwirtschaft in Mittel-/Osteuropa und die Europäische Integration: Eine Aufgabe von gesamteuropäischem Interesse. Wien 1994

PANKOV, Vladimir. Ökonomie der Reformländer: Der gegenwärtige Wandel und Prognosen für die Transformation. Wien 1994

PELINKA, Anton. Der Westen hat gesiegt – hat der Westen gesiegt? Das Ende des Ost-West-Konflikts und die österreichische Neutralität. Wien 1993

PHILIPS-SLAVKOFF, Elisabeth. Internationale Osthilfeprogramme – ein Leitfaden für Unternehmen. Europainformation Nr. 32/1994, hg. von der Vereinigung Österreichischer Industrieller

PINDER, John. The European Community and Eastern Europe. London 1991

PLASSER, Fritz und Peter A. ULRAM (Hg.). Transformation oder Stagnation? Aktuelle politische Trends in Osteuropa. Wien 1993

POPPER, Karl R. Alles Leben ist Problemlösen: Über Erkenntnis, Geschichte und Politik. München 1994

PORTISCH, Hugo. Hört die Signale: Aufstieg und Fall des Sowjetkommunismus. Wien 1991
RANDZIO-PLATH, Christa und Bernhard FRIEDMANN. Unternehmen Osteuropa – eine Herausforderung für die Europäische Gemeinschaft: Zur Notwendigkeit einer EG-Ostpolitik. Baden-Baden 1994
RIDER, Jacques le. Mitteleuropa: Auf den Spuren eines Begriffes. Wien 1994
ROLLO, JMC, Judy BATT, Brigitte GRANVILLE und Neil MALCOM. The New Eastern Europe: Western Responses. London 1990
RUPNIK, Jacques. The other Europe. London 1988
SACHS, Jeffrey D. Der Westen hat versagt. In: Die Zeit, 28. Januar 1994
SACHS, Jeffrey D. Poland's Jump to the Market Economy. Cambridge/London 1994
SCHEUCH, Manfred. Atlas zur Zeitgeschichte: Europa im 20. Jahrhundert. Wien 1992.
SCHEWARDNADSE, Eduard, Andrej GURKOW, W, Wolfgang EICHWEDE u.a. Revolution in Moskau: Der Putsch und das Ende der Sowjetunion. Reinbek bei Hamburg 1991
SCHILLER, Karl. Der schwierige Weg in die offene Gesellschaft. Berlin 1994
SCHLÖGEL, Karl. Die Mitte liegt ostwärts: Die Deutschen, der verlorene Osten und Mitteleuropa. Berlin 1986
SCHLÖGEL, Karl. Go East oder die zweite Entdeckung des Ostens. Berlin 1995
SCHÖPFLIN, George. Politics in Eastern Europe 1945–1992. Oxford/Cambridge/ Massachusetts 1993
SCHULLER, Conrad. Ex-Jugoslawien: Vor einer Klärung der Altschuldenfrage. In: Osteuropa Perspektiven, Juni 1995, S. 25–30
SCHUMPETER, Joseph A. Das Wesen des Geldes: Aus dem Nachlaß und mit einer Einführung versehen von Fritz Karl Mann. Göttingen 1970
SHMELEV, Nikolai und Vladimier POPOV. The Turning Point: Revitalizing the Soviet Economy. New York 1989
SIEBERT, Horst. The Transformation of Eastern Europe. Kiel Discussion Papers Nr. 163, Januar 1991
SIMON, Gerhard und Nadja. Verfall und Untergang des sowjetischen Imperiums. München 1993
SOMMER, Theo. Nicht provozieren, was wir fürchten. In: Die Zeit, 28. Januar 1994
STADERMANN, Hans-Joachim. Die Ungeduld beim Aufschwung Ost: Ein Traktat über Geld- und Finanzpolitik. Frankfurt am Main/New York 1993
STANKOVSKY, Jan. Eastern Debt: An Analysis Based on Creditor and Debitor Data. WIIW Current Analysis Nr. 8, März 1994
TILLY, Charles. Die europäischen Revolutionen. München 1993
TYCNER, Janus. Angst vor echten Reformen. In: Die Zeit, 28. Januar 1994
WALA, Adolf (Hg.). Erfahrungen Österreichs beim Übergang von administrativer Regulierung zur Marktwirtschaft. Wien 1990
WALDHEIM, Gerhard. Der Westen braucht den Osten. In: Die Bank 10/93, S. 566–570
WIIW (Hg.). Transition from the Command to the Market System: What went wrong and what to do now? Wien, März 1993
WIIW (Hg.). Transition Countries: The Economic Situation in Early 1994 and Outlook until 1995. WIIW Research Reports Nr. 207. Wien, Juli 1994
WIIW (Hg.). Central and Eastern Europe in 1995: Forecasts and Country Reports on Bulgaria, Croatia, the Czech Republic, Hungary, Poland, Romania, Russia, Slovakia, Slovenia and Ukraine. Wien, November 1994

WIIW (Hg.). Transition Countries: Economic Situation in 1994 and Outlook. WIIW Research Reports Nr. 213. Wien, Februar 1995.

WIIW (Hg.). Transition Countries: Economic Developments in Early 1995 and Outlook for 1995 and 1996. Part I: Accelerated Growth in Central and Eastern Europe, Slower Decline in Russia and Ukraine. WIIW Research Reports Nr. 219. Wien, Juli 1995

WIIW (Hg.). Transition Countries: Economic Developments in Early 1995 and Outlook for 1996. Part II: Country Reports: Bulgaria, Croatia, Czech Republic, Hungary, Poland, Romania, Russia, Slovakia, Slovenia, Ukraine. WIIW Research Reports Nr. 220. Wien, Juli 1995

WILLIAMSON, John (Hg.). Currency Convertibility in Eastern Europe. Washington D.C. 1991

WILLIAMSON, John (Hg.). The Political Economy of Policy Reform. Washington D.C. 1994

WOLF, Holger C. Marshalling a Wider Europe. In: International Economic Insights, Mai/Juni 1994, S. 3–6

ZÄNKER, Alfred. Die Zukunft liegt im Osten: Zwischen Warschau und Wladiwostok – von der Krise zum Großen Boom. Wien 1995

ZWASS, Adam. From failed Communism to Underdeveloped Capitalism: Transformation of Eastern Europe, the Post-Soviet Union, and China. New York 1995

Zeitungen, Zeitschriften, Periodika

Business Central Europe
Business News from Poland
Central European Quarterly
East-West Report Extra
The Economist
Financial Times
Finanznachrichten
Frankfurter Allgemeine Zeitung
Handelsblatt
Kurier
Länderblätter der Wirtschaftskammer Österreich
Neue Kronen Zeitung
Neue Zürcher Zeitung
Oberösterreichische Nachrichten
The Observer
Osteuropa Perspektiven
Die Presse
Profil
Report
RFE/RL Research Report
Salzburger Nachrichten
Der Spiegel
Der Standard
Transition – The Newsletter about Reforming Economies
Der Trend
Ukrain Business Review
The Wall Street Journal
WIFO – Monatsberichte
Die Weltwoche
West-Ost-Journal
WirtschaftsBlatt
Wirtschaftswoche
Die Zeit

Adressenregister

AIC Androsch International
Management Consulting Gesellschaft m.b.H.
Opernring 1/R/3
A-1010 Wien
Tel.: 0043/1/586 10 54, Fax: 0043/1/587 26 88

AIC Berlin
Rüdigerstraße 68
D-10365 Berlin
Tel. + Fax: 0049/30/553 19 01

AIC Bratislava
nam. SNP13
SK-81105 Bratislava
Tel. + Fax: 0042/7/36 23 16

AIC Prag
Václavské nám. 56/4/435
CZ-11326 Prag
Tel.: 0042/2/2403-2016, 2403-2017, Fax: 0042/2/2403-2019

AIT Androsch International
Trading Handelsgesellschaft m.b.H.
Opernring 1/E/325
A-1010 Wien
Tel.: 0043/1/586 06 61, Fax: 0043/1/586 06 66

Ausfuhrkredit-Gesellschaft m.b.H. (AKA)
Große Gallusstraße 1–7
D-60311 Frankfurt am Main
Postanschrift:
Postfach 10 01 63
D-60001 Frankfurt am Main
Tel.: 0049/69/298 91-00, Fax: 0049/69/298 91-200

Bürges Förderungsbank des Bundesministeriums
für wirtschaftliche Angelegenheiten Gesellschaft m.b.H.
Taborstraße 10
A-1020 Wien
Tel.: 0043/1/214 75 74-0, Fax: 0043/1/214 75 74-45

Central Consultancy Register (CCR)
Rue St. Georges 32
B-1050 Bruxelles
Tel.: 0032/2/644 09 51, Fax: 0032/2/644 15 99

C&L Deutsche Revision
Aktiengesellschaft Wirtschaftsprüfungsgesellschaft
New-York-Ring 13
D-22297 Hamburg
Tel.: 0049/40/63 78-0, Fax: 0049/40/63 78-1030

Consultatio Revisions- und Treuhandgesellschaft m.b.H. Nfg. KG,
Consultatio Wirtschaftsprüfungsgesellschaft m.b.H.
Holzmeistergasse 9
A-1210 Wien
Tel.: 0043/1/27 775, Fax: 0043/1/27 775-279

Consultatio Personalberatungsgesellschaft m. b. H.
Opernring 1/E/321
A-1010 Wien
Tel.: 0043/1/581 12 34, Fax: 0043/1/587 85 63

Consultatio Unternehmensberatungs – Gesellschaft m. b. H.
Opernring 1/E/321
A-1010 Wien
Tel.: 0043/1/587 85 62, Fax: 0043/1/587 85 63

Consultatio Berlin
Wirtschaftsprüfungs- und Steuerberatungsgesellschaft m. b. H.
Wilhelminenhofstraße 89a
D-12459 Berlin
Tel.: 0049/30/635 37 54, 635 39 00, Fax: 0049/30/635 38 12

Consultatio spol. sr. o. Praha
Vinohrady, Korunni 129
CZ-13000 Praha 3
Tel.: 0042/2/73 69 67, 73 12 91, Fax: 0042/2/73 12 92

Consultatio – Audit spol. sr. o. Praha
Vinohrady, Korunni 129
CZ-13000 Praha
Tel.: 0042/2/73 69 67, Fax: 0042/2/73 12 92

Consultatio spol. s. r. o. Bratislava
Prievozská 18
SK-82451 Bratislava
Tel. + Fax: 0042/7/664 65

Consultatio Audit spol. s. r. o. Bratislava
Prievozská 18
SK-82451 Bratislava
Tel. + Fax: 0042/7/664 65

Consultatio Wirtschaftsberatungs- und
Revisionsgesellschaft Ljubljana d. o. o.
Dunajska 106
SLO-61000 Ljubljana
Tel. + Fax: 03061/16 85 085

Consultatio Budapest Wirtschaftsprüfungs- und
Steuerberatungsgesellschaft m. b. H.
Margit Krt. 43–45
H-1024 Budapest
Tel.: 00361/20 122 57, 20 114 92, Fax: 00361/20 19 322

Consultatio Kft. Budapest
Margit Krt. 43–45
H-1024 Budapest
Tel.: 00361/20 122 57, 20 114 92, Fax: 00361/20 19 322

Deutsche Ausgleichsbank
Ludwig-Erhard-Platz 3
D-53175 Bonn-Bad Godesberg
Tel.: 0049/228/831-0, Fax: 0049/228/831-2255

ERP-Fonds
Renngasse 5
A-1010 Wien
Tel.: 0043/1/534 64 4000, Fax: 0043/1/534 64-4015

European Bank for Reconstruction and Development (EBRD)
One Exchange Square
GB-London EC2A 2EH
Tel.: 0044/1/71/338 60 00, Fax: 0044/1/71/338 61 00

European Investment Bank (EIB)
100, Boulevard Konrad Adenauer
L-2950 Luxemburg
Tel.: 0035/2/43 79 10, Fax: 0035/2/43 77 04

Finanzierungsgarantie GmbH/Ost-West-Fonds
Prinz-Eugen-Straße 8
A-1041 Wien
Tel.: 0043/1/501 75-0, Fax: 0043/1/501 75-360

Hermes Kreditversicherungs-AG
Friedensallee 254
D-22763 Hamburg
Tel.: 0049/40/88 34-0, Fax: 0049/40/88 34-7744

JOPP Assistance Unit
20, Rue Louvigny
L-2920 Luxemburg
Tel.: 0035/2/46 70 96, Fax: 0035/2/46 70 97

Kreditanstalt für Wiederaufbau
Palmengartenstraße 5–9
D-60325 Frankfurt am Main
Tel.: 0049/69/74 31-0, Fax: 0049/69/74 31-2944

Österreichische Kommunalkredit AG
Türkenstraße 8
A-1092 Wien
Tel.: 0043/1/310 77 25-0, Fax: 0043/1/310 77 25-105

Oesterreichische Kontrollbank AG
Am Hof 4
A-1010 Wien
Tel.: 0043/1/531 27-0, Fax: 0043/1/531 27-690

Österreichisches Institut für Wirtschaftsforschung (WIFO)
Arsenal, Objekt 20
A-1030 Wien
Tel.: 0043/1/798 26 01-0, Fax: 0043/1/798 93 86

PHARE Advisory Unit
Rue d'Arlon 88 1/26
B-1049 Bruxelles
Tel.: 0032/2/299 14 00, 299 15 00, 299 16 00, Fax: 0032/2/299 17 77

PHARE and TACIS Mailing Management
Rue du Commerce 20/22, 6th floor
B-1040 Bruxelles
Fax: 0032/2/512 41 20
(Anforderung für Formblatt, um sich auf eine Mailing-list für Publikationen setzen zu lassen)

PlanEcon, Inc.
1111 Fourteenth Street, NW, Suite 801
USA-Washington, DC 20005-5603
Tel.: 001/202/898 04 71, Fax: 001/202/898 04 45

TACIS Information Unit
Rue d'Arlon 88 1/06
B-1040 Bruxelles
Tel.: 0032/2/295 25 85, 296 10 70, 296 60 65, Fax: 0032/2/231 04 41

Wiener Institut für Internationale Wirtschaftsvergleiche (WIIW)
Oppolzergasse 6
A-1010 Wien
Tel.: 0043/1/533 66 10, Fax: 0043/1/533 66 10-50